牟宗三先生全集⑭

康德「純粹理性之批判」

（下）

牟宗三　譯註

下冊二版改正誌言

此下冊初版後，我從頭仔細檢閱一遍，覺得錯誤甚少，只有兩處是注錯，另一處無錯只缺少一注明，又另處於主從句安排得不對故理解有錯。茲乘此二版之機，將三處弄錯者一一予以改正，將那缺少一注明者作一聲明於此。今將此改正者與注明者提出來正式告讀者：

(1)94頁（A377）：

下段論辯證的推理將移除此困難②。（下段論辯證的推理表象理性……。）

此是改正文。初版「下段」譯為「下章」非是，因此所加之注亦錯。蓋因原文涉指不明，故有此錯。下段之段原文用Abschnitt，肯·斯密士用section，但本誤推章並無節數之分，如後背反章之所為者；又我把辯證的推理誤解成背反中之推理，因此遂把下段改為下章。但全部背反章並無如何移除此困難之討論，因此遂注明此後並無相呼應的交代。但經仔細檢閱一遍，此注是錯。

須知此處所謂「辯證的推理」即指「誤推」說，而所謂「下段」即指下文「鑑於以上四種誤推對於純粹心理學全部作一考量」一大段文說，實則只應籠統地說爲「下文」或顯明地直說爲下「考量」文，如此人們便知你所指者在何處，而不至有誤解。

⑵185頁（A436, B464）：

　　由於此前一情形違反我們的假定（即可移除之假定），……

　　案：（　）號中之注明語是改正文。原文只說「違反我們的假定」，這是隱略語，扣的不緊，於上文中找不出字面的對應，人不知所違反的假定，我們原初的假定，在那裡。初版我注明爲「即正題中之所說」，此則非是，實則只是證明開始時所含的「組合可以在思想中被移除」之假定。康德的表達不明，肯·斯密士之譯尤其糊塗，此則已有兩注注明。

⑶278頁（A526, B554）：

　　……可是它並不能被致使去應用於這樣一個所與的整全，即「在此所與的整合中，……」

　　此處我聲明這是我依原文「所與的」是形容「整全」者而譯，但依肯·斯密士之譯，「所與的」轉爲形容「部分」的。依其譯是如此：【可是它並不能被致使去應用於這樣一個整全，即「在此整

全中，諸部分，作爲被給與了的，早已是如此確定地互相分離以至
於此諸部分構成一不連續的量」這樣一個整全：……。】但是
Max Müller 依原文譯是如此：「可是它並不應用於這樣一大堆部
分，即此一大堆部分早已依一定的方式在一所與的整全中（in dem
gegebenen Ganzen）爲各自分離的，並因而遂構成一不連續量」。
案：此兩譯皆可。又案：此句以及此下這一整段文甚爲重要，此可
與羅素的現實的無限論（《數學原理》中所表現的）相比觀。康德
是並不承認這樣的無限論的。

(4)448頁（A675, B703）：

> 只要當我們敢去思此某種東西爲一特殊的對象，而並不寧願
> 以理性底軌約原則底純然理念爲滿足，亦不置思想底一切條
> 件之完整於一邊而不顧（……），……。（上說亦不置思想
> 底一切條件之完整於一邊而不顧，須知置之不顧這種辦法
> ……。）

此是改正文，初版之安排不對，行文不達。這裡的改正是順
肯・斯密士之譯而如此改正。「上說」句是注明語，當用（ ）括
起來，這都是說明「置之不顧」的。依原文實當如此：【只要當我
們敢去思此某種東西爲一特殊的對象，而並不寧願以理性底軌約原
則底純然理念爲滿足，亦不置思想底一切條件之完整於一邊而不顧
（由於其對人類知性爲太大故而置之於不顧，但是須知這置之不顧
乃是與我們的知識中的那種完整的系統統一即「理性對之至少並沒

有置下一限制或界限」的那種完整的系統統一之追求不相一致的，是故不能置之不顧），只要當我們是如此云云時，我們即必須思此某種東西，而那依一眞實本體之類比之方法而思之實在說來即是「我們之如何必須去思之」之方法。】由於肯·斯密士之譯把（ ）號中「但是」句提出來另起句，亦未加括號，遂離散人之心思，因此遂令下段之起句中表示上下文之關聯者使人糊塗不明，迷失主從。

因此，449頁（A675, B703）：

既然在那樣情形下，我們必須依一眞實本體之類比之方法而去思某種東西，如是，則此一義即是那如何必有以下這種事者，即：……。

案：此是改正文，初版所表示之上下文之連接非是。

此第二版只以上四處須提出告讀者。其餘錯字之改正處，只是校對的事，不關譯事，不須一一聲明。總之望讀者以此第二版爲準。

譯者之言

〈超越邏輯分解分〉是眞理底邏輯，〈辯證分〉是虛幻底批判之邏輯。此後者中分三章。第一章是純粹理性之誤推，乃批判理性心理學中證明靈魂不滅中之虛幻者；第二章是純粹理性之背反，乃批判理性宇宙論中正反衝突之命題之證明中之虛幻者；第三章是純粹理性底理想，乃批判神學中證明上帝存在之證明中之虛幻者。此〈辯證分〉所處理之問題大體是佛所不答者。《箭喻經》中說佛於十四難不答。所謂十四難大體都可賅括在此三章中。佛之不答以「此事無實，故不答」；以「非義相應，非法相應，非梵行本，不趣智，不趣覺，不趣涅槃」，故不答。但說實了，答起來亦確不易；而批判的解答亦並非不必要。康德說此等問題皆出生自純粹理性之自身，不屬於對象，故不得藉口人類理性之無能而推諉，而且其應有一解答乃是必然者，此正是理性自身所能處理者：解鈴還得繫鈴人。此種批判的解答是超越的哲學之本分，亦正見哲學家之殊勝。佛是聖人，是教主，但不必是純粹的哲學家。康德說無人敢以哲學家自居。此所謂哲學家是指歸宗言，亦可以指聖人言。但是如果哲學家是指學著作哲學的活動說，是指學著作理性的思考說，則此義的哲學家是可以黽勉爲之的。此義的哲學家是應當擔當起此等

問題之批判的解答的。此亦足見哲學名理與教下名理之不同。關此吾曾詳論之於《才性與玄理》第七章〈魏晉名理正名〉中。哲學名理中之批判的解答指明思辨理性底辯證推理中之虛妄,明其不足以證明靈魂之不滅、上帝之存在,以及意志之自由,最後歸於由實踐理性以明之,如是,則亦不違佛意,而且正足以證成佛意,但卻並不以「此事無實」而不答。教下名理可以不答,哲學名理則不能不答。

思辨理性有虛,實踐理性歸實。虛實之辨正是康德學之精髓。虛有其所以為虛,蓋以其對象超出經驗之外,無直覺與之相應故。既無直覺與之相應,而仍以思辨理性處之,單只通過辯證推理以證得之,故終歸於虛而無實,而且有種種剌謬存於其中也。實有異層異說。知識層之實,康德已言之備矣,如前分解分之所說。實踐層之實則見於《實踐理性之批判》。

通過此〈辯證分〉之翻譯,吾見出中國智慧方向之所以多趣實而少蹈虛,正以其自始即著重在實踐理性故也。象山云:「千虛不搏一實」。旨深哉此言也!中國智慧方向雖於哲學名理不甚足夠,然其實踐理性下之教下名理之趣實無虛卻甚充其極,此則足以使康德之《實踐理性之批判》百尺竿頭進一步也。

目　次

上　冊

超越的成素論

下　冊

超越的邏輯

第二分　超越的辯證

引　論

I　超越的幻象

我們早已名「辯證一般」曰幻象底邏輯。這樣名之並不意謂辯
證是一「概然論」；因為「概然」還是真理，惟只依不充分的根據
而被知而已，而關於「概然」之知識，雖然它是這樣地有缺陷（不
圓滿的），但它卻並不因此之故便是欺騙的；因此，關於「概然」
之知識①並不須與邏輯底分析部分割離開。我們更亦不能有理由視　　B350
現象與幻象為同一。因為真理或虛幻並不存在於對象，當此對象被
直覺時，但只存在於關於此對象的判斷，當此對象被思想時。因
此，去說感取不會錯，這自是正確的——其不會錯不是因為感取總
是正當地在作判斷，但只因為它們根本未作判斷。因此，真理與錯
誤，因而以及那「引至於錯誤」的幻象，皆只是在判斷中被發見，
即是說，只在「對象之關聯於知性」這關聯中被發見。在任何「完
全符合於知性底法則」的知識中，茲並無錯誤可言。在一感取底表
象中，因為它不含有任何判斷，所以亦無錯誤可言。沒有自然的力　　A294
量單以其自身即能離開其自己之法則。這樣，既非知性以其自身

（不被其他原因所影響）會陷於錯誤，亦非感取以其自身會陷於錯誤。前者不會陷於錯誤，是因爲如果它只依照它自己的法則而活動，則結果（判斷）必須必然地符合於其自己之法則；符合於知性底法則是一切眞理中的形式成素。在感取中，沒有任何判斷可言，旣無眞的判斷，亦無假的判斷。現在，因爲除知性與感性這兩種知識源泉外，我們再沒有其他知識源泉，所以錯誤是只因著那未被觀察出的「感性之影響於知性」這樣的影響而發生，通過此種未被觀察出的影響，逐致判斷之主觀根據竄進來而與客觀根據混而爲一，

B351　並且使這些客觀根據脫離其眞正的功能[a]，此恰如一運動中的物體必會總是以其自身在同一方向中順一直線而繼續其運動，但是如果

A295　它爲另一力量，即在另一方向中活動著的另一力量，所影響，它即開始脫離直線而進入曲線的運動。要想把知性底特有活動與那與它混雜在一起的力量區別開，則「去視錯誤的判斷爲兩種力量間的對角線（兩種力量是在不同方向中決定判斷的兩種力量，那不同方向好像要圈成一個角度），並去把這種組合活動化解成知性底單純活動與感性底單純活動」，這乃是必要的。在純粹先驗判斷之情形中，這一步工作是要爲超越的反省所擔負，通過此超越的反省，如我們所早已展示的〔案：見前分析部附錄〕，每一表象是在相應的機能中而被指派其地位，並且因著此超越的反省，此一表象之影響於另一其他表象亦同樣可因而被區別開。

(a)處，康德作底注云：

B351　　　感性，當它隸屬於知性，而作爲一個對象，即「知性在其上表現作用」的一個對象，則它便是諸眞實知識之源。但是，

這同一感性，當它影響知性之作用，並決定知性去作判斷，
則它便是錯誤之根。

①關於「概然」之知識，此依康德原文譯。肯‧斯密士改譯爲
「概然論」不諦。

在這裡，我們並不是關心於經驗的幻象（例如視覺的幻象），
經驗的幻象發生於知性規律之經驗的使用中（非然者，知性規律自 B352
是正確的），而通過經驗的幻象，判斷機能便爲想像底影響力所誤
引。我們在這裡只關心於超越的幻象，這超越的幻象發揮其影響力
於那些「決無意於經驗中的使用」的原則上，在此情形中，我們至
少也必有一「衡量這些原則底正確性」的判準。不顧一切批評之警
告，這超越的幻象帶著我們完全超出範疇底經驗使用之外，並且以
純粹知性底一種只是欺騙性的擴張來推宕或延擱我們。我們將名那
些原則，即「其應用完全限於可能經驗底範圍之內」的原則，曰
「內在的原則」；而另一方面，則名那些「宣布或聲言要去越過這 A296
些限制之外」的原則曰「超離的原則」。在這些超離的原則之情形
中，我並不是涉及範疇之「超越的使用」或「誤用」，此種超越的
使用或誤用只是判斷機能底一種錯誤，當此判斷機能並未適當地爲
批評所抑制，因而也並未對於這樣的領域底界限，即「只有在此領
域內，純粹知性始被允許有自由的表現」這樣的領域底界限，予以
充分的注意時。在這些超離的原則之情形中，我實並不涉及此種誤
用，我只意謂一些現實的原則，這些現實的原則激勵我們去拆毀一
切藩籬，並且去攫取或佔有一完全新的領域，這完全新的領域是不

承認有任何界限之限制的。這樣，「超越的」與「超離的」不是可互換的詞語。純粹知性底原則，如我們前分析部所開列者，只允許

B353 有經驗的使用，並不允許有超越的使用，即是說，並不允許有擴張至經驗底範圍以外的使用。另一方面，一個原則，它若取消了這些限制，或甚至命令著或指揮著我們實際去越過這些限制，則它便被名曰「超離的原則」。如果我們的批評在「揭露這幻象，即那些已被視為確實的原則中的幻象」這方面能夠成功，則那些只屬於經驗使用的原則便可被名曰「純粹知性底內在原則」，以與其他原則〔案：即超離的原則〕相對反。

邏輯的幻像，即「存於理性底形式之純然的模做中」的那邏輯

A297 的幻像（形式謬誤之幻像），完全由對於邏輯規律之不注意而發生。只要一旦對於擺在我們眼前的情形加以注意，則此幻像即完全消滅不見。可是，**超越的幻像**，縱使在它已被檢查之後，而其無妥效性已清楚地為超越的批評所揭露，它亦並不因而即停止（此如「世界在時間中必須有一開始」這命題中的幻像即是如此）。這種幻像底原因就是：在我們的理性（即主觀地視為人類知識之一機能的理性）之使用上有一些基本的規律與格準，而這些規律與格準完全有「**成為客觀原則**」之象（Ansehen），因此，我們把我們的概念之一連繫底**主觀必然性**（此主觀必然性有利於知性）誤以為物自身底決定中的一種**客觀的必然性**。這一種幻像其不能被阻止恰似海

B354 面比海岸處現為較高的樣子之不能被阻止，其現為較高是因為我們通過一較高的光線而看它。或取一更好的例子，月亮初昇時現為較大，此則天文學家亦不能阻止之，雖然他並不為這種幻像所欺騙。

因此，超越的辯證將以「揭穿超越判斷底幻像並同時警告我們

不要爲其所欺」，而滿足其自己。但是若說「這種幻像，就像邏輯
的幻像一樣，必可實際地消滅不見而不再是一幻像」，這卻是超越
的辯證所永不能達到的一種事。因爲在這裡，我們要處理一種**自然** A298
而不可避免的幻像，這種幻像是基於**主觀的原則**上，但它卻把這些
主觀原則矇混爲客觀的；而邏輯的辯證在其揭露欺騙性的推理中卻
只要處理一種「遵守原則」中的錯誤①，或只要處理一種「模倣這
樣欺騙性的推理」中的人爲造作的幻像。依是，茲存有一種純粹理
性底自然而不可免的辯證，這一種辯證不是這樣一種辯證，即「在
其中，笨拙的人由於缺乏知識而困惱其自己」這樣的一種辯證，它
亦不是一種「某些詭辯家技巧地發明之以混擾有思考的人」的辯
證，它乃實是這樣一種辯證，即，它是與人類理性不可分離的，甚
至在其欺騙性被揭穿以後，它將仍然同理性開玩笑，並且繼續使理
性陷入於一時的錯亂或越軌中，此錯亂或越軌永遠需要糾正。 B355

> ①「遵守原則中的錯誤」康德原文是 "'einem Fehler' in
> Befolgung der Grundsätze"。肯・斯密士譯爲「『由原則而來
> 者』中的錯誤」（an error in the following out of principles）。

Ⅱ　純粹理性是超越幻象底所在地

A.　理性一般

一切我們的知識皆以感取開始，由此而進至知性，然後再以理

性結束,理性以外,再沒有一個更高的機能可在我們心中被發見出來用之以從事於直覺之材料並把這直覺之材料帶至思想底最高統一

A299 之下。現在,既然我必須對於這個最高的知識機能〔理性〕給與一說明,我見出我自己有相當困難。理性,就像知性一樣,能夠依一純然形式的樣式,即邏輯的樣式,而被使用,在此樣式中,它把知識底一切內容皆抽掉。但是它亦能有一眞實的使用,因爲它在其自身內含有某種概念與原則之根源,它既不從感取假借得這些概念與原則,亦不從知性假借得這些概念與原則。理性之前一種能力〔即:形式使用中之能力〕好久以來即被邏輯學家規定爲「制作間接推理(有別於直接推理)」之能力;但是理性之另一能力〔眞實使用中之能力〕之本性,即「其自身亦產生概念」這另一能力之本性,卻並不是依此界說而被理解。現在,因爲在這裡我們要面對理性之區分爲一邏輯的能力與一超越的能力,所以我們被迫著不得不

B356 去尋求關於理性這一知識根源之一較高的概念,此一較高的概念將包括那邏輯能力一義與超越能力一義這兩義以爲隸屬於其自己者。依類比於知性之概念而言,我們可期望邏輯能力之一義將對於超越能力之一義供給一把鑰匙,而邏輯能力之一義底功能表將即刻把理性底概念〔即:理性自身所產生之概念即理念〕之族系給與於我們。

　　在我們的超越的邏輯〔辨物學〕之第一部分中,我們視知性爲「規律之能」;在這裡,我們將因著名理性曰「原則之能」而把理性與知性分別開。

A300 　　「原則」一詞是曖昧而有歧義的,它通常只指表一種知識,此一知識可當作原則而被使用,然而此一知識依其本身而言,並就其

恰當的根源而言，它卻不能是原則。每一普遍命題，甚至一個「通過歸納，從經驗而被引生出」的普遍命題，亦可用來充作一三段推理中的大前題；但其自身卻並不因此即是一原則。諸數學公理（例如兩點間只有一條直線）就是普遍的先驗知識底一些例子，因此，它們可以正當地被名曰原則，即相對於那些「能被歸屬於其下」的例案而正當地被名曰原則。但是，我並不能因此就說：我可由原則來了解一「直線一般」以及一「直線之在其自身」底這種特性〔如　B357
幾何中所說者〕；我只能在純粹直覺中了解之。

　　因此，由原則而來的知識唯是那種知識，即「在其中我通過概念依普遍者了解特殊者」的那種知識，這樣說來，每一三段推理皆是一種「由一原則而推演出知識」之模式。因為大前題總是給與一概念，通過此概念，凡是可歸屬於這概念下就像歸屬於一條件下者皆是依照一原則由這概念而被知。現在，因為任何普遍的知識皆可用來充作一三段推理中的大前題，又因為知性以此類的普遍先驗命題呈現給我們，是故這些普遍的先驗命題在關涉於其可能的使用中亦可以被名曰原則。

　　但是，就純粹知性底這些基本命題而言，如果我們在關涉於其　A301
根源中依其自身而考慮它們，則它們自是有所是，但卻並不是基於概念上的知識。因為，如果我們不被純粹直覺（數學中者）所支持，或不被一「可能經驗一般」底條件所支持，則那些基本命題必甚至不會是先驗地可能的。「每一東西其發生皆有一原因」，此並不能只從「發生一般」之概念而被推斷出；正相反，乃正是這個基本命題它在關於那發生的東西中指示我們如何在經驗中去得到那「實際上是決定的」任何概念。①

①案：此句，依康德原文當如此譯；正相反，乃正是這個基本命
題它指示我們如何始能關於那發生的東西去得到一「決定性的
經驗概念」。Max Müller 依原文如此譯：正相反，乃正是這個
原則（這個基本命題）它表明唯依什麼樣式我們始能關於那發
生的東西形成一「決定性的經驗概念」。

依是，知性從未能提供任何種由概念而被引生的綜和知識；而
B358 正是這種綜和知識才可以「無任何限制而恰當地」①被名曰原則。
但是，一切普遍命題可依一比較意義而被說爲原則。

①肯‧斯密士注出原文是" schlechthin "。案：此一副詞是率
直，簡單明白等義。依是，此句可以如此譯：而正是這種綜和
知識始可逕直地被名曰原則。「逕直地」Max Müller 譯爲「絕
對地」，不很恰。形容詞" schlechthinnig "才是絕對的、無條
件的、全然的等義。

〔案〕：知性從不能只從概念之分析而提供綜和知識。從概
念之分析所得的知識只是分析的知識，此是不落實的形式知
識，或甚至只是概念的遊戲，而並無任何知識，不管是經驗
科學的，抑或是形式科學的。知性只有依據直覺始能提供先
驗的綜和知識，亦即是先驗的綜和命題，惟此種命題始可恰
當地逕直地說爲原則。一切其他普遍命題其可以被說爲是原
則只是依一比較的意義而被說爲原則。

　　時下城市法繁如牛毛，我們總能回到其一般的原則而不這樣無底止的繁複，這好久已來就是人們所願望者——這或許某時可以實現（但誰知是什麼時候！）。因為只有在這些一般原則中，我們始能希望去找出我們所慣常名之曰「立法之簡單化」者之秘密。但是，在這領域內，法律只是一些置於我們的自由上的限制，藉以可使這樣的自由完全與其自己相諧和；因此，它們是指向於某種「完全是我們自己的工作」之事，而我們自己，通過這些概念，可以是那「完全是我們自己的工作」之某種事之原因。但是，若說「對象在其自身，即事物之本性，亦必須處於原則之下，而且必須依照純然的概念而被決定」，這一種要求，縱非不可能，亦至少完全與常識相違反（sehr Widersinnisches）。但是儘管是如此（這是一個我們仍須去討論的問題），從原則（真正是原則者）而引生出的知識是那「完全不同於只通過知性而被得到的知識」者，這至少是顯明的。後者，即只通過知性而被得到的知識，實亦可有一原則之形式，而這樣，它遂可先於某種其他知識，但是自其自身而言之，只要當它是綜和的，它即不單只依靠於思想，它亦不能在其自身中含有一從概念而得到的普遍者。　　　　　　　　　　　　　　　　　A302

　　知性可被視為「藉賴著規律而得到現象之統一」的一種機能，而理性則可以被視為「在原則下得到知性底規律之統一」的一種機能。依此，理性從不能把它自己直接地應用於經驗或任何對象，但只直接地應用於知性，其直接地應用於知性乃為的是想藉賴著概念去把一種先驗的統一，一種「可以被叫做是理性底統一」之統一，而且是一種「在種類上完全不同於『為知性所完成的任何統一』」之統一，給與於知性底眾多的知識〔各種知識〕。　　　　　　　　　B359

這是關於理性機能底一個普遍的概念〔即：一般性的概念〕，只要當在完全無事例中，把理性機能弄清楚，這是可能的時候。〔即，只要當無事例而即可把理性機能弄清楚，則以上所說便是關於理性機能底普遍概念，即一般性的想法。〕事例將在我們的辯說經過中被給與〔被舉出〕。

A303 ## B　理性之邏輯的使用

人們通常在「直接地被知者」與「只是被推斷者」之間作一區別。在一為三條直線所界成的圖形中有三個角，這是直接地被知的；但是三個角之和等於兩個直角，這卻只是被推斷出的。因為我們經常要使用推理，因而我們亦因著成為完全習慣於推理而終止，所以我們不再注意這區別，並且我們時常如在所謂感取之欺騙之情形中那樣，視那實只是被推斷出者為直接地被覺知者。在每一推理

B360 過程中，首先有一基本命題，其次並有另一命題，即結論，此是從基本命題而抽引出者，而最後乃有一推斷（即：邏輯的承續），因著此推斷，結論之真是不可分地與那基本命題之真相連繫的。如果這被推斷出的判斷是早已含在較前的判斷中以至於它可以無第三表象之媒介而即可從那較前的判斷中而被引申出，則此推斷即叫做是直接的推斷（consequentia immediata）——我寧願名之曰「知性底推斷」。但是，如果除那被含在基本命題中的知識之外，還需另一判斷以去產生結論，則此推斷即須被名曰「理性底推斷」①。在「一切人是有死的」這一命題中，早已包含有「有些人是有死的」，「有些有死的是人」，「沒有不是有死者而是人」，這些命

A304 題；因此，這些命題是從「一切人是有死的」這一命題而來的一些

直接結論。可是，另一方面，「一切有學問的存有是有死的」這一命題卻並不包含在那基本判斷中（因為「有學問的存有」這一概念實並未出現在那基本判斷中），它只能藉賴著一個有媒介作用的判斷而從那基本判斷中被推斷出。

　　①關於「理性底推斷」肯·斯密士注明云：在這裡，有別於「知性底推斷」（Verstandesschluss）的「理性底推斷」（Vernunftschluss）是康德的經常使用之詞以代替「三段推理」者，故在其他文段中，例如下段文中，我即以「三段推理」譯之。

　　〔案〕：康德原文俱用「理性底推斷」以表示三段推理（syllogism）。故讀者若見有三段推理字樣，心中即須記住這是意謂「理性底推理」。

　　在每一三段推理中，我首先通過「知性」思考一規律（大前題）。其次，我藉賴著「判斷力」把某種已知的東西歸屬在這規律底條件之下（小前題）。最後，那因著小前題而被知者，我通過規律之謂詞來決定之，因而也就是說，經由「理性」而先驗地決定之（結論）。因此，作為規律的大前題所表象的「已知者」與「此已知者底條件」間的關係即是不同類的三段推理之根據。結果，三段推理，就像判斷一樣，有三類，即依照它們在知性中所依以表示「已知者〔知識〕之關係」的不同路數而有三類；它們或是定然的，或是假然的，或是析取的〔選替的〕。　　**B361**

如果，如一般發生者那樣，形成結論的那個判斷是當作一個問題而被安置，被安置下以便去看看它是否不從早已被給與的諸判斷而來，而通過那早已被給與的諸判斷是否一完全不同的對象被思想，則我就要在知性中尋求此結論之所以被肯斷，以便去發見在知性處是否它不被見出是依照一普遍的規律而處於某些一定的條件之

A305　下。如果我找到這樣一個條件，又如果這結論底對象能被歸屬於這所與的特定條件之下，則這結論便是從這規律而被推出，而這規律在其他知識對象上亦是有效的。從這一點，我們可以見出：在推理中，理性努力想去把通過知性而得到的種種知識還原到極少數的原則（普遍條件），並因著此極少數的原則而在推理中去達到最高可能的統一。

C. 理性之純粹的使用

我們能孤立起理性乎？而這樣孤立起來，它是概念與判斷底一個獨立的源泉乎？而所謂概念與判斷是這樣的，即它們單從它那裡而湧現出，而藉賴著這些概念與判斷它可以關聯於對象，它是這樣一個獨立的源泉乎？抑或它只是一個副屬的機能，用來只把某種一定的形式，即被名曰邏輯形式者，安置於所與的諸知識上，它只是這樣一個副屬機能乎？這樣一個副屬的機能乃實是這樣一個機能，即通過它，那因著知性而被知的東西是依其互相關聯而為被決定了的，而較低的規律亦通過它而被安置於較高的規律之下（所謂較高的規律就是那些規律即其條件在其自己範圍內包括那較低規律之條件者），只要當這置於這較高規律之下之置能通過比較而被作成時。它只是這樣一個副屬機能乎？以上的問題就是我們現在所要暫

時專心去從事的問題。事實上，諸規律之複多性以及諸原則之統一性皆是理性底一種要求，要求之以達此目的，即「使知性成爲徹底的與其自身相一致」之目的，此恰如知性把直覺底雜多帶至概念之 　A306
下，而因著此概念，知性把雜多連結起來。但是，這樣一個原則並不爲對象規定任何法則，而且它亦並不含有「如此對象之爲對象而知此對象或決定此對象」這知之或決定之之可能性之一般根據；「它只是一個『有秩序地管理或支配我們的知性之所有物〔*儲藏物*〕』上的主觀法則，如是遂致：因著知性底諸概念之比較，它可以把知性之諸概念化歸到最少可能的數目；它並不能使我們有理由從對象中要求這樣的齊一〔*劃一*〕就如『將有濟於我們的知性之便 　B363
利與擴張』這樣的齊一；因此，我們並不可把任何客觀妥效性歸給那個格準」①。總之，一句話，這問題就是：理性依其自身，即純粹的理性，它實含有先驗的綜和原則與規律嗎？如然，這些原則可以存在於什麼東西中呢②？

①「那個格準」指什麼說呢？譯文不顯。此一整長句，依 Max Müller 譯是如此：【它只是一個主觀的經濟法則，應用於我們的知性之儲藏物者；它藉賴著知性概念之比較，以「把這些知性概念之*一般的使用*化歸到最少可能的數目」爲其目的，但卻並沒有給我們一權利去對於對象自身要求這樣一種齊一就如「可以有助於我們的知性之舒適便利與擴張」這樣的齊一，並去把任何客觀妥效性歸給那個格準】。此大體是依原文直譯，但「那個格準」仍不甚顯，此似指這主觀法則所有的或所表示的目的即「把這些知性概念之*一般使用*（原文是如此肯·斯密

士譯略）化歸到最少可能的數目」這個目的而言，即以此目的
作爲「格準」。這只是一個主觀的格準，我們並不能歸之以任
何客觀的妥效性。又「它只是一個主觀的經濟法則」，此所謂
法則即是「原則」義，嚴格講，此不可説爲「法則」。又「它
只是一個主觀的經濟法則，應用於我們的知性之儲藏物者」，
肯・斯密士譯爲「它只是一個有秩序地管理或支配我們的知性
之所有物上的主觀法則」，此則較好。

Meiklejohn 於此長句，則如此譯：【它單只是「知性底內容之
恰當的安排」上的一個主觀法則。此法則之目的便是：因著知
性概念之比較，去把這些概念化歸到最少可能的數目，然而同
時此目的卻並不能使我們有理由從對象自身去要求這樣的齊一
就如「可以有貢獻於知性範圍之便利與擴大」這樣的齊一，或
去期望此目的自身將因而從對象處接受到任何客觀的妥效
性。】此大體是意譯。依此意譯，原文「那個格準」字樣便被
化掉了，化而爲「此目的自身」云云。然則，在另兩英譯中，
那不顯明的「格準」指這主觀法則（原則）所表示的「目的」
説，不算錯。可是在肯・斯密士的譯文中，格準指什麼説很難
看出。

②依康德原文是：這些原則可以剽竊（取自）於何者之中呢？依
另兩英譯：這些原則是什麼呢？

　　就「純粹理性之在其綜和知識中之超越的原則所要基於其上」
的那根據而論，三段推理中理性底形式而邏輯的程序給予我們以充
分的指導。

　　第一點，理性在三段推理中實並不關心直覺，關心之以便把直

覺帶至規律之下（如知性以其範疇所作者），它但只關心於概念與
判斷。依此，縱使純粹理性實關心於對象，它亦對於這些對象以及
關於這些對象底直覺並無直接的關係，但只對於知性以及知性底判
斷有直接的關係——知性以及知性底判斷首先處理感取以及感取所　　　A307
有的直覺，其處理之是爲「決定感取之對象」這一目的而處理之。
因此，理性底統一並不是一可能經驗底統一，而是本質上不同於這
種統一的，一可能經驗底統一乃是知性底統一。「每一事物其發生
皆有一原因」，這並不是經由理性而被知的一個原則，亦不是經由
理性而被規劃的一個原則。這個原則使「經驗底統一」爲可能，而
且它亦並沒有從理性假借得任何什麼事，這所謂理性乃是這樣的，　　B364
即它若離開了「關聯於可能經驗」之關聯，它決不能從純然的概念
上就已設置了任何這樣綜和的統一。

　　第二點，理性，在其邏輯的使用中，想去發見它的判斷（結
論）底普遍條件，而三段推理其自身亦不過就是一個判斷，此判斷
是因著把此判斷底條件歸屬在一普遍的規律（大前提）之下而被作
成。現在，**因爲**這個規律其自身亦須隸屬於理性底同樣必要條件之
下，而因此，條件底條件必須被尋求（因著一上溯的三段推理
prosyllogism 而被尋求），只要當這是可實行的時，**所以**顯然那
「專屬於理性一般之在其邏輯使用中」的原則就是：去爲**通過知性
而被得到的有條件的知識尋找那無條件者**，因著此無條件者，那有
條件的知識底統一可被**帶至完整之境**。

　　但是，這個**邏輯**的格準只能通過我們以下的認定始可成爲**純粹
理性底一個原則**，即：**如果有條件者已被給與**則互相隸屬的**諸條件
底全部系列**（即其自身因而是無條件的那一個全部系列）**亦同樣被**　A308

給與，即是說，亦同樣被含在對象以及對象底連繫中：只通過這樣
的認定，那邏輯格準始能成為純粹理性底一個原則。

純粹理性底這樣的一個原則顯然是**綜和的**；有條件者是**分析地**
關聯於某種條件，但卻並不是**分析地關聯於無條件者**。從這原則
裡，必亦有**種種綜和命題**隨之而來，關於此類種種綜和命題，純粹
B365 知性是一無所知的，因為知性只須去處理一可能經驗底諸對象，關
於此可能經驗底諸對象之知識與綜和總是有條件的。那無條件者，
如果它的現實性已被承認，它須特別要就那些「足以使它與凡是有
條件者區別開因而亦必須為許多先驗綜和命題供給材料」的一切決
定而被考量。〔案：此句意即：那無條件者，如果其現實性已被承
認，它須特別要就這樣的一切決定而被考量，即這一切決定足以使
它與那凡是有條件者區別開，並且因而這一切決定亦必須為許多先
驗綜和命題供給材料。此等於說：這一切決定㈠它們足以標識出那
無條件者是無條件者而不是有條件者；㈡它們必須為**依此無條件者**
而有的許多先驗綜和命題供給材料。〕

但是，從純粹理性底這個最高原則而發生出的諸原則就關聯於
一切現象而言將是超絕的〔超離的〕，即是說，對於此最高原則茲
決不能有任何適當的經驗使用。因此，此最高原則將完全不同於一
切知性底原則，一切知性底原則之使用完全是內在的，因為一切知
性底原則只有經驗底可能性作為它們的論題（zu ihrem Thema）。
試看「條件底系列（不管是現象底綜和中之系列抑或甚至是事物一
般之思考中的系列）須擴張至無條件者」這個原則。它有客觀的可
應用性乎？抑無客觀的可應用性乎？就知性底經驗使用而言，它的
A309 諸涵義是什麼呢？抑或不然，然則茲並無這樣客觀地有效的「理性

之原則」嗎？但只有這樣一個邏輯的規準，即「因著上升至高而又高的條件這種上升而去進至完整之境並因而去把最大可能的理性之統一給與於我們的知識」這樣一個邏輯的規準嗎？能是如下所說的嗎？即：理性底這種需要〔要求〕，自其被視為純粹理性底一個超越原則而言，實已錯誤地被討論，而我們在對象自身中設定條件系列底這樣無限制的〔絕對的〕完整性實已是過於輕率或匆遽：能是 **B366** 這樣的嗎？設若實是如此，則有什麼其他誤解以及虛幻曾偷偷混進如下所說的三段推理中，即此三段推理底大前提（或許寧是一臆斷而不是一設準）是從純粹理性而被引生出，而此三段推理則卻是從經驗而上升至經驗之條件，這樣的三段推理中？去答覆這些問題，這將是我們的超越辯證中的工作，關於此超越的辯證，我們將從它的人類理性中的深深隱蔽的源泉中努力去把它發展出來。我們將把這辯證部區分為兩卷，第一卷是討論純粹理性底超絕的〔超離的〕概念，第二卷則討論純粹理性底超絕而辯證的推理。

超越的辯證

第一卷　純粹理性底概念

關於從純粹理性而引生出的諸概念之可能性，不管我們要如何去裁決，「此諸概念不是因著純然的反省回思而被得到，但只是因著推理而被得到」，這至少是真的。知性底諸概念也是先於經驗而先驗地被思想，而且亦為經驗之故而先驗地被思想，但是此等概念所含的不過就是「反省回思於現象」這反省回思之統一，只要當這些現象必須必然地屬於一可能的經驗意識時。只有通過知性之諸概念，知識以及一對象底決定才是可能的。知性之諸概念首先供給作推理時所需之材料，而此諸概念亦並不是為任何其他先驗的「對象之概念」所先以便它們可由之而被推出。另一方面，知性之諸概念底客觀實在性只基於這事實，即：因為它們構成一切經驗底理智形式，所以「去展示它們的經驗中的應用」這必總是可能的。 **B367**

「理性底概念」這個名稱早已給出一初步預先的指示，即指示：我們是要處理那「不允許被限於經驗範圍內」的某種事，蓋因為理性底概念有關於這樣一種知識，即「任何經驗知識（或許甚至可能經驗底全部或可能經驗底經驗綜和之全部）只是其中之一部分」的那種知識。沒有現實的經驗可完全適合於這種知識，然而每一現實的經驗卻隸屬於這種知識。理性底諸概念使我們能去思議 **A311**

〔去綜思〕，而知性底諸概念則使我們能去理解（〔如其在涉及〕知覺〔中而被使用那樣而能使我們去理解〕））。如果理性底諸概念含有無條件者，則此諸概念便是有關於這樣的某種東西，即「一切經驗皆隸屬之，而其自身卻不是經驗底一個對象」的某種東西——這某種東西即是理性在其由經驗而成的推理中所引至的那某種東西，而且依照這某種東西，理性來估計並衡量其經驗使用之程度，但是這某種東西其自身卻從未是經驗綜和之一分子。縱然如此，如果這些概念具有客觀妥效性，則它們便可被名曰「合理的概念」（正當地被推出的概念 conceptus ratiocinati）；但是，如果它們沒有這樣的妥效性，它們是通過其至少有一種虛幻的現象即那「屬於推理」的虛幻現象而偷偷地不正當地得到其被承認，則它便可被名曰「假合理的概念」（pseudo-rational concepts, conceptus ratiocinantes）。但是因為此義只能在討論「純粹理性底辯證推理」的那一卷中來確立，所以我現在尚不能去討論它。同時，恰如我們已名知性底純粹概念曰範疇，所以我們將給純粹理性底概念一新名，而名之曰「超越的理念」。這一個名稱，我們現在將去說明之並去使之爲正當。

B368

超越的辯證 第一卷

第一節 理念一般

不管我們的語言如何豐富，思想家常覺其自己找不出那「準確地適合其概念」的詞語，而因為缺乏適當的詞語，他遂不能對他人而成為真正可理解的，甚至對其自己亦不能成為真正可理解的。鑄造新詞是想推進一種要求——要求於語言中之立法〔是想擅取語言之事中的立法之權〕，此則很少能成功；而在我們求助於這種非常權宜之計以前，去巡視一下已廢棄而只為學者所用的語言，去看看是否這概念以及表達此概念的專屬詞語不是早已具備在那裡，這是很適當的事。縱使一個詞語之古時的用法亦必已通過引用此詞的人之不小心而變成不確定的，然而去握緊那專屬於此詞的意義（雖然此詞是否原來即準確地依此意義而被使用這仍是可疑的），這總比「因著使我們自己為不可理解而使我們的意圖為無效〔徒費我們的勞力〕」為較好。

〔譯者案〕：

例如柏拉圖使用 idea（理型）一詞，據海德格的希臘文之知識，便以為他的使用不合此詞之原義。但儘管如此，柏拉圖之使用此詞其意義卻是很顯明的。康德所說即影射柏拉圖之" idea "而說。

爲此之故，如果只有一個單字其已建立起的意義與某一特定概

A313 念準確地相契合，則因爲此概念與其他相關的概念區別開乃是最重要的事，所以在此字之使用中不浪費〔有效地利用此詞〕，而不是只爲變換之故，當作一代替某種其他詞語的同義語而使用之，但只謹愼地去保持其自己的恰當意義，這乃是得當之事。非然者，則由於此詞之不再在一特殊意義中引起注意，而迷失於其他十分不同意義的字之繁多中，所以只有它所能保存的那種思想亦遂之而迷失，這乃是很容易發生的事。

B370 柏拉圖是依以下那種路數使用「理念」（idea）這個字，即他是十分顯明地要想以此詞意謂這樣的某種東西，即此某種東西不只是從不能從感取中假借得來，而且它甚至遠超過知性底概念（亞里士多德專討論知性之概念），因而在經驗中沒有與之相合的東西可被發見。依柏拉圖，理念是事物本身底**基型**，而並非如範疇那樣，只是可能經驗之管鑰。依他的觀點，理念是從最高的理性而發出，而依據最高理性這個源泉，理念亦遂爲人類理性所分得，但是，人類理性現在卻不再是存在於其根源的狀態中，而是被迫著要努力因著回憶之過程（此名曰哲學）去招還那舊有的理念，此舊有的理念現在被弄成十分模糊了。我在這裡不想致力於任何文獻上的研究，

A314 研究這有高致的哲學家所賦給此詞的意義。我只這樣解說，即：試將一個作者就他的主題所表示的那些思想，不管是在日常談話中或在寫作中所表示的，取而比觀之，則去見出：我們了解他比他了解其自己爲更好，這決非是不平常的事。由於他不曾充分地決定他的概念，他有時在相反於其自己的意向中說話或甚至運思。

柏拉圖很知道我們的知識機能實觸摸到一更高的需要，即比

「只依照一綜和統一去拼綴出現象以便能夠去把這些現象解釋成經驗」這樣的需要爲更高的需要。他知道我們的理性很自然地把它自己高舉到這樣的一些知識上，即這些知識遠超過經驗底界限以至於沒有特定所與的經驗對象能夠與之相一致，但縱然如此，這些知識亦仍須被承認爲有其自己之實在性，而決不只是腦筋底虛構。　B371

　　柏拉圖在實踐(a)之領域中，即是說，在那基於自由的東西中（此自由轉而又基於那些「是理性底一特殊產品」的知識上），見到他所說的理念之主要的例證。任何一個人，不管是誰，如果他想　A315
從經驗中引生出德行之概念，並且（如好多人實際上所已作的），想把那「最多只能在一種不圓滿的解釋中充作一個事例」的東西作成一個模型由之以引生出知識，則他必至使德行成爲某種依照時間與環境而變化的東西，一種歧義叢生的怪物，此怪物不允許有任何規律之形成。反之，如我們所知者，如果任何一個人已被舉出作爲　B372
德行底模型，則那眞正的根源模型，即我們用之以比較衡量這已被視爲確實的模型者，並且單用之以判斷此被視爲確實的模型之價值者，是只能在我們的心靈中被發見。這個根源的模型就是德行之理念，關於此理念，經驗底可能對象可以用來充作事例（充作例證以證明理性底概念所命令者在某種程度上是可實踐的），但卻不能用來充作基型。「沒有人能活動得適合於那被含在德行底純粹理念中者」，這是事實，但這一事實決不足以證明這個思想〔即：德行之理念這個思想〕在任何方面必是虛妄的或空想的。因爲只有藉賴著這個理念，任何關於「道德價值或道德價值之反面」的判斷才是可能的；因此，這個理念可以爲「接近於道德圓滿」的這種每一接近充作一不可缺少的基礎——不管人性中的障礙（障礙到無可指派的

界限指派給它之程度）可以使我們遠離這種道德圓滿底完整成就
〔即：永不能達至道德圓滿之境〕。

(a)處，康德作底注云：

柏拉圖實亦把他的概念作如此之擴張即如要去包括思辨的知
識那樣的擴張，只要當這思辨的知識是純粹的而且是完全先
驗地被給與的時。他甚至亦把他的概念擴張至數學，雖然數
學底對象除在可能經驗中被發現外不能在任何其他處被發
現。在這一點上，我不能遵從他，而在其關於這些理念底神
秘推演方面，或在這樣的誇奢，即，如普通所說，他因這誇
奢而把這些理念實體化，這樣的誇奢方面，我亦同樣不能遵
從他。雖然如此，然而他在實踐這範圍內所使用的那高舉的
語言，由於必須允許被使用故，實完全可有一「符合於事物
之本性」的溫和解釋。

A316　　柏拉圖底理想國，【作為空想的圓滿（只能存在於閑散的思想
家之腦筋中的空想的圓滿）之一所謂驚人的例證看】①，已成為諺
語的（著名的）了；而布魯凱爾（Johann Jakob Brucker 1696-
1770）則因這位哲學家肯斷一個君王只要當他參與理念他便能有很
好的統治，而譏諷之。但是，我們若去繼續這種理念之思想，並且
當這偉大的哲學家不能給我們以幫助時，而通過重新的努力，去把
B373　這思想置於一恰當的場所，而不以不可實踐之藉口（十分可慮而有
害的藉口）把它當作無用而置之不理，則我們必應更為明智。一部
這樣的憲法，即「允許依照法律而來的最大可能的人類自由」這樣

的憲法,無論如何,是一必要的理念(所謂「依照法律而來的最大
可能的人類自由」,這所依照之法律乃是這樣的,即因著它每一人
底自由可以被致使與一切其他人底自由相一致,又我只說最大可能
的自由,不說最大的幸福,蓋因為幸福將自然隨自由而來)。如此
所說的憲法是一必要的理念,此必要的理念必須被認為是基礎,其
被認為是基礎不只是在開始設計一憲法中而被認為是基礎,而且亦
在此憲法底一切法律中而被認為是基礎。因為在開始時,我們需要
去把實際存在著的障礙予以抽掉〔暫不計及〕,此等障礙或可並不
是不可避免地發生自人性者,乃毋寧是由於一完全可治療或可糾正
的原因而發生者,此可治療可糾正的原因即是在制作法律時純粹理
念之忽略。實在說來,再沒有什麼東西比卑俗的訴請,訴請於所謂
「不利的經驗」〔adverse experience,逆反於理念的經驗〕,更為
有害,或更為不值得稱為一個哲學家。如果在適當時候裡,那些制　　A317
度已依照理念而被建立起,又如果理念不曾為粗糙的概想所頂換
〔所錯置〕,(此等粗糙的概想,恰因它們從經驗中而被引生出,
所以它們已淘空了一切善的意向,)則「訴請於不利的經驗」之訴
請②必不會存在。立法與政府愈與上述的理念相諧和,則懲罰必愈
少,因此,如柏拉圖所主張的,去主張在一圓滿國家裡,沒有懲罰
(不管是那一種)是必要的,這必完全是合理的。這個圓滿的國家
實可從未出現過;可是縱然如此,這並不影響這理念底正當性,這
理念,為的要想去把人類底法定組織〔legal organisation,　　B374
gesetzliche Verfassung,法定的憲法〕帶至更切近於其最大可能的
圓滿,它預先定下這極峰〔極高度〕以為一基型。因為人類所可至
而停止於其上的那最高的程度是什麼,又理念與此理念底實現這兩

者之間有如何大的懸隔〔鴻溝〕可被留存下來，這些問題是無人能
答覆或應當去答覆的。因為這論題是依靠於自由的；而去越過任何
以及每一特殊化的限制，這乃正是存在於自由之力量中的。

> ①此句依康德原文譯，肯‧斯密士譯為：「作為一設想地空想的
> 圓滿（……）之一驚人的例證看」，不諦。
> ②主詞當該為「訴請於不利的經驗之訴請」，肯‧斯密士譯為
> 「這樣的經驗」，如是，成為「這樣的經驗必不會存在」，此
> 則不通。經驗總是有的，問題是在你訴不訴諸它。康德原文是
> 個“die”，指前文「訴請於不利的經驗之訴請」說，不會指
> 「不利的經驗」說。另兩英譯較能顯出是指「卑俗的訴請」
> 說。

　　但是，不只是在「人類理性顯示真正因果性」的地方，以及
「理念是運作的原因（行動與行動底對象之運作的原因）」的地
方，即是說，在道德範圍內，柏拉圖很正當地辨識出「一個由理念
而成的根源」之清晰的證明，而且就自然界本身說，柏拉圖亦看出
「一個由理念而成的根源」之清晰的證明。一棵植物、一個動物、
宇宙之有秩序的排列──因而大概亦可說這全部自然世界──皆清
A318　楚地表示出：它們只有依照理念始可能，並亦表示出：雖然沒有一
個被造物在其個體存在之情況中能與那最圓滿的東西（即在其種類
上為最圓滿的東西）之理念相一致，然而這些理念卻是每一個皆當
作一個個體物而且每一個亦當作不變者而在最高知性中為完全被決
定了的，而且它們亦是一切事物之根源的原因，此恰如一現實的人

不能與「人之為人」之理念相一致，雖不能與之相一致，然而此一
現實的人卻猶把「人之為人」之理念懷有之於其靈魂中以為其行動
之基型。但是〔就全部自然世界言〕，只有事物之綜體，即「在其
相互連繫中以構成宇宙」的那事物之綜體，才是完全地適合於理念　B375
者。假定我們把柏拉圖的表達法中的那些誇奢語置之不理，則這哲
學家的精神飛躍，即從「反射於物理世界秩序上底副本樣式
（ectypal mode）」①飛躍到依照目的，即依照理念，而成的世界
秩序之建構的安排，這種精神的飛躍，實是一值得尊敬與模倣的事
業。無論如何，在關涉及道德、立法，以及宗教諸原則中，柏拉
圖的主張顯示其完全獨特的功績，這卻是實情。（在道德、立法、
宗教之原則處，經驗，在此等處，即善底經驗，其自身只有因著理
念始被致使成為可能的，善底經驗，由於是理念之經驗的表示，是
故它必須總是不完整的。）當柏拉圖的主張得不到承認，那是由於
其被判斷確然是依照那些經驗規律而被判斷，而這些經驗規律，若
視之為原則，其無妥效，柏拉圖的主張本身已經把它證明了。因為
當論及自然時，經驗可供給規律並且是真理之源，可是就道德法則
而言，咳！它卻正是虛幻之母！從那已作成的東西中去引生出那　A319
「規定應當被作的東西」的法則，或去把那「已作成者」所因以受
限的限制置之於那「規定應當被作者」的法則上，這是最可受譴責
的，再沒有比這更可受譴責。

　　①依康德原文當該是「物理世界秩序之副本式的觀察」（der
　　　kopeilichen Betrachtung des Physischen der Weltordnung）。
　　　肯·斯密士是意譯，但他已注出原文。「副本式的觀察」在中

文是很通的，也許在英文不很通，故三英譯皆有改動。所謂
「副本式的觀察」意即把物理世界秩序當作一副本而觀察之。

　　但是，雖然隨這些考慮而來者就是那「給與哲學以獨特的尊
嚴」者，可是我們必須同時盡力於一種較少炫耀而卻有功績的工
B376　作，那就是說，去劃平這基地，並且使這基地對於【那些莊嚴弘偉
的道德大廈】①為充分地堅固可靠的。因為這基地已因著地下發掘
工作而被弄成蜂窩狀〔即：被弄成千瘡百孔〕，這地下發掘工作就
是理性以其有信心但卻無成果的尋求，尋求那隱藏的寶藏，而在各
方面所進行之者，而這地下發掘工作復亦威脅了上層建築之安全。
我們現在的義務就是去辨識純粹理性底超越使用，辨識純粹理性底
原則以及其理念，這樣我們可有辦法去決定並去估量純粹理性底影
響力以及其真正的價值。但是，在結束這些導引的解說以前，我要
對那些衷心對哲學有興趣（比一般大多數人更有興趣）的人有所懇
求，我懇求他們說：如果他們見到他們自己已為這些考慮以及下面
的那些考慮所說服，則他們須當小心去保存「理念」這個字之原
義，這樣，理念這個字便可不變成那些字之一，即那些「通常被用
來去指示任何及每一類表象」的字之一，所謂「通常被用來去指
示」云云，這所謂去指示乃是在一種隨意所之的混擾（ a happy-go-
lucky confusion ）中去指示，這樣去指示遂致引起對於學問的傷
害。須知茲並不缺乏對某某類表象為適當的字眼〔意即：對每一類
A320　表象皆分別地有適當的字眼以名之〕，這樣，我們決不需去侵佔這
些字眼中任何一個字眼之各自的領域。這些字眼底序列如下：
　　綜綱是「表象一般」。

隸屬於此綜綱者則是表象與意識（或覺識）俱，即「知覺」。

一個知覺它若只關聯於主體而爲主體底狀態之變形，它即是「感覺」。

一個客觀的知覺則是「知識」。

知識或是「直覺」，或是「概念」。 B377

「直覺」是直接地關聯於對象，而且是單個的。

「概念」則是因著若干事物所共有的一種特徵而間接地關聯於對象。

概念或是一經驗的概念，或是一純粹的概念。

純粹的概念，當它單只在知性中有其根源（不是在感性底純粹形像②中有其根源）時，它便被名曰「綜念」一個「從綜念而形成而且超越了經驗底可能性」的概念便是一個「理念」，或曰「理性之概念」。

任何人他若熟習這些區別，他必見到：聽見顏色紅之表象被名曰「理念」（idea）③，這乃是不可容忍的。顏色紅之表象甚至亦不應當被名曰一知性之概念，即不應當被名曰一綜念。

①「那些莊嚴弘偉的道德大廈」德文是"jenen majestätischen sittlichen Gebäuden"，肯·斯密士譯爲"moral edifices of these majestic dimensions"（這些莊嚴廣大的道德大廈），Max Müller 譯爲"that majestic edifice of morality"（那種莊嚴的道德大廈），Meiklejohn 譯爲"those mejestic edifices of moral science"（那些莊嚴的道德學之大廈）。

②「感性底純粹形像」指時空圖形說，數學中的純粹概念是在感

性底純粹圖形中有其根源，此不得被名曰「綜念」（notion）。

③此指柏克萊（Berkeley）說。但柏克萊把顏色等名曰"idea"，此 idea 即不可譯爲「理念」，甚至亦不可譯爲「觀念」。康德是以柏拉圖意義的 idea 爲準，故柏克萊之使用乃不可容忍也。

〔譯者案〕：

此節，康德稱讚柏拉圖。理念，依康德，即是理性底概念，依柏拉圖，它是事物本身之基型，故亦曰：「理型」，亦即理性之概念義。此詞決不可用來說聲音、顏色等之表象，因爲這些只是感覺。巴克萊用此詞說聲音、顏色等乃是不可容忍的事。可是巴克萊有使用詞語底自由，他已用"idea"說聲色臭味，擴大之，全部知覺現象了。大家亦知他使用此詞與柏拉圖所使用者不同，故在中文通常以「觀念」譯之，其實只是感觸知覺底覺象（知覺現象，可譯曰「覺象」或「覺相」，而不可譯曰「觀念」）。柏拉圖使用「理念」，則是表示它們發自於最高的理性。若以此爲準，當然不可再用之說知覺現象了。可是人們亦指出柏拉圖使用"idea"亦不合此詞之原義。此詞之原義正是指可看見的相而言，乃是現出來的相，即現象之相。柏拉圖則倒轉之以爲事物本身之基型，不是現象，而是實在。柏拉圖亦可保存其爲可見之相之義，但是心眼或慧眼所見之相，而不是肉眼所見者。心眼所見者其客觀的根源卻是理性。名之曰理型者是從客觀意義說。在此而譯曰「相」，雖能照顧到文字的原義，然已不妥

了。海德格説柏拉圖之倒轉，由此開啓一偉大的傳統，乃實
是一墮落，所以他要返回柏拉圖以前。這眞是見仁見智了。
康德仍然遵守柏拉圖底傳統，視之爲「精神的飛躍」。

聲色臭味等之表象不得名曰理念，可見康德所説時、空、現
象三者之「超越的觀念性」以及所説「超越的觀念論」，此
中之觀念性（ideality 不譯爲理念性或理想性）以及觀念論
（idealism 不譯爲理念論或理想論）中之所以爲「觀念」不
是就現象之不離感性而説甚顯，乃是就其超離感性便是
「無」而説。超離感性便是無，故在此譯曰觀念性或觀念
論，言其無實也。超離感性而有正表，則曰理念，雖非知識
之所及，然並非是無，只在此可曰理念。無論有正表或無正
表（是無），皆就超離而言也，即吾所謂外指地言之，非内
指地言之也。而巴克萊之使用「觀念」（idea 一詞移位便不
曰理念，而曰觀念，實亦不應曰觀念，應當曰覺象或覺相）
以及所謂經驗的觀念論或材質的觀念論（經驗的或材質的覺
象論）則正是内指地言之也。故康德非之。若就 idea 一詞
之希臘文的原義而言，巴克萊之使用倒是對的。康德是以柏
拉圖之使用爲準也。

柏拉圖之使用理念甚爲廣泛，上文康德注(a)中所謂擴張至思
辨知識，乃至擴張至數學是也。並且還有些神秘的推演，即
所謂誇誕，因之遂把理念實體化。康德追隨其風範，只把理
念限於實踐範圍内，所謂道德、宗教以及立法是。思辨知識
只在知性之概念或綜念範圍内，此則永不能及於「理念」。
在思辨理性上，理念並無客觀妥實性，即並不能實體化，如

是，乃去其誇誕。又數學知識在感性範圍內，此處尤不能説
理念。理念雖只限於實踐範圍內，然亦不是知識之對象，因
感觸直覺既不能及，而吾人又無智的直覺故也。因爲無智的
直覺，故雖在實踐範圍內有客觀妥實性，然亦只是一設準，
即只有主觀必然性，並無客觀必然性，故亦終於不能實體化
也。

柏拉圖之理念，雖如此高尚（就道德而言，如康德之所
取），然其表達卻常以知性概念之方式論之，故一般亦以定
義之根據視之，此由其擴張至思辨知識與數學知識，高尚者
而下委，與此後兩者平齊而觀，因而成爲泛理念論也。因
此，亞里士多德遂專論知性之概念，而柏拉圖之「超離説」
遂亦被轉爲「內在説」，而理念亦遂轉爲廣泛之形式，因而
成爲定義中之本質。由此，柏拉圖之「精神飛躍」遂保不住
而墜落矣。康德保存其超離説，而又把理念專限於道德，與
知性之概念分開而不濫，則理念之高尚以及柏氏之精神的飛
躍可以保住而不墜失。吾人若再能講出智的直覺之可能，則
此一理想主義之雅音可以徹底透出矣。亞里士多德以後逐步
向海德格所謂「表象的思想」（representative thought）
走，固不能返本而透體，然如海德格抹殺此一雜音而空頭論
返本，則亦無根之論也。

〔譯者又案〕：
康德説「綜綱是表象一般」。表象，德文是"Vorstellung"，
拉丁文是"repraesentatio"。我們的思議活動所呈現的一切

觀念或心識作用所呈現的一切活動相或了別相客觀地說都是
「表象」，故表象一般即是綜綱（genus）。但主觀地說，
它們又都表示我們的思議活動或我們的心識之了別活動。故
德文"Vorstellung"一詞兼有主客兩面的意義。《純粹理性
批判》中使用此詞大體是「表象」義，故三英譯皆把它譯為
「表象」，而康德說「綜綱是表象一般」時，即綴之以拉丁
文"repraesentatio"，此同於英文之"representation"（表
象）。故在此書中，Paton以"idea"（觀念）譯之是不妥
的（見他的《經驗底形上學》一書，此書是解釋《純粹理性
批判》分析部的）。他若取Berkeley使用idea一詞之意
義，則又太狹，因為康德使用「表象」一詞是很廣泛的，故
以之為綜綱。Berkeley使用idea一詞亦取希臘文的原義，
但不是柏拉圖義。他所取的idea實只是覺象（知覺現象）
義，從所，不從能，雖不離心，但卻指呈現於心的現實物
說，故不可譯為觀念。但德文"Vorstellung"一詞既有主觀
面思議活動的意義，從此面把它譯為「觀念」（idea）亦未
嘗不可。此所謂「觀念」（idea）即是普通所謂思想，想法
等義。查德文動詞"vorstellen"是介紹，提薦，提置某某
於前，等義，此即動詞義的表象或呈現，而名詞
"Vorstellung"亦是介紹，提示，想像等義，此則偏重主觀
面的活動，此實相當於《易傳》所謂擬議：「擬之而後言，
議之而後動，擬議以成其變化。」就吾人之思議活動說，就
是「擬議」，故一切皆是擬議，此是綜綱：在不同的分際上
有種種不同的詞語：客觀地從成果上說皆是表象，主觀地從

思議活動上說皆是擬議：合而為一就是擬議而表象之以成為各種的表象：擬議以成其變化，表達上成各種詞語之變化，存在上成萬事萬物之變化。但是，《道德底形上學之基礎》中有這麼一句：「自然中每一東西皆依照法則以動轉。惟有理性的存有獨有一種『依照對於法則之想法，即，依照原則，以行動』之機能，即是說，它有一個意志」（〔36頁〕）。此中「對於法則之想法」，德文就是" der Vorstellung der Gesetze"，此處使用 Vorstellung 似不可譯為表象，故英譯皆不以表象譯之。「對於法則之想法」即是對於法則之擬議，簡單地亦可說為「法則之觀念」，此處 Paton 譯為觀念是可以的。因為對於法則有想法有擬議，故因而有原則以立法則。此「依原則以立法則」之能力或機能即是意志。物只依照法則以動轉，故法則皆是機械的法則或自然法則，物之動轉是並沒有原則的：有法則而無原則。因為物不會想，不會擬議。人會想，有「依照對於法則之想法以行動」之機能，即有一意志。依什麼路數想法則並依其所想之法則以行呢？純理性地想之抑還是依幸福等以想之？如是前者，則成立道德法則（定然律令）；如是後者，則形成假然律令，審慎底規準。但皆有其實踐的原則，故亦可說有「依照原則以行」之機能。不管其所成的是定然律令，抑或是假然律令，皆是實踐的律令，而總不是機械法則或自然法則。《實踐理性批判》中亦常有「對於法則之想法，擬議，或觀念」等類的表示，康德所用的皆是" Vorstellung"一詞，故在此等處皆不可譯為表象。阿保特（Abbott）譯為

conception，但有時和概念（concept, Begriffe）相混。
conception 與 concept 是不同的，前者表示思議作用，後者
表示客觀的概念，即中文所謂某某義，義理之義。拜克
（Beck）譯爲觀念（非理念），有時譯爲思想，其實即想
法或擬議，同於"Vorstellungsart"。此等處須通其意，否
則直成混亂，很難譯得出。又《實踐理性批判》〔236〕頁
中有這麼一句：「一切範疇被分成兩類：一類是數學的，此
類範疇在對象之觀念中論及綜和之統一；另一類是力學的，
此類範疇在對象底存在之觀念中涉及綜和之統一。」此中
「在對象之觀念中」，「在對象底存在之觀念中」，「觀
念」亦是"Vorstellung"之譯語，在此，只如此譯即可，譯
爲表象亦可，想法，擬議，則不可用。

超越的辯證 第一卷

第二節 超越的理念

超越的分析部已展示給我們：我們的知識底純然邏輯形式其自身如何可以含有根源的純粹先驗概念，此等純粹先驗概念表象對象是先於一切經驗而表象之，或更正確地說，此等純粹先驗概念指示綜和的統一，單只這綜和的統一才使對象底一切經驗知識為可能。 判斷底形式（即：轉成一個概念以綜和諸直覺的那判斷之形式）產生出範疇，這些範疇指導經驗中的知性之一切使用。判斷底形式既如此，則同樣我們也可以預定：理性推理〔三段推理〕底形式，當其在範疇底指導下而被應用於「諸直覺」底綜和統一時，它將含有一些特別的先驗概念之根源，此等特別的先驗概念，我們可名之曰理性底純粹概念，或名之曰超越的理念，「它們將依照原則而去決定：知性在其依經驗之綜體而處理經驗時如何可被使用」。①

> ①此句依康德原文是：它們將依照原則而去決定全部經驗之綜體
> 中的知性之使用。

理性之在其推理中之作用〔功能〕即存於其依照概念所產生的知識之普遍性中，而三段推理其自身即是一判斷，此一判斷是依其條件底全部範圍而為先驗地被決定了的。「凱烏士是有死的」 （Caius is mortal.）這個命題，我實能單因著知性而從經驗中把它引生出來。但是，我現在是在追求一個概念（在此例中，即是

「人」這個概念),此概念含有這條件,即「單在其下此判斷底謂詞(即:對所肯斷的東西而爲通詞的那個謂詞)可被給與」的那個條件;而在我已把這謂詞歸屬在這個條件即就其全部外延(「凡人有死」)而觀之的這個條件之下以後,於是,我即依照這個條件進而去決定「我的對象」之知識(「凱烏士是有死的」)。

B379　　依此,在一三段推理底結論中,我們把一個謂詞限制於某一特定的對象上,此一謂詞,我們已首先思之於大前提中,即在一特定所與的條件下就其全部外延而思之於大前提中,在這樣思之以後,我們再把它限制於某一特定的對象上。在關聯於這樣一個條件中的「外延底這種完整的量」即叫做是「普遍性」。在「綜和諸直覺」之綜和中,我們有「條件底全部或綜體」以相應於這普遍性(外延之完整的量)。因此,理性底任一超越的概念不過就是對任何所與的特定有條件的東西而言的「條件底綜體」之概念。現在,因爲單只是這「無條件者」才使「條件底綜體」爲可能,而且,反過來言之,「條件底綜體」其自身亦總是無條件的,所以理性底一個純粹概念〔亦即超越的概念〕,一般地說來,可因著無條件者之概念而被說明,這無條件者即是被思議爲含有「有條件者底綜和」之根據者。

A323　　理性底純粹概念之數目將等於**關係種類**之數目,這所謂關係種類即是知性因著**範疇**〔案:即關係範疇〕而把它們表象給其自身者。因此,我們首先須去尋求一主詞〔主體〕中的定然綜和底無條件者,其次,須去尋求一個系列底分子底假然綜和之無條件者,最後第三,則須去尋求一系統中的諸部分底析取綜和之無條件者。

　　這樣說來,茲確有與關係種類之數目相同的三段推理〔理性底

推理〕之數目，其中每一種三段推理皆通過後反的三段推理
（prosyllogism）而進至無條件者：第一，進至這主體，即「其自
身從不會是一謂詞」的那主體；第二，進至這預設，即「其自身不　B380
再預設任何進一步的東西」的那預設；第三，進至一個概念底區分
中的分子之綜體〔集合體〕，這綜體是這樣的，即它不再需要什麼
進一步的東西以去完整起這區分。這樣說來，理性底純粹概念（條
件綜和中綜體之概念），由於其把「知性底統一，當可能時，擴展
至無條件者」，這種工作安置給我們，所以至少它們是必要的，而
且它們皆基於人類理性底本性中。但是，這些超越的概念在具體現
實中可並無任何適合的「相應的使用」〔使用之以相應於什麼東
西〕，因而亦可並無其他用處，其所有的用處不過就是如此這般地
指導著知性，以至於當知性被擴張至極端時，此知性同時亦可被致
使與其自身完全相一致。

〔案〕：意即使知性自身一致。如果一旦使知性陷於自相矛
盾，那必不是知性自身之過，而是理性在其推理以提出這些
超越的概念時有毛病，此即下第二卷所說之理性之誤推以及
理性之背反。若把理性底這些超越概念歸還其消極的意義，
則理性順而知性亦順。所謂知性亦順，意即當盡其擴張之極
時，它亦並不陷於自相矛盾。

但是，當我們在這裡說及「條件底綜體」並說及「無條件者」　A324
以為一切理性底概念之共同名稱或等值名稱時，我們復碰見這樣一
種詞語，即「我們不能不使用它，而由於經過長期的誤用而附隨於

它的一種模稜的歧義，我們又不能安全地使用之」，這樣一種詞語。「絕對」一詞即是如下所說的少數詞語中之一個，即這些少數的詞語依其根源的意義而言曾是適宜於這樣一個概念的，即在同一語言中沒有其他字眼可準確地適合之，這樣的一個概念。「絕對」一詞就是這樣少數字眼中之一個。因此，這個詞語底喪失，或相當

B381 於此喪失者，如其使用中的鬆弛〔不精確不緊嚴〕，必帶有此概念本身底喪失與之俱。而在此情形中，因為這概念是理性所十分予以注意的一個概念，所以它不能若被放棄而無甚傷害於一切超越的哲學。「絕對」一詞現在時常被用來只去指示：某種東西在「一物之就其自身而觀之」上即為真，因而也就是說，去指示：某種東西在「一物之內在的本性」上即為真。依此義而言，「絕對地可能者」必是意謂那「在其自身（內在地）是可能的」者——這在其自身是可能的者，事實上，是對於一對象所能說的「最少者」。另一方面，「絕對」一詞有時也被用來去指示：某種東西是有效的，其為有效乃是在一切方面，無有任何限制，而為有效，例如「絕對的專制」之絕對即是如此，而依此義而言，則「絕對地可能者」必意謂

A325 那在每一關係中（一切方面）而為可能者——這在一切方面為可能者是對於一物之可能性所能說的「最多者」。我們常見這兩個意義被結合在一起。例如，凡是內在地不可能者即是在任何關係中為不可能者，因此也就是說，是絕對地不可能者。但是，在好多情形中，這兩個意義是彼此無限地遠隔的〔是彼此全然不同的〕，而我亦決不能推斷說：因為某物在其自身是可能的，所以它也在每一關係中是可能的，因而也就是說，是絕對地可能的。實在說來，如我此下所表明的，絕對的必然性並不總是依靠於「內在的必然性」，

因此，它必不可被視爲與「內在的必然性」爲同義語。如果某物之　B382
反面是內在地不可能者，則此反面自然是在一切方面爲不可能者，
因而可反證此事物本身是絕對地必然的。但是，我不能逆反這推理
而去推斷說：「如果某物是絕對地必然的，則其反面是內在地不可
能的」，即是說，我不能推斷說：「事物之絕對必然性是一內在的
必然性」。因爲此「內在的必然性」在某些情形中是一完全空洞的
詞語，我們不能把任何概念連屬於此空洞的詞語上，可是一物在一
切關涉中（關涉於每一可能的東西之關涉中）而爲必然的這一必然
性之概念卻包含有某種十分特殊的決定。因爲在思辨的學問上十分
重要的一個概念之喪失對於哲學家決不會是一不相干的事，所以我
確信：對於概念所依的詞語予以固定而謹愼的保存對於哲學家亦同
樣並非不相干者。

　　依是，我將依此廣義使用「絕對」這個字眼，使「絕對」一詞　A326
所表示的絕對者與那只是比較地爲有效者，即在某一特殊方面爲有
效者，相對反。因爲雖然後者爲條件所限制，然而前者卻無任何限
制而爲有效的。

　　現在，理性之超越的概念總只指向於條件底綜和中的絕對綜
體，而除在那是絕對地無條件者中，即，在一切關係上是無條件者
中，它可以終止外，它決不能有終止。因爲純粹理性把每一東西皆
留給知性，單只這知性始直接地應用於直覺底對象，或勿寧說，只　B383
直接地應用於那依想像力而形成的「對象之綜和」。理性其自身則
專有關於知性底概念之使用中的「絕對綜體」，並且它把綜和的統
一（在範疇中被思者）努力帶至完全地無條件者。我們可以把現象
底這種統一叫做是理性底統一，而那爲範疇所表示的現象之統一，

我們可名之曰知性底統一。依此，理性其自身只有事於「知性底使用」，其有事於知性底使用實不是當知性底使用含有可能經驗之根據時而有事於知性底使用（因為條件底絕對綜體之概念在任何經驗中不是可應用的，因為沒有經驗是無條件者故）；它但只是為的要想去把「其指向於某種一定的統一，即知性自身對之無任何概念的那某種一定的統一」，規劃給知性，並且是依這樣式去把這種統一規劃給知性，即如「把知性底一切活動，在關涉於每一對象中，統一成一絕對的整全」這樣式而去把這種統一規劃給知性：理性只是為的要想如此樣地去把「其指向於某種『知性自身對之無任何概念』的統一」規劃給知性而有事於知性底使用。因此，理性底純粹概念之客觀的使用總是超絕的〔或超離的〕，而知性底純粹概念之客觀的使用，依照這些純粹概念之本性而言，以及因為這些純粹概念底應用是只應用於可能經驗之故，則卻必須總是內在的（immanent）。

A327

所謂「理念」，我理解其是理性底一個必然的概念，對此必然的概念，沒有相應的對象可被給與於感取經驗中。這樣，理性底諸純粹概念，現在所要考量者，即是諸超越的理念。它們是純粹理性底諸概念，蓋因為它們視經驗中所得到的一切知識為經由諸條件底一個絕對綜體而被決定者。它們不是隨意地被發明出來的；它們是因著理性自身之本性而被安置，因此，它們和知性底全部使用有一必然的關聯〔必然地關聯於知性之全部使用〕。最後，它們是超絕的，並且越過了一切經驗底界限；沒有「適當於超越理念」的對象可被發見於經驗範圍內。如果我說及一理念，就它的對象而言，把其對象看成是純粹知性底一個對象，則我於說及一理念時便說得太

B384

多〔因為其對象不能是純粹知性底一個對象〕，但是，就其關聯於主體而言，即是說，就其經驗條件下的現實性而言，則因此現實性之故，我於說及一理念時所說的又甚少，蓋因為：由於理念是一極峰之概念，是故它從不能相應地在具體現實中被給與。因為在理性 A328
底純然思辨的使用中，此後者〔即所說的太少中理念從未能相應地在具體現實中被給與，非如肯·斯密士所注：「在經驗條件下去決定理念之現實性」〕①，實在說來，是我們的整個目的〔意即：在理性底純然思辨的使用中我們的整個目的即在表明此義〕，又因為去求接近一個概念，而此概念又從不能現實地被達到，這種「接近一概念」之接近使我們的處境並不比「設想這概念完全無效」為更佳，所以關於這樣一個概念，我們說：它只是一理念。因此，我們可以這樣說：一切現象底絕對整全只是一理念；此蓋因為我們從不能把這整全表象之於影像〔形像〕中，是故此整全猶仍是一個「對之無解答」的問題。但是因為另一方面，在知性②底實踐使用中，我們所唯一關心的就是關心於「規律之貫徹或實行」③，所以實踐 B385
理性底理念總能在具體中現實地被給與，雖然只是部分地被給與；實在說來，理念是理性底一切實踐使用之不可缺少的條件。此理念之實踐總是有限制的而且是不完全的〔有缺陷的〕，但卻並不被封於可決定的界限內，因此，此理念之實踐總處於「一絕對完整」之概念之影響下。因此，這實踐的理念總是極高度地有成果的，而在其關聯於我們的現實活動中，它又是不可缺少地必要的。在這裡，理性實表現了因果作用，因為它把其概念所包含的東西現實地產生出來；因此，關於這樣的智慧，我們不能輕蔑地說：它只是一理念。反之，恰因為它是一切可能的目的底必然統一之理念，所以它

必須當作一個根源的條件，至少也當作一個有限制作用的條件，而在一切有關於實踐者的事中充作「標準」④。

①「此後者」，另兩英譯無注明，肯・斯密士加注明云：「即在經驗條件下去決定理念之現實性」。案：此注明語非是，故改之。「此後者」即指上句中「說的甚少」一項而言。為什麼說的甚少？「因為理念是一極峰之概念，所以它從不能相應地在具體現實中被給與」。是故「就其經驗條件下的現實性而言」，我們說理念便說得甚少，因為它根本無現實性。雖然說得甚少，然而「在理性底純然思辨的使用中」，「這實在說來卻正是我們的整個目的」，意即：在理性底純然思辨的使用中，我們的整個目的即在表明此義。在思辨理性中，我們不能說多。此雖說的甚少，卻是對的。前一項說得太多，便說過了頭。辯證部之批判即在表明此義。我們不能說「在經驗條件下去決定理念之現實性」是我們的整個目的，思辨理性中的整個目的。依康德，在理性底純然思辨的使用中，理性底概念只是一理念；但是在實踐理性中，理性底概念（理念）不能輕蔑地被說為「它只是一理念」。

②原文是「知性」，案：當改為「理性」，至少說「理性」更順。

③依原文當該是「依規律而實行」（依規律而成的實踐行動）。另兩英譯即如此譯。

④原文是「規律」（Regel）。

雖然對於理性底諸超越的概念，我們必須說：「它們只是理

念」，然而此語卻決不可被認爲只表示：它們是多餘的而且是空洞　A329
的。因爲縱使它們不能決定任何對象，可是它們猶可依一基本而未
被注意的樣式，當作知性底擴張而一致的使用上的一個規準，而服
務於知性。知性實不能因其作爲其擴張使用之規準便得到關於任何
對象底更多的知識，即比因著其自己之概念所得到者爲更多之知
識，但是對其欲獲得更多的知識而言，它卻因其作爲其擴張使用之
規準而得到了較好而廣大的指導。又有進者，（在此，我們所需要
的不過只是一提，不詳解，）理性底概念或許可以使「從自然之概　B386
念轉到實踐的概念」這一種過轉爲可能，而在這種過轉中，它們又
可給予道德理念自身以支持，並可使道德理念獲得其與理性底思辨
知識之相連繫。關於這一切，我們必須期待將來繼續說明。〔案：
此將爲《實踐理性批判》中之事〕。

　　依照我們的計畫，我們把實踐理念暫置不論，我們只在理性底
思辨使用中，或毋寧更進一步限制我們自己，只在理性底超越使用
中，來考量理性。在這裡，我們必須遵循我們在範疇底推證中所已
取的途徑；我們必須考量理性知識（通過理性而成的知識）底邏輯
形式，看看理性是否不可以因著此邏輯形式亦同樣是如下所說的諸
概念底一種源泉，即此諸概念能夠使我們去視對象依其自身即爲先
驗綜和地被決定了的，即在關聯於理性底諸功能之此一功能或其他
功能中而爲先驗綜和地被決定了的。

　　理性，若被視爲知識底某種一定邏輯形式之機能，它便是推理　A330
之機能，即是說，它是「間接地作判斷」之機能（因著把「一可能
判斷之條件」歸屬於「一特定所與判斷底條件」下而間接地作判
斷：理性是這樣間接地作判斷之機能）。這特定所與的判斷是普遍

的規律（大前題如「凡人有死」）。「把另一可能判斷底條件歸屬
在這規律底條件下」這種歸屬便是小前題〔如「孔子是人」。「是
某某者是孔子」是此處所說另一可能的判斷。此另一可能的判斷底
「條件」即是成爲孔子這個個體的那某某者，把此成孔子的某某者
歸屬在規律底條件即「是人者」之下，即成爲「是某某者（＝孔
子）是人」。〕那「把規律底肯斷應用於這被歸屬〔於人下〕的例
B387 案〔孔子〕」的現實判斷便是結論〔孔子有死〕。規律普遍地陳述
某種東西〔是人者〕，陳述之爲隸屬於某種一定的條件者〔有死
者〕。規律底「條件」〔是人者〕在一現實的例案〔如孔子〕中可
見其爲被滿足者。因此，那在該條件下被肯斷爲是普遍地有效者
〔即：皆可被賅括在「是人」這條件下者〕亦可被視爲在此現實例
案〔孔子〕中亦是有效者〔即：孔子亦可賅括在「是人」這條件
下〕，此現實的例案亦包含〔遵從或滿足〕那個條件〔即：孔子亦
符合「是人」這條件〕。因此，理性藉賴著知性底諸活動〔即：構
成一條件系列的那知性之諸活動〕而達至於知識，這是十分顯然
的。這樣，如果我達到「一切物體是可變的」這個命題是因著以下
之辦法而達到，即只因著開始於較爲更遼遠的知識，即是說，只因
著開始於「凡是組合的每一東西皆是可變的」這命題所表示的更遼
遠的知識（在此更遼遠的知識中，物體之概念尙未出現，但縱然如
此，那遼遠的知識亦含有此物體之概念之條件）；因著如此開始
已，我復從「凡是組合的每一東西皆是可變的」這個命題進到另一
個命題，此另一個命題是較小遼遠的，而且它亦處於適所說之命題
之條件下，即是說，我進到「物體是組合的」這個命題；而從「物
體是組合的」這個命題最後我復過到一第三命題，此第三命題把更

遼遠的知識（可變的）連繫於現實地擺在我眼前的知識（物體之知　A331
識），因而我歸結說：「物體是可變的」；如果我只因著這種辦法
而達到「一切物體是可變的」這個命題，則我之達至此知識（此一
結論）是因著一條件系列（大小前題）而達到的。現在，每一系
列，即「其指數是在定然判斷或假然判斷中被給與」的那每一系
列，皆可被連續下去；結果，理性底這同一活動便引至堆垛的三段
推理，此堆垛的三段推理（連鎖推理）是諸推理底一種系列（一連
串的推理），此一推理系列可以在「條件」一邊（後返的三段推　B388
理）或在「有條件者」一邊（前進的三段推理）而無限定地被拉
長。

　　但是，我們立刻見到：後返三段推理底鍊子或系列，即是說，
依一特定所與的知識之根據或條件一邊而成的被推斷的知識之鍊子
或系列，換言之，上升的三段推理之系列，其對於理性機能的關係
必須不同於下降系列對於理性機能之關係，即是說，必須不同於因
著前進的三段推理在「有條件者」底方向中理性之前進對於理性機
能之關係。何以故如此？這是因為以下的緣故，即：由於在前一情
形中，知識（結論）是只當作有條件者而被給與，所以我們除假設
「條件邊的系列底一切分子被給與（即：前題系列中的綜體被給
與）」外，我們不能有別法因著理性而達到結論之知識；只有依據
此假設，我眼前的判斷才是先驗地可能的：可是，在有條件者一
邊，就諸歸結〔後果〕而言，我們只能思考一「成為底過程」中的　A332
系列，而不能思考一個「早已依其完整性而被預設或被給與」的系
列，因而也就是說，我們只能思考一種「純然潛伏的」前進。因
此，如果知識被視為是有條件的，則理性不得不視上升線中的條件

系列爲已完整了的，而且是依其綜體而爲被給與了的。但是，如果這同一知識又被看成是另一知識之條件，而此另一知識又被看成是

B389　在一下降線中構成一「後果之系列」，則理性關於「這前進在後繼邊能擴展至如何遠」以及「一系列底綜體是否畢竟是可能的」這類問題可以是完全不相干的。因爲理性並不需要有這樣一個系列〔即：後繼邊完整的系列〕以便能夠去引出它的結論，蓋由於其結論是早已因著它的先在邊的根據而充分地被決定了的並充分地被保證了的。條件邊的前題之系列可以有一第一分子以爲其最高條件，它亦可以沒有這樣的分子，在此情形中，它在先在邊是沒有限制的。但是不管有沒有，而且縱使承認在領悟或掌握一「條件之綜體」中我們從未成功，可是縱然如此，這系列〔即：前題之系列〕必須含有這樣一個綜體，而此全部系列亦必須是無條件地眞的，如果「有條件者」，即那「被視爲『由全部系列而結成』的一個後果」的「這有條件者」，要想被認爲是眞的時。此義是理性底一個必然的要求，此一必然的要求宣布理性底知識爲先驗地被決定了的，並且宣布之爲必然的，其被宣布爲先驗地被決定的並爲必然的或者是**依其自身**而被宣布爲先驗地被決定的並爲必然的，在此情形中，它不需要有根據，或者，縱使它是引生出的，當作這樣一個「根據系列」，即「此一根據系列其自身，作爲一系列，是無條件地眞的」，這樣一個根據系列中之一**分子**看，它亦被宣布爲先驗地被決定的並爲必然的。

超越的辯證　第一卷

{ A333
{ B390

第三節　超越的理念之系統

　　我們現在並不和邏輯的辯證有關，邏輯的辯證抽掉一切知識底內容，並把其自己限制於去展示那「隱藏於三段推理底形式中」的諸謬誤，我們現在並不和這樣的邏輯的辯證有關，我們現在但只和一種超越的辯證有關，此超越的辯證必須完全先驗地含有「從純粹理性而被引生出」的某些知識之根源以及某些被推斷出的概念之根源，這些從純粹理性而被引生出的知識之對象以及這些被推斷出的概念之對象從不能經驗地被給與，因此，這些知識以及這些概念必完全處於純粹知性底能力範圍之外。從一種自然的關聯（此自然的關聯乃是我們的知識之在推理方面以及在判斷方面之超越的使用和其邏輯的使用間所必有的一種關聯），我們推想：茲只能有三種辯證的推理，此三種辯證的推理相應於這樣的三種推理，即「通過之，理性能因著原則而達至於知識」這樣的三種推理，並推想：在一切這些辯證的推理中，理性之所有事便是從有條件的綜和（知性總仍被限制於這種有條件的綜和）上升至那無條件的綜和（知性從未能達至此無條件的綜和）。

　　那在一切我們的表象中普遍地被發見的關聯乃是：(1)「關聯於主體」之關聯；(2)「關聯於客體」之關聯，此客體或是作爲現象，或是作爲「思想一般」之對象。如果我們把「副屬區分」與「主要區分」這兩者結合起來，則這樣的諸表象即「我們對之能形成一概

{ A334
{ B391

念或形成一理念」的諸表象之一切關係便有三重：⑴對於主體的關係之關係；⑵對於現象領域中的客體之雜多的關係之關係；⑶對於「一切事物一般」的關係之關係。

現在，一切純粹概念一般皆有關於表象底綜和統一，但是〔其中那些是〕純粹理性底概念（超越的理念〔者〕）則是有關於「一切條件一般」底無條件的綜和統一。因此，一切超越的理念可依三類而被排列，第一類含有思維主體底絕對統一（無條件的統一），第二類含有現象底條件系列之絕對統一，第三類含有「思想一般」底一切對象底條件之絕對統一。

思維主體是心理學底對象，一切現象底綜集（世界）是宇宙論底對象，而那含有「凡可被思的東西」底可能性之最高條件者（即：一切存有底存有）則是神學底對象。這樣，純粹理性能為一超越的靈魂論（理性心理學）供給理念，為一超越的世界學（理性的宇宙論）供給理念，最後，並為一超越的上帝知識學（超越的神學）供給理念。知性決無法去產生出這些學問中的任何一個學問，它甚至亦產生不出這些學問中任何一個學問之純然的設計，縱使它為理性底最高邏輯使用所支持，即是說，為一切可思議的推理所支持（通過這一切可思議的推理，我們想從知性底對象中之一對象即一現象進到一切其他對象即其他現象，而達至經驗綜和底最遼遠的分子：縱使為這樣可思議的推理所支持），它亦不能產生出這些學問底任何一個學問，甚至這些學問中任何一個學問之純然的設計它亦產生不出來。這些學問中之每一學問全然是純粹理性底一個純粹而真正的產品或問題。

理性底諸純粹概念依什麼準確的模式處於一切超越理念底這三

B392
A335

個綱領下，此將充分被解明於下卷各章。理性底諸純粹概念遵循著
範疇以爲指導線索。因爲純粹理性從未直接地關聯於對象，但只直
接地關聯於「知性就對象所架起」的概念。同樣，那亦只因著「把
我們的論證完整起來」這完整之之經過，以下三者始能被表明出
來，即：理性如何，只因著它所用之於定然三段推理中的那功能
〔方式〕底綜和使用始必然地被帶至思維主體底絕對統一之概念，
又如何被使用於假然的三段推理中的那邏輯程序可引至諸所與的條
件底一個系列中的那完全無條件者之理念，最後，如何析取的三段
推理底純然形式必須必然地包含著理性底最高概念，即：一切存有
底存有之概念。這因著「把我們的論證完整起來」這完整之之經過
而被表明的三者乃是這樣一種思想，即「初看似乎完全是奇詭的」
這樣一種思想。但因著「完整起我們的論證」之經過。它們卻被表
明爲必須是如此。

{ A336
{ B393

　　嚴格言之，在這些超越理念之情形中，沒有客觀的推證，就像
我們所能給與於範疇者，是可能的。恰恰因爲它們只是理念，所以
事實上，它們並無這樣的關聯，即「關聯於那任何『可被給與來以
與它們相應合』的對象」這樣的關聯。實在說來，我們實能從我們
的理性之本性中對於這些超越的理念作一主觀的【誘致】①；而此
已具備於本章中〔案：如其標題當爲本卷〕。

　　①「誘致」德文是 Ableitung，肯·斯密士譯爲「引生」（推原其
　　　所由生 derivation）。但康德寫成 Anleitung（指導），依
　　　Mellin 改爲 Ableitung（誘致，引生）。

　　很易見出：純粹理性所惟盼望者乃是條件邊的綜和之綜體（條件不管是附著者之條件，依待者之條件，抑或是共生者之條件）；它並不關心於有條件者邊的絕對完整。因為要想去預設條件底全部系列，並去把此條件全部系列先驗地呈現給知性，單只是條件邊的綜和之綜體才是必要的。一旦我們有了一完整的（而且是無條件的）條件，則在此系列之〔向下〕繼續上便沒有理性底概念是必要的；因為在從條件到「有條件者」的向前方向中的每一步皆為知性自身所完成。這樣，超越的理念只為「在條件底系列中上升至無條件者，即上升至原則」這種上升而服務。就下降至「有條件者」而言，理性實可對於知性底法則作一十分廣泛的邏輯使用，但卻作不出一種超越的使用；而如果我們要對於這樣的一種綜和（即：前進的綜和），例如世界中一切未來的變化底全部系列之綜和，形成一絕對綜體之理念，這只是隨意被思想到的一種心靈之創造（ens rationis），而不是理性底一個必然的預設。因為「有條件者」底可能性只預設此有條件者底條件之綜體，但卻並不預設此有條件者底後果之綜體。因此，「後果底綜體」這樣一個概念不是超越理念中的一個概念；而單只是這些超越的理念才是我們這裡所要去討論的。

　　最後，我們亦見到：在這些超越理念自身之間存有某種一定的連繫與統一是甚為顯明的，而藉賴著這種連繫與統一，純粹理性遂把它的一切知識結合成一個系統。從「一個人自己」（靈魂）底知識進到世界底知識，而復因著世界底知識再進到根源的存有之知識，這種前進是如此之自然以至於它似乎很像「理性之從前題進到結論」這種邏輯的前進[(a)]。它之很像這種邏輯的前進是否是由於這

類的隱藏關係即如潛存於邏輯的程序與超越的程序之間者這類的隱
藏關係而然，這是一個有待於在這些研究底經過中來解答的問題。
實在說來，對於這個問題，我們早已依一初步先導的樣式得到一解
答，因為在討論理性底超越概念中（這些超越概念在哲學的學說中
通常與其他概念相混擾，而並沒有恰當地與其他概念甚至與知性底
概念區別開），我們已能夠去把這些超越的概念從其模稜歧義的地
位中拯救出來，去決定它們的根源，而且同時，在如此決定中，去
固定它們的準確數目（不能再有所增加的準確數目），並且依一系
統性的連繫去把它們呈現出來，因而為純粹理性標識出並範圍成一
個特殊的領域。

(a)處，康德於第二版增加一底注云：

　　形而上學①只有三個理念以為它的研究底恰當對象，此即上
　　帝、自由以及靈魂不滅是。這三個理念是這樣地相關聯著，
　　即：第二概念〔自由〕，當其與第一概念〔上帝〕相結合
　　時，它必引至第三概念〔靈魂不滅〕以為一必然的結論。形
　　而上學這門學問所可討論的任何其他事皆只是用來充作一工
　　具或手段以達到這三個理念並建立這三個理念底實在性。形
　　而上學並不為自然科學之目的而需要這三個理念，但只為要
　　想去越過自然之外，始需要這三個理念。通檢或鑒別這三個
　　理念必使神學、道德學以及通過此兩者之聯合，再加上宗
　　教，以及與宗教相連的我們的存在之最高目的，這一切皆為
　　完全而專門地依待於思辨理性之能力者。在對於這三個理念
　　之系統性的表象中，上面那種排列次序，即那綜和的次序，

必是最適當的；但是在那「必須必然地先於此綜和次序」的研究中，分析的次序，或者說，與綜和次序相逆反的那次序，乃是更適合於「完成我們的偉大計畫」之目的的，因為這分析的或逆反的次序能使我們從那直接地給與於經驗中的東西去開始往前進，即從靈魂論前進至世界論，再從世界論前進至對於上帝之知識。

①譯者案：此所謂「形而上學」是指「超絕的形上學」（trans-cendent metaphysics）說。分析部所成者乃是「內在的形上學」（immanent metaphysics）。

②通檢或鑒別這三個理念，所謂通檢或鑒別乃是思辨地通檢或鑒別，故使神學、道德學等皆為完全依待於思辨理性之能力者。通檢或鑒別德文是“Einsicht”，此字是檢查，識別等義，英譯照例譯為“insight into”（洞見於）。如此譯顏色較重，易引起誤會。此字固有此義，但在此則不適宜。故譯為通檢或鑒別，即譯為「識別」亦可。思辨理性之能力只是識別檢查而已，至於使此三理念有實在性則須有待於實踐理性，思辨理性固不能洞見於此三者之實在性也。

超越的辯證

第二卷　純粹理性底辯證推理

　　雖然一個純粹地超越的理念，依照理性之根源的法則而言，是
理性之一完全必然的產品，然而我們猶仍可說：它的對象卻是某種
「我們對之沒有概念」的東西。因爲在關於一個「適合於理性之要
求」的對象中，說我們一定能夠去形成一個知性之概念，即，去形　　A339
成一個概念它允許被展示於而且被直覺於一可能經驗中，這事實上
並不是可能的。但是，如果我們說：雖然我們不能有相應於一個理　　B397
念的對象之任何知識，然而我們對此對象猶可有一或然的概念，則
我們一定是較爲明智的，而且必亦可較少被誤解。

　　理性底純粹概念之超越的（主觀的）實在性基依於我們之因一
種必然的三段推理〔理性之推理〕而被引至如上所說的那樣的理念
上。因此，茲將有一種三段推理，此三段推理不含有經驗的前題，
而且因著此種三段推理，我們從我們所知的某種東西推至某種別的
東西，對此某種別的東西，我們卻沒有概念，而且由於一種不可免
的虛幻，我們卻又把一種「客觀的實在性」歸屬給此某種別的東
西。如是，這些結論寧可被名曰「假合理的」結論，而不可被名曰
「合理的」結論，雖然就它們的起源而觀，它們很可要求這後一名
稱〔即：合理的結論這一名稱〕，因爲它們不是虛構的，而且它們

亦並不是意外地〔偶然地〕發生出的，而是即從理性之本性而湧現
出。它們自是一些詭辯，但這些詭辯並不是人們的詭辯，而卻是純
粹理性本身所有的詭辯。縱使最明智的人亦不能免於這些詭辯。在
長期努力之後，最明智的人或可免於現實的錯誤；但他將決不能免
於這種虛幻，即那「不停止地誘惑他而且折磨他〔困擾他〕」的那
種虛幻。

A340　　　　依是，茲只有三種辯證的三段推理──恰如只有三個理念，此
三個理念乃即是此三種辯證的三段推理底結論所結成者。在第一種
B398　三段推理裡，我從主體之超越的概念（此主體之超越的概念不含有
任何雜多的東西）推結至此主體自身之絕對的統一〔純一〕，可
是，縱使如此推至，我卻對此主體自身之絕對的純一無任何概念。
此種辯證的推理我將名之曰「超越的誤推」。第二種假合理的推理
是指向於任何特定所與的現象上的「條件串系之絕對的綜體」之超
越的概念。從這事實，即：「我的『條件串系之無條件的綜和統一
之概念』，如依一定路數而被思者，總是自相矛盾的」這一事實，
我歸結到：茲實存有另一種反面的統一，即與此自相矛盾的統一相
反的那一種反面的統一，雖然對此另一種反面的統一我亦同樣沒有
概念。在這種辯證推理中的理性之處境我將名之曰「純粹理性之背
反」。最後，在第三種假合理的推理中，從條件底綜體（此中所謂
條件即是「諸對象一般只要當它們可被給與於我時必須在其下被
思」的那些條件，即從這樣的諸條件之綜體），我歸結至「事物一
般」底可能性底一切條件之絕對的綜和統一，即是說，從這樣的事
物，即「我並不能只通過這些事物之純然地超越的概念而知之」這
樣的事物，我推斷一個「一切存有之存有」（an ens entium），對

此「一切存有之存有」，我甚至不能通過任何超越的概念而知之，而關於此「一切存有之存有」底無條件的必然性，我亦不能形成任何概念，不管是什麼概念。這種辯證的三段推理我將名之曰「純粹理性之理想」。

超越的辯證

第二卷　純粹理性底辯證推理 { A341 B399

第一章　純粹理性底誤推

　　一個邏輯的誤推是這樣一個三段推理，即它在形式上是謬誤的，不管其內容是什麼。一個超越的誤推則是這樣一個三段推理，即在此三段推理中有一超越的根據，此超越的根據迫使我們去引出一個形式地無效的結論。因此，這樣的一種謬誤是植基於人類理性底本性中的，它並且引起一種幻象，此幻象是不能被避免的，「雖然實在說來，它可被弄成是無害的」①。

　　　①依康德原文是：「雖並非是不可解消的」。**案**：當以此原文為是。

　　現在，我們達到這樣一個概念，即此概念並不包含在超越概念底名單中，但是它卻必須被算作隸屬於那個名單，其隸屬之並沒有絲毫改變了那個名單，或宣布那個名單有缺陷。這個概念即是「我思」這個概念，或寧說「我思」這個判斷，如果喜歡「判斷」這個

詞語時。如所易見者，這個概念〔或判斷〕是一切概念底車乘〔傳達工具〕，因而它亦是超越概念底車乘，因而它亦總是被包含在對於這些超越概念底思議中，而且其自身亦是超越的。但是，它不能

B400　有特殊的派定〔派定一名稱或意義〕，因為它只足以去引出一切我們的思想，引出之以為隸屬於意識者。同時，不管它是如何不受經

A342　驗的混雜之羈絆（不受感取印象之羈絆），可是它猶能使我們通過我們的「表象力」之本性去區別兩種對象。「我」，當作「思維體」看，是內部感取底一個對象，且可被名曰「靈魂」。那作為外部感取底一個對象者便被名曰「身體」。依此，「我」這個字，當作一個思維的存有看，它指表這樣一種心理學底對象，即那「可被名曰理性的靈魂論」的心理學之對象，因為在這裏，我並不想就靈魂去學知任何較多的東西，即比「從『我』這個概念〔當它呈現於一切思想中時〕，獨立不依於一切經驗（此經驗較為更特殊地而且更具體地決定我），所能被推斷出者」為更多的任何東西。

　　理性的靈魂論其所從事者實在就是「單從『我』這個概念而推知任何事」這一類的一種工作；因為如果在這門學問中，「我的思想」底些微經驗成分或「我的內部狀態」底任何特殊知覺真是與知識之根據混雜在一起，則此門學問便不再是一理性的靈魂論，而是一經驗的靈魂論。這樣說來，我們在這裏便有那聲稱為是一門「基於『我思』這個簡單命題上」的學問者。不管這種聲稱〔聲稱為一門學問之聲稱〕是否是有根據的抑或是無根據的，我們總可依照超越哲學之本性十分適當地進行去研究之。讀者決不可提出異議說：

B401　「我思」這個命題，表示自我之知覺〔覺識〕者，它含有一內部的

A343　經驗，並說：基於此內部經驗上的「理性的靈魂論」決不會是純粹

的，因而就其不是純粹的而言，它是基於一經驗的原則上的。何以
故不可如此提出異議？此蓋因爲此內部的知覺〔覺識〕不過就是
「我思」這個純然的統覺，因著「我思」這個純然的統覺，甚至超
越的概念亦始可被致使成爲可能的；我們在這些超越的概念中所肯
斷的就是「我思常體」，「我思原因」等等。因爲內部經驗一般以
及其可能性，或知覺〔覺識〕一般以及其關聯於其他知覺〔覺
識〕，（在此等內部經驗一般以及知覺一般中並沒有特殊的區別或
經驗的決定可被給與，）凡此皆不可被視爲是經驗的知識，但只可
被視爲是「經驗一般者」之知識，而且須被算入於〔或應屬於〕
「任何經驗以及每一經驗底可能性之研究」者，而其所屬的這種研
究確然就是一超越的研究。些微的知覺對象（例如甚至快樂或不快
樂），如果它被加於自我意識之普遍的表象上，它必會即刻把理性
心理學轉爲經驗的心理學。

　　因此，「我思」是理性心理學底唯一主題，全部理性心理學底
義理皆須由「我思」發展出。顯然，如果「我思」這個思想要被關
聯於一個「對象」（我自己），即它除含有那個對象底超越謂詞
外，便不能含有任何事，因爲絲毫經驗的謂詞必毀壞了這門學問底
理性的純淨性以及其獨立不依於一切經驗之獨立性。

　　在這裡，一切所需要的便是：我們須遵循範疇之指導，只是有 ⎰ A344
這一點不同，即：因爲我們的起點是一特定所與物，「我」，即作 ⎱ B402
爲一思維的存有的「我」，所以我們開始於「本體」這一範疇（因
著本體這一範疇一物其自身之自體是被表象了的），然後再通過範
疇之排列，逆反其序而行，但是，如此開始而逆行〔後返而行〕卻
亦並沒有另樣地改變了所採用於範疇表中的那次序。依是，理性的

靈魂論之論題（理性的靈魂論所含有的每一其他東西皆必須由此論題而被引生出）便如下列：

1

靈魂是一本體

〔靈魂當作一本體而存在著〕

2

就其性質而言，

靈魂是單純的。

3

就「靈魂所存在於其中」的那不同時間而言，靈魂是數目地同一的，即是說，它是純一（不是眾多）。

4

靈魂是在「關聯於空間中的可能對象」之關聯中存在著[(a)]

(a)處，康德有底注云：

　　讀者若在猜想這些詞語即依其「超越的抽象性」而被取用的詞語之心理學的意義覺得有困難，並在發見此最後所提到的靈魂之屬性為何屬於「存在」之範疇亦覺得有困難，可在後文見到其充分的說明以及其充分的證成。又，我須為所用的拉丁詞語作辯說。這些拉丁詞語，相反於文體之蘊藉〔正確寫作之正規〕者，曾在本節及全書中侵佔了德文之同義語之地位。我之所以如此作，是因為我寧願喪失一點語言之優美〔文雅〕，而不願增加讀者之困難，那怕是最小程度的困難。

B403

〔案〕：用拉丁詞語是取現成已有者，爲歐西學者所習見。
若用德文，須另造新詞，此或不免增加讀者之困難，但有時
亦不見得有傷文雅。如序文中曾屢引拉丁典籍之成語以寄
意。此在我們看起來反覺典雅，亦如荀子於引詩曰云云之
後，必結之以「其斯之謂也」。又，在此，我亦須爲拉丁詞
語稍加注語，即：肯·斯密士於拉丁詞語皆不譯，阿保特譯
《實踐理性批判》亦然。蓋老一輩的學者自幼皆習拉丁文
也。拉丁文化爲歐洲文化之共同遺產。唯對於非歐洲文化下
的人士則不方便。

純粹心理學中一切概念皆從這些成素〔即：上列四項〕裡發生 $\left\{\begin{array}{l}\text{A345}\\\text{B403}\end{array}\right.$
出，其由之而發生出是只因著結合〔結合這些成素之結合〕之辦法
而發生出，絲毫用不著去承認尚有任何其他原則之必要〔即：無須
有其他原則之參與〕。靈魂這個本體，若只當作內部感取之〔超越
的〕對象看，則給出「非物質性」之概念；若只當作單純的本體
看，則給出「不可破壞性」之概念；它的自同性，當作理智的本體
看，則給出「人格性」之概念；此三者合在一起，則給出「精神
性」之概念；而「關聯於空間中之對象」則給出與身體相連繫之
「交互相通」之概念，因而遂引我們去把這「思維的本體」表象爲
物質中的「生命之原則」，即是說，表象爲靈魂，並表象爲動物性
底根據。此最後一點，由於爲精神性所限制，遂轉而又給出「不滅
性」之概念。

在與這些概念相連繫中，我們有超越心理學底四個誤推，此一
超越的心理學（錯誤地被視爲一門純粹理性之學問者）乃即是那

B404　「有關於我們的思維的存有之本性」的心理學。我們對於此門學問
A346　之義理除以「我」這個簡單而在其自身亦完全是空洞的表象為其基
礎外，我們不能為之指定任何其他基礎；而且我們甚至亦不能說
「我」這個簡單而空洞的表象是一個概念，但只能說它是一個伴同
著一切概念的「赤裸裸的意識」。通過這個在思考著的我或他或它
（一物），再沒有什麼比「諸思想底一個超越的主詞＝X」為更進
一步的東西可被表象。此一「超越的主詞＝X」只能通過那作為此
主詞 X 底謂詞的「諸思想」而被知，而離開這些謂詞〔諸思
想〕，我們對此主詞 X 亦不能有任何概念，不管是什麼概念，但
只能循環〔旋轉〕於一永久的繞圈子中，因為對於此主詞 X 所作
的任何判斷總是早已使用了此主詞 X 之表象。而這種困難〔不
便〕所以不可分離地與此主詞 X 結縛於一起之理由就是：意識依
其自身而言不是一個「能去區別或彰顯一特殊對象」的表象，它但
只是「表象一般」底一個形式，即是說，只要當這「表象一般」之
表象可被名曰知識時，它即是這種表象底一個形式；因為僅只對於
知識我始能說：我因著那赤裸的意識而思考某物。①。

　　　　①譯者案：這個意思是說被名曰知識的一個表象可彰顯某物為一
　　　　　個對象，而此表象一成為表象即預設「意識」以為其形式（通
　　　　　式），而此為通式之意識它似乎永在被預設之超越的主體之地
　　　　　位而不能彰顯其自己為一對象。而若要顯其為一被知的對象，
　　　　　則須通過意識中作為其謂詞的諸思想，而此諸思想即是它自己
　　　　　底些表象，意識亦被預設於其中而為其通式，是即無異於通過
　　　　　其自己來表象其自己，是即所謂永遠在循環中。赤裸的意識自

己，所謂超越的主詞 X，是一個普遍的而且作為形式或通式的
存有，而作為其謂詞的諸思想則是其自己底一些特殊活動（條
件或特性），前者由後者而顯，而後者又在一切思考著的存有
上皆有效，這似乎是一種很奇怪的關係，此如下文所說。

　　初看，那必似乎是奇怪的，即：「這條件，即『單在其下我始
能進行思考』的那條件，因而也就是說，那『只是作為主詞的「我
自己」之一特性』的那條件它必須同樣地也在每一思考著的東西或
存有上皆是有效的」，這必似乎是奇怪的，即是說，「我們能預定
去把一個必然而普遍的判斷基於一個看起來似乎是經驗的命題
上」，這似乎是很奇怪的，這也就是說，「那在思考著的東西在一
切情形中皆必須這樣地被構成，即如『自我意識之聲音宣布其須是　**B405**
依我自己的自我而被構成』那樣地被構成」，這似乎是很奇怪的。
何以必須是如上之所云，其理由是如此，即：我們必須必然地而且
先驗地把一切構成這樣的條件的特性，即構成「我們單在其下以思　**A347**
考事物」這樣的條件的一切特性，皆指派給事物而歸之於事物本身
上。現在，我對於一個思維的存有不能通過任何外部的經驗而有任
何表象，不管是什麼表象，但只通過自我意識始能對之有一表象。
因此，凡屬於此類的諸對象皆不過是一種轉移，即「把『屬於我
的』這個意識轉移到其他事物上」這種轉移，這些其他事物只有在
此路數中始能被表象為「思維的存有」。

　　〔案〕：此不過是說在思考著的存有之思考活動本身同時即
　　把它所思的它自己對象化這對象化之之活動。此單就思維的

　　存有自身之爲能思與所思說，此其所以爲循環也。

　　但是，「我思」這個命題，在此，只是或然地被取用，其爲或然地被取用不是當其可含有關於一存在的東西之知覺（笛卡爾之「我思故我在」）而或然地被取用，但只是就其「純然的可能性」而或然地被取用，其這樣或然地被取用爲的是要想去看一看有些什麼可應用於其主詞的特性（不管這主詞是現實地存在的抑或不是現實地存在的）可由像「我思」這樣簡單的一個命題而來。

　　如果我們的對於「思維的存有一般」之知識，因著純粹理性而有者，不只是基於「我思」上，又如果關於「我們的思想之表現」以及關於「由此等思想而被引生出的思維的自我之自然法則」，我們同時對之亦利用或有求於觀察以及之，如是，則必會出現一經驗的心理學，此經驗的心理學必應是一種關於內部感取底自然學，它或可能說明內部感取底現象，但決不能顯露這樣的特性，就像那

B406　「無論如何不屬於可能經驗」者這樣的特性（例如「單純」之特性），它亦不能給出關於「思維的存有一般」之本性的任何必然的知識。因此，它亦必不能是一「理性的心理學」。

A348　　　因爲「我思」這個命題（或然地被取用者）含有知性底每一以及任何判斷之形式並伴有一切範疇以爲這些判斷之車乘，所以顯然從「我思」這個命題而來的諸推理只承認知性之一「超越的使用」。而又因爲這種超越的使用排拒任何「經驗之混雜」，所以經過上文所已被表明者後，我們不能就著此種使用之處置方法懷有任何良好的〔有利的〕預測。因此，我們想以批判的眼光，通過純粹

心理學底一切斷言（predicaments），來追隨這種超越的使用。

〔此下接 A, B 兩版中的「純粹理性之誤推」。〕

第一版中的純粹理性之誤推

第一誤推：關於實體性者

凡一個東西，即「此東西之表象是我們的諸判斷之絕對主詞，因而它不能當作別的東西之決定而被使用」這樣的一個東西，便是本體。

「我」，作為一思維的存有，就是一切我的可能判斷之絕對主詞，而此「我自己」之表象不能被用來作為任何其他東西之謂詞。

所以，「我」，作為思維的存有（靈魂），便是本體。

純粹的心理學底第一誤推之批判

A349

在超越邏輯底分析部中，我們已表明：諸純粹範疇，以及其中「本體」這一範疇，其自身沒有客觀的意義，除當它們基於一直覺，並當它們作為綜和統一之功能〔方式〕而被應用於此直覺之雜多。設無此雜多，它們只是一判斷之諸功能〔諸方式〕，而並無內容。我們說任何東西以及每一東西是一本體，我之說它是一本體，其義是我能把它從事物之諸謂詞與諸決定中區別開而把它彰顯出來。現在，在一切我們的思想中，「我」是主詞，諸思想只當作諸決定而附著於此主詞；而此「我」不能當作別的事物之決定而被使用。因此，每一人皆必須必然地視其自己為本體，並視諸思想只為其存有上之偶然物〔隨時發生者〕，並只為其狀態上之諸決定。

但是，對此一本體之概念，我要去把它作什麼用處呢？

「『我』，作為一思維的存有，對我自己而持續其存在，並且它亦不依任何自然的樣式而或生或滅」，這一層意思決無法從本體之概念而被推演出。「但是，於本體之概念，茲亦並無其他用處以便我能把我的思維的主體之實體性之概念委託給此其他用處，而若離開了『從本體之概念以推演上說那層意思』這樣的用處，我亦必很能去廢棄本體這個概念。」①

> ①此句 Max Müller 依康德原文如此譯：「但是，從本體之概念而推演出這層意思必應是由我的思維的主體之實體性之概念所能得到的唯一好處，而若離開這好處，我很能用不著本體這個概念」。

　　既不能從本體這個純粹範疇去推演出這些特性〔即：上述那層意思中的特性〕，所以我們必須反之，以一個「當作常住者而被給與於經驗中」的對象之常住性作我們的起點。因為本體之概念只能被應用於這樣的一個對象〔即：當作常住者而被給與於經驗中這樣的一個對象〕，其被應用於這樣的一個對象是依那「是經驗地可服務者」之樣式而被應用於這樣的一個對象。但是，在上列的命題中〔即：上列第一誤推中的命題中〕，我們並未以任何經驗作為我們的基礎；那推理只是從關係之概念而作成，所謂關係即是「一切思想所有之以關聯於『我』」的那關係，而「我」即是作為公共主詞的「我」，一切思想皆附著於此公共的主詞。設若把一切思想基於經驗上，我們亦不能因著任何確實可靠的觀察去證明這樣的常住性。「我」實存在於一切思想中，但是在「我」這個表象中，茲並

A350

沒有一點直覺底痕迹足以把這個「我」與其他直覺之對象區別開。這樣說來，我們實能覺察到：「我」這個表象是不可更變地呈現於一切思想中，但卻並不能覺察到：「我」這個表象是一常住〔挺立〕而持續不變的直覺，在此常住而持續不變的直覺中，諸思想，由於是流轉的，故可來來去去，互相讓位。

　　因此，隨著而來者便是：超越心理學底第一個三段推理，當其把思想底定常的邏輯主詞推舉為思想所附著的「真實主體」之知識時，它乃實是拿那「是純然虛偽的新的洞見〔貌似新的知見〕」者來哄騙我們。我們對於思想所附著的那「真實主體」實無任何知識，而且亦不能有任何知識，不管是什麼知識。實在說來，單只是「意識」它使一切表象成為思想，因而一切我們的知覺〔覺識〕亦必須在此作為超越的主體的意識中被發見；但是超出了「我」之這個邏輯的意義以外，我們沒有「主體在其自己」之知識，此「主體之在其自己」即是當作一基體而處於這個「我」之基礎地位而為其根據者，其居於「我」之基礎地位而為其根據亦如其居於一切思想之基礎地位而為其根據。但是，「靈魂是一本體」這個命題亦很可允許其有效〔成立〕，只要知道這個〔作為本體的靈魂之〕概念實不能使我們前進一步，因而亦不能給我們以假理性的靈魂論中之任何一個慣用的推演，例如在一切變化中甚至在死亡中人的靈魂之永恆延續，這樣的一個慣用的推演，只要知道這一點即可，那就是說，只要我們知道這個概念只是在「理念」中指表一個本體，而不是在「實在」中指表一個本體，即可。

第二誤推：關於單純性者

凡這樣一個東西，即「其活動決不能被看成是若干活動著的事物之協力而成者」這樣一個東西，便是單純的。

現在，靈魂，或思維的我，就是這樣的一個存有。

所以，靈魂或思維的我是單純的。

超越的心理學底第二誤推之批判

這一個三段推理是純粹靈魂學中一切辯論的推理中之阿契利士〔強有力者〕。它決不是純然詭辯的遊戲，為一獨斷主義者所設計，設計之以便把一表面的似真性賦與於其肯斷，它乃實是這樣一種推理，即此推理似乎甚至能去抵抗最敏銳的檢查與最小心地嚴格的研究。此推理如下所說。

每一組合的本體是若干本體底一種聚合，而一個組合物之活動，或不管是什麼東西，凡是當作組合者而附著於此一組合物中者，便是分布於諸多本體間的若干活動或若干偶然物底一種聚合。〔案：意即就一組合物之活動而言，此活動便是分布於諸多本體間的若干活動底一種聚和；就附著於一組和物的諸組合者而言，此諸組合者便是分布於諸多本體間的若干偶然者底一種聚合。說實了，一組合物之活動是若干活動之聚和便是由若干活動協力而成的一種活動，而此由協力而成的活動亦可說是附著於一組合物中的諸組合者即諸偶然者之聚和，故用「或」字另換一個說法表示。〕現在，一個由許多活動著的本體之協力而發生出的結果實是可能的，即是說，只要當這結果只是外在的〔外部的〕時，這樣發生出的結果便 A352

是可能的，如此一身體之活動便是此身體底一切部分〔之活動〕之結合起來的活動。但是，說到諸思想，由於它們是「屬於一思維的存有」的內在的〔內部的〕偶然物，所以情形完全不同。因為若設想那在思想著的東西是一個組合物，則此一組合物之每一部分必應是思想之一部分，而只有這一切部分被集於一起始會含有這整全的思想。但是這一點不能一致地〔無矛盾地〕而被執持。因為諸表象（例如一詩句中的諸單字），分配於不同的存有中者，從來不能構成一整全的思想（一詩句），因此，說一思想必附著於那「本質上是組合物」者中，這必是不可能的。因此，一思想之為可能是只在一獨一的本體中才是可能的，此獨一的本體由於不是諸多本體之一聚合，所以它是絕對地單純的(a)。

(a)康德注云：

此一證明很易給與一通常的三段推理式的正確形式。但是只去把這證明之赤裸顯明的根據弄清楚（雖只依通俗的樣式把它弄清楚），這在我的目的上已足夠。

所謂此論證之強有力（nervus probandi）是寄於這命題，即：如果眾多表象〔諸思想〕要去形成一整一的表象〔一整一的思想〕，則它們必須被含在思維主體底絕對單一性〔純一性〕。但是，沒有人能單從「概念」證明此命題。因為他將如何著手進行那「達成此命題」之工作呢？「一個思想只能是思維的存有底絕對單一性〔純一性〕之結果」這個命題不能被視為是一分析命題。因為思想之統一〔思想之成為一整一的思想〕，以許多表象而組成者，

是集合的統一，而就純然的概念所能表示者而言，此思想底統一亦很可同樣關涉於一起活動著的不同本體之集合的統一（此如身體之活動是身體底一切部分之組合活動），一如其關涉於主體之絕對的單一〔純一〕。因此，在「一組合的思想」之情形中，「預設一單純的本體」這預設之必然性不能依照「同一性之原則」而被證明。任何人亦不能冒險去肯斷說：這個命題允許可由純然的概念而綜和地並完全先驗地被知，至少，如果他了解了如前所已說明的先驗綜和命題底可能性之根據時，他不能這樣說。

「想從經驗中去引生出這個主體底這種必然的純一性〔單一性〕以為每一思想底可能性之條件」，這同樣亦是不可能的。因為經驗不能給我們以「必然性」之知識，且莫說「絕對純一性」之概念完全外於經驗範圍。然則我們要從什麼地方去引出去「全部心理學的三段推理所基依」的那個命題〔即：「一思想只能是思維的存有底絕對純一性之結果」這個命題〕呢？

顯然，如果我想把一思維的存有表象給我自己，我必須把我自己置於此思維的存有之地位，而這樣，我好像是以我自己的主體代替我想去考慮的對象（此對象不能出現於任何其他種研究中），而且我們之所以要求一個思想底主體之絕對純一性，只因為若不如此，我們便不能說「我思」（不能說「我思一整一表象中的雜多」之「我思」）。因為雖然思想之全體可被區分而且可被分布於許多主體間，然而這主觀的「我」卻決不能這樣被區分而且被分布，而就是這個「我」才正是我們在一切思維中所預設者。

又，在這裡，亦如在前一誤推中那樣，「我思」這個統覺之形式命題〔我思即是一統覺而亦即是一形式陳述〕仍然是理性心理學

A354

所能請求的唯一根據，當理性心理學這樣冒險於其知識之擴大時。但是，這個命題其自身不是一個經驗，但只是統覺底形式，此統覺之形式屬於每一經驗而且先於每一經驗；而且即如其為如此，它必須總是在關聯於某種可能的知識中，作為該知識之純然主觀的條件，而被理解。我們沒有權利把它轉為一「對象底知識」之可能性之條件，即是說，把它轉為一「思維的存有一般」之概念。因為我們除把我們自己，連同著「我們的意識」之通式，置於每一其他有智思的存有之地位，我們決無法去把這樣的存有〔即：「**思維的存有一般**」**之存有**〕表象給我們自己。

　　又，即我自己（作為靈魂的我自己）底單純性實際上亦不是從「我思」這個命題而被推斷出；我自己之單純性早已被含於每一思想中。「我是單純的」這個命題必須被視為統覺底一個直接表示，它事實上是一同語重複的命題〔**套套邏輯式的命題**〕，恰如所謂「我思故我在」這個笛卡爾的推理，笛卡爾這個推理亦實是一同語重複的命題，因為「我思」（思之存在）直接地肯斷我的存在。「我是單純的」不過是意謂：「我」這個表象其自身並不含有絲毫的雜多，並亦不過是意謂：「我」這個表象是絕對的單一（純一，雖然只是邏輯的單一）。

　　這樣說來，這個有名的心理學的證明只是基於一個表象底不可分的單一性（純一性）上，這一個具有不可分的單一性的表象只在動詞①之關聯於一人稱中指揮或管理這動詞。顯然，在把「我」縛繫於我們的思想中，我們只是超越地指出或標識出附著物②底主體，而卻並沒有於此主體中去指示出任何性質，不管是什麼性質，即「事實上，並沒有因著直接的親知或因著其他辦法而去知道此主

A355

體底任何什麼事」③。此主體意謂一某物一般（超越的主體），此「某物一般」之表象無疑必須是單純的，設只因為這理由，即「其中並無什麼是決定者」這理由。實在說來，沒有什麼能被表象的東西是比那通過一「純然某物」之概念而被表象者為更單純的。但是，一個主體之表象之單純性事實上並不即是這主體自身之單純性之知識，因為當我們只因著「我」這個完全空洞的字眼，這個「我可把它應用於每一思維主體」的字眼，而標識出這主體時，我們已完全抽掉了這主體底一切特性。

①「動詞」指「思」這個動詞說。只在動詞「思」之關聯於一人稱中來管理這動詞「思」，關聯於一人稱即關聯於「我」。我是單純的，這個單純的我這個表象只在動詞之關聯於「我」因而成為「我思」中來指揮或管理這動詞思，即管理這思考活動。

②「附著物」即指諸思想說。一切思想皆附著於「我」這個主體。超越地指出此附著物之主體，而對此主體卻無具體的知識。

③此句，肯·斯密士注出康德原文："oder überhaupt etwas von ihm zu kennen, oder zu wissen"。依此原文當如此譯：「或說並沒有去辨識或去知道此主體底任何什麼事」。

　　因此，通過這個「我」，我總是心中存有「主體底一個絕對的，但卻是邏輯的單一性（單純性）」之思想①，這是甚為確定的。但是，我並不因此隨之就可說：我因此絕對的但卻是邏輯的單　A356

一性就知道了我的主體之現實的單純性。「我是一本體」這個命題，如我們所已見者，它除意指一純粹範疇外，實不意指任何東西，關於此純粹範疇，我對之不能在現實中（經驗地）作任何使用；因此，我也可以合法地說：「我是一單純的本體」，即是說，我是一個這樣的本體，即「此本體之表象決不含有一種雜多之綜和」這樣的一個本體。但是這樣一個本體之概念，亦如「我是一單純的本體」這個命題，在關於作為一經驗之對象的「我自己」方面，實沒有告訴我們任何事，不管是什麼事，因為這樣一個本體之概念其自身只當作一綜和之功能而被使用，而卻並無任何作為其根據的直覺，因而也就是說，它並無一個對象。它僅只有關於我們的知識之條件；它實並未應用於任何可指定的對象〔因無對象可指給之故〕。〔這樣一個本體之概念既如此，則「我是一單純的本體」這個命題亦然。〕②我們將因著一種實驗之辦法來考驗這個命題之設想的用處。

①案：此句依康德原文是：「我總是念及或想及（gedenke 主體底一個絕對的但卻是邏輯的單一性（單純性）」。肯·斯密士把動詞「念及」或「想及」（gedenke）譯爲" entertain"（心中存有或懷有），既如此，「單純性」後須加「之思想」三字。此譯亦達。

②此句是譯者補，原文無，英譯亦無。

每一人皆必須承認：靈魂底單純本性之肯斷之有價值是只當我因此單純本性而可以把這個主體與一切物質區別開，因而可以使它

免於物質所應受的化解時，它才是有價值的。嚴格言之，這一點實
是上面那個命題〔即：「**我是一單純的本體**」這個命題〕所意向的
唯一用處，而這一點亦因而一般地總被表示為「靈魂不是有形體的
東西〔**不是色體**〕」。依是，如果我能表示說：縱然我們「在一只　　A357
由純粹範疇而引生出的純然理性判斷之純粹意義中」①把充分的客
觀妥效性許給理性的靈魂學底這個基要命題（「凡在思考著者是一
單純的本體」這個命題），可是我們對於這個基要命題仍然不能作
絲毫使用，即仍然不能就其不相似於物質之問題，或就其關聯於物
質之問題，而對之作絲毫使用：如果我們能如此表示時，則這所表
示的意思將同於我已把這個設想的心理學的洞見放逐於純然理念之
領域，而無任何真實的客觀使用。

> ①此片語依康德原文譯。肯·斯密士把此片語譯為重說妥效性
> 者，即繫於客觀妥效性之後而重說這妥效性，即「此妥效性乃
> 即是專屬於一個『只由純粹範疇而引生出』的純粹理性之判斷
> 的那妥效性」。此既與原文不合，於義亦不達。Max Miiller 譯
> 更誤，而且全句混亂。

在超越的感性論〔**攝物學**〕中，我們已毫無問題地證明了身體
是我們的外部感取底純然現象，而並不是物自身。因此，我們亦很
有理由去作這樣的說法，即：我們的思維主體不是有形體的東西
〔**不是色體**〕；換言之，因為此思維主體被我們表象為內部感取之
對象，所以只要當此思維主體在作思維時，它便不能是外部感取底
一個對象，即是說，它不能是空間中的一個現象。這樣的說法等於

說：諸思維的存有，即如其為思維的存有而觀之，它們決不能被我們見之於外部現象之間，亦等於說：它們的思想、意識、欲望等等，不能外部地被直覺。凡此等等皆屬於內部感取。事實上，這個論證似乎是如此之自然，如此之通俗，以至於甚至最通常的理解亦似乎總是已信賴了它，而且因而從最早的時期亦似乎早已視靈魂為完全不同於身體的東西。

A358

　　但是，雖然廣延、不可入性、凝結力以及運動，總之，外部感取所能給與於我們的每一東西，它們既不是思想、情感、意欲或決心，復亦不含有思想、情感、意欲或決心，凡此等等皆決不是外部直覺底對象，可是縱然如此，那某種東西，即「居於外部現象之基礎地位以為其根據並且如此之影響我們的感取以至於我們的感取可以得到空間、物質、形狀等等之表象」的那某種東西，當其被看成是智思物時，（或較好地言之，當其被看成是超越的對象①時，）它同時猶仍可以是「我們的諸思想」底主體。這模式或樣式，即「我們的外部感取於其中或所依以因著那某種東西而被影響」的那模式或樣式不能給我們以關於意想〔想像〕②、意志，等等之直覺，但只能給我們以關於空間③以及空間之決定之直覺，這一點不能證明那「某種東西」不同時即是我們的諸思想底主體。因為此「某種東西」不是廣延的，亦不是不可入的或組合的，因為這些謂詞〔即：廣延的、不可入的、組合的，這些謂詞〕只有關於感性以及感性之直覺〔由感性而發的直覺〕，只要當我們為【諸如此類的對象】④〔即如廣延等此類的對象〕所影響時（如不為其所影響，我們便不能知之，而它們便是不被知於我們者）。但是，依如此之說法〔即：此某種東西不是廣延的等等之說法〕，我們不能被致使

去知道那某種東西是什麼一種東西，但只能被致使去承認〔去知道〕：如果此某種東西是依其自身而被考量，因而也就是說，是離開了任何關聯——關聯於外部感取之關聯，而被考量，則這些外部現象底謂詞便不能被指派給它。另一方面，內部感取〔現象〕底諸謂詞，如意想⑤〔想像〕與思想等，亦並不是與那某種東西底本性不一致或相矛盾者。依此，即使承認人的靈魂在本性上是單純的，可是這樣的單純性，就物質之基體而論，它亦不足以去把靈魂與物質區別開，那就是說，如果我們視物質為純然的現象（由於我們實應當如此去視之），視之為現象而就其基體而論，那單純性亦決不足以去把靈魂與物質區別開。

　　①案：「超越的對象」嚴格言之當即是「超絕的對象」，當依
　　　　「智思物」一詞去了解，此與第一版範疇之超越的推證中所說
　　　　的「超越的對象＝Ｘ」不同。該處所說的「超越的對象＝Ｘ」，
　　　　康德明說其不是「智思物」。關此吾曾有詳細的討論，見《智
　　　　的直覺與中國哲學》一書。
　　②意想（想像），康德原文是" Vorstellungen "，兩英譯俱譯爲
　　　　「表象」。案：此詞在此不應譯爲表象，因爲外部感取所得者
　　　　如物質、形狀等亦是表象。此詞在此與意志等連在一起說，這
　　　　是屬於心靈活動方面的，外部感取不能給我們以關於此方面的
　　　　直覺，是故在此，此詞非「表象」義，乃意想或想像等義，但
　　　　此字之「想像」義亦非" Einbildung "之爲「想像」。此詞本
　　　　有多義，觀念、想法、提示、擬議、表象俱不宜用。它在此只
　　　　意在表示心靈底一種活動，屬於「心象」（ mental states ）
　　　　者。故勉強譯爲「意想」而綴之以「想像」（字典中有此

A359

義）。如在此如英譯譯爲「表象」，則立見剌謬。如果康德改
寫爲「表象力」也許較好。

③案：「空間」在此實應是「屬於空間者」，而不是空間本身。
「空間之決定」亦應是「屬於空間者」之決定。

④案：「諸如此類的對象」依康德原文"dergleichen"譯，肯·
斯密士譯爲「某些一定的對象」（certain objects），非是。
Max Müller 譯爲「這些對象」即指廣延的等對象說，是。

⑤同於註③。

又案：此段文非常重要，是下文康德只承認經驗意義的二元論，
不承認超越意義的二元論之根據。此中涵義非常深奧。如順此
線全部說出（根據中國哲學傳統），則須專論。吾將詳闡之於
《圓善論》（吾所擬草之書）中。

如果物質真是一「物自身」，則它，當作一組合的存有看，必
完全不同於當作一單純的存有看的靈魂。但是，物質是一純然的外
部現象，此物質之「基體」不能通過我們所能指派給物質的任何謂
詞而被知。因此，我很能承認「此基體其自身是單純的」這個可能
性，雖然由於這樣式，即「此基體所依以影響我們的感取」的這樣
式之故，它在我們之內產生了廣延物之直覺，因而亦產生了組合物
之直覺。再進一步，我可認定：那「在關聯於我們的外部感取中具
有或得有廣延」的本體其自身就是諸思想之具有者或得有者，而此
諸思想能因著此本體自己所有的內部感取而意識地被表象。依此而
言，那「在某一關係中被名曰有形體的東西」者〔被名曰色體
者〕，在另一種關係中，必同時就是一思維的存有，此思維的存有

所有的諸思想，我們不能直覺之，雖然我們實能在現象「之領域」
中直覺到此諸思想之符號〔徵象〕。依此，「只有靈魂（當作特種
的本體看）」在思維著「這一表述或斷定（*Ausdruck, thesis*）」
必須被放棄；我們一定要回到這通常的辭語，即：「人在思維　A360
著」，即是說，那「當作外部現象看是廣延的」這同一存有其自身
內部地說就是一主體，而且它不是組合的，但卻是單純的而且它在
思維著。

　　設不欲就這類的假設來拘束我們自己，我們亦可作如下一般的
解說。如果由靈魂一詞我理解一思維的存有之在其自身，則「靈魂
是否在種類上同於物質抑或不同於物質（物質不是一物之在其自
己，但只是在我們之內的諸表象之一類）」這一問題本身就已經是
不合法的。因為一物之在其自己是與那「只構成此一物之狀態」的
諸決定不同性質，這是甚為顯明的。

　　另一方面，如果我們不把思維的「我」與物質相比較，但只與
那「居在我們所叫做物質的外部現象底基礎地位」的「智思物」相
比較，則我們對於此智思物便無任何知識可言，不管是什麼知識，
因而我們亦決無法去說靈魂在任何內部方面不同於此智思物〔**此作
為被名曰物質的外部現象之基礎的智思物**〕。

　　因此，單純的意識並不即是那種作為主體的自我之單純本性之
知識，就像那「可以使我們去把這作為主體的自我與物質區別開，
如同與一組合的存有區別開」這樣的知識。

　　因此，如果在「此單純性之概念於其中能有用」的那唯一情形
中，即是說，在把「我自己」與外部經驗底對象相比較這比較中，
此單純性之概念不足以決定那在自我之本性中是特殊而顯著的東西

A361　者，則雖然我們仍可裝作知道：「思維的我，即靈魂（一個內部感
取底超越對象之名），是單純的」，然而這樣一種說法〔即：**說其
是單純的這樣一種說法**〕實無「應用於真實的對象」之應用，因而
亦不能絲毫擴大我們的知識。

　　這樣說來，理性心理學底全部是陷於其主要支持點之瓦解中。
在這裡亦如在別處，我們很少能希望通過純然的概念（更不能希望
因著一切我們的概念之「純然主觀形式」，即因著「意識」），在
任何關聯於可能經驗這種關聯之缺無中，去擴大我們的知識。因為
〔如我們所已這樣見到的〕，甚至「單純本性」這一基本概念亦是
這樣的，即：它從來不能在任何經驗中被發見，因而亦就是說，是
這樣的，即：沒有一種辦法足以把它當作一客觀地有效的概念而達
到之。

第三誤推：關於人格性者

　　那在不同的時間中意識到其自身之數目的同一性者，只要如
此，它便是一人格。

　　現在，靈魂就是在不同的時間中意識到其自身之數目的同一性
者。

　　所以靈魂就是一人格。

超越的心理學底第三誤推之批判

　　如果我要通過經驗去知一外在的對象之數目的同一性，則我將
A362　注意於現象中那個常住不變的成素，以此常住不變的成素為主詞，
每一別的東西皆當作一決定而被關聯於此作為主詞的常住不變者，

並且我亦將注意此常住不變者底通貫於全時間之同一性，時間乃即是「諸決定在其中有變化」的那時間。現在，「我」是內部感取底一個對象，而一切時間亦只是內部感取底形式。結果我把我的諸相續的決定之每一決定以及一切決定皆關涉到那數目地同一的自我，而我之把它們關涉到此同一的自我是通貫全時間而把它們關涉到之，那就是說，是在對於「我自己」底內部直覺這內部直覺之形式中而把它們關涉到之。這一點既如此，則靈魂底人格性即不要被看成是被推斷出的，但須被看成是時間中自我意識底一個完全自同的命題；而這一點實在說來就是何故「此靈魂底人格性是先驗地有效的」之理由。因為它所說的實不過是這一點，即：在那「我於其中意識到我自己」的那全部時間中，我意識到這全部時間為屬於「我自己之單一性」者；而不管我說這全部時間是當作一獨個的單一而存在於我之內，抑或是說「我」是在一切這種時間中當作數目地同一者而被發見，這皆是同一會事。

因此，在我自己所有的意識中，人格底同一性是確實地被發見了的。但是，如果我從另一人底立場來看我自己（看我自己為另一人底外部直覺之對象），則正是這外在的觀察者他首先把我表象之於時間中，因為在統覺中，嚴格地言之，時間是被表象於我中。因此，雖然他承認了這個「我」，即「在我的意識中伴同著一切時中的一切表象，而實在說來，也就是以完整的同一時來伴同著一切時中的一切表象」的這個「我」，可是縱然他如此承認了，他亦將不能從這承認推斷到「我自己」底客觀的常住不變性。因為恰如「觀察者於其中安置我」的那時間並不是「屬於我自己」的那時間〔不是「我自己」底時間〕①，但只是他的感性底時間〔作為他的感性

A363

之形式的那時間〕，所以那「必然地與我的意識緊繫於一起」的同一性也不是與他的意識緊繫於一起的那同一性，即是說，不是與那「含有『我的主體』之外部直覺」的意識緊繫於一起的那同一性②。

　　①案：此時「我自己」是觀察者底對象，時間由他那裡出，在他那裡作為他的感性之形式，因而把我安置在時間中，並不客觀地存在於我處，嚴格說，我處並無自存的時間，此時說「我自己底時間」只是個觀念，此如感性論中之所說。

　　②案：我的意識處之同一性並無對於主體我之直覺，而在那觀察者之意識處之同一性卻有對於「我的主體」之直覺，所以這兩方的同一性並不相同。

　　因此，在不同時間中的「我自己」底意識之同一性只是我的諸思想以及此諸思想底貫通性之一形式條件，它決無法證明「我的主體」之數目的同一性。縱使有「我」之邏輯的同一性，而那「不允許保持我的主體之同一性」這樣的一種變化仍可發生於我的主體中，而雖有變化可發生於我的主體中，我們猶仍可把這同一發音的「我」〔同名為我的我〕歸給我的主體，此同一發音的「我」，在每一不同的狀態中，甚至在一個「包含著〔思維的〕主體之變化」的狀態中，仍可保持先行主體底思想於不墜，因而可以把這思想傳遞給後繼的主體(a)。

　　(a)關此，康德作注云：

一個有彈性的球依一直線撞擊另一個有彈性的球，這樣的一
個有彈性的球，它把它的全部運動，因而也就是說，它把它
的全部狀態（設我們只論及空間中的位置），傳給另一個
球。如是，類比於這樣的球體，如果我們設定諸本體是這樣
的，即：其中任一個本體皆把「諸表象連同著對於此諸表象
之意識」一起皆傳給另一個本體，則我們即能思議諸本體底 A364
一個全部系列，此諸本體中的第一個本體把其所有的狀態連
同著其所有的意識一起皆傳給第二個，第二個復把它自己的
狀態連同著先行本體底狀態一起皆傳給第三個，而此第三個
轉而復又把一切先行本體之狀態連同著其自己所有的意識並
連同著那些先行本體所有的意識一起皆傳給另一個。如是，
最後一個本體必會意識到先已變化的諸本體之一切狀態，其
意識到之也是如其為自己之狀態那樣而意識到之，因為那些
先已變化的諸本體之一切狀態連同著對於這一切狀態之意識
一起皆已被轉移給此最後一個本體故。然而縱然如此，此最
後一個本體卻不會已成為一切這些狀態中的同一人格。

某些古代學派中有一金言（dictum, Satz）云：世界中每一東
西皆存在於一流變中，沒有東西是常住而不變的。雖然這一金言不
能與本體之承認相融洽，然而它卻亦並不為「自我意識之統一」所
拒絕。因為我們不能從我們自己的意識去決定我們（當作靈魂看）
是否是常住的。由於我們只把那「我們所意識到」的東西視為屬於
我們的同一的自我，所以我們必須必然地判斷說：我們是通徹我們
所意識到的那全部時間而為這同一者。但是，我們不能宣稱：這個

判斷依一外在的觀察者之立場而言亦必是有效的。此蓋由於以下的緣故而然，即：【因為我們在靈魂中除碰見那「伴同著一切現象並把這一切現象連繫於一起」的「我」這個表象是常住的外，再不能碰見其他常住的現象】①，是故我們不能去證明：這個「我」（只是一「純然的思想」的這個「我」）可不是如其他思想那樣同存在於一流變之狀態中（這所謂其他思想乃即是那「因著這個『我』而互相鈎連起」的思想）。

> ①此句依康德原文譯。若依肯‧斯密士之譯而譯則如此：「因為我們在靈魂中所碰見的那唯一常住的現象便是那『伴同著它們一切並把它們一切連繫起來』的『我』這個表象。」此中「它們一切」之它們（多數）當指現象言，但在其造句中於文法上無所承，因為「唯一常住的現象」之現象是單數故。查對原文並參考 Max Müller 譯改譯如文。

A365　　實在說來，「人格性，以及此人格性之所預設，即靈魂之常住性，因而亦就是說，靈魂之實體性，一定要在這個階段而不在較早的階段被證明」，這實是奇怪的事。因為設若我們已能預設常住性與實體性，則茲自不能隨著就有意識之持續存在，然而至少必會隨著就有一常住的主體中的一持續存在著的意識之可能性，而此對人格性而言即已是足夠了的。因為人格性其自身實並不因為其活動可暫時中斷故而立即中斷。但是，此常住性決無法先於我們的自我之數目的同一性而被給與（此自我之數目的同一性是我們從同一性的統覺而推出之者），但是正相反，此常住性是首先由數目的同一性

而被推出者。（如果這論證進行得很正確，則本體之概念，只是經驗地可應用者，必在這樣的「數目的同一性之證明」之後始被帶進來。）現在，因為此「人格底同一性」〔由於它預設數目的同一性〕決無法從「我」之同一性而來（此「我」之同一性是在「意識到這一切時間即『我於其中知道我自己』的那一切時間」這種意識到之意識中的「我」之同一性），所以我們不能在論證上較早地便把靈魂之實體性建立於此人格底同一性上。〔案：只能在此第三誤推之推證人格性這一階段中把靈魂之實體性建立於人格之同一性上，由於人格之同一性必須預設靈魂之實體性而建立此實體性。此實體性不能先於人格性而被給與或被證明。〕

　　同時，我們仍可保留人格性之概念，一如我們已保留了本體之概念與單純者之概念，只要當它只是超越的時，即是說，只要當它只有關於諸決定中的主體之純一性時（非然者，此主體是不被知於我們的），所謂諸決定乃即是「通過統覺對之有一通徹的連繫」的那諸決定。此人格性之概念，若依此路而被理解〔即：視之為超越的，為只有關於諸決定中的主體之純一性者〕，則它對實踐的使用而言是必要的，並且對這樣的使用而言亦是足夠的；但是我們決不能誇示或虛飾它為一種通過純粹理性而來的「我們的自我知識」之擴大，亦決不能誇示或虛飾它為足以把一種不破裂的主體之持續存在從「同一性的自我」之純然概念中展示給我們。因為這個概念永遠旋轉於一個圈子中，而在關涉於任何一個「意在綜和知識」的問題上，它亦不能有助於我們。「物質，當作一物自身（超越的對象）看，它是什麼」這是完全不被知於我們的，雖然由於物質可被表象為某種外在的東西之故，那當作現象看的物質之常住性實可被

A366

觀察。但是，如果我想在一切表象底變化中去觀察這純然的「我」，則在我的比對中，除復用我自己連同著我的意識之普遍條件外，我實並無其他「相關項」可用。因此，我對於一切問題除給予套套邏輯的答覆外，我實不能給出任何別的答覆，蓋因為我是以我的概念以及此概念底單一性〔純一性〕來代替那些「屬於作為對象的我自己」的諸特性，因而遂把那「發問者所想去知道」的東西視為當然，假定為自然如此。

第四誤推：關於觀念性者

（就外部的關係而言）

凡這樣一個東西，即「其存在只能當作所與的諸知覺之一原因而被推斷」這樣的一個東西，它只有一純然可疑的存在。

A367　　　現在，一切外部現象就有這樣一種本性，即：它們的存在不是直接地被覺知的，我們只能推斷它們為所與的諸知覺之原因。

所以外部感取底一切對象之存在是可疑的。此「不確定性」我名之曰外部現象底「觀念性」，「而此種觀念性之主張，由於其與就外部感取之對象而肯斷一種『可能的確定性』這種被名曰二元論的相反之主張顯有別，是故它被名曰觀念論」①。

①此句依康德原文是如此：「而此種觀念性之主張則被認為觀念論，與此觀念論相比對，關於外部感取之對象的一種可能的確定性之主張則被名曰二元」。此已甚明，不必改字。

超越的心理學底第四誤推之批判

　　設讓我們先考察此第四誤推之前提。〔人們爭辯說，〕我們很有理由主張：只有那存在於我們自身之內者始能直接地被覺知，並主張：我自己的存在是一純然知覺之唯一的對象。因此，一個「外於我」的現實對象之存在（如果外於我之「我」這個字是依理智的意義而被理解，而不是依經驗的意義而被理解）從未直接地被給與於知覺中。知覺是內部感取之一變形，而外部對象之存在，由於它是此知覺之外部原因，因而亦就說，由於它是被推斷出的，是故它只能在思想中被增加到知覺上。為此之故，笛卡爾很有理由去把一切知覺（依知覺一詞之最狹的意義）限制於「我作為一思維的存有，是存在著的」這個命題上。顯然，因為凡是外部地存在著的不 A368 是存在於我之內的，所以我不能在我的統覺中碰見那外部地存在著者，因而也就是說，亦不能在任何知覺中碰見那外部地存在著者，此所謂「任何知覺」之知覺，恰當地視之，只是統覺底決定。

　　因此，我無法去覺知外在的東西，但只能從我的內部知覺推斷它們的存在，視我的內部知覺為結果，而某種外在的東西則是此結果底近似因。現在，從一所與的結果推斷一決定性的原因這種推斷總是不確定的，因為結果可由於多個原因而產生，不只由於一個原因而產生。依此，就知覺之關聯於其原因而言，原因是否是在內的抑或是在外的，這總仍是可疑的；那就是說，一切所謂外部知覺是否不只是我們的內部感取之一純然的遊戲，或這樣說，它們是否和那作為其原因的現實外在對象有關係，這總仍是可疑的。在一切事件上，外在對象底存在只是被推斷出的，而且是要冒推理之危險

的，可是內部感取底對象（我之我自己並連同著一切我的表象）是
直接地被覺知的，而其存在並不允許被懷疑。

　　依此，「觀念論者」這個字眼不是要被理解為可應用於那些
「否認外在的感取對象之存在」的人們①，但要被理解為只可應用
於那些「不承認外在對象底存在是通過直接的知覺而被知，因而遂
歸結說，關於外在對象底實在性，我們決不能依任何可能經驗之路
完全地確定之」的人們②。

A369

　　　　①案：這些人康德心目中是指柏克萊派的人們說。
　　　　②這些人康德心目中是指笛卡爾派的人們說。

　　在依誤推之一切欺騙性的虛幻以展示我們的誤推之前，我須首
先去提及這一點，即：我們必須必然地區別兩種觀念論，即「超越
的觀念論」與「經驗的觀念論」。所謂超越的觀念論，我意謂是這
樣的一種主張，即：現象須被視為盡皆只是表象，而不是物自身，
而時間與空間亦因而只是我們的直覺之感觸性的形式，不是客觀地
被給與的一些決定，即如「依其自身而存在著」那樣而客觀地被給
與的一些決定，亦不是那「被視為物自身」的對象之條件。對於這
種超越的觀念論，有一種「超越的實在論」與之相對反，此超越的
實在論視時間與空間為某種「依其自身，獨立不依於我們的感性，
而被給與」的東西。這樣，超越的實在論者解釋外部現象（其實在
性被認為是當然的）為物自身，這些物自身是獨立不依於我們以及
我們的感性而存在著，因而它們亦是外於我們而存在著——此「外
於我們」一片語是依照知性底純粹概念而被解釋者。事實上，正是

這種超越的實在論者他此後扮演了經驗的觀念論者之身分。超越的實在論者，在「錯誤地設想感取底對象（如果這些對象要成為外在的）必須以其自身而且獨立不依於感取而有一種存在」這種錯誤的設想之後，他見到：從此觀點來判斷，一切我們的感觸性的表象皆不足以去建立感取底對象之實在性。

另一方面，超越的觀念論者可以是一「經驗的實在論者」，或 A370
如其所被稱，是一「二元論者」，那就是說，他可以承認物質底存在而無須走出他的純然的自我意識之外，或無須在「他的表象底確定性」，即「我思故我在」，以外，去假定任何更多的東西。因為他視此物質以及甚至此物質底內在可能性只是現象；而現象，如若離開了我們的感性，它便是無〔什麼也不是，一無所有〕。因此，在他看來，物質只是一類表象（直覺），這些表象被名曰外在的表象，其被名曰外在的不是由於其和那「依其自身而為外在的」諸對象有關係而被名曰外在的，而是因為它把知覺關聯於空間而被名曰外在的，在此空間中，一切東西皆是互為外在的，然而空間自身卻是存在於我們之內。

從開始，我們即已宣布我們自己是贊成或維護這種超越的觀念論；而這樣，我們的主張可依以下的路數而移除一切困難，即：我們承認物質之存在是依據我們的純然自我意識之獨自的證據而承認之，或我們宣布物質之存在是因以上那樣的承認而被證明，其被證明所依之樣式同於作為一「思維的存有」的我自己底存在之被證明所依之樣式：我們的主張即依如此云云之路數而移除一切困難。我實意識到我的表象，這是不能有問題的；因此，這些表象以及得有這些表象的我自己的「我」皆存在著。但是，諸外在的對象（諸物

體或色體）是純然的現象，因而亦不過就是「我所有的諸表象」中之一類，我所有的這些表象底諸對象是某種「只通過這些表象而

A371　成」的東西。離開這些表象，此諸對象即是無。這樣，外在的事物其存在著一如我自己的「我」之存在著，而實在說來，此兩者皆是依據我的自我意識之直接的作證而存在著。唯一的差別就是：作為思維主體的我的「自我」之表象屬於內部感取，而標識「廣延的存有」的那些表象則同時亦屬於外部感取。要想去達到外部對象底實在性，我正亦不須依靠於推理，其不須依靠於推理亦恰如我在關於我的內部感取底對象底實在性方面，即是說，在關於我的思想底實在性方面，之不須依靠於推理。因為在這兩種情形中，內外對象皆同樣不過只是一些表象，關於這些表象底直接知覺（意識）同時即是那些內外對象底實在性之一充分的證明。

　　因此，超越的觀念論者是一「經驗的實在論者」，並且他把一種實在性許諾給作為現象的物質，其所許諾給物質的實在性乃是那「並不允許是被推斷出的，但卻是直接地被覺知的」的一種實在性。另一方面，超越的實在論卻不可避免地要陷於許多困難中，它並且見到它自己不得不屈服於「經驗的觀念論」，蓋因為它視外部感取底諸對象為某種有別於諸感取自身者〔有別於諸感取表象自身者〕，並且視純然的現象〔視那只是現象者〕為自我潛存的實有，為在我們之外（為超越地在我們之外）而存在著者。依據像此種見解這樣的一種見解而言，不管我們是如何清楚地意識到這些事物之表象，可是這仍然不能是確定的，即：如果表象存在，茲必也存有「相應於這些表象」的對象。另一方面，在我們的系統中，這些外在的事物，即，物質，在一切它們的布置與變化中，皆不過是純然

的現象，即是說，皆不過是在我們之內的一些表象，而關於這些表　A372
象底實在性，我們是直接地意識及之的。

　　因為，就我所知，一切採用「經驗的觀念論」的心理學家皆是
超越的實在論者，所以在把一種很大的重要性歸給經驗的觀念論這
一方面，他們確然已十分一致地在進行著，此所歸給經驗的觀念論
的一種極大的重要性乃是當作這樣的諸問題之一，即「人心對之不
知如何去進行」這樣的諸問題之一，而歸給之。因為如果我們視外
部現象為一些表象，即為這些表象底對象所產生於我們之內的一些
表象，又如果這些對象是「依其自身外於我們而存在著」的東西，
則「想去看出：除因著從結果推到原因這種推斷外，我們如何能有
別法去知道對象底存在」，這實是不可能的；而此既不可能，則從
結果推原因這所推之原因是否存在於我們之內抑或存在於我們之
外，這亦必須總是可疑的。我們實能承認：某種東西，即那「或可
依超越的意義而存在於我們之外」的那某種東西，是我們的外部直
覺之原因，但是此某種東西並不是「我們在物質底諸表象中以及在
有形體的東西底諸表象中所正思維及之」的那對象；因為物質以及
有形體的東西只是現象，即是說，只是各類的表象，此各類表象除
在我們之內被發見外，它們決不能有別法被發見，而它們底實在性
亦依賴於直接的意識，恰如我自己的思想底實在性①之依賴於直接
的意識。超越的對象〔案：意即超絕的對象〕，就內部直覺以及外
部直覺說，皆同樣是不被知的。但是我們這裏所說及的並不是這個　A373
超絕的對象，而是經驗的對象，此經驗的對象，如果它被表象於空
間中，它即被名曰外在的對象，如果它只被表象於它的時間關係
中，它即被名曰內部的對象，但是空間與時間除在我們之內皆不能

被發見。

①案：「實在性」一詞，原文及兩英譯皆爲「意識」。若如此，
則該句即爲「恰如我自己的思想之意識之依賴於直接意識」，
此則重沓不通。故此當是康德一時筆下誤。改爲「實在性」則
通，亦與本段前兩段文各最後一句相合。

這樣，「在我們之外」這一詞語在意義上是不可免地有歧義
的，它有時指表：那作爲物自身者離開我們而存在，有時指表：那
只屬於外部現象者，因此，要想使此後一義的「在我們之外」這個
概念（此後一義即是「關於『我們的外部直覺底實在性』的心理學
問題所依以被理解」的那一種意義）完全無歧義，我們將把「經驗
地外在的對象」與那些可被說爲是超越意義〔超絕意義〕的外在對
象區別開，即因著顯明地把前者名爲「那些被發見於空間中的事
物」而把它們兩者區別開。

實在說來，空間與時間自是先驗的表象，此等先驗的表象居於
我們之內以爲我們的感觸直覺之形式，即，在任何真實的對象（通
過**感覺**而決定我們的**感取**的那真實對象）能使我們在那些感觸性的
關係之下去表象對象之前，它們即已居於我們之內以爲我們的感觸
直覺之形式。但是，那物質的或真實的成分，即，那「須在空間中
被直覺的某種東西，卻必然地要預設有**知覺**。知覺展示空間中的某
種東西之實在性；而在知覺之缺無中，沒有**想像底力量**能夠發明並
產生那某種東西。因此，那正是感覺它指示空間中或時間中的一種
實在，即依照實在之關聯於此種感觸直覺或彼種感觸直覺而指示空

A374

間中或時間中之實在。〔案：意即如「實在」關聯於外部感觸直
覺，感覺即指示空間中之實在；如「實在」關聯於內部感觸直覺，
感覺即指示時間中之實在。〕一旦感覺被給與（如果此感覺涉及
一對象一般，雖然並不如「要去決定該對象」那樣而涉及對象一
般①，則此感覺即被名曰知覺），則幸虧有此感覺之雜多性，我們
始能在想像中描畫好多對象，此許多對象，若外於或離開想像，它
們便沒有空間或時間中的經驗性的地位可言。這一點不容懷疑；不
管我們取用快樂與痛苦，抑或取用外部感取底感覺，如顏色、熱
度，等，知覺總是那種東西，即「材料所因之而必須首先被給與」
的那種東西，所謂材料即是「所需要之以便能使我們去思考感觸直
覺之對象」的那材料：這樣的材料必須先被給與，知覺就是「這樣
的材料所因以必須首先被給與」者。因此，此種知覺表象某種空間
中真實的東西（暫時只去考慮外部的直覺）。因為，第一點，雖然
空間是「共在」底一純然可能性之表象，然而知覺卻是一實在性之
表象。第二點，一實在性是在外部感取中被表象者，即是說，是在
空間中被表象者。第三點，空間其自身不過只是純然的〔形式
的〕②表象，因而也就是說，僅只空間自身中沒有什麼東西可算作
真實的東西，除唯是那在空間中被表象者外(a)；反之，那在空間中
被給與者，即是說，通過知覺而被表象者，也是空間中之真實者。　　A375
因為，如果它不是真實的，即是說，它不是通過經驗的直覺而直接
地被給與的，則它便不能在想像中被描畫，此蓋因為凡在直覺中是
真實的東西並不能先驗地被發明故。

(a)關於該處，康德作注云：

「除那在空間中被表象者外，茲再沒有什麼東西在空間中」，我們對於這個奇詭的但卻是正確的命題必須給與以充分的信任。因為空間其自身不過只是〔形式的〕③表象，因此，不管是什麼，只要它存在於空間中，它即被含在此〔形式的〕④表象中。沒有什麼東西可存在於空間中，除當某種東西現實地被表象於空間中時。「一個東西只能在空間底表象中存在」，這正是一個「聽起來實在是必令人驚異」的命題，但是在此情形中，這【令人驚異的刺耳礙目】⑤即消失而不見，因為在這裡我們所關心的事物並不是「事物之在其自身」，但只是現象，即是說，只是表象。

①譯者案：感覺本只是當下的，並不涉及一對象一般。知覺比感覺稍高而廣гов。如果籠統地說感覺而不限於當下而就對象一般說感覺，即此時之感覺即可被名曰知覺。但其涉及一對象一般並不是如「要去決定對象」那樣而涉及一對象一般。涉及對象一般而去決定對象那是範疇（知性底概念）底作用，知覺（籠統說的感覺）並不能作至此。

②「形式的」一狀詞乃譯者補。空間自身是一個形式的表象。若只說「空間自身只是純然的表象」，則混漫，故必須補「形式的」一形容詞。原文及英譯皆無。

③及④皆然。

⑤依康德原文" das Anstoßige "（此令人驚異的刺耳礙目）。肯·斯密士譯為" objection "（異議或反對），不達。Max Müller 譯為「此命題之奇怪性」，稍好。

因此，一切外部知覺給出空間中某種真實的東西之直接的證明，或寧說一切外部知覺就是真實者本身。依此義而言，「經驗的實在論」是決無疑實的；那就是說，對於我們的外部直覺，茲有空間中某種真實的東西與之相應。空間自身，連同著空間中之一切當作表象看的現象，實在說來，皆只存在於我之內，但是，縱然如此，那真實者，即是說，一切外部直覺底對象之材料，卻是獨立不依於一切想像式的發明而現實地被給與於此空間中。復次，若說：在此空間中，任何外於我們（超越意義的外於我們）的東西定可被給與，這卻是不可能的，蓋由於空間其自身若外於我們的感性便是無〔什麼也不是〕之故。因此，甚至最強硬的觀念論者亦不能要求有這樣一種證明，即證明「外於我們（嚴格的〔超越〕意義的外於我們）的對象與我們的知覺相應」之證明。因為，如果真有任何這樣的對象，則它必不能被表象為而且被直覺為外於我們，因為這樣的表象與直覺須預設空間，而空間中的實在，由於是一純然表象底實在，是故它不過就是知覺自身。因此，外部現實底真實者是只在知覺中而為真實者，而且它不能依其他路數而為真實者。 A376

從知覺處，對象底知識可被產生出來，其被產生或是因著想像底純然遊戲而被產生，或是依經驗而被產生；而在此產生之經過中，無疑可發生虛幻的表象，即「對象並不與之相應」的那虛幻的表象，而欺騙亦因而有時可歸因於一想像底幻象（在夢中），有時亦可歸因於一判斷能力底錯誤（在所謂感取之欺騙中）。要想避免這種欺騙性的虛幻，我們須依照以下之規律而進行，即：「凡是依照經驗的法則而與一知覺相連繫者便是現實的」。但是，這樣的欺騙，以及預防此欺騙，其影響觀念論一如其影響二元論，因為我們

只有關於經驗之形式。經驗的觀念論，以及其關於我們的外部知覺之客觀實在性之錯誤的疑問，是早已充分地被拒絕了的，其早已充分地被拒絕是當我們已表明：外部知覺給出空間中的某種現實的東西之直接的證明，而此空間，雖然其自身只是諸表象之一純然的形式，可是在關聯於一切外部現象中它仍有其客觀實在性（所謂外部現象亦仍不過是純然的表象）：是當我們已如此表明時，它即早已充分被拒絕；而且是當我們同樣已表明：在知覺之缺無中，甚至去作想像以及去作夢亦不是可能的，因而我們的外部感取，就「經驗所由以發生」的那與料〔材料根據〕而言，有其空間中的現象相應的對象：當我們同樣已如此表明時，它即早已充分被拒絕。

　　獨斷的觀念論者必是一個「否決物質底存在」的人，而存疑的觀念論者則是一個「懷疑物質底存在」的人，因為他主張物質底存在是不可能有證明的。「獨斷的觀念論者必須把他的想法或見解基於『存在物質這樣的一種東西』之可能性中之設想的矛盾上——這一個想法乃是『我們尚不曾去討論之』的一個想法」①。下段論辯證的推理將移除此種困難②。（下段論辯證推理表象理性為與其自身相爭鬥，就著它為其自己所造成的概念，所造成的那『屬於經驗底連繫』的東西底可能性之概念，而與其自身相爭鬥。）但是，存疑的觀念論者，即「他只責難我們的肯斷之根據，並揭發我們的物質底存在之確信（我們想去把這確信基於直接的知覺上）為不充分地被證成者」，這樣的一個存疑的觀念論者，他倒是人類理性底一個恩人，其為恩人即在其迫使我們甚至在普通經驗底最小的前進中也要去查看一下，免得我們把那或許只是不合法地得之者視作善得的財產。我們現在能去賞識這些觀念論式的反對或異議之價值〔能

去賞識由存疑觀念論者所發的這些反對或異議之價值〕。倘若我們不打算在我們的最通常的肯斷中使我們自己有矛盾，則這些反對或異議便以其主要的力量驅迫我們去視一切我們的知覺，不管我們叫它們是內部的抑是外部的，皆只是關於那「依靠於我們的感性」的東西底一種意識〔覺識〕。這些反對或異議也迫使我們去視這些知覺底外部現象並非為物自身，但只為表象，關於這些表象，亦如關於每一其他表象，我們能直接地意識及之，而這些表象之所以被名曰外部的是因為它們依靠於我們所名曰「外部感取」者，此外部感取所領有的直覺是屬於空間中的直覺。但是，空間本身則不過是一內在的表象模式，在此表象模式中，某些一定的知覺可以互相連繫。

①案：此句依康德原文當如此譯：「獨斷的觀念論者，其所以為一觀念論者是因為他相信他在『物質一般之可能性』中見到有矛盾，而我們目前尚不能論及此種觀念論者」。案：此已甚明。

②案：即指下段對於全部純粹心理學之考量言，其移除此困難見A384-388。

如果我們視外部對象為物自身，則「想去了解我們如何能達到這些對象之『外於我們』的實在性之知識」這是完全不可能的，因為我們必須只依賴於那「存在於我們之內」的表象。因為我們不能〔對於那存在〕於我們自己之外〔者〕是有感覺的，但只能〔對於那存在〕於我們之內〔者〕是有感覺的，而因此，我們的自我意識

之全部除只給出我們自己所有的諸決定外，不能給出任何事。這樣
說來，存疑的觀念論迫使我們要依靠於那尚留給我們的唯一庇護
所，即是說，要依靠於一切現象底「觀念性」〔案：意即「超越的
觀念性」〕。一切現象底超越的觀念性這一主張是早已在超越的攝
物學中獨立不依於這些後果而被建立起，在那階段，我們尚不能預
見這些後果。如是，如果我們問：是否隨之即可說在靈魂學中單只
是二元論是可取的，則我們必須答覆說：「是，確乎是如此；但須
知二元論只是經驗意義的二元論。」那就是說，在經驗底連繫中，
物質，當作現象〔領域〕中的本體看，實是被給與於外部感取者，
此恰如思維的我，亦當作現象〔領域〕中的本體看，是被給與於內
部感取者。進而此內外兩邊（*beiderseits*）的現象必須依照諸規律
而互相聯繫起來，此所謂諸規律乃即「本體」這個範疇所引介者，
本體這個範疇把此諸規律引介於我們的外部知覺之連繫中以及我們
的內部知覺之連繫中，因著這種連繫，我們的內外部知覺遂構成一
整一經驗。但是，如果我們，如通常所作者，想去擴大二元論之概
念，並且依「超越的意義」去理解二元論，則無論二元論或是那兩
個與二元論相對抗的主張——一方是神靈論（pneumatism），另
一方是唯物論——皆不能有任何基礎，因為，如果那樣，則我們必
已誤用了我們的諸概念，並且誤以「表象對象」這「表象之」之模
式〔樣式〕中之差異為事物自身中之差異（所謂「表象對象」，這
所表象之對象，就其在其自身是什麼而言，仍然是不被知於我們
的）。雖然「我」，如通過內部感取而被表象於時間中者，與那
「外於我」〔在我之外〕的空間中的對象，此兩者是各自完全不同
的現象，可是並不因為它們是各自完全不同的現象，它們即可被思

A379

議為是兩種不同的「事物」〔物自身之物〕。既非居於外部現象之
基礎地位以為其根據的那「超越的對象」以其自身而言即是物質，
亦非居於內部直覺之基礎地位以為其根據的那「超越的對象」以其　A380
自身而言即是一思維的存有，那超越的對象但只是現象底一個根據
（一個不被知於我們的根據），所謂「現象之根據」，此中所謂
「現象」乃即是那「把前一種存在〔即：物質之存在〕之經驗的概
念以及後一種存在〔即：思維的存有之存在〕之經驗的概念提供給
我們」的那些現象。

　　依是，如此批判的論證〔即：以上所作的關於此第四誤推所作
的批判〕所顯明地迫使吾人去作者，如果我們緊握著上面所已建立
起的規律，並且不把我們的問題推出這範圍，即「可能的經驗於其
中能以經驗對象呈現給我們」的那範圍之外，則我們決不夢想去把
關於「我們的感取之對象如其在其自身之所是者。即，如其超出關
聯於感取這一切關聯之外之所是者」告訴我們自己。但是，如果心
理學家誤認現象為物自身，並視現象為在其自身而且以其自身而存
在著，則不管他是一唯物論者（除只承認物質可進入其系統中外，
不承認任何其他東西可進入其系統中者），或是一精神論者（只承
認思維的存有者，所謂思維的存有即是那具著「我們的內部感取之
形式」的思維存有），抑或是一二元論者（兩者皆承認者），由於
適說之誤解之故，他將總是糾纏於那種假合理的思辨中，即關於
「那不是一物之在其自己，但只是一物一般之現象者，如何能以其
自身而存在著」這樣的問題的假合理的思辨中。

A381　鑒於以上四種誤推對於純粹心理學全部作一考量

　　如果我們把那當作「內部感取底自然學」看的靈魂學與那當作「外部感取底對象之自然學」看的形體學（der Körperlehre）相比較，則我們將見：雖在這兩方面有好多東西可以經驗地被知，然而在此兩方面間猶有如下所說的顯著的差別。在形體學這門學問中，有好多是先驗的東西能夠由「一廣延的不可入的存有」之純然的概念而綜和地被知，但是在靈魂學這門學問中卻並沒有什麼是先驗的東西能夠由「一思維的存有」之概念而綜和地被知。其所以然之故是如此，即：雖然形體與靈魂這兩者皆是現象，然而現於外部感取前的現象卻有某種固定或常住的東西，此某種固定或常住的東西供給一基體以為流轉的諸決定之基礎，因而也就是說，它供給一綜和的概念，即空間底綜和的概念以及空間中的一個現象底綜和的概念；可是，時間，即作為我們的內部直覺之唯一形式的那時間，卻並沒有什麼是常住者，因此，它只對於諸決定底變化給出知識，但卻並不能對於任何一個「能因此諸決定之變化而被決定」的對象給出知識。因為在我們所名曰「靈魂」者中，每一東西皆存在於連續的流動中，而且除「我」外，茲並沒有什麼東西是常住者（如果我們必須說常住，則只好說「我」是常住，故除此「我」外，不復有什麼是常住者），此「我」是單純的，其為單純的是只因為它的表象〔即：對於此「我」之表象〕並沒有內容，因而也就是說並沒有雜多，而正是此故，它似乎要去表象，或用一較正確的詞語，去指示一單純的對象。要想使「因著理性去得到一思維存有一般底本性之知識」為可能，這個「我」必須成為一個直覺，此直覺，依其被

A382

預設於一切思想（先於一切經驗）而言，正由於它是直覺，是故它可以給出先驗的綜和命題。但是，這個「我」很少能是一直覺，一如其很少能是一對象之概念；它只是意識底純然形式，此意識之純然形式之所以能伴同著兩種表象〔案：意即直覺之表象與對象之概念之表象〕，而且它能去把這兩種表象提升至知識之境，是只當某種別的東西被給與於那「那一對象之表象供給材料」的直覺中時，它始能伴同著兩種表象而且能把此兩種表象提升至知識之境。〔案：意即「我」這一意識之純然形式能伴同其他東西之直覺以及基此直覺而思一對象因而能成一知識，然而吾人對於此「我」本身卻並無直覺，因而亦不能使之成為一對象之概念。〕這樣說來，理性心理學之全部，由於它是一門超出人類理性底一切力量之外的學問，是故它是終歸無效的，而且除在經驗底指導下去研究我們的靈魂外，並除去把我們自己限於那些並不越過範圍的問題外（所謂範圍即是「於其中一種內容可因著可能的內部經驗而被供給給這些問題」的那範圍：除把我們自己限於不越過這樣的範圍的問題外），再沒有什麼任何其他東西可以遺留給我們。

　　但是，雖然理性心理學不能被用來去擴大知識，而當其如此被使用時，那是完全由誤推而作成，雖然是如此，可是我們仍然不能否認其有一可觀的消極價值，如果它被視為不過是對於我們的辯證推理（發生自人底通常而自然的理性者）之批判的處理。

　　我們為什麼要動用一種專基於純粹的理性之原則上的靈魂學　A383
呢？無疑，這主要地是為的想去保障我們的思維的自我以對抗唯物論底危險。這一點之被達成是藉賴著我們所已給出的「我們的思維的自我之純粹概念〔理性概念〕」而被達成。因為依據此種義理，

我們可如此之完全地免於這種恐懼，即「移除物質時，一切思想，甚至思維存有之存在，必被破壞」之恐懼，以至於正相反，我們可清楚地表明：如果我們移除思維的主體，全部形體世界〔**物質世界或色體世界**〕必即刻消失而不見：形體世界除是我們的主體之感性中的一種現象以及此主體所有的諸表象中之一類表象外，它便一無所有〔**什麼也不是**〕。

我承認：如上所說這個意思並不能把關於此思維的自我之諸特性之任何進一步的知識給與於我，它亦不能使我去決定此思維的自我之常住性，或甚至它亦不能使我去決定：此思維的自我其存在著是獨立不依於那「我們可猜想之以為外部現象之超越的基體」者而存在著；因為那為外部現象之超越的基體者其不被知於我正如思維的自我之不被知於我。但是，縱然如此，以下所說亦是可能的，即：我可以依據純然思辨的根據以外的其他根據找出理由以去希望「我的思維的自然〔**存有**〕」之一獨立而持續的存在，即通貫乎我的狀態之一切可能的變化的那獨立而持續的存在。在此種情形中，如果，當直率地承認我自己的無知時，我猶能去擊回一思辨的敵人之獨斷的攻擊，並把以下一點表明給他，即：他決不能在否決我的

A384 期望之可能性中對於「自我之本性」〔**我的主體之本性**〕知道得更多一點，即比我在守住我的期望中所能知者知道得更多一點，如果我能如此云云時，則所獲者必已甚多。

其他三種辯證的問題，構成理性心理學之真實目標者，皆基於我們的心理學的概念中的「超越的虛幻」上，而且除藉賴著以上的研究外，它們並不能被裁決。此其他三種辯證的問題即是：(1)關於「靈魂與一有機的形體之團結一致之可能性」之辯證的問題，即是

說，關於「人底生命中的動物與靈魂之狀態」的辯證的問題；(2)關於「此種團結一致之開始」之辯證的問題，即是說，關於「靈魂之在人有生時以及有生前」之辯證的問題；(3)關於「此種團結一致之終止」之辯證的問題，即是說，關於「靈魂在人死時以及死後」之辯證的問題（亦即靈魂不滅之問題）。

　　現在，我認為：這一切困難，即通常被發見於這些問題中的那一切困難，而且藉賴著這當作「獨斷的反對或異議」看的一切困難，人們想去因一較深的洞見，即比普通理解所能恰當地要求的任何洞見為較深的洞見，洞見於事物之本性之洞見，而得光榮或盛譽，這樣的一切困難實皆只基於一純然的虛幻上，因著此虛幻，人們遂把那只存在於思想中的東西實體化，並且把那只存在於思想中的東西視之為一真實的對象，即視之為一依同樣的性格〔依實體化之這同樣的性格〕而存在於思維主體之外的真實的對象。換言之，他們把「廣延」，即不過只是現象的那廣延，視為那自存著的，甚至離開我們的感性而自存著的外部事物之一特性，並且認為運動亦是由於這些自存著的外部事物而然，而且它實是在其自身而且即以其自身，離開我們的感取，而自起現著〔自起現而為運動〕。〔其實並不能如此。〕因為物質，即其與靈魂相團結這團結一致可引起許多疑問的那物質，沒有別的，它不過只是「藉賴著那種被名曰外部感取的直覺而表象一不被知的對象」這表象之之方式，或者說，這表象之之一特殊的路數。茲很可有某種東西〔超越地〕在我們之外，對於此某種東西，我們所名曰「物質」的這個現象可與之相應；但是，依物質之現象性格而言，物質並不〔超越地〕存在於我們之外〔超越地外於我們而存在著〕，它但只是我們之內的一種思

A385

想,雖然這種思想通過以上所提到的外部感取把物質表象為〔內在地〕存在於我們之外者。因此,物質並不意謂一種本體它完全不同於而且異質於內部感取之對象(靈魂),但只意謂那「在其自身並不被知於我們」的諸對象底那樣一些現象之顯著的本性,所謂那樣一些現象即是「我們名其表象曰外部表象」的那樣一些現象,我們名這些現象之表象曰外部表象是當我們把這些外部表象與那些「我們把它們算為屬於內部感取」的表象相比較時,我們始名之曰外部的表象,雖然像一切其他思想一樣,這些外部表象亦只隸屬於思維的主體。這些外部的表象實有這種欺騙性的特性,即:由於它們在空間中表象對象,是故它們好像把它們自己從靈魂上脫離下來,而且似乎要在靈魂之外徘徊。可是就是這空間,即「這些外部現象於其中被直覺」的那空間,卻亦不過只是一表象,而且它亦並沒有與之相同的那同樣性質的對應物〔同質的根源物,與之相同的原本〕可被發見於靈魂之外。〔案:意即空間只是外部直覺之形式,是一先驗的表象,靈魂之外並沒有一個空間性的對應物與此形式或先驗表象相對應以為其原本 Gegenbild。〕因而結果,問題不再是「靈魂與其他在我們之外的另一不同類的已知的本體相團結一致」這種團結一致之問題,但只是「內部感取之表象與我們的外部感性之變形相連繫」這種連繫之問題,即是說,乃是關於「這些表象與這些變形如何能依照擺好的〔固定的〕法則而如此地互相連繫起來以至於它們可顯示一貫通的經驗之統一」之問題。

只要當我們視內外部現象一起皆為經驗中的純然表象時,我們在此兩類感取底聯合〔團結一致 Gemeinschaft〕中便不見有什麼東西是悖謬而奇怪的。可是,一旦我們把外部現象實體化,而我們之

A386

視外部現象亦不復再視之為表象，但視之為是這樣的事物，即「此
等事物之存在著是在我們之外以其自身而存在著，具有這同樣的性
質，即與它們在我們之內存在著所具有的那性質為同樣的性質，並
且它們之存在著是如『它們使那些活動即它們展示之以為互相關聯
中的現象的那些活動和我們的思維主體有關』那樣而存在著」，把
外部現象視為是這樣的事物：一旦當我們是如此云云時，則在我們
之外的諸有效因即預設有一種性格，此性格是不可能與此諸有效因
之在我們之內的結果相融洽的。因為「原因」只關涉於外部感取，
而「結果」卻關涉於內部感取，此兩類感取，雖然它們可被結合於
同一主體中，然而它們卻是極端地互不相似的。在外部感取中，我
們除地位底變化外，不見有其他外部的結果，而且除只是這樣的諸
趨力，即「此諸趨力在作為其結果的諸空間關係中湧發流衍」這樣
的諸趨力外，我們亦不見有任何其他的力量。另一方面，在我們之
內，所有的諸結果只是諸思想，在此諸思想之間，地位之關係、運 A387
動、形狀或其他空間性的決定，皆不能被發見，而我們亦完全喪失
了此類結果方面的諸原因之線索，此類結果若有之，當即是「此諸
原因被設想應於內部感取中使之發生」者〔依原文：**此類結果若有
之，當即是那「應當展露其自己於內部感取中」**者〕——此類結果
方面的諸原因之線索，我們完全找不到。但是，我們應當記住：物
體並不是那些「要呈現給我們」的對象之在其自己，但只是「我們
所不能知的那什麼不被知的對象」之一純然的現象；運動亦不是此
不被知的原因之結果，但只是「此不被知的原因之影響於我們的感
取」這影響上之現象。物體與運動皆不是〔超越地〕在我們之外的
任何東西；此兩者皆同樣是我們之內的純然表象〔案：**當說為「皆**

同樣是我們之內而**內在地在我們之外的純然表象**」〕;因此,那並不是物質之運動它產生出我們之內的表象;運動本身只是表象,物質當然亦是表象,物質即依此路始使其本身成為被知的。這樣說來,我們為我們自己所已造成的那全部困難最終是歸於這樣的問題,即:我們的感性之表象如何並為何是如此之相互連繫以至於那些「我們名之曰外部直覺」的表象能夠依照經驗的法則而被表象為在我們之外的對象。這樣一個問題無論如何並不是與那設想的困難緊繫於一起的,這設想的困難即是「由在我們之外的完全異質的有效因來說明我們的表象之起源」這種說明上的困難──並不是與這種說明上的設想的困難緊繫於一起的。那種設想的困難是從「我們之誤視一不被知的原因底諸現象為即是在我們之外的這原因之本身」而發生出,這一種誤視除混亂外是不能結成任何事的。在這樣的諸判斷,即「一種誤解通過長期的習慣於其中已植根很深」的那樣的諸判斷之情形中,要想立刻去把那種清晰性〔可領悟性、明白性 Faßlichkeit〕給與於對此諸判斷之糾正,那是不可能的,所謂那種明白性〔清晰性〕即是那「在另一些其他情形中能被達到」的那明白性,在此另一些其他情形中,沒有這樣不可免的幻象來混亂我們的概念。因此,我們的理性之得免於詭辯的理論在現階段是很難有這清晰性即「對理性之完全的滿意〔或成功〕為必要」的那清晰性。

A388

以下的疏解,我想,將因其有貢獻於此終極的明晰性而為有幫助的。〔原文:我相信以下之辦法將能促進此清晰性。〕

一切反對〔異議〕可被分成獨斷的、批判的,以及懷疑的,三類。一獨斷的反對是朝向一命題而反對,一批判的反對是朝向一命

題之證明而反對。前者需要有一種洞見，洞見於對象之本性之洞見，這樣，我們便可主張一反面之陳說，即「在關於此對象中，其所反對之命題所已確言之者」之反面陳說。因此，獨斷的反對其自身是獨斷的，它要求與對象之構造〔本性〕相親接〔相識知〕，這親接是比敵對方面的肯斷之親接更為全盡。一「批判的反對」，因為它讓命題之有妥效性或無妥效性為不被疑難者，而只攻擊此命題之證明，是故它並不預設一更全盡的親接，親接於對象〔之本性〕之親接，亦不迫使我們去要求對於此對象之本性有一更優越的知識：它只表示那肯斷是無支持之之根據的，並不表示那肯斷是錯的。一「懷疑的反對」把原肯斷與敵對方面的肯斷如其有同等重量那樣而置之於互相對反中，並輪轉地視每一肯斷為一獨斷的意見，而視其他一個肯斷為對此獨斷意見之反對。而衝突，由於這樣看起來敵對的雙方皆是獨斷的，所以它被視為足以表示：在關於對象 A389 中，一切判斷皆完全是空洞而無效的。這樣說來，獨斷的反對與懷疑的反對皆同樣對於這樣的洞見，洞見於其對象之洞見，置有要求，所謂這樣的洞見就是像在就對象而去肯斷或去否決某種東西上所需要的那洞見。〔案：意即就對象而去肯斷某種東西或去否決某種東西皆要求對於對象之本性有洞見。若根本無洞見，則亦作不成肯斷或否決。懷疑的反對對於這樣的洞見置有要求是就那獨斷的反對與獨斷的肯斷所宣稱的自以為洞見之無效因而要求更進一步的洞見而言；而獨斷的反對之對於這樣的洞見置有要求是在它自以為有比獨斷的肯斷所有的對於對象之洞見為更親接、更充盡的洞見。〕另一方面，一「批判的反對」則把它自己限於去指出：在作肯斷中，某種東西已被預設，而那被預設的某種東西是空洞的而且只是

虛構的；而這樣，它便因著把那學說的被認為確實的基礎予以移除而即打倒了那學說，而並沒有要求想去建立那「直接地涉及對象之構造〔本性〕」的任何東西。

只要當我們就著這團結一致，即「我們的思維主體與外於我們的事物於其中互相親和或共同行動」的那團結一致，而牢守我們的理性底通常概念時，我們即是獨斷的，而且我們是依照一超越的二元論視外於我們的事物為「獨立不依於我們」而存在著的真實對象，我們所依照的那超越的二元論並不把這些外部的現象當作表象而分派給主體，而是把它們當作〔超越地〕外於我們的對象恰如其在感觸的直覺中被給與於我們那樣，而安置他們，把它們與思維主體完全分離開。這種虛偽的臆斷是一切有關於靈魂與身體間的團結一致的學說之基礎。這樣被指派給現象的「客觀實在性」〔案：當爲絕對實在性或超越的實在性〕是從來不曾被發問過是否是真的。反之，它是被視為是當然的；「以理論而理論化之」這種「理論化」只是有關於「其所依以被說明與被理解」的模式。茲有三個順此等路線而被設計出來的通常系統，而且實在說來，亦只有這三個可能的系統，此三個可能的系統便是：物理影響之系統、預定諧和之系統，以及超自然的干預之系統。

A390

後兩種「說明靈魂與物質間之團結一致」之方法是基於對於第一種看法的反對上，第一看法即是普通常識之看法。反對第一種看法之反對其辯說是如此，即：那作為物質而顯現者不能經由其直接的影響力而即成為諸表象之原因，蓋由於諸表象是結果，而此等結果在種類上是完全不同於物質者。現在，那些順此路線以反對第一種看法的人不能把一種物質之概念，即不能把一種「不過只是現

象,因而其自身亦只是為某種外部對象所產生的一種表象」這樣的一種物質之概念,粘附於他們經由「外部感取底對象」所了解的東西上。因為在那種情形中,他們必應是說:「外部對象〔現象〕」底表象不能是我們心中的表象底外部原因;而此種說法必是一完全無意義的反對,因為沒有人能夢想說:他所曾承認之為純然的表象者是一外部的原因。依據我們的原則,他們能建立他們的學說,其建立其學說是只因著〔**依我們的原則**〕表明:那是我們的外部感取底真正〔超越的〕對象者不能是我們在「物質」之名下所了解的那些表象〔現象〕之原因,這一點而建立其學說。但是,沒有人能有 A391 權利去宣稱說:他關於我們的外部感取底表象之超越的原因能知道一點什麼事;因此,他們的肯斷是完全無根據的。另一方面,如果那些自認要去改進「物理影響說」的人們緊守著通常的「超越的二元論」之看法,並且設想物質即如其為物質而觀之,是一「物之在其自己」(不是一不被知物底純然現象),則他們將把他們的反對指向於去表明這一點,即:這樣一種外部的對象,即其自身除展示運動底因果性外不展示任何其他因果性,這樣的一種外部的對象,決不能是諸表象底有效原因,但須有一第三實體必須參與進來以去建立諸表象與外部對象間的相應與諧和,即是說,雖不即能建立它們兩者間的交互影響,至少亦可建立它們兩者間的相應與諧和。但是在依此路而辯說中,他們之開始其反駁是因著在其二元論中承認物理影響說之「根本謬妄」〔原文為希臘文〕而開始其反駁,因而結果他們的反對並不很是「自然影響說」之否證,倒反而是其自己的二元論之預設之否證。因為在關於我們的思維主體與物質之連繫中,一切困難盡皆在那非法地〔不正當地〕被認定的二元論的看法

中有其根源，此非法地被認定為二元論的看法是如此，即：物質，即如其為物質而觀之，它不是現象，即是說，它不是心靈之一純然的表象，即「一不被知的對象與之相應」的那「心靈之一純然的表象」，但只是對象之在其自己，即如「它在我們之外獨立不依於一切感性而存在著」那樣而為對象之在其自己。

A392　　因此，朝向〔對於〕通常被承認的物理影響說，一獨斷型的反對不是可實行的。因為如果物理影響說底敵對者承認這看法，即：「物質以及其運動是純然的現象，因而其自身亦是純然的表象」這看法，則他的困難簡單地說來只是這一點，即：「『我們的感性之不被知的對象必是在我們之內的表象之原因』這乃是不可能的」這一點。他雖這樣辯說，但他不能有絲毫理由以作任何這樣的辯說。因為沒有人能去裁決一個不被知的對象所可能去作的或所不可能去作的是什麼。而「超越的觀念論」，如我們前文所已證明者，他不能不承認之。其唯一避而不承認之之路必是坦白地去把諸表象實體化，並去把它們置於他自己之外以為真實的東西。

　　但是，物理影響說，依其通常的形態而言，是易受很有根據的「批判的反對」的。兩個本體即思維的本體與廣延的本體間的那被認為確實的團結一致是基於一粗略的二元論上，並且把廣延的本體（此實在說來不過只是思維主體底純然表象）視為以其自身而存在著。此種對於物理影響之誤解了的解釋可這樣有效地被處理，即：我們已表明此種誤解了的解釋之證明是空洞而違法的。

　　關於思維者與廣延者間的團結一致這個討論繁多的問題，如果我們把那一切只是虛構的東西置於一邊而不理，則它簡單地說來，
A393　只歸於這個問題，即：「在一思維的主體中，外部直覺，即是說，

空間連同著充塞空間的形狀與運動之直覺，如何是可能的」這個問題。而這個問題卻正是一個「沒有人能可能地解答之」的問題。我們的知識中的這個罅隙決不能被彌縫；那一切可被作成者便是去指明它，即，通過外部現象之歸屬於那超越的對象而指明之，此超越的對象即是此類表象〔即：外部現象這一類表象〕之原因，但是對於此超越的對象，我們不能有任何知識，而且對之我們亦將不能獲得任何概念。在那「可發生於經驗領域內」的一切問題中，我們視這些現象為以其自身即是對象，而用不著以它們的可能性之基源根據之問題來麻煩我們自己。但是要想進而越過這些限制之外〔走出經驗領域之外〕，則一超越的對象之概念必應是不可缺少地必要的。

　　關於思維的自然〔思維的存有〕在其與身體聯合團結這種聯合團結之前（即：有生之前）之狀態，以及其在這樣的聯合團結停止之後（即：在死後）之狀態，有許多爭辯或異議，對於這一切爭辯或異議之裁決是基於上面所說的那些考慮之上的，那些考慮即是關於思維的存有與廣延的存有間的聯合團結之考慮。「思維主體在其與身體聯合團結這種任何聯合團結之前已能夠有思維」這種意見現在必現為似乎是這樣的一種肯斷，即：在那種感性開始之前（所謂那種感性即是「藉賴著它某種東西在空間中顯現給我們」的那種感性），那些超越的對象，即「在我們現在狀態中現為形體」的那些超越的對象，能依一完全不同的樣式而被直覺。〔案：此所謂完全不同的樣式即是與我們現在狀態中的感性所發之感觸直覺為完全不同樣式者。那些在我們現在狀態中現為形體的超越對象在我們的感性開始之前（即：有生之前）即能被直覺，其被直覺是依一完全不

A394

同於有生以後由我們現在的感性所發之感觸直覺之樣式而被直覺。在有生以前，那些在我們現在狀態中現為形體的超越對象即能被直覺，此即示思維主體在有生以前即已存在而且即已能夠有思維。〕「靈魂在其與形體世界〔色體世界〕聯合團結這一切聯合團結停止之後，仍能繼續去思維」這一意見現在必可被陳述為是這樣的一種肯斷，即：縱使那種感性停止（所謂那種感性即是「因著它諸超越的對象現為一物質世界」的那種感性，此諸超越的對象在我們有感性時，即感性未停止之時，乃是完全不被知於我們者），一切超越的對象底直覺亦並不因為感性停止而即被移除，而「那些不被知的超越對象〔在我們有感性時不被知的超越對象〕必可繼續被思維主體所知，雖然不再是依形體底性質而被知」，這必仍然是完全可能的。

現在，沒有人能依據思辨原則對於任何上說的肯斷給予以絲毫的根據。甚至那被肯斷者之「可能性」亦不能被建立；這可能性只能被假定。但是「要想對向這可能性去作一有效的獨斷的反對」這對於任何人亦同樣是不可能的。因為任何人，不管他是誰，他對於外部形軀〔色體〕現象底絕對的內部原因必很少有所知，其很少有所知亦恰如我或任何其他人之很少有所知。因此，因為他不能有任何理由要求去知道在我們現在狀態中（即：在有生狀態中）的外部現象底實在性實基於什麼東西上，是故他亦不能知一切外部直覺之A395 條件，或思維主體之自身，將與同此狀態〔即：我們現在有生之狀態〕之停止而同時停止（同在死亡中）。

這樣說來，一切關於「思維存有之本性」之爭辯，以及關於「此思維存有之與形軀〔色體〕世界之相連繫」之爭辯，皆只是

「以理性之誤推來彌縫這罅隙(·在此罅隙處我們完全缺乏知識)」
這種彌縫之之結果,並且亦只是「視我們的諸思想為事物而把它們
實體化」這種視之與實體化之之結果。因此,這一切爭辯遂產生出
一門幻想性的學問,幻想是既在作肯定者之情形中為幻想又在作否
定者之情形中為幻想,這種幻想性的學問,因為一切參與爭辯者他
們皆或是設想某種對象之知識,即「對之沒有人能有任何概念」的
那某種對象之知識,或是視他們自己所有的諸表象為對象,因而他
們皆旋轉於一永恆的圈子中,一歧義叢生與矛盾叢生之永恆的圈子
中。除一種嚴格而公正的批判之清醒外,沒有什麼東西能使我們免
於這種獨斷的虛幻,此獨斷的虛幻通過一種想像的幸運之誘惑把許
多人拘禁或束縛於學說與系統中。上說的那種公正而嚴格的批判把
一切我們的思辨的要求嚴格地限制於可能經驗之領域;其如此作限
制不是因著浮薄的譏諷,譏諷於屢次失敗之譏諷,或因著虔誠的慨
嘆,慨嘆於我們的理性之受局限之慨嘆,而如此作限制,但只是因
著依已建立起的原則對於這些限制作一有效的決定,在那些赫爾求
利斯之柱子上刻上其「不准越界」之戒條,而如此作限制(此所謂
赫爾求利斯之柱子乃是大自然本身所樹立者,樹立之以便我們的理
性之航行可不擴展至經驗本身底連續海岸線所達至者之外──這一　　A396
經驗本身底連續海岸線之海岸,我們不能遠離之,若一旦遠離之,
便不能不冒險於一無邊的海洋,這一無邊的大海洋,在「以永遠欺
騙性的展望來誘惑我們」之後,最終是迫使我們去把一切令人苦惱
而乏味的努力當作無希望而廢棄之。」)

*　　　　*　　　　*　　　　*

我們對於讀者仍欠一清楚而一般的解釋，即「解釋純粹理性底四種誤推中的那超越的而卻亦是自然的幻象」之解釋，並亦欠一證成，即「證成那與範疇表相平行的四種誤推之系統性的排列」之證成。我們不能在本章之開始試想去作此解釋與證成而不冒「成為隱晦」之險以及冒「粗笨地預測我們的論證之經過」之險。因此，我們現在將在本章之結尾試想去盡此義務。

一切虛幻可以說為即存於視「思維之主觀條件」以為是「對象之知識」。又，在超越的辯證之引論中，我們已表明：純粹理性只關心於對一特定所與的有條件者而言的「條件底綜和之綜體」。現在，因為純粹理性底辯證的虛幻不能是一經驗的虛幻，就像那發生於經驗知識底某種特殊事例中者那樣經驗的虛幻，是故此辯證的虛幻將只關涉於那在思維之條件中是普遍的者，而因此，將亦只存有三種「純粹理性底辯證使用之情形或局面」：

A397

(1)一「思想一般」底諸條件之綜和；

(2)經驗思維底諸條件之綜和；

(3)純粹思維底諸條件之綜和。

在此三種辯證使用之情形中，純粹理性只從事於此綜和底絕對綜體，即是說，只從事於那個條件，即「其本身是無條件者」那個條件。有三種超越的虛幻基於這個區分上，此三種超越的虛幻致生辯證部之主文共三章，並致生三種虛偽的「純粹理性之學問」，此即超越的心理學、超越的宇宙學、超越的神學是。在這裡，我們只和第一種虛偽的學問有關。

因為，在思維一般中，我們把「思想之關聯於任何對象（不管是感性底對象抑或是純粹知性底對象）」這一切關聯皆抽掉，是故

一思想一般底諸條件之綜和（上列(1)）畢竟不是客觀的，但只是「思想與同主體底一種綜和」，此種綜和是被誤認為「一個對象之綜和的表象」。

隨此而來者便是：「辯證的推理之推至『一切思想一般』底一個條件（此條件自身是無條件者）」，這並不犯一材質的〔內容的〕錯誤（因為它抽掉了一切內容或對象故），但只是在形式上是有缺陷的，因此，它必須被名曰「誤推」。

A398

復次，因為那「伴同著一切思想」的那一個條件就是「我思」這個普遍命題中的「我」，是故理性須去處理此條件是只當「此條件其自身是無條件者」時始去處理之。此條件只是一形式的條件，即是說，只是每一思想之邏輯的統一（所謂每一思想即是「於其中我抽掉了一切對象」的那每一思想）；但是，縱然如此，它卻可被表象為一個我所思的「對象」，即是說，被表象為我自己的「我」〔「我」自身〕以及其「無條件的統一」。

如果任何人把這問題，即「一個在思維著的東西之構造〔本性Beschaffenheit〕是什麼？」這問題，提議給我，我不能有先驗知識用之以答覆此問題。

因為一個回答須是綜和的——一分析的回答或可解明「思想」是什麼意思，但越過這一點，它對於那個東西，即「此思想為其可能性而依靠於其上」那個東西，不能給出任何知識。但是，對一綜和的解答而言，直覺總是需要的；而由於上列問題之高度地一般性格之故，直覺已完全被遺置於度外。〔是故我對上列問題不能有一綜和的解答〕。同樣，亦沒有人能回答這個問題，即：「一物要成為可移動的，它必須是什麼？」〔一個可移動的物其本性是什

麼？〕這個問題，即沒有人能盡依此問題之一般性而回答此問題。因為此問題不含有回答之痕跡〔線索〕，即不含有不可入的廣延（物質）。但是，雖然對於「一個在思維著的東西之本性是什麼」這一問題，【一般言之，我固不能有一回答】①可是這問題仍然看起來好像是我能依「表示自我意識」的這命題（即：「我思」這命題）之特有的情形而回答之。蓋以這個「我」是首要的主體〔主詞〕，即是說，是本體，是故它是單純的，等等。但是，既如此，則這一些語句必應全是【經驗底命題】②〔Erfahrungssätze 屬於經驗的命題〕，而在一普遍的規律，即「表示一般而先驗的思想底可能性之條件」的那普遍的規律之缺無中，那些語句又不能含有任何這樣非經驗的謂詞〔如首要主詞、本體、單純的，等謂詞〕。這樣說來，疑惑便被投擲於這看法，即那「初看對於我似乎是很有理的」這看法，這看法即是：「我們關於一思維的存有之本性能形成判斷，並且能單從概念而形成判斷」這看法——疑惑便被投擲於這看法上。但是，在此思維之路數中的錯誤卻尚不曾被檢查出來。

A399

①依康德原文譯。肯·斯密士譯爲「我沒有一般性的回答」，「一般」作形容詞，誤。「沒有回答」是承上文「不能有綜和的回答」而言，譯爲「沒有一般的回答」便不通。

②「經驗底命題」（屬於經驗的命題），肯·斯密士譯爲「從經驗而引生出的命題」，亦非。「經驗底命題」意即：經驗範圍內的命題，此並不表示這些命題是經驗的（由經驗而引生出的）。本體、單一等範疇是經驗一般或思想一般底可能性之條件，其應用或有效須有普遍性的規律，此如分析部之所說。在

此普遍性的規律即「表示一般而先驗的思想底可能性之條件」的那普遍性的規律缺無時，那些範疇便不能被應用，因而那些語句便不能有非經驗的謂詞，如本體、單純等非經驗的謂詞，嚴格地說，便不能有「我是本體」、「我是單純的」等判斷。下文即說此義。不能說而說之，其中便有錯誤。此錯誤尚未曾被檢查出來。下文即檢查之。

但是，進一步的研究，研究我所歸給我自己（作為一思維存有一般的我自己）的諸屬性之起源，這進一步的研究卻能表示出這錯誤存在於什麼地方。這些屬性沒有別的，不過只是純粹的範疇，因著這些純粹的範疇，我並不能思考一決定性的對象，但只能思考諸表象之統一，思考之以便去為此諸表象決定一個對象。若無居在基礎地位以為根據的直覺，範疇並不能單以其自身即可給出一對象之概念；因為單只因著直覺，對象始可被給與，及其被給與了，它隨即依照範疇而被思。如果我要想去宣布一物是現象領域中的一個本體，則此物底直覺之諸謂詞必須首先被給與於我，而我也必須能夠在這些謂詞中去把這「常住者」從那「流轉者」中彰顯出來使它們兩者區以別，並把這基體（物本身）從那只是附著於此基體者中彰顯出來而使它們兩者區以別。〔案：前一區別是「常住者」與「流轉者」間之區別，後一區別是基體（物本身≠物之在其自己或物如）與附著於此基體者即屬性間之區別。〕如果我說現象領域中的 A400 一物是「單純的」，則所謂「單純的」，我意是這個意思，即：此物之直覺雖也是現象之一部分，然而其自身卻是不能夠再被分成部分者，云云。但是，如果我之知某物為單純的是只在概念中而知

之，而不是在現象領域中而知之，則我實無任何關於對象之知識，但只有關於我的「某物一般」之概念（我為我自己所作成的某物一般之概念）之知識，此「某物一般」並不允許可被直覺〔**並不能夠對之可有任何獨特的或真實的直覺**〕。我說我思某物為完全單純的，那是只因為我對於某物實無更多的東西可說，即實無比「只說它是某物」為更多的東西可說。

現在，這赤裸的統覺，即這「我」，它在概念中是本體，在概念中是單純的，等等；而若依此義而言，則一切那些心理學的主張皆無疑問地是真的。但是這一點並不能以我們所欲尋求的「靈魂之知識」給與於我們。蓋因為這些謂詞〔即：**本體、單純等謂述詞**〕中，沒有一個對於直覺是有效的，是故它們不能有任何「可應用於經驗底對象」的後果，因而它們亦完全是空洞的。本體之概念並不教告我們說：「靈魂以其自身持續而永存著」，亦不教告我們說：「靈魂是外部直覺底這樣一部分，即此一部分乃是那『其自身不能再被分成部分，因而亦不能因著任何自然的變化而有生有滅』的那一部分」。這些特性是這樣的一些特性，即那「必會使靈魂在經驗底係絡中可被知於我，並可顯露某種『有關於靈魂底起源與將來的狀態』的東西」的那些特性。但是，如果我憑藉純然的範疇而說：

A401 「靈魂是一單純的本體」，則以下的情形是顯然的，即：因為本體這個赤裸的概念（為知性所提供者）不能含有超出這「必要」以外的任何東西，這「必要」即是「一物須被表象為其自身是主詞，而不能轉而再為任何別的東西之謂詞」這一必要，超出這一必要之外，本體這個赤裸的概念不復再含有什麼別的東西，因為是如此，所以就「我」之常住性而言，沒有什麼東西可從本體這個赤裸的概

念所含有的那種必要而推得，而「單純的」這個屬性確然於增加上
此常住性亦並無幫助。這樣說來，從此源頭裡〔即：**從本體這個赤
裸的概念所含有的那種必要這個源頭裡**〕，我們關於「在自然世界
底變化中什麼東西可以發生到靈魂身上來」不能得知任何事，不管
是什麼事。如果我們能保證說：靈魂是「物質底一單純部分」，則
我們可使用此知識，連同著經驗在這方面所教告者之進一步的幫
助，去推演出靈魂之常住性，並去推演出靈魂之不可破壞性，蓋由
於此不可破壞性即含於靈魂之單純本性中之故。但是，關於這一
切，「我」這個概念，在「我思」這個心理學的原則〔命題〕中，
是並不能告訴我們什麼事的。

　　「在我們之內『那思維著』的存有它相信或認為：它通過純粹
範疇，或準確地言之，通過那些『在每一類範疇中皆表示絕對統
一』的範疇，而知其自己」，這一層意思是由於以下所說的理由而
然。統覺其自身即是諸範疇底可能性之根據，至於說到範疇方面，
此諸範疇除表象「直覺底雜多之綜和」外，它們並不表象任何東
西，其表象此雜多之綜和是只當此雜多在統覺中有統一時始表象此
雜多之綜和。因此，「自我意識一般」就是那「作為一切統一之條
件」的那個東西之表象，此作者一切統一之條件的東西其自身卻是
無條件者〔不被制約者〕。這樣，我們對於這思維的「我」（即：
靈魂），即那「視其自己為本體，為單純者，為在一切時中之數目　A402
地同一者，為一切存在之相關者（一切其他存在皆必須由之而被推
斷出的那相關者）」，這樣的思維的「我」，而可以這樣說，即：
它實並不通過範疇而知其自己，它但只知道範疇，並且它通過這些
範疇，**在統覺底絕對統一中**，而知一切對象，因而也就是說，它通

過這些範疇**經由其自己**而知一切對象。實在說來「我不能把那『我必須預設之，預設之以便去知任何對象』的那個東西當作一個對象而去知之」，這是很顯明的：而「這有決定作用的自我（即思想）不同於那要被決定的自我（即：思維主體），正如知識之有別於知識之對象」，這也是很顯明的。可是縱然如此，茲亦再沒有什麼比這幻象為更自然更易誤引人者，這幻象即是那「引導我們去把『諸思想底綜和中之統一』視為『此諸思想底主體中的一個被覺知的統一』這種幻象」：再沒有什麼比這種幻象為更自然更易誤引人者。我們可名這種幻象曰「實體化的意識」（apperceptionis substantiatae）之虛妄〔非法的默許〕。

　　如果我們想對於那含於理性的靈魂學底辯證的三段推理中的「誤推」給與一邏輯的名稱，則依「此諸三段推理底兩前提皆是正確的」這一事實而觀，我們可名此誤推曰「中詞歧義之誤」（sophisma figurae dictionis）。當大前提，處理條件者，……對於範疇只作超越的使用時，而小前提及結論，處理那「被歸屬在此條件之下」的靈魂者，卻又經驗地使用同一範疇。這樣，舉例來說，例如在實體性①之誤推中，本體之概念是一純粹的理智的概念，此純粹理智的概念在感觸直覺之條件之缺無中，只允許有一超越的使用，那就是說，它實畢竟無任何使用。但是，在小前提中，這同一概念是被應用於一切內部經驗底對象，而如此應用時，卻並沒有先確定並建立這樣具體使用之條件，即是說，並沒有先確定並建立此對象之常住性。如是，我們對於這同一範疇作了一個經驗的使用，但是，此經驗的使用在此情形中是不可允許的②。

A403

①「實體性」，康德原文爲「單純性」，依 Adickes 改。

②肯・斯密士對於此段文有注云：「對於誤推之本性之更爲一致的討論見於第二版 B410-411」。案：康德在第二版序文中承認此段中的解釋爲錯誤的解釋。因爲在此誤推之小前提中，實並非對於本體範疇作了經驗的使用，但只是作了邏輯的使用。那個誤推只是 AAA 之形式，而不是 AII 之形式。依此而言是錯誤。第二版關此所作的討論更爲一致而顯明。

最後，要想依一種爲純粹理性所決定的次序，去表明「假合理的靈魂學」底一切這些辯證的肯斷之系統性的連繫，因而並亦想去表明我們之得有這些辯證的肯斷是依它們的完整性而得有之，則我們可注意以下這一點，即：統覺是通過四類範疇而被完成的，但所謂通過四類範疇是只涉及那些知性之概念，即「在每一類中足可於一可能的知覺中形成其他範疇底統一之基礎」的那些知性之概念，此即是說，只涉及自存體〔本體〕、實在性、單一性（非眾多性），以及存在，這些知性之概念，其他則不涉及。〔案：依康德，每一類範疇其中有一個是其他兩個底統一之基礎。例如就量範疇說，單一性是眾多性與綜體性這兩個範疇底統一之基礎；就質範疇說，實在性是虛無與限制這兩個範疇底統一之基礎；就關係範疇說，「本體—屬性」（單提本體亦可）是因果與交互這兩個範疇底統一基礎；就程態範疇說，存在是「可能」與「必然」這兩個範疇底統一之基礎。今就靈魂而言，故先說本體。〕理性在這裡把這四個概念表象為一思維存有底可能性之四個條件，而此四個條件其自身卻是無條件者〔不被制約者〕。這樣說來，靈魂在其自身中知道

以下四點，即：

A404　　(1)它知道關係底無條件的統一，即是說，它知道其自身不是〔附著於某種別的東西上的〕附著物，而是一個「自我潛存物」。

　　(2)它知道質底無條件的統一，即是說，它知道它不是一個真實的整全體，而是一個「單純者」。（**康德注云：**「單純者」在這裡如何又與「實在」這一範疇相應，我尚不能去說明。此將在下章中被表明。下章論及此同一概念時，理性把它委之於另一種使用。）

　　(3)它知道時間中的眾多性中的無條件的統一，即是說，它知道它不是不同時間中數目地差異者，而是一個自一而同一的主體。

　　(4)它知道空間中的存在之無條件的統一，即是說，它知道它自己之為意識並不是意識到「在它之外」的許多事物之意識，而但是意識到「其自己」底存在之意識，並亦是意識到「其他諸事物之只是它的諸表象」之意識。

A405　　理性是原則之機能。純粹心理學底諸肯斷不含有靈魂之經驗的謂詞，但只含有那些謂詞（如果真有這樣的諸謂詞時），即「想獨立不依於經驗，因而也就是說，只因著純然的理性，而去決定對象自身」的那些謂詞。因此，這些謂詞是應當基於那些「有關於諸思維存有一般之本性」的原則與普遍概念之上的。但是，今不如此，我們見到【我思】①這個簡單的表象統取它們一切〔即統取一切這些謂詞〕。這個簡單的表象恰因為它表示「一切我的經驗一般〔**我的不決定的經驗**〕」之純粹公式，是故它宣布它自己為一「對一切思維的存有皆有效」的普遍命題；而同時又因為它在一切方面皆是獨一的，是故它又隨身帶有思想一般底諸條件之絕對統一之幻象，因而它又把它自己擴展至可能經驗所能達到者之外。

①案：康德原文是「我在」（Ich bin, I am）。Max Müller 譯指出此是一錯誤，他改譯爲「我思」。**案：改爲「我思」，是，故從之。肯·斯密士照譯爲「我在」。**

第二版中的純粹理性之誤推

〔接前 **B406，A348「因為」**段〕

但為簡潔起見，這考察還是在一不破裂〔不隔斷〕的關聯於一起中進行為最好。在開始時，下面的通解可有助於我們，即在我們的對於這種論證之檢查中可有助於我們。

我不能只在「我思」中知一個對象，但只當我關涉於或就著意識之統一，即「一切思想皆存於其中」的那意識之統一，而決定一所與的直覺時，我始能知一個對象。結果，我不能通過意識到「我自己」為「在思維著者」而知「我自己」，但只當我意識到「我自己」底直覺〔直覺我自己之直覺〕在關涉於思想之功能中而為被決定了的時，我始能知「我自己」。思想中的自我意識之諸模式〔諸變形〕，以其自身而言，並不就是對象之概念（關於對象之概念或範疇），它們但只是一些純然的邏輯功能，此諸邏輯功能並不能把一可被知的對象給與於思想，因而甚至亦並不能把「我自己」當作對象而給與於思想。對象不是「有決定作用的自我」之意識，而乃只是「那可決定的自我」之意識，即是說，只是我的內部直覺之意識（所謂內部直覺是只就「此直覺之雜多可依照思想中的統覺底統一之普遍條件而被結合」而言的內部直覺，對象就是這樣的內部直覺之意識）。〔案：此段文即是開端的通解，一般性的解說。〕

(1)在一切判斷中，我是「構成判斷」的那種關係中之「有決定作用的主詞」。「我，這個在思維著的我，總是被視為主詞，並且總是被視為這樣的某種東西，即此某種東西並不是當作一純然的謂

詞而繫屬於或附著於思想」，此一陳述必須被承認。此一陳述是一必然的命題，而實在說來，亦是一自同的命題；但此一陳述並不意謂：「我，當作對象，對我自己而爲一自存的實有或本體」。此後一陳述遠走出前一陳述之外，而且此後一陳述，就其須被證明而言，它要求其被證明上之「與料根據」，而此等與料根據並不能在思想中被發見，而且只是當我注意這「思維的自我」爲只如其爲思維的自我而注意之時，此等與料根據或許亦比「我在思想中所將可發見者」爲更多一點的東西。〔案：此點是説「我是主詞」並不等於「我當作對象是一自存的主體」。欲詳明其所以然，須仔細讀文中之所説。〕

　　(2)「統覺底我，因而亦就是說，在每一思想之活動中的我，它是一『獨一』，而且它不能被化解成諸主體之眾多性〔眾多的主體〕，因而結果亦就是說，它只指表一邏輯地單純的主體」，此所說者是某種「早已被含於『思想』這個概念中」的東西，因而它亦是一分析的命題。但是此所說者並不意謂：「思維的我是一單純的本體」。「思維的我是一單純的本體」這個命題必應是綜和的命題。本體之概念總是關聯於直覺，此所關聯到的直覺在我除是感觸直覺外不能是其他種直覺，因此，此所關聯到的直覺完全處於「知性以及知性底思想」底領域之外。但是，那正是這思想才是我們所要說及的，當我們說「思想中的我是單純的」時。「如果在其他情形中那『需要很多的勞力以去決定之』者（即是說，對於一切呈現於直覺中者去決定什麼是本體，並進一步去決定這本體是否能是單純的，例如在物質底部分中這本體是否能是單純的，此便是那需要很多的勞力始能去之決定之者），定可在一切表象中之最貧乏的表

B408

象中這樣直接地被給與於我，好像是因著天啓而直接地被給與
我」，這實在說來必是令人驚異的。〔案：此點是說統覺底我之一
並不等於「我是一單純的本體」。〕

  (3)「在一切我所意識及的雜多當中，【我自己有同一性】①，
這個命題同樣被涵蘊於〔已有的〕②概念之自身中，因而它亦是一
個分析的命題。但是，我在一切我的③表象中所能意識及的這「主
體之同一性」並不有關於主體底任何直覺（因著此直覺，主體可當
作對象而被給與），因而亦並不能指表人格之同一性，如果所謂
「人格之同一性」被理解為一個人自己的本體（當作一思維的存有
看者）底同一性（在此本體底一切狀態之變化中的本體底同一性）
之意識時。沒有對於「我思」這個命題之純然的分析足以去證明這
樣的一個命題〔即：「主體底同一性指表人格底同一性」這樣的命
題〕；就這樣的命題之證明而言，我們必需要有種種綜和的判斷，
即基於特定所與的直覺上的種種綜和判斷。〔案：此點是說在雜多
中我自己之同一性並不等於「人格之同一性」。〕

B409

    ①「有」字，康德原文是「之」字，即「我自己之同一性」，但
     這樣，無述語，不成命題之樣式，故改之而加一「有」字。
     肯・斯密士則改譯為「我是同一於我自己的」（或「我和我自
     己是同一的」），意義不顯，且有語病，故不從。

    ②「已有的」三字是譯者所補，原文無，三英譯亦無。所謂「被
     涵蘊於已有的概念之自身中」是籠統的說法，意思是說：在我
     所意識及的一切雜多中，例如我思此，我思彼，彼此是多的，
     而我思之我總是這同一的我，故「我自己之同一性」即涵蘊於

這些已有的概念中，因而說「我自己有同一性，這當然是一分析的命題。」

③「我的」，肯·斯密士注云：原文是"seinen"（它的），指「主體」說，依 Erdmann 改爲「我的」（meinen）。

⑷「我把我自己的存在，即我自己之作爲一思維的存有之存在，與那些在我之外的其他事物（我的身體亦是這些其他事物中之一）區別開」，這同樣亦是一分析的命題；因爲這些其他事物就是這樣的一些事物，即如「我所思之爲不同於我自己者」這樣的一些事物。但是，我並不能因此而得知：這個我自己之意識，若離開「外於我」的事物（通過這些「外於我」的事物，諸表象始可被給與於我），是否必會甚至是可能的，因而也就是說，我不能因此便知：我是否能只當作思維的存有而存在著（即：不存在於人的形態中而存在著）〔案：此點是說：我不能由「我自己之作爲一思維存有之存在不同於外於我的其他有形事物之存在」便可得知「我之作爲一思維的存有之存在是離物者與不滅者」。〕

依以上所說，思想一般中的「我自己」之意識之分析在關於作爲對象的「我自己」之知識這方面並不能產生出或給出任何東西，不管是什麼東西。「思想一般」之邏輯的解釋已被誤認爲「對象底一種形而上的決定」了。

實在說來，如果眞有一種先驗的證明之可能性，即「先驗地證明『一切思維的存有在其自身即是單純的本體』，並先驗地證明『以其是單純的本體，是故人格性是與此一切思維的存有爲不可分離者（此爲隨同一證明模式即與上相同之證明模式而來者）』」並先

驗地證明『此一切思維的存有皆意識到它們的存在爲與一切物質相分離而且不同於一切物質者』」，這種「先驗地證明之」之先驗證明之可能性：如果眞有這可能性，則這對於我們的全部批判必會是一很大的障礙，或勿寧說是一不可答覆的抗議。因爲經由這樣的程序，我們必要跨進一步超出感取世界之外，而且必要進入智思物之領域；如是，亦沒有人能否決我們的「於此智思物之領域中猶可再向前進一步」之權利，實在說來，也就是沒有人能否決我們的「定居於此智思物之領域中」之權利，而且設若我們的星運是吉利的，亦沒有人能否決我們的「建立要求要求於永遠佔有之」之權利。「每一思維的存有，即如其爲一思維的存有而觀之，它是一單純的本體」這個命題是一先驗的綜和命題；它是綜和的，是因爲它超出它所由以開始的那概念〔即：思維的存有之概念〕之外，而且它把（一思維的存有底）存在之模式增加到此「思想一般」上（即：增加到此思維存有之概念上）：它是先驗的，是因爲它把一個「不能被給與於任何經驗中」的謂詞（單純性之謂詞）增加到那「思維的存有之概念」上。如是，隨之而來者便是：先驗綜和命題，並不是如我們所已主張的，只在關聯於可能經驗底對象中始是可能的與可允許的，實在說來，亦並不是只當作此經驗底可能性之原則而始是可能的與可允許的，但卻是這樣的，即：它們尙可應用於「事物一般」，並可應用於「事物之在其自己」——這一結局乃是那「必會殺死了我們的全部批判，而且必迫使我們去默從那古老的程序〔辦法〕」的一種結局。但是，依更密切的考慮，我們見到：茲並不存有這樣嚴重的危險。

　　【理性心理學底全部程序是爲一誤推所支配】①，此誤推可被

B410

展示於以下的三段推理中：

凡不能不當作主詞而被思者它亦不能不當作主詞而存在著，而因此，它亦是一本體。

一思維的存有，只如其爲一思維的存有而被考慮者，它不能不 **B411** 當作主詞而被思。

因此，它亦只當作主詞，即，只當作本體，而存在著。

> ①依康德原文動詞是" herrscht "，是控制，支配等義，肯·斯密士譯爲「決定」非是。又案：此句依康德原文當如此譯：「在理性心理學底程序中，隱伏有一種誤推在支配著」。另兩英譯即以「隱伏」（lurks）字譯" herrscht "。

在以上三段推理之大前提中，我們說及一個「能一般地被思」的存有，一個「能在每一關係中被思」的存有，因而也就是說，也說及一個「能如其可被給與於直覺中那樣而被思」的存有。但是，在小前提中，我們說及一個存有是只當「此存有只在關聯於思想以及意識之統一中看待其自己（作爲主詞的其自己），而不是同樣亦在關聯於直覺中（通過此直覺它可當作對象而被給與於思想）看待其自己（作爲主詞的其自己）」——是只當此存有是如此云云時，我們始說及之。這樣，結論是錯誤地被達到的，是因著「中詞歧義之誤」而被達至的(a)。

(a)關此，康德有底注云：

在以上三段推理中，所謂「被思想」之思想在兩前提中是依

完全不同的意義而被取用：在大前提中，其被取用是如其關聯於「一對象一般」那樣而被取用：因而亦如其關聯於一個「可被給與於直覺中」的對象那樣而被取用；在小前題中，其被取用是只如其存在於「關聯於自我意識」之關聯中而被取用。依此後一義而言，沒有什麼對象可被思想；一切可被表象者簡單地說來，皆只是關聯於作爲主詞（作爲思想之形式）的自我。在大前題中，我們是說及那些「不能不被思爲主詞」的事物；但是在小前題中，我們不是說及「事物」，

B412　而是說及「思想」（抽掉一切對象的「思想」），在此「思想」中，「我」總是用來充當意識之主詞的。因此，結論不能如此說：「我不能不當作主詞而存在著」，但只可如此說：「在思考我的存在中，我不能使用我自己，除把我自己只當作（此中所含的）判斷之主詞而使用之」。如此說是一自同的命題，而它亦並不能給與什麼曙光於「我的存在之模式」上。〔原文：而它於我的存在之模式亦全然不能開啓什麼事。〕

〔案〕：此「中詞歧義之誤」之解釋，如第二版序文所示，是修改第一版者（見 A403）。第一版者亦說是「中詞歧義之誤」，但解釋與這裡不一樣。這裡的解釋康德以爲比較顯明而一致。案：此中之誤推實亦並非中詞歧義之誤。即使是這裡的解釋，亦有點深文周納之嫌，並不很自然。注中所謂「事物」與「思想」之別乃是無謂的。「思維的存有」亦可泛說爲「事物」。「它不能不當作主詞而存在著」，這

「存在著」只有邏輯的意義，它並不能教告我們是什麼身分的存在：是現象身分的存在，抑還是「物自身」身分的存在。誤推只是把邏輯意義的主詞、邏輯意義的存在，當作是形而上的本體、「物自身」身分的存在。前文說：「思想一般」之邏輯的解釋已被誤爲「對象底一種形而上的決定」了。即依此路作檢查即可，何必說爲「中詞歧義之誤」？上面那個三段推理，形式上並無誤，只是那邏輯的程序意許爲對於思維的存有這個「我」有一種形而上的決定，決定其爲一本體，爲一單純的本體，爲人格性之同一性，爲可以離開形軀世界而獨立自存，因而有不滅性：這便是誤推。這是一種非法的跳躍之誤推。那個三段推理完全不能勝任這種推證。這種解釋才是前後文一致的解釋。

如果我們回想到「原則底系統表象之通注」中之所說以及論智思物章中之所說，則將很清楚地可見到：我們之把這有名的論證化解成一種誤推是完全正當的。因爲在那兩處，我們已經證明：這樣一個東西，即「它以其自身能當作主詞而存在著而從未當作謂詞而存在著」，這樣一個東西之概念並不隨身帶有客觀的實在性，換言之，就是說：我們不能知道茲是否存有「這概念所可應用於其上」的任何對象（關於這樣一種〔對象之〕存在之可能性我們是無法裁決之的），因而也就是說：這概念是不能產生什麼知識的。如果所謂「本體」一詞是意謂一個能被給與的對象，又如果它要去產生知識，則它必須被弄成去基於一常住的直覺上，蓋因爲此常住的直覺即是那「只有經由之，我們的這本體概念之對象始能被給與」的一

B412

種直覺，並因爲此常住的直覺既是「本體概念之對象所經由以被給
與」的直覺，是故它亦是此本體概念底客觀實在性之不可缺少的條
B413 件。但是，在內部直覺中，茲並沒有什麼直覺是常住的，因爲
「我」只是「我的思想」之意識。因此，只要當我們不走出純然的
思維之外，則我們便沒有這必要的條件，即「把本體之概念，即一
自我潛存的主體之概念，應用於作爲一思維的存有之自我」這應用
上之必要條件〔即：直覺，常住的直覺這必要的條件〕。和本體之
概念相聯屬的單純性之概念亦隨同本體之概念底客觀實在性之消失
而不見而同樣歸於消失而不見；單純性之概念被轉成思想一般中自
我意識底一個純然邏輯性的質的統一，不管主體是否是組合的抑或
不是組合的，這邏輯性的質的統一必須是呈現的。

對於門德孫（Mendelssohn）的「靈魂常住底證明」之反駁

門德孫這位敏銳的哲學家很快地就注意到：通常的論證，即用
之以證明「靈魂（如果它被承認是一單純的存有）不能因著化解而
不存在」，這種通常的論證，在其證明「靈魂之必然的持續永存」
之目的上並不是足夠的，因爲靈魂可被設想爲只通過消滅而不存
在。在他的〈菲獨〉文中，他因著表明「一單純的存有不能不存
在」這種表明之之辦法力想去證明靈魂不能隸屬於這樣一種消滅之
過程，此消滅之過程必應是一眞正的絕滅。他的論證是如此，即：
因爲靈魂不能被遞減，因而亦不能因著這種遞減而逐漸喪失其存在
上之某事，並亦不能因著級度〔小而又小之廣度級度〕而變成無
B414 （蓋因爲靈魂無部分，它亦不能有其自身中的衆多性），是故茲亦
不會有「它存在於其中」的那一刹那與「它不存在於其中的另一刹

那間的時間之可言——此種時間是不可能的。〔案：此所說的是靈
魂不能有廣度量〕。但是，他卻並沒有觀察出：縱使我們承認靈魂
之單純性，即承認它不含有互相外在的組構成分之雜多，因而也就
是說，不含有廣度量，可是我們尚不能否決它（猶如不能否決任何
其他的存在）有一強度量，即是說，在關涉於其一切能力中，不，
在關涉於那一切構成其存在者中，我們尚不能否決其有一「實在性
之等級量」，而他亦並未觀察出：此「實在性之等級量」可以通過
一切無限多的小而又小的級度而自動遞減而至於無。依此而言，這
設想的本體（設想的這麼一個東西，即「其常住性尚未被證明」這
麼一個東西）可以被變成無，其被變成無，實在說來，不是因著化
解而然，乃是因著其力量之逐漸喪失而然，因而也就是說，因著
「衰弱」（elanquescence，如果允許我使用此詞）而然。因為意識
自身總有一等級量〔強度量〕，而此等級量總可被遞減[a]，因此，
「意識到自我」這意識之之能力亦總可被遞減，其餘一切其他能力 B415
亦同樣是如此。這樣說來，那「只被視為內部感取底對象」的靈魂
之常住性仍然是未被證明的，而實在說來，亦是不可證明的。有生
之期其常住性自是顯明的，因為思維的存有（如人）其自身亦同樣
是外部感取底對象。可是這一點遠不足以滿足理性的心理學家，理
性的心理學家企圖或擔承要從純然的概念去證明靈魂超出今生之外
之絕對的常住性[b]。

(a)處，康德作底注云：

「清楚」並不是對於一表象之「意識」，如邏輯學家所主張
者。意識底某級度，雖然對回憶而言是不足夠的，然而卻必

可被發見，甚至可被發見於許多隱晦表象中，因爲設全無意
識，我們自不能在隱晦表象底諸般不同的結合間作成任何區
別，可是我們猶能夠就許多概念底性格，例如正義或公正概
念之性格，去作一區別，或者就像「音樂家在即席演奏時能
夠立刻試探出若干不同的基調」那樣去作成一區別。但是，
當意識在「區別某一個表象與其他表象之不同」這種「區別
之意識」上爲足夠時，則此某一個表象便是清楚的。如果某
一個表象在「作區別」這區別活動上是足夠的，但在「區別
之意識」上卻並不足夠，則此某一表象必須仍被名曰隱晦
的。因此，茲存有無限多的「意識級度」，此無限多的意識
級度逐步下降，直降至意識之完全消滅而後止。

(b)處，康德作底注云：

有些哲學家，在爲一新可能性而剖白自己之立場上，認爲：
如果他們能抗拒旁人不讓旁人在他們的假設中指出任何矛
盾，則他們便已作得很足夠。這種辦法即是以下所說的那些
哲學家們所使用的辦法，那些哲學家是這樣的，即：他們自
認能去了解思想之可能性，甚至在今生停止以後，亦能去了
解思想之可能性（關於這思想之可能性，他們只在我們的人
類生命底經驗直覺中有一範例）。但是使用這樣的論證法的
人們可以完全爲其他可能性之引用所困窘，而這些其他可能
性亦並不有更多一點的冒進。使用這樣的論證法所表示的可
能性即是這樣的一種可能性，即「把一單純的本體分成若干
個本體，並逆返回來，再把若干個本體混融在一起，成爲一

B415

B416

單純的本體」這種分成與混融之可能性。此何以可能？他們
如此辯說，即：因爲雖然可分性預設一組合，可是它並不必
然地需要一種由若干個本體而成的組合，但只需要一種由同
一本體底（衆多力量底）級度而成的組合。現在，恰如我們
能思維靈魂底一切力量與能力，甚至能思維意識底一切力量
與能力，思維之爲因著二分之一而遞減者，但其因著二分之
一而遞減是依「本體仍然留存下來」之方式而被遞減：恰如
我們能如此思維靈魂甚至意識之一切力量與能力，所以我們
亦能無矛盾地表象這被遞減的一半表象之爲被保存於靈魂之
外者，而非被保存於靈魂之內者；而且我們同樣亦能主張：
因爲那在靈魂中是眞實的每一東西，因而也就是說，那有一
等級量〔強度量〕的每一東西（換言之，靈魂底全部存在，
從此全部存在中，沒有什麼東西是缺少的），皆已被減半
〔二等分〕，所以另一分離開而自別的本體那時必在此靈魂
之外開始有存在。因爲那被分割了的複多性先前即已存在，
其先前即已存在，實在說來，不是當作「諸本體之複多性」
而存在，而是當作適當於一本體的「每一實在度之複多性」
而存在，即是說，當作這本體中的「存在之級度量底複多
性」而存在；而因此，往時「本體之統一」只是一存在之樣
式，此一存在之樣式〔即：「統一」這個樣式〕因著這種區
分遂被轉成一「潛存體之衆多性」。同理，若干個單純的本 **B417**
體亦可被混融成一個整一本體，其被混融成一個整一本體，
除只喪失「潛存體之衆多性」外，並無任何其他東西可被喪
失，因爲這一整一本體必含有一切先前諸本體底「實在性之

等級量」〔實在度〕，其含有之是把它們一起皆含有之而無
遺。我們或許亦可把諸單純的本體（即「能把我們所名曰物
質的那種現象給與於我們」的那諸單純的本體）表象爲父母
之靈魂之產生其兒童底靈魂，即表象爲通過父母之靈魂（被
視爲強度量者）之力學的區分而產生其兒童底靈魂（其產生
之也，實在說來，不是因著一種互相影響的機械的影響力或
化學的影響力而產生之，但是因著一種不被知於我們的影響
力而產生之，那機械的或化學的影響力必只是這不被知的影
響力之現象），而把那些父母底靈魂則表象爲「可以通過與
其同類的新材料相結合而恢復其喪失」者。對於這樣的幻
想，我很不能允許其可有任何可服務性或有效性；而如我們
的「分析部」底原則所已充分地證明者，範疇底使用（包括
本體範疇在內），除其經驗的使用外，沒有其他的使用是可
能的。但是，如果理性論者，單從思想之機能，而無任何常
住的直覺（因此常住的直覺，一對象可被給與），便夠膽去
構造一「自我潛存的實有」，而其如此構造之，又只是依於
這根據，即：「思想中的統覺底統一不允許此自我潛存的實
有之被解釋爲〔出自〕組合者」這根據，而卻不肯如其所應

B418

當作者，坦白地承認他不能去解明一思維的自然〔思維的存
有〕之〔絕對常住不滅之〕可能性，如果理性論者是如此云
云時，則唯物論者（雖然他亦同樣不能訴諸經驗以支持其
〔所猜想的〕可能性），爲什麼一定不可以有理由在同樣地
夠膽中使用其原則去建立一相反的結論，而同時亦仍可保存
這形式的統一性即其敵人所信賴的那形式的統一性〔統覺底

統一性〕。

　　如果我們之取用上面所列(1)、(2)、(3)、(4)中之諸命題是依綜和　　　B416
性的連續，實在說來，是如「它們必須依理性心理學之系統而被取
用」那樣，而取用之，取用之爲對一切思維存有而有效者，復又如
果我們從關係範疇，以「一切思維的存有，即如其爲思維的存有而
觀之，皆是一本體」這個命題，開始，通過此諸命題之系列而向後　　　B417
返，直返至這個圓圈被完整起來而後止，如果我們是如此云云時，
則我們最後終於遠到此諸思維的存有之存在（作爲一本體而存在之
存在）。現在，在此理性心理學之系統中，此諸思維的存有其被取
用〔被理解〕不只是如「它們獨立不依於外部的存有而意識到其自
己之存在」那樣而被取用〔被理解〕，而且亦如「它們亦能夠在關
於那『作爲本體之一必然的特徵』的常住性中依其自己而且由其自　　　B418
己去決定其自己之存在」那樣而被取用〔被理解〕。這樣，此理性
主義者的系統是不可避免地要被交付於觀念論，或至少要被交付於
或然的觀念論〔*存疑的觀念論，即經驗的或然的或存疑的觀念
論*〕。蓋因爲如果外部事物底存在，對一個人自己的時間中的存在
之決定而言，無論如何不是必要的，則此諸外部事物底存在之假定
是一完全無理由的假定，對於此種假定，沒有證明可被給與。
〔*案：即以此故，理性主義者的系統要被交付於或然的觀念論。觀
念論有兩種，一是或然的觀念論，一是獨斷的觀念論，前者指笛卡
爾而言，後者指柏克萊而言。此兩種觀念論皆是經驗的觀念論。經
驗的觀念論函著超越的實在論，此指笛卡爾的或然的觀念論而言，
此即是理性主義者之系統。見前第一版誤推中關於第四誤推之批判*

中。〕

　　另一方面，如果我們定須從「我思」這個命題開始，分析地前進，（「我思」這個命題早已在其自身中即包含著一種「存在」以為所與，因而也就是說，早已包含著程態範疇所示之「存在」這個程態，）並且去分析這個命題以便去確定此命題之內容，因而也就是說，去發見這個『我』是否以及如何只通過此種內容而決定它的空間或時間中的存在，如果我們是如此云云時，則理性的靈魂學中之諸命題〔上面(1)、(2)、(3)、(4)中所列者〕必應不是開始於「一思維存有一般」之概念，而是開始於一「實在」，而我們亦定須從「此實在所依以被思」的那樣式，在「此實在中之每一是經驗的東西皆被移除」之後，去推斷那屬於「一思維存有一般」的東西之是什麼。這種「分析地前進」之前進過程被表示於以下的表列中：

B419

1

我思

2　　　　　　　　　　　3

我作為主體　　　　　　我作為單純的主體

4

我作為我的思想之每一

狀態中的自同的主體

　　在第二個命題中，「我是否只能作為主詞而存在而且被思，而不亦作為另一存有底一個謂詞而存在而且被思」，這不曾被決定，因此，一主體之概念在這裡是只依一純然邏輯的意義而被取用，而

「我們是否以此主體之概念去理解一本體」，這仍然是未被決定的。同樣，第三命題在關於主體底構成〔本性〕或潛存性方面並無所確立；縱然如此，在此命題中，統覺底絕對統一，即，表象中的這單純的「我」（構成思想的那一切結合或分離所關聯到的那單純的「我」），亦自有其自己之重要性。因為統覺是某種真實的東西，而其單純性是早已在其可能性這一純然事實中而為被給與了的。現在，在空間中，沒有什麼真實的東西它能是單純的；點，即「在空間中是唯一的單純者」的那些點，是一些限制，其自身並不是什麼作為部分而可用來去構成空間者。由此，我們可說：對於作為一純然思維主體的自我，不可能有任何依唯物論者的詞語而來的說明。但是，因為在第一命題中「我的存在」是當作「所與」而被理解〔是被視為當然的〕——此蓋因為第一命題「我思」並不說「每一思維的存有皆存在著」，若如此說，則必是要去肯斷思維存有底絕對必然性，因而這也就是說的太多，它但只說「我思而存在著」：「我存在著是正當思維時而存在著」——是故「我思」那個命題是經驗的，而且它只能在關聯於我的時間中的表象中而決定我的存在。但是，因為對此目的〔即：「在關聯於我的時間中的表象中而決定我的存在」這個目的〕而言，我復又需要有某種常住的東西，而就「我思維我自己」而言，此某種常住的東西又決不能在內部直覺中而為被給與於我者，是故只因著這個單純的自我意識去決定「我所依以存在」的那樣式，不管這樣式是「我之當作本體而存在」之樣式，抑或是「當作偶然者而存在」之樣式，這總完全是不可能的。這樣說來，如果唯物論不足以說明「我的存在」，精神論亦同樣不能說明之；結果是：當論及靈魂底各別獨自存在之可能性

B420

時，我們決無法知道靈魂底構造〔本性〕之任何事。

實在說來，「因著意識底統一（此意識底統一是只因為我們不能不使用之以為對經驗底可能性而言為不可缺少者我們始能知之）去超出以外（超出我們的今生中之存在以外），而且甚至通過『我思』這個經驗的，但關涉到任何直覺時，卻又是一個完全不決定的命題〔因為無任何直覺故為不決定的〕，以去把我們的知識擴展至『一切思維的存有一般』之本性上」，這如何必是可能的呢？

理性的心理學其存在著不是當作主張，即那「對於我們的『自我之知識』能供給一種增益」的主張，而存在著，但只是當作「訓練」而存在著。此當作訓練而存在著的理性心理學把不可逾越的限制置於此自我知識領域內的思辨理性上，這樣一來，它一方面可使我們不把我們自己投入於無靈魂的唯物論之懷抱中，另一方面，亦可使我們不把我們自己迷失於一精神論中，此一精神論，只要當我們仍居留於今生中，必須是完全無根據的。但是，雖然此當作訓練而存在著的理性心理學不能供給任何積極的主張，可是它可以提醒我們說：我們須把理性底這種拒絕，即「拒絕對於我們之好奇的探討，即探討於那超出今生之限制之外者那好奇的探討，給與以令人滿意的答覆」這種拒絕，視之為理性底暗示，即「暗示著去把我們的自我知識從無結果而誇奢的思辨中改轉到那有結果的實踐的使用處」這種暗示。雖然「在這樣實踐的使用中，此自我知識」①總是只被指向於經驗底對象，然而它卻可從一較高的源泉而引生其原則，並且它可決定我們去規制我們的行動，好像我們的使命〔天職分定 Bestimmung〕已無限地遠達至經驗以外，因而亦就遠達至今生以外。

①案：此中的關係代詞原文是 welches，代詞原文是 es，原文行文
是 " welches, wenn es "，此於文法上無據，校改者改爲
" welcher, wenn er "，指「實踐的使用」之使用言。Max
Müller 之譯即依此改而譯爲「雖然這實踐的使用總是只被指向
於經驗底對象」云云。Meiklejohn 之譯似亦指實踐的使用言。
肯·斯密士此譯未有改動，恐非。

　　由以上所說之一切而觀之，理性心理學其根源，簡單言之，只
是由於誤解而然，這是甚爲顯明的。意識底統一，居於範疇之基礎
地位以爲其根據者，在這裡是被誤認爲一種對於作爲對象的主體之
直覺，而本體這個範疇亦因此誤認而被應用於此直覺。但是，此意　B422
識之統一只是思想中的統一，單因著此統一，沒有對象可被給與，
因而本體這個範疇亦不能應用於此統一上（本體這個範疇總預設一
特定所與的直覺）。結果，此主體〔即：理性心理學中「我」這個
主體〕是不能被知的。諸範疇底主體不能因著其思維此諸範疇便獲
得一關於「其自身」即作爲此諸範疇底一個對象的「其自身」之概
念。因爲它要想去思維這些範疇，它的純粹的自我意識其自身必須
被預設，而此純粹的自我意識就是那曾要被說明者。同樣，這主
體，即「時間之表象於其中有其根源的根據」的那主體，亦不能因
著此時間之表象之根源於其自身而可決定其自己的時間中的存在。
如果此而不可能，則前者〔即上文就「主體思維範疇」之主體這一
面說之前者〕若當作是藉賴著範疇而成的一種對於自我（即：作爲
一思維存有一般的自我）之決定，這亦同樣是不可能的[(a)]。〔案：
此是說：時間於主體中有根源，我們不能因此便可決定主體之時間

中的存在，因爲此種決定需要有內部直覺故。內部直覺以時間爲其
形式條件，但時間之表象於主體中有根源，此是另一事，此只表示
時間是主觀的，是心靈之主觀構造。我們不能以此爲內部直覺，故
亦不能因此而即可決定主體之時間中的存在。此而不可能，則就諸
範疇底主體而言，我們亦不能只因著主體思維此諸範疇便可獲得一
關於此主體自身（即：作爲此諸範疇底一個對象的主體自身）之概
念，便可算作此主體（即：自我，作爲一思維存有一般的自我）底
一種決定。因爲要想對於此主體（此作爲一思維存有一般的自我）
有決定，亦必須有內部直覺始可。對之有直覺，範疇始可應用於其
上，因而對之得成一決定。我們不能因著其思維範疇便可對之成一
決定也，一如我們不能因著時間根源於主體便可決定此主體之時間
中的存在。此是上文語句之語意。康德對此義又作一注語，則是就
「我思」所函之存在不能表示對於作爲思維存有一般的自我有什麼
特殊的決定。此即是下注語之意。〕

　　(a)處，康德加底注云：
　　　　「我思」，如所已說者，是一**經驗**的命題，並且於其自身內
　　　　含有「我存在」這個命題。但是，我不能說「凡有思維的東
　　　　西皆存在著」，因爲若這樣說，則思維之特性必使有此思維
　　　　特性的一切存有成爲「必然的存有」。因此，我的存在〔我
　　　　思中我的存在〕不能被視爲一個推斷，從「我思」這個命題
　　　　而來的一個推斷，如笛卡爾所想去力辯之者（蓋若視之爲一
　　　　推斷，則其前必須有「凡有思維的東西皆存在著」這個命題
　　　　作大前提），但只應被視爲與「我思」爲同一者。「我思」

表示一**不決定**的經驗直覺，即是說，表示一**不決定**的知覺
（而這樣亦表明：那屬於感性的感覺處於此「存在的命題」　　B423
之基礎地位）。但是，這個「我思」是先於經驗而存在的，
而要想通過範疇就時間去決定知覺之對象，經驗是所必要
者；而這裡〔所涉及的〕「存在」〔即：「我思」所函的
「我在」之「存在」〕卻並不是一個範疇。範疇即如其為範
疇而觀之，並不應用於一不決定地給與的對象，但只應用於
這樣一個對象，即「我們對之有一概念並對之我們想去知道
它是否是存在於或不存在於這概念之外」這樣的一個對象。
一個不決定的知覺在這裡只指表某種真實的東西之被給與，
而這某種真實的東西之被給與，實在說來，是被給與於「思
想一般」，因而也就是說，它不是當作現象而被給與，也不
是當作物自身（智思物）而被給與，但只當作某種實際地存
在著的東西而被給與，而此某種實際地存在著的東西在「我
思」這個命題中是只如其為某種實際地存在著者而被指表。
因為那是必須要知道的，即：當我名「我思」這個命題為一
經驗的命題時，我並不因此就說在此命題中的「我」是一經
驗的表象。正相反，它是一個純粹地理智的表象，因為它屬
於思想一般。設無某種經驗的表象去為思想供給材料，實在
說來，「我思」這個動作必不會發生；但是這經驗的表象卻
只是純粹理智的能力之應用或使用之條件。〔案：由此亦可
知上文說「我思表示一不決定的經驗直覺，即一不決定的知
覺」，這也不表示「我思」中的「我」是一經驗的表象，是
一經驗地被直覺的東西，是一經驗地被覺知的東西。似乎當

該這樣說，即：「我思」只表示在經驗範圍內受制於經驗表
象的一個不決定的意識或覺識，即在受制於經驗表象的思中
意識到「我」是某種真實的東西之意識或覺識。說經驗直覺
或知覺，雖加一「不決定的」一形容詞，亦徒令人生誤會，
而且令人很難索解。〕

B423　　「這樣說來，人之期望得到那種『雖擴展至可能經驗底範圍以
外而卻同時亦同樣可去促進人類底最高利益』的知識，這種期望得
到這樣一種知識之期望，就思辨哲學自認可以去滿足之而言，被見
B424 出實是基於欺騙，並且被見出在試求於達成或實現中亦正是去毀壞
了其自己」。〔案：此一整句，肯·斯密士是意譯，非直譯。〕但
是，我們的批評之嚴厲，在證明這不可能，即「在關於一經驗底對
象中，獨斷地決定那超出經驗底範圍以外的任何事」這不可能中，
卻亦使理性成為一並非不重要的服務〔使理性有一很重要的用
處〕。因為在證明那種決定之不可能中，我們的批評之嚴厲已確保
了理性使其足以對抗敵對方面之一切可能的肯斷。〔案：意即獨斷
地決定經驗範圍外的任何事固不可能，但若說茲並無經驗範圍外的
任何事，這亦同樣不可能。我們的批評之嚴厲已確保了理性使其足
以對抗這敵對方面之一切可能的肯斷。〕此點除依以下所說的兩路
之此路或彼路外決不能被達到。所謂兩路，即：或者我們必須定然
地〔必然地〕去證明我們自己的命題；或者，如果我們不能作到這
一步，則我們必須去找出這「不能」之根源，這不能之根源，如果
它可追溯到我們的理性之必然的限制，則它必須迫使一切敵對者皆
須服從這同一的「放棄之法則」，即在關涉於一切要求於獨斷的肯

斷之要求中服從於這同一的「放棄之法則」。

　　但是，就「依照理性底實踐使用之原則（此理性之實踐的使用是密切地與其思辨的使用相連繫的）以去設定一未來的生命」，這種設定之權利，不，這種設定之必然性，而言，茲卻並無什麼東西因以上所說的服從「放棄之法則」而喪失。因為純然思辨的證明從來不能表現任何影響力來影響於人們底通常理性。純然思辨的證明是如此地立於毫髮之尖端，以至於甚至諸研究者〔諸習作此證明者〕之保持其於不墜亦只當諸研究者使其不停止地旋轉好像一個陀螺一樣時，他們始能保持其於不墜；甚至依諸學者〔諸研究者〕自己的眼光來看，此純然思辨的證明亦不能給出一定常不變的〔穩固的〕基礎以備任何東西可以建立於其上。至於那些「大體可有用於世人」的證明--切盡可保存其全部價值而不被減少，而實在說來，依據或經由這些獨斷的虛偽要求之委棄或袪除，那些有用於世人的證明即可在「清晰性」與「自然力量」這兩方面皆有所增加。因為那樣時，理性即因而被定位於其自己之特殊領域，即是說，被定位於「目的之秩序」中，而此目的之秩序同時亦即是一自然之秩序」；而且因為此時理性以其自身而言不只是一知解的〔理論的〕能力，而且亦是一實踐的能力，而即如其為一實踐的能力而觀之，它又不是被限制於「自然之條件」的，是故它很有理由把「目的之秩序」，連同著我們自己的存在，擴展至經驗底範圍與有生底範圍之外。如果我們依照「類比於世界中有生之物之本性」這種類比而斷（在討論此等有生之物之本性中，理性必須必然地承認這原則，即：沒有一種器官，沒有一種機能，沒有一種衝力，實在說來，也就是沒有什麼東西，它或是多餘的，或是不相稱於其用處，因而也

B425

就是說，必須承認這原則，即：沒有什麼東西是無目的的，每一東西皆準確地符合於其生命中之使命或定分），則我們一定要把人（單只有人始能在其自身中含有一切這種秩序之最後的目的）視為此等有生之物之本性之例外的唯一被造物。人之自然稟賦（不只是人之才能以及享受此才能之衝動，而且也是在一切別的東西之上的其心內的道德法則）可以遠達至他在今生中由此等自然稟賦所可引生出的一切功效與好處之外，其遠達是如此之遠達，以至於他可因

B426 此得知離開一切有好處的後果，甚至離開身後名譽之幻影式的酬報〔身後之虛名〕，去高估純然的正直意志之意識〔純然的心術底正直性之意識〕，高估之為最高者，為越乎一切別的價值之上之最高者；而他因如此高估純然的正直意志之意識，遂因著其在此世界中之行為並因著其行為之許多好處之犧牲而感到一種內部的要求，要求著去使他自己適宜於為一較好世界之公民，此較好世界乃是其所執持於理念中者〔只存在於其理念中〕。此種有力而不可爭辯的證明因以下種種而被加強，即因著我們的不斷增加的「合目的性」之知識（在我們所見到的那環繞我們的一切東西中之「合目的性」之知識），因著「天地萬物底無邊廣大」之默識，因而也就是說，因著我們的知識之可能的擴張中的某種「不可限制性」之意識以及與此不可限制性之意識相稱的一種「努力追求」之意識：因著這種種而被加強。凡此一切皆仍然存留給我們而無所遺；但是我們必須放棄這希望，即「從對於『我們自己』之純然地知解的知識以理解『我們的存在』之必然的持續永在」這種理解之希望。

關於心理學的誤推之解決之結論

理性心理學中的辯證的虛幻是從一理性之理念（一純粹的睿智體之理念）與一「思維存有一般」之完全未決定的概念之相混擾而發生。我思我自己是為一可能經驗之故而思之，同時我又抽離了一切現實的經驗；由此，我歸結說：我能意識到我的存在，甚至離開 B427 經驗並離開「我的存在」之經驗的條件我亦能意識及我的存在。在作這歸結中，我是把這可能的抽象即從「我的經驗地決定了的存在作抽象」這可能的抽象與那設想的「我的思維的自我之一可能的分離的存在」之意識相混擾，既如此混擾已，如是我遂相信我有了這知識，即「那在我之內是實體性的東西者是一超越的主體」這知識。但是，一切我在思想中所實有者簡單地說只是意識之統一，一切決定皆基於此作為「知識之純然形式」的意識之統一上。

說明「靈魂與身體之聯合團結」這說明之工作，恰當地言之，實不屬於我們這裡所討論的心理學。因為我們這裡所討論的心理學是想去證明靈魂之人格性，甚至是離開了此聯合團結（即：死後）的靈魂之人格性，亦想去證明之，因此，依此心理學一詞之恰當意義言之，此心理學是越絕的心理學。實在說來，此心理學實從事於一經驗底對象，但其從事之也只是在這方面，即「此經驗底對象於其中不復是一經驗底對象」這方面，而從事之。另一方面，我們的主張對於這個問題〔即：靈魂與身體之聯合團結之問題〕可供給一充分的解答。特屬於這個問題的困難，如一般所承認者，乃是在於這被認定了的異質性，即內部感取底對象（靈魂）與諸外部感取底對象之異質性，蓋由於就內部感取之對象而言，此對象之直覺之形

式條件只是時間，而就外部感取之對象而言，此等對象之直覺之形式條件除時間外復亦是空間。但是，如果我們想到：這兩種對象之這樣地互相差異不是內部地互相差異，但只是當此兩種對象中之此一對象外部地顯現到另一個對象上時始這樣地互相差異，並亦想

B428 到：那居於物質現象之基礎地位以爲其根據的東西，當作物自身看，或許畢竟不必在性格上是如此之異質的，如果我們能如此想時，則這困難即消滅，如是，那剩留下來的唯一問題便是：諸本體①間之聯合團結一般言之如何是可能的。但是，此問題乃是一個「處於心理學底領域以外」的問題，而在「那注視或考慮基本力量與能力的分析部中所已說者」之後，讀者將可無遲疑於去視此問題亦同樣爲處於一切人類的知識底領域以外者。

①案：此所謂「諸本體」是超絕意義的諸本體，或說是物自身意義的諸本體，不是現象意義的諸本體，諸常住體，由本體範疇所決定者。否則，其聯合團結之問題不得說爲是心理學領域以外者，是人類知識領域以外者。說它是心理學領域以外者，是說心理學處理不到這種問題。理性心理學想證明超絕意義的諸本體間的聯合團結以及此聯合團結前靈魂之狀態爲如何如何，此聯合團結後靈魂之狀態爲如何如何，全是虛妄，我們的知識實不能及之。故經過批判後，康德遂說此問題是心理學領域以外的問題。此當是超絕形上學中的問題，實踐理性可以及之，非知解理性或思辨理性所可及也。心理學所實知者，就「我思」言，只是意識之統一；就「我思」所函之「我在」言，只是我在於思想，而非我在於直覺，故「我在」中之存在只是一個形式的存有，而非有直覺爲基礎的特殊具體的存在。我（靈

魂）若作爲以時間爲形式條件的内部感取之對象，則它只是現象義的對象，其作爲物自身義的本體（對象）是我們的知識所不能及的，蓋無智的直覺故。又案：此處所説當與第一版中對於第四誤推之批判合觀。

關於「從理性心理學轉到宇宙論」之一般的解説

「我思」或「我思而存在著」這個命題是一經驗命題。但是，這樣一個經驗命題是爲經驗直覺所制約的，因而亦就是説，它亦是爲對象〔即：自我這個對象〕所制約的，而此作爲對象的自我〔依其外觀而言〕則是被思爲現象者。結果隨來者似乎是如此，即，依據我們的學説，靈魂是完全被轉成現象，甚至在思想中亦被轉成現象，而這樣，【我們的**意識**其自身，由於是一純然的**外貌**（Schein），是故它必須事實上是不能有什麼擴展或達至的〔案：意即它擴展不到或達不到任何實體性的東西的，甚至亦達不到現象〕。】①

①案：此句康德原文是："unser Bewußtsein selbst, als bolßer Schein, in der Tat auf nichts gehen müßte"。「意識其自身是一純然的外貌」，Schein 在此譯爲「外貌」，其爲外貌是依形式義而定。康德説在我思中意識或意識之統一只是知識之純然形式，一切決定皆基於其上，其自身是很空洞的，是虛的，即依此虛的形式義而説爲外貌。肯·斯密士譯爲幻象（illusion）非是；Max Müller 譯爲「現象性者」（phenomenal），此亦與義不合，見下段文最後一句可知；Meiklejohn 則略而未譯。因爲意識其自身只是一個虛的、形式性的東西，是故它不能有

什麼擴展或達至的（auf nichts gehen），gehen 在此是擴展或
達至義，肯・斯密士與 Max Müller 譯爲關涉（關涉不到任何
事），此則不達，太泛。說它不能有什麼擴展或達至即意函
說：它擴展不到或走不到任何什麼實體性的東西，即由意識或
意識之統一達不到說靈魂是本體，是單純的本體，等等，甚至
亦達不到說靈魂（我）是現象，此只是明文中之意函，補上即
可。見下文可知。並不是說它無所關涉或關涉不到什麼事。這
樣說便太泛，全迷失了。

　　思想，以其自身而觀之，只是邏輯的功能，因而也就是說，只
是一純然可能的直覺底雜多之結合之「純粹的自發性」，它並不能
把意識底**主體**展示爲**現象**〔當然更亦不能把主體展示爲**物自身**〕①
；而其所以不能如此展示是只因爲這充足的理由，即：思想並不計
及什麼直覺模式，不管這直覺模式是**感觸的**抑或是**理智的**。我因著
思想把「我自己」表象給我自己既非如「**我在**」②那樣而把「我自
己」表象給我自己，亦非如「**我現於我自己**」那樣而把「我自己」
表象給我自己，〔當然更亦非如「**我之在其自己**」那樣而把「我自
己」表象給我自己〕。③我思我自己只如「我思任何對象一般」那
樣而思我自己，我從這所謂任何對象之對象上作了一個抽象，抽掉
了此對象底直覺之模式。如果在這裡我表象我自己爲思想之主體或
表象之爲思想之根據，則這些表象模式並不指表「本體」這範疇或
「原因」這範疇。因爲此等範疇是這樣的一些思想之功能（或判斷
之功能），就像那「早已被應用於我們的感觸直覺」者那樣的一些
思想之功能或判斷之功能，而如果我想去知道我自己，則這所說的

B429

感觸直覺是必要的。另一方面，如果我要意識及我自己只**意識之爲**「思維」，則因爲此時我實並不考慮「我自己的自我如何可被給與於直覺中」，是故這個「自我」或可對於「我」，即對於那「在思維著」的「我」〔第三稱的「我」〕，而爲一純然的現象，然而就「我思」〔第一人稱的我之「我思」〕而言，它卻決不是一**純然的現象**；在純然思想中的「我自己」之意識中，我是「存有自身」，然而卻並沒有什麼「我自己」中的東西可因此「存有自身」對思想而爲被給與了的④。

①爲譯者所補，原文及英譯皆無。

②思想只是邏輯的功能，此與「我思我在」中之「我思」不同。「我思我在」康德視爲一經驗命題，決不只是一邏輯的功能，下段即說此義。因此，因著思想表象「我自己」亦非如「我在」那樣而表象之。

③此亦爲譯者所補，原文及英譯皆無。

④當依此句理解上段文中最後一句。依此句故知把上段文中所說之意識之爲純然的「外貌」之外貌譯爲「幻像」固非，即譯爲「現象性者」亦非。它固不能擴展到或達到靈魂之爲單純的本體，亦不能達到靈魂之爲現象。在康德之批判中，靈魂雖被轉爲現象，然徒由意識固不能達至其爲現象。在純然思想中，「我自己」之意識只表示「我」是一「存有自身」，不能因說它是一「存有自身」便可決定地說它是現象或物自身。此即上段文最後一句所說的意識自身並不能有什麼擴展或達的。

「我思」這個命題，就其等於「我思而存在著」這個肯斷而

言，它決不只是一邏輯的功能，它亦在關涉於存在中決定主體（此主體因被決定故同時亦是客體即對象），而且它若無內部感取它便不能發生〔起現〕，而此內部感取中之直覺其呈現對象並不是把對

B430 象當作物自身而呈現之，而是把它當作現象而呈現之。因此，在這裡，不只存有思想之自發性，且亦存有直覺之接受性，即是說，亦存有「思想我自己」之思想之被應用於「經驗地直覺我自己」之經驗的直覺上〔即：亦存有那應用於對於「我自己」之經驗直覺上的對於「我自己」之思想〕。現在，思維的自我，如果它不只是通過「我」要去彰顯其自己為一對象（為依其自身而言亦可是一對象之對象），且亦要去決定「其自己底存在」之模式，即是說，亦要去知道其自己為一「智思物」，則它必應去尋求其諸邏輯功能（作為本體、原因等等範疇的那諸邏輯功能）之使用之條件，其尋求此條件必應是在對於「我自己這主體」之經驗直覺處尋求之。但是，在對於「我自己這主體」之經驗直覺處尋求之，這乃是不可能的，蓋因為內部的經驗直覺是感觸的，它只能給出現象之與料（data），此現象之與料對於純粹意識之對象並不能供給之以什麼東西，即為「其分離的獨自的存在」之知識而供給之以什麼東西〔意即：它對於純粹意識之對象並不能供給之以什麼東西以便可以使吾人對於「此對象之分離的獨自的存在」可有知識〕，它但只能為獲得經驗而服務〔而有用〕。

設如下所說之義已被承認，即：在適當時候，我們不是在經驗中，而是在純粹的理性之使用之某種法則中（這所謂法則不只是邏輯的規律那樣的法則，而是「雖先驗地成立但卻亦有關於我們的存在」那樣的法則，是在純粹的理性之使用之這樣的某種法則即道德

法則中），可以發見一根據；依此根據，我們可視我們自己在關於我們自己的存在中爲完全先驗地立法者，並視我們自己爲決定此存在〔即：我們自己的存在〕者：設此義已被承認，則茲必可因此發見而顯露一自發性，通過此自發性，我們的實在性必是獨立不依於經驗直覺之條件而爲可決定的；而且我們必亦可覺察到：在「我們的存在」之意識中，茲有一某種先驗的東西被含在內，此某種先驗的東西固猶足可把我們的【僅只可完全感性地被決定的】①存在決　B431
定之爲關聯於一「非感觸的〔只是被思的〕智思世界」者，即在關涉於一內部機能〔即：自由意志〕中去決定之爲關聯於一「非感觸的〔只是被思的〕智思世界」者。

　　①此一形容片語依康德原文譯。依肯・斯密士之譯是如此：「此
　　　某種先驗的東西足可去決定我們的存在（此存在之完整決定只
　　　依感觸條件始可能）爲關聯於⋯⋯」。此譯非是，語意有病，
　　　不合原意，故不從。另兩英譯稍近之，而 Max Müller 譯則較
　　　好。依 Max Müller 譯是如此：「此某種先驗的東西足可去決定
　　　我們的存在（此存在若非然者只可感性地被決定）爲關聯於
　　　⋯⋯」。

　　但是，此義在推進「理性心理學底企圖」中決不能是絲毫有用的。在這奇異的機能，即「道德法則之意識首先把它顯露給我」的那奇異的機能〔案：即自由意志之機能〕中，就「我的存在」之決定而言，我實必有一個原則，此原則是純粹地理智的。但是「我的存在」之決定必應要通過什麼謂詞而被作成呢？此所應通過之謂詞

不過就是那些「必須在感觸直覺中被給與於我」者；而這樣，就理
性心理學而言，我一定見到我自己確然與以前所處之境況相同之境
況，即是說，我仍然有需於感觸的直覺，需要之以便去把「意義」
賦與於我的知性之概念〔本體、原因等〕，只有通過感觸的直覺，
我始能對於「我自己」有知識；而此等感觸直覺決不能有助於我以
使我前進而越過經驗領域之外。可是縱然如此，在關涉於實踐的使
用中（此實踐的使用總是指向於經驗底對象的），我亦必有理由把
這些概念應用於自由以及有此自由之主體〔自我〕，這樣地應用之
是依照這些概念之知解地被使用時可被類比這類比的意義而應用之
〔即：類比於其知解的使用而應用之，應用之以成為實踐的使
用〕。但是在這樣地應用之中，這些概念我必須理解之為主詞與謂
詞之純然邏輯的功能〔就本體屬性言〕，以及根據與歸結之純然邏
輯的功能〔就因果言〕，依照這些邏輯功能，活動或結果是依照那
B432　些〔道德的〕法則而如此之被決定，以至於這些活動或結果總是可
依照本體與原因等範疇，與自然之法則合在一起，而被解明，雖然
這些活動或結果是在一完全不同的原則〔案：即實踐原則〕中有其
根源。這些觀察之被提出來只是為的要去阻止一種誤解，即「我們
的當作現象看的自我直覺之主張」所特別易遭受到的誤解。在後文
中〔案：即下章第三背反之批判的解決中〕我們將有機會去對於這
些觀察作進一步的應用。〔這裡不再多言，我們即須離此轉至下章
〈純粹理性之背反〉。〕

超越的辯證

第二卷　純粹理性底辯證推理

第二章　純粹理性底背反

在我們的工作底此一部分之引論裡，我已表明純粹理性底一切超越的幻象皆基於辯證的推理，此辯證推理之圖式是在三種形式的三段推理中爲邏輯所供給，此恰如諸範疇在一切判斷底四類功能中 **A406** 找到其邏輯圖式。此等假合理的推理〔辯證的推理〕底第一類型在相應於定然的三段式中討論主體或靈魂底「一切表象一般」底主觀條件之無條件的統一，其所相應的定然三段式底大前題是一個原則，此原則肯斷「一謂詞之關聯於一主詞」。辯證論證底第二類型則是遵循著假然三段式之類比〔類比於假然三段式〕而成者。它有 **B433** 「現象領域中的諸客觀條件底無條件的統一」作爲它的內容。依類似的樣式，第三類型（此將論之於下第三章）則有「對象一般底可能性底諸客觀條件之無條件的統一」作爲它的論題。

但是茲有一點須特別注意。超越的誤推，在關於我們的思想底主體之理念中，產生了一種純粹屬於一邊的幻象。在這裡，沒有那「支持反面肯斷，甚至在最少程度中很輕微地支持反面肯斷」的幻

象為理性底概念所產生。因此，我們可以說，雖然超越的誤推，不管其令人喜愛的幻象為如何，它不能棄絕這根本的缺陷，即「在批判研究之火判①中，它經由之以消解成純然的【幻影】②的那缺陷，然而就像這誤推所供給者這樣的好處卻是全然站在「靈物論」（pneumatism）一邊的。

①案：「火判」（fiery ordeal）是古代條頓族的一種裁判法，以手入火而不傷便算無罪。此處引用意即嚴格的檢查或裁判。

②「純然的幻影」，康德原文是"lauter Dunst"，肯‧斯密士譯為"mere semblance"，此詞雖亦有虛像、幻影等義，但通常是「相似」，當比照原文取「幻影」義。Max Müller 譯為「蒸發成一無所有」，此是依準德文"Dunst"一詞之詞義而譯的。

當理性應用於現象底客觀綜和時，一完全不同的情況便發生出來。因為在此領域內，不管理性如何努力去建立其無條件的統一底原則，而且雖然它實是如此去建立，建立得有很大的成功，雖只是虛幻的成功〔成功之假象〕，然而它不久即陷於這樣的諸矛盾中，以至於它被迫著在此宇宙論的領域內停止任何這樣虛偽的要求。

我們在這裡已把人類理性底一個新的現象———一個完全自然的反題呈現給我們，「在此自然的反題中，我們不需要為輕率不慎者製作巧妙的研究或設置誘惑的陷阱」①，這自然的反題乃是那「理性以其自身而且完全不可避免地要陷於其中」者。這樣很自然的反題確然可以使理性不沈眠於虛妄的確信（此如為一純粹屬於一邊的

幻象所產生者）中，但同時它也可以使理性受到這引誘，即或是
「它把理性自己暴棄於一懷疑的失望」這種暴棄之之引誘，或是
「它認定一頑梗的態度，獨斷地把理性自己交付給某些一定的肯
斷，而拒絕去靜聽對方的論證」這種認定之云云之引誘。這兩種態
度〔即：「暴棄理性之一懷疑的失望」之態度以及「獨斷地把理性
交付給某些一定的肯斷」之態度〕，不管是那一種態度，皆是健全
哲學底死亡，雖然前一種態度或可名之曰純粹理性底無痛苦的死亡
（ euthanasia ）。

①案：此句肯・斯密士是意譯，依康德原文是如此：「於此自然
的反題，沒有人需要去作無謂的思慮並去設置人為的纏捲。」

　　在考慮純粹理性底法則之衝突或背反所發生的各種形式的對反
與爭執之前，我們可以提供些少的解說以說明並證成我們在此主題
底討論中所想去採用的方法。一切超越的理念，當其涉及現象底綜
和中的絕對綜體時，我即名它們曰「宇宙性的概念」，我之所以這
樣名之，一部分是因為此無條件的綜體亦居於「世界整全」底概念　**A408**
（此概念自身只是一理念）之基礎地位而為其根據，一部分是因為
此一切超越的理念只有關於現象底綜和，因而也就是說，只有關於
經驗的綜和。反之，當絕對綜體是「一切可能物一般」底諸條件底
綜和之絕對綜體時，此絕對綜體即產生純粹理性底一個理想，此理　**B435**
想雖然實可與宇宙性的概念有某種一定的關係，然而它卻完全與宇
宙性的概念不同。依此，恰如純粹理性底誤推形成一辯證心理學底
基礎，所以純粹理性底背反亦將把一虛偽的「純粹（理性的）宇宙

論」之原則展示給我們。不過它並不是為的要想去表明「這門學問是有效的」而去展示之,亦不是為的要想去採用這門學問而展示之。如「理性底衝突」這個題稱所足去表明者,此門虛偽的學問只能依其使人迷惘但卻也是假的虛幻性而被展示,被展示為一個「從不能與現象相協調」的理念。

純粹理性底背反

第一節 宇宙論的理念底系統

在依照一原則，以系統的精確性，進行去列舉這些理念之前，我們心中必須記住兩點。第一點，我們必須承認純粹而超越的概念只能從知性而發生。理性實不能產生任何概念。理性所能作的至多是去 **A409** 把知性底一個概念從不可免的可能經驗之限制中解脫出來而不受其限制，而既已解脫矣，如理性便想努力去擴張此概念以越過經驗的東西之範圍，雖然其擴張之也實仍是藉賴著「概念之關聯於經驗的東西」而擴張之。理性這樣努力去擴張之是依以下的樣式而被達 **B436** 成。對一特定所與的有條件者而言，理性在條件一面要求絕對綜體（所謂條件一面之條件乃即是那些「知性把一切現象皆隸屬之以之為綜和統一之條件」的那些條件，理性即在這樣的一些條件面要求絕對綜體），而在這樣要求中，理性遂把範疇轉換成一超越的理念。因為只有因著把經驗的綜和帶至如此之遠，就如遠至「無條件者」這樣遠，理性始能使這經驗的綜和成為絕對地完整的；而這無條件者從不能在經驗中被發見，但只能在理念中被發見。理性依照原則作以下這樣的要求，即：如果有條件者是被給與了的，則條件底全部綜集，因而也就是說，絕對地無條件的者（只有通過此無條件者，那有條件者始成為可能的），亦須是被給與了的。這樣說來，首先第一點，諸超越的理念簡單地言之只是那些「擴張至無條件者」的範疇，而且它們亦能被還原成一個理念表，此理念表是依

照範疇之四類而被排列成的。其次第二點，並非一切範疇皆適合於這樣的使用，但只是那些範疇，即「綜和所依以構成條件底系列」的那些範疇，始適合於這樣的使用，此中所謂「條件底系列」之條件就是那些互相隸屬〔非互相對列〕的條件，而且是「能產生一〔特定所與的〕有條件者」的那些條件。絕對綜體爲理性所要求是
A410 只當上升的條件系列關聯到一所與的有條件者時，它是爲理性所要求。它不是在關涉於下降的後果線中而被要求，亦不是在涉及此等
B437 後果底並列條件之集合中而被要求。因爲在特定所與的有條件者之情形中，其條件是被預設了的，而且是當作與有條件者連在一起而爲被給與者而被思量。另一方面，因爲諸後果並不使它們的條件爲可能，但卻是預設了它們的條件〔它們的條件使它們爲可能〕，是故當我們進至後果或從一特定所與的「條件」下降至「有條件者」時，我們不需要去考慮這系列〔後果之系列〕是否有停止或無停止；關於這種下降系列底綜體之問題無論如何不是理性底一個預設。

　　這樣，我們必須想時間爲已完整地流過去直到眼前所與的一刹那爲止者，而且想時間其自身即在此完整的形式中而爲被給與者。縱使這樣完整地流過去的時間不是爲我們所可決定的，適說之義亦同樣可以成立。但是，因爲未來並不是「我們之達到現在」之條件，所以在我們對於「現在」之了解中，我們如何想未來的時間，想之爲有停止抑或無停止而一直流至無限，這皆是完全不相干的事。【讓我們以 m, n, o 這一系列爲例】①，在此系列中，n 是當作「有條件者」經由 m 而被給與，而同時它亦是 o 底條件。這一系列從 n 這個有條件者上升至 m（l, k, i 等等），而同時亦從 n 這

個條件〔n 之爲條件〕下降至有條件者 o（p，q，r 等等）。現在，要想能夠去視 n 爲所與者，我必須預設那個上升的系列。依照理性，連同理性對於條件底綜體之要求，n 是只有因著那個上升的系列而爲可能。但它的可能性卻並不依靠 o，p，q，r 這個後繼的系列。因此，這個後繼的系列不可被視爲是被給與了的，但只可被視爲是可被給與的。

A411
B438

　　①案：此句依康德原文譯，其他兩英譯亦如此譯。依肯・斯密士
　　之譯當如此：「此好像我們有 m，n，o 這一系列」。

　　我想名這樣一個系列之綜和，即此系列在「條件」一面，從那「最切近於所與的現象」的條件開始從而進至較爲更遼遠的條件，這樣一個系列底綜和，曰「後返的綜和」；並想名這樣一個系列之綜和，即此系列在「有條件者」一面，從第一後果進至更遠的後果，這樣一個系列之綜和，曰「前進的綜和」。後返的綜和是在前件方面進行，前進的綜和是在後果方面進行。因此，宇宙論的理念是討論那在前件方面進行而非在後果方面進行的「後返綜和之綜體」。那因著「前進的綜和之綜體」而被提示的純粹理性底問題是無謂的，而且是不必要的，因爲提出這方面的問題，對那在現象中被給與的東西之完整的理解而言，不是所需要的。因爲我們所需要去考慮的只是根據，而不是後果。

　　在依照範疇表以排列理念表中，第一，我們首先取用於那屬於一切我們的直覺的那兩個根源的量，即時間與空間。時間其自身即是一系列，而實在說來，它是一切系列底形式條件。在時間中，就

所與的「現在」而言，先在者〔先行者即過去〕能夠先驗地當作條
件而與那後繼者（未來）區別開。因此，任何特定所與的有條件者
A412　底條件系列之絕對綜體這一超越的理念是只涉及一切過去的時間；
B439　而依照理性之理念，過去的時間，作為當前所與的一刹那之條件
看，是必然地要被想為是依其完整性而為被給與了的。現在，在空
間中，就空間自身而且以其自身而觀之，茲並不存有前進與後返間
之區別，因為由於空間之部分是共在的，是故空間是一集合體，而
不是一系列。當前的一刹那只能被看成是為過去的時間所制約者，
但從不能被看成是制約過去的時間者，因為當前的一刹那是只通過
過去的時間或勿寧說只通過先行的時間之流過而始有其存在。但
是，由於空間底部分是互相並列的，而不是互相隸屬的，是故某一
部分不是另一部分底可能性之條件；而且空間，不像時間那樣，依
其自身而言，它並不構成一系列。縱然如此，可是空間底眾多部分
之綜和（因著此綜和我們把握空間）卻仍是相續的，此綜和發生於
時間中，它並且含有一系列。因此，一特定所與空間底諸集和空間
（如一塊土地中的諸尺數）總可成一系列，因綜和之而成一系列。
而因為在此系列中，那些「在此特定所與空間底廣延中被思」的空
間總是這特定所與空間底限制之條件，是故一空間之測量亦須被看
成是一特定所與的有條件者底條件系列之綜和，不過有這點不同，
A413　即在此種綜和中，「條件」一面其自身並不是有別於「有條件者」
B440　一面，而因此，在空間中後返與前進必似乎是同一的。因為空間底
某一部分並不是通過其他諸部分而被給與，但只是因著其他諸部分
而被限制，所以我們必須視每一空間（當其被限制時）為亦是有條
件者〔被制約者〕，蓋以其預設另一空間為它的限制之條件故。它

預設另一空間爲其限制之條件，此另一空間復又預設另一空間爲其
限制之條件，預設復預設，無有底止。這樣說來，就限制而言，空
間中的前進亦是一後返，而條件系列中的綜和之絕對綜體這一超越
的理念亦同樣可以應用於空間。我能合法地就空間中的現象底絕對
綜體作探究，一如我合法地就過去的時間中的現象之絕對綜體作探
究。至於對這問題是否有一答覆是可能的，這是將在後文中被裁決
者。

第二，空間中的實在，即物質，是一有條件者。它的內部的諸
條件即是它的諸部分，而此諸部分底諸部分則是它的更遼遠的諸條
件。這樣，這裡亦出現一後返的綜和，此後返綜和之絕對綜體是爲
理性所要求者。這一種絕對綜體只能因著一完整的區分而被得到，
藉這種完整的區分，物質之實在性可以消滅，或者消滅而至於無，
或者消滅而至於那不再是物質者，即，消滅成「單純者」。依是，
在這裡，我們亦有一「條件之系列」以及一「前進至無條件者」之
前進。

第三，就現象間的眞實關係之範疇而言，本體連同本體之偶然 B441
者這本體與偶然之範疇並不適宜於成爲一超越的理念。那就是說， A414
在此範疇中，理性找不到那「可以使吾人後返地去進行至條件」之
根據。諸偶然者，當它們附著於同一本體時，它們是互相並列的，
它們並不構成一系列。即使依其關聯於本體而言，它們亦實不隸屬
於本體，但只是本體自身底存在之樣式。但是，在此範疇中，那
「仍可似乎是超越的理性底一個理念」者乃「實體性者」這個概
念。但是，**因爲**這個「實體性者」之概念不過是意味「對象一般」
之概念，此「對象一般」之概念，當我們以之只思那「離開一切謂

詞」的超越的主詞時，它是在那裡潛存著的，而同時又**因為**我們在這裡是討論無條件者，我們之討論這無條件者是只如「此無條件者可以存在於現象底系列中」那樣而討論之，**因為**以上兩層云云，**是故**這實體性者不能是該系列中之一分子，這是甚為顯明的。此義對於交感互通中的諸本體亦是適用的。交感互通中的諸本體只是聚合，它們並不含有什麼東西可以使我們去把一個系列基於其上〔**康德原文：它們並不含有一個系列之指數**〕。因為對於交感互通中的諸本體，我們不能像對於諸空間所能說者那樣（諸空間底限制從未在此諸空間自身而且即以此諸空間自身而被決定，但只能通過某一其他空間而被決定），而說它們互相隸屬，互相隸屬逐致以此本體作為彼本體底可能性之條件，並以彼本體作為此本體底可能性之條件：對於諸空間可以這樣說，對於交感互通中的諸本體則不能這樣說。這樣，在關係範疇處，只剩下因果性一範疇。因果性一範疇呈

B442　現「一特定結果」底諸原因之系列，這樣，我們便能進而從此作為「有條件者」的特定結果而去上升至那作為「條件」的諸原因，並因而亦能進而去解答理性底問題。

A415　　第四，可能者、現實者以及必然者之概念，除以下所說之情形外，它們不能引至任何系列，即除當存在中的「偶然者」必須被看成是「有條件者」，並必須被看成是依照知性之規律而為可以指引到這樣一個條件，即「在此條件下，那偶然者始是必然的」這樣一個條件者，而其所指引到的這樣一個條件復轉而又指引到一更高的條件，直至最後理性只在系列底綜體中達到無條件的必然者而後止，除當如此云云時，它們可以引至一系列外，它們不能有別法可以引至任何一系列。

這樣，當我們選出那些範疇，即「在綜和雜多之綜和中必然地引至一系列」的那些範疇時，我們見到：茲只有四個宇宙論的理念以相應於範疇底四種題稱：

1.一切現象底特定所與的整全底「組合」之絕對的完整。　B443〔案：此相應於量範疇中「綜體性」一範疇〕。

2.現象領域中一特定所與的整全底「區分」中之絕對的完整。〔案：此相應於質範疇中「實在性」一範疇〕。

3.一現象底「起源」中之絕對的完整。〔案：此相應於關係範疇中「因果關係」一範疇〕。

4.就現象領域中可變化的東西底「存在之依待性」而說的絕對完整。〔案：此相應於程態範疇中「偶然性—必然性」一範疇〕。

在這裡，有若干點需要注意。　A416

首先，絕對綜體之理念只有關於現象之解釋，因此，它並不涉及「事物一般」底綜體之純粹概念如知性所可形成者。現象在這裡被看成是所與者；理性所要求的是現象底可能底條件之絕對的完整，只要當這些條件構成一系列時。因此，理性所規定的一**絕對地**完整的綜和（即：**在每一方面**皆完整的綜和），因著此完整的綜和，現象可依照知性之法則而被展示。

其次，理性在諸條件底這種序列的、後返地連續的綜和中所實　B444際地尋求的只是「無條件者」。此無條件者所意在的彷彿是前題底系列中的一種完整性，即如「可以不需要預設其他前提」這樣的一種完整性。此無條件者總是被含在「系列底絕對綜體」中，當其被表象於構想（Einbildung, imagination）中時。但是，此絕對完整的綜和復又只是一理念；因為我們不能知道，至少在研究底開始

時不能知道，這樣一種綜和在現象之情形中是否是可能的。如果我們專通過知性底純粹概念，而且離開感觸直覺底條件，而表象每一東西，則我們實能立刻肯斷說：對一被給與了的有條件者而言，那些互相隸屬的條件之全部系列必亦同樣是被給與了的。有條件者只通過條件之全部系列而被給與。但是，當我們所要去處理的乃是現象時，則我們便見到有一特殊的限制，即由於「條件所依以被給與」的那樣式而成的特殊的限制，即是說，通過「直覺底雜多之相續的綜和」而成的那特殊的限制——這相續的綜和即是那「須通過後返始可被致使成爲完整的」那一種綜和。此完整性是否是感觸地可能的，這乃是進一步的問題；此完整性之理念是處於理性中，其處於理性中乃是獨立不依於「我們之把一適當的經驗概念與之相連繫」這種連繫之可能或不可能而處於理性中。依是，因爲無條件者是必然地含在現象領域中的雜多底後返綜和之絕對綜體中（這後返的綜和是依照那些範疇，即把現象表象爲條件底系列，即對一所與的有條件者而爲條件底系列，這樣的範疇，而被作成），是故在這裡，理性是採用了「從綜體之理念開始」之方式，雖然它實際所盼望的乃是這無條件者，不管這無條件者是全部系列之自身抑或是此全部系列之一部分。同時，此綜體是否是可達到的，以及如何是可達到的，這是存而未決的。

此無條件者可依兩路之或此路或彼路而被思議。它可以被看成是由全部系列而組成，在此全部系列中，一切分子無例外皆是有條件的，而只有這一切分子底綜體則是絕對地無條件者。此種後返可名曰「無限的後返」。或不然，絕對地無條件者只是系列底一部分——這一部分是這樣的，即其他分子皆隸屬於它，而它自身卻不處

於任何其他條件下(a)。依第一想法而言，系列從先行一面說（a
parte priori）是沒有限制的（沒有開始的），即是說，它是無限　　A418
的，而同時它也是依其完整性而爲被給與了的。但是在此系列中的
後返卻是從未被完整起來的，因此，它只能名曰「潛伏地無限的後
返」。依第二想法而言，茲存有系列底第一分子，此第一分子在關　　B446
涉於過去的時間中被名曰「世界之開始」；在關涉於空間中被名曰
「世界之限制」；在關涉於「一所與的有限制的整體」之部分中被
名曰「單純者」；在關涉於原因中被名曰「絕對的自我活動」（自
由）；在關涉於可變化的東西之存在中則被名曰「絕對自然的必然
者」。

　(a)處，康德有底注云：

　　　一所與的有條件者底條件系列之絕對綜體總是無條件的，因
　　　爲外於此絕對綜體，不復再有進一步的其他條件以制約此絕
　　　對綜體。但是這樣一個系列底這種絕對綜體只是一個理念，
　　　或勿寧只是一個或然的概念，此或然概念底可能性須要被研
　　　究，特別是在關涉於這樣式，即「無條件者（實際在爭論中
　　　或成問題的超越的理念）所依以被含於此或然概念中」的那
　　　樣式中，此或然概念底可能性須要被研究。

　　我們有兩個字，一曰「世界」，一曰「自然」。此兩字有時是
一致的。前者指表一切現象底「數學的綜集」以及「一切現象底綜
和之綜體」（此中所謂綜和是指大者中的綜和以及小者中的綜和皆
同樣是綜和而言，即是說，是指通過組合而前進與通過區分而前進

皆同是前進這種前進中的綜和而言）。此同一世界，當它被看成是
A419　一力學的整全體時，它即被名曰「自然」[a]。依是，我們並不和空
間與時間中的集合有關，以便去決定此集合為一量度，我們但只和
B447　現象底存在中之統一有關。在此情形中，「那發生的東西」底條件
被名曰「原因」。現象領域中的「原因之無條件的因果性」被名曰
「自由」，而其有條件的因果性則依較狹的〔形容詞的或有限制
的〕意義，而被名曰「自然的原因」（Naturursache）。存在一般
中的「有條件者」被名曰「偶然者」，而那無條件者則被名曰「必
然者」。現象底無條件的必然性可被名曰「自然的必然性」。

　　　(a)處，康德加底注云：
B446
　　　　「自然」，若形容詞地（形狀或形態地 formaliter）理解
　　　之，則它指表依照一內部的因果性之原則而成的「一物之
　　　諸決定」之連繫。另一方面，所謂「自然」，若實體詞地
　　　（材質地 materialiter）理解之，則它意謂「現象之綜
　　　集」，此所謂現象是這樣的現象，即「當它們藉著內部的
　　　因果性之原則而處於通貫的互相連繫之中時」的現象，實
　　　體詞地被理解的「自然」即是這樣的諸現象之綜集。依前
　　　一義，我們說及流動物質之自然、火之自然，等等。依
　　　此，「自然」這個字是依一形容詞的樣式而被使用。另一
　　　方面，當我們說自然中之事物時，我們心中是想一「自我
　　　潛存著的整全體」〔整自然界〕。

　　我們現在所正要討論的理念，我在上文曾名之曰宇宙論的理

念，我之所以這樣名之，一部分是因爲「世界」一詞我們意謂其是
一切現象之綜集，而我們的理念之所指向的乃正是專要指向於現象
中之無條件者，一部分復亦因爲「世界」一詞，依其超越的意義而
言，是指表一切存在著的東西之絕對綜體，而我們把我們的注意亦
只指向於那綜和之完整，縱使這完整是只在後返至其條件中始是可　　A420
達到的。這樣，不管這【顧慮】①（ Betracht ）即「這些理念一切
皆是超絕的」這種顧慮，亦不管這顧慮即「雖然它們在種類上不能
越過對象，即不能越過現象，它們但只專有關於感取底世界，並不
有關於智思物，可是它們猶仍可把這綜和帶至一種『超越了一切可
能的經驗』之程度」這種顧慮，不管這一切顧慮，縱有這一切顧
慮，我們仍然主張說：它們可以完全適當地被名曰「宇宙性的概
念」。但是，在關涉於後返所意在的數學地無條件的者與力學地無　　B448
條件的者間之區別中，我可以名前兩種概念〔即：數學的那兩種〕
曰狹義的宇宙性的概念（由於它們涉及大者之世界與小者之世界
故），而其他兩種〔即：力學的那兩種〕則名之口「超絕的自然之
概念」。「此種區別沒有特殊的直接價值；其意義將在後文顯現出
來」②。

　　　①原文" Betracht "是顧慮義，肯・斯密士譯爲" objection "（異
　　　　議或抗議），太重，譯出來語意不順。
　　　②此句依原文是如此：「此種區別在現在尚不見有什麼特殊的重
　　　　要性，但在後文它將成爲重要的。」

純粹理性底背反

第二節　純粹理性底「反於正」的反：正反衝突

如果正面說的正（thetic）是任何一些獨斷主張之名，則反於正說的反（antithetic）可以被理解為不是意指一些反面的獨斷的肯斷，而是意指「諸虛假的獨斷知識」之衝突（thesis cum antithesi），在此衝突中，沒有一個肯斷能建立其「優越於另一肯斷」之優越性，因此，反於正說的反不是論及或有事於一面的肯斷。它只討論理性底主張之互相間的衝突以及此衝突之原因。超越的「反於正說的反」之正反衝突是一種「研究純粹理性底背反」之研究，研究此背反底原因與結果。如果在使用知性底原則中，我們不把我們的理性只應用於經驗底對象，而卻是冒險去把這些原則擴張至經驗底範圍之外，則茲便發生出一些假合理的主張，這些假合理的主張既不能希望於經驗中的確立，亦無懼於由經驗而來的反駁。這些假合理的主張中之每一主張不只是其自身可免於矛盾，而且它亦可以即在理性之本性中找到其必然性之條件——但不幸地是：反面之肯斷，在其自己一面，亦有其根據，這些根據亦同樣是有效的而且是必然的。

在與這樣的一種純粹理性之辯證相連繫中，那些自然地發生的問題便是這些問題，即：(1)在什麼命題中，純粹理性不可避免地要遭遇到一種背反？(2)這種背反依靠於什麼原因？(3)儘管有這種背反之矛盾，是否並依何路茲仍可把一種走向確定性之途徑保留給理

性？

如上所說，一「純粹理性之辯證的主張」必須【有如下所說之特點】①以有別於一切詭辯的命題，即：它並不涉及一隨意的問題如爲某一特殊目的而可提出者，它但只涉及這樣一個問題，即「人類理性在其前進中所必然要遭遇到者」這樣的一個問題，其次，純粹理性之辯證主張以及此辯證主張之反對方面的辯證主張雙方皆不含有任何純然人爲的虛幻就像那「一旦經過檢查後而立即可以消滅」者那樣的虛幻，而是含有一種自然而不可避免的虛幻，此種虛幻甚至在「它不再消遣愚弄我們」以後，它仍然繼續去迷惑我們，雖然不再繼續去欺騙我們，而且這樣雖然它可被致使成爲無害的，可是它從不能被根除。

A422

B450

①此依原文譯。依肯・斯密士之譯是如此：「必須在兩方面有別於一切詭辯的命題」。「在兩方面」原文無。如此譯是把「它不涉及一隨意的問題云云」視爲第一方面，把「其次」云云視爲第二方面，是依這兩方面而有別於一切詭辯的命題。此譯非是，語意不順，故不從。其實，「其次」云云是另說一義。此亦是由「如上所說」而可知者。此語意惟 Meiklejohn 之譯能達之。

這樣的辯證主張並不關涉於經驗概念中的知性之統一，但只關涉於純然理念中的理性之統一。因爲此理性之統一包含有一種依照規律而成的綜和，是故它必須符合於知性；但是由於它要求綜和底絕對統一，是故它必須同時又與理性相諧和。但是此統一〔即：

「理性底統一」這種統一或「要求綜和底絕對統一」這種統一〕之
【情況】①卻又是這樣的，即：當其適合於②理性時，它對知性而
言爲太大〔即：爲知性所不及〕；而當其合度於③知性時，它對理
性而言又太小〔即：理性之統一又超過其合度於知性而成之知性之
統一〕。以此故，茲便有一種衝突發生出來，此衝突是不能被避免
的，不管我們想如何爲。

> ①原文"Bedingungen"在此當譯爲情況，不當譯爲條件。情況
> 是虛，條件是實。「當其」云云「其」字即指「統一」說。
> ②「適合於」原文是"adäquat"同於英文之"adequate"。
> ③「合度於」原文是"angemessen"英譯爲"suited"。

這樣，此等假合理的肯斷便揭露一個辯證的戰場，在此戰場
中，開始去作攻擊的那一面總是勝利的，而被迫去作防禦的那一面
總是失敗的。依此，矯健的戰鬥者，不管他們支持一好的理由或一
壞的理由，只要他們力圖固守最後攻擊之權利，而不需去抵抗從其
對方而來的新攻擊，則他們總可望去奪得桂冠。我們可很容易知
道：雖然這個競技場定須時常【被踏入（betreten）】①，而種種
勝利亦定可爲雙方所得到，然而最後決定性的勝利則總是聽任好理
由而戰的戰士爲戰場之主人，聽任其爲戰場之主人只是因爲他的對
手被禁止不許再恢復其戰鬥。作爲公正的仲裁人，我們必須把這問
題，即「競爭者之戰鬥是否是爲好理由而戰鬥抑或是爲壞理由而戰
鬥」這問題，擱置在一邊。我們必須讓競爭者單獨自己去裁決這問
題。在「他們寧已疲憊力竭而並非已互相傷害」之後，他們自己也

A423

B451

許可以覺察到他們的爭吵之無益，而且亦可以如好友般握手而道
別。

①原文" betreten "是「被踏入」義，Max Müller 譯爲「被進入」（has
been entered）是，肯・斯密士譯爲「被爭奪」（becontested）非。「競
技場」只能讓人進去互相競爭，而不能被爭奪。

這方法，即「去注視肯斷底衝突，或勿寧說去激起肯斷底衝
突，注視之或激起之不是爲『判決以維護這一邊或維護另一邊』的
目的而注視之或激起之，而是爲這目的，即『去研究這爭辯之對象
是否不或許是一欺騙的現象』這目的，而注視之或激起之（這所謂
一欺騙的現象乃是每一方徒然無效地力想去把握之者，而且在關於
此欺騙的現象中，縱使沒有對方可被克服，而亦沒有一方能達到任 **A424**
何結果）」，這一種注視之或激起之之方法，我說，這一種處理之
之辦法，可以被名曰「懷疑的方法」。懷疑的方法完全不同於懷疑
論，懷疑論是一個「技術與學問的無知之原則」，它挖掘了一切知
識底基礎，而且它依一切可能的路數努力想去毀壞知識底可信賴性
以及其穩定性。懷疑的方法與這樣的懷疑論完全不同，因爲懷疑的
方法意在於確定。它想在那些「爲雙方所眞誠而有力地進行」的爭 **B452**
辯之情形中去發見誤解點何在，這恰如明智的立法者從訴訟案中的
法官之困窘力求去得到那教訓，即關於「他們所立之法之缺陷與歧
義」這方面的教訓。背反，即「在法律底應用中揭露其自己」的那
背反〔衝突，使法官困窘者〕，就我們的有限制的智慧而言，乃是
那「引起缺陷與歧義」的立法（legislation, der Nomothetik）之最

好的判準。理性，即那「在抽象的思辨中並不容易覺察到其錯誤」的那理性，它因著這背反而豁醒，豁醒而至意識到那些「在其原則之決定中〔須要被算在內〕」的諸因素（factors, Momente）。

　　但是，懷疑方法之重要只是對超越的哲學而言始如此。雖在一切其他研究之領域裡，它或可被免除，然而在超越哲學這領域內，它不能被免除。在數學裡，懷疑方法之使用自是荒謬的；因為在數學中沒有假的肯斷能被隱蔽起來而且被致使成為不可見的，蓋因為

A425　數學中之證明必須總是在純粹直覺底指導下而進行，而且亦必須總是因著那總是明顯的一種綜和而進行。在實驗哲學裡，因懷疑而引起的遲滯或猶豫實在說來可以是有用的；但是此中並沒有那「不能容易地被移除」的誤解是可能的；而「裁決爭辯」底最後辦法，不管是早發見，抑或是晚發見，最後必須為經驗所供給。道德哲學亦

B453　能把它的諸原則連同這些原則底實踐後果一起盡皆呈現於具體中，盡皆呈現於那些「至少是可能的經驗」的東西中；而由於抽象而生的誤解亦可因而被避免。但是在那「對於那越過一切可能經驗底領域以外的東西要求有一種洞見」的超越的肯斷方面，情形卻完全不如此。此類超越的肯斷之抽象的綜和從不能在任何先驗直覺中被給與，而且此類超越的肯斷又是如此之被構成以至於那在它們中是錯誤的東西從不能因著任何經驗而被檢查出。因此，超越的理性除努力去使它的各種肯斷相諧和外，不允許有任何其他種考驗法。但是，對這種考驗法底成功的應用而言，「那些肯斷所陷入」的那種互相間的衝突必須首先讓它去自由地而且不受束縛地發展出來。我們現在就要著手去把那些肯斷所陷入的互相間的衝突排列出來[(a)]。

(a)處，康德注之云：

諸背反是依照上面所列舉的超越理念之次序互相相隨而來。

〔案〕：以下排列四種背反，在康德原文是以表列的方式而排列之，即正題反題在每一頁中排成兩欄，兩兩相對。英譯亦如此。但我以爲這種表列方式閱讀起來並不見得方便而省力，因爲文字太長故。故吾仍以前後出之。又因爲兩欄排列在排印時很困難，故不從。

A426 ⎫ 純粹理性底背反
B454 ⎭

超越理念底第一衝突

正題：世界在時間中有一開始，而就空間說，世界亦是被限制的。

證明

　　如果我們假定「世界在時間中無開始」則迄每一特定所與的片刻止，一種永恆已必流過，而在世界中茲必已流過事物底相續狀態之一無限的系列。現在，一系列底無限性是存於這事實，即：它從不能通過相續的綜和而被完整起來。如是，隨之而來者便是：一個無限的世界系列要去流過去，這乃是不可能的，而因此，世界底一個開始是「世界底存在」之必要條件。這是所要證明的第一點。

　　就第二點〔空間方面〕說，讓我們再假定此正題之反面，即假定「世界是共在的事物之一無限的所與整全體」。現在，一個量它若不是像在一定限制之內那樣而被給與於直覺中[a]，則這樣一個量底量度其能被思是只有通過它的部分之綜和而始能被思，而這樣一個無限量之綜體其能被思也是只有通過這樣一種綜和，即那「通過單位加到單位這種重複的增加而被致使至於完整」這樣的一種綜和，而始能被思[b]。因此，要想去思那「充滿一切空間」的世界為一整全體，則一無限世界底部分之相續綜和必須被看成是完整了的，那就是說，一個無限的時間必須被看成是在一切共在的事物底

A428 ⎫
B456 ⎭

列舉中業已流過去。但是，這卻是不可能的。因此，現實事物底一個無限的集合不能被看成是一所與的整全體，因而結果也就是說，它也不能被看成是同時地被給與了的。因此，就空間中的廣延說，世界不是無限的，但卻是被封在限制之內的。這是所要證明的第二點。〔案：此句肯·斯密士譯爲：「這是爭辯中的第二點」，非是。〕

(a)處，康德有注云：

一個不決定的量當它是這樣的，即「它雖然被封在限制之內，但我們卻不需要通過測量，即通過它的部分之相續綜和，去構造它的綜體」，當它是如此云云時，它能當作一整全而被直覺。因爲封限之的那些限制，在其割截了封限外的任何其他東西中，其本身即決定它的完整。〔案：若世界是一無限整全，則此無限量是一決定量，但它既不可能在直覺中被給與，是故它只有通過其部分之綜和始能被思。但通過部分之綜和而至無限量之完成，這是不可能的。一個「被封在限制之內，但卻不需要通過部分之相續綜和去構造它的綜體」這樣的一個不決定量能當作一整全而被直覺。但世界既是無限的，它並不被封在限制之內，是故它不能當作一整全而被直覺，只能通過部分之相續綜和而被思；但通過部分之相續綜和而期達至無限量之完成，這是不可能的。如文中所述。因此正題說世界不是無限的，而是被封在限制之內的。但讀書卻不要以爲此正題是對的。它駁斥對方雖有理，但並不因此其自身即是對

B456

的。對方亦同樣可以駁斥它，但並不因此反題就是對的。
見後批判的解決中可知。此即所謂互相衝突但沒有一方是
站得住的。〕

(b)處，康德作注云：

綜體之概念，在無限量之綜體這一情形中，簡單地說，只是
它的部分底完整綜和之表象。蓋因爲我們不能從整全體之直
覺中得到概念（在無限量之綜體這一情形中，從整全體之直
覺得到概念，這是不可能的），是故我們之能領悟此綜體之
概念是只有通過部分之綜和而領悟之，此所謂部分即是那些
「被看成，至少在理念中被看成，可以進行至無限整體之完
成」的那些部分。

純粹理性底背反

超越理念底第一衝突

反題：世界無開始，在空間中亦無限制；就時間與空
　　　間這兩方面說，世界皆是無限的。

證明

　　設讓我們假定：世界有一開始。因爲所謂「開始」就是開始存
在，而「開始存在」之存在就是這樣一種存在，即它爲一時間所
先，而此先之之時間卻是「事物不存在於其中」的時間，因爲所謂
「開始」是如此云云，是故茲必已有一先行的時間，世界不曾存在
於其中，即是說，茲必已存有一空的時間。現在，在一空的時間
中，沒有「一物之開始存在」是可能的，因爲此空的時間中沒有一
部分，當與任何其他部分相比較時，它寧具有「存在」之顯著條件
而不具有「非存在」之顯著條件；此義，不管事物是被設想爲以其
自己而發生，抑或是被設想爲是通過某種其他原因而發生，皆可適
用。在世界中，許多事物系列實可有一開始；但世界自身卻不能有
一開始，而因此在關涉於過去時間中世界是無限的。

　　就第二點〔空間方面〕說，讓我們由假定反題之反面，即：
「空間中的世界是有限的而且是被限制了的，因而結果也就是說，
世界存在於一無限制的空的空間中」這反面，來說起。這樣，事物
將不只是在空間中互相關聯著，而且亦關聯於空間。現在，因爲世

A429 ⎱
B457 ⎰ 界是一絕對的整全，在此世界以外，並不存有直覺底對象，因而亦並不存有那相關者，即「世界可與之發生關係」的那「相關者」，是故世界之關聯於空的空間必應是世界之關聯於無對象〔和無對象相關聯〕。但是這樣一種關聯，因而結果也就是說，因著空的空間而成的世界之限制，是無。〔案：意即這樣的關聯等於無關聯，這樣的因著空的空間而成的世界之限制等於無限制。〕因此，世界不能是在空間中被限制了的；那就是說，在關涉於廣延方面，世界是無限的(a)。

(a)處，康德注之云：

空間只是外部直覺之形式（形式的直覺）。它不是一個「可外部地被直覺」的真實對象。空間，由於它先於那「決定它（佔有或限制它）」的一切事物而存在，或勿寧說先於那「符合於經驗直覺之形式而給出一經驗直覺」的一切事物而存在，是故它在絕對空間之名稱下沒有別的，不過就是外部現象底純然的可能性，此所謂外部現象是當其或者依其自身而存在著或者可被加到一些特定所與的現象上者：名之曰絕對空間的空間不過就是如此云云的外部現象底純然的可能性。因此，經驗直覺不是現象與空間這兩者底一種組合（不是「知覺」與「空的直覺」這兩者底一種組合）。現象〔知覺〕與空間〔空的直覺〕這兩者中之任一個皆不是一綜和中的另一個之相關者；它們兩者當作直覺之材料與形式而被連繫於同一經驗直覺中。如果我們想去把這兩個因素中的任一個置於另一個之外，置空間於一切現象之外，則茲遂有一切

種空洞的外部直覺之決定，而這些空洞的外部直覺之決定卻猶不是一些可能的知覺。舉例來說，「世界底動（或靜）之關聯於無限的空的空間」這一種關聯之決定就是那「從不能被覺知，因而亦就只是一純然的思想物之謂詞」的一種決定。

對於第一背反之省察

{ A430
{ B458

I　對於正題之省察

在陳述這些相衝突的論證中，我並不曾求諸苦心經營的詭辯。那就是說，我並不曾依靠或動用私人辯護律師底方法，私人辯護律師是想利用對方底不小心，隨便訴諸一誤解的法律，以便他可以因著反駁那法律而建立他自己的不正當的要求。上面的證明中的每一方的證明皆從所爭辯之事中自然地發生出來，而且亦並沒有什麼好處可得之於這機會或空隙，即那「由雙方獨斷論者之任一方而達到的錯誤結論所供給」的那機會或空隙。

我可以依獨斷論者底經常樣式，從「一所與量底無限性」這一有缺陷的概念開始，來虛偽地建立正題。我可辯論說：設有一量度，如果比這量度本身更大者不是可能的（所謂量度本身乃是以這量度所含有的諸所與單位之複多數來決定者），則這量度便是無限的。現在，沒有複多數是最大的複多數，因為一個或多個單位總能被加到那複多數上去。因此，一個無限的所與量，因而也就是說，一個無限的世界（無限是就已流過的系列或就廣延而說的無限），

是不可能的；世界必須在流過的系列方面以及在廣延方面，皆是被限制了的。此種思路是我的證明所可遵循的思路。但是上面所說的那個概念〔即如上界定其無限性的那個量度之概念〕對於「我們經由一無限的整全所意謂者」不是適合的。上面所說的那個概念並不能表象那量度是如何樣的大，因此，它不是「一最高度〔極度〕」之概念。通過那個概念，我們只思維「此量度之關聯於任何可指定的單位」之關聯，而就此量度所關聯的任何可指定的單位而言，那量度是較大於任何一數者。若如此而界定那量度為無限，則比照所選取的單位為較大或較小，那無限必亦會隨之較大或較小。但是，無限，當其只存於「關聯於特定單位」這關聯中時，它應總是同一的。因此，整全體底絕對量度必不能依此路而被知；實在說來，上面那個概念實不曾論及整全體底絕對量度。〔案：意即上面那個量度之概念只表示那量度大於任何數，沒有比之為更大者，此並不表示它是一無限的絕對整全。若以此為該量度之無限性便是一有缺陷的概念。我並不從此有缺陷的「無限」之概念來偏證世界之有限以及其有開始。〕

A432
B460
}

真正超越的「無限之概念」是這樣的，即：諸單位之相續綜和，一量度之計算上所需要者，決不能被完整起來[a]。因此，那完全確定地隨之而來者便是：「引至一特定所與的一剎那」的那現實地諸相續狀態底一種無始以來的永恆不能已經流過去，因此，世界必須有一開始。〔案：此即上面正題之證明中所取之路：由反面無限之不可能而證明世界為有始。但此正題亦同樣可被反對方面所反駁而證明其反題。此即互相衝突而皆不能自立。〕

(a)處，康德注云：

因此，此量度〔即：「其單位之相續綜和決不能被完整起
來」這個量度〕含有一個量（諸所與單位底一個綜量）大於
任何數──此是數學的無限之概念。

在正題底第二部分中，那含在一個「是無限的而又已流過去」
的系列中的困難不會發生，因為那「在廣延方面是無限的」一個世
界之雜多是當作「共在者」而被給與的。但是，如果我們要去思考
這樣一種複多之綜體，而又不能訴諸那些限制，即「它們以其自身
把這複多構成一綜體於直覺中」的那些限制，則我們便必須要去說
明這樣一個概念，即「此概念，在我們現在假定世界是無限的之情
形中，不能從全體而進到諸部分底決定的複多，但必須因著諸部分
底相續綜和而證明一全體底可能性」這樣的一個概念。現在，因為
此相續的綜和必須構成一個「從不能被完整起來」的系列，是故我
不能思考一〔無限性的〕綜體它或是先於綜和而存在，或是藉賴著
綜和而存在。因為〔無限性的〕綜體之概念，在「世界是無限的」
這一情形中，其自身就是「諸部分底一完整起的綜和」之表象。而
因為這種完整是不可能的，所以這完整之概念也同樣是不可能的。
〔因其不可能，是故得證明正題世界在廣延方面是有限。但此正題
亦同樣不可能，此如反題之證明。〕

對於第一背反之省察

〔 A431
B459

Ⅱ　對於反題之省察

「所與的世界系列」底無限性之證明以及「世界整全」底無限性之證明是基於這事實,即:依相反的假定,一個空的時間與一個空的空間必須構成世界之限制。我知道有人企圖以以下之辯說來避免這個結論,即他們辯說:世界在時間與空間中之限制其完全為可能是無須我們去作這不可能的假定,即「一絕對時間先於世界之開始,或一絕對空間超越這真實世界之外」,這種不可能的假定,而即可完全為可能。此義之後一部分即「無須去作這不可能的假定」這一部分,如來布尼茲派底哲學家所執持著,我完全同意。空間只是外部直覺底形式;它不是一個「能夠外部地被直覺」的真實對象:它不是現象底一個相關者,但只是現象本身底形式。而這樣,因為空間不是對象,但只是可能對象底形式,是故它不能被看成是那「決定事物之存在」的某種「其自身為絕對」的東西。事物,當作現象看,它們決定空間,即是說,它們對於空間底一切可能的量度謂詞與關係謂詞決定其中此一個或彼一個特殊的量度謂詞與關係謂詞,決定之使其隸屬於真實物。另一方面,空間若被看成是某種自我潛存的東西,則其自身決不是什麼真實的東西,因而它也決不能決定真實物底量度與形狀。因而又隨此而來者便是:空間,不管 {它是充滿的或是虛空的(a),它可以為現象所限制,但是現象卻決不能為一外於現象的「空的空間」所限制。此義對於時間亦同樣適用。但是,縱使這一切皆可被承認,以下之義仍不能被否決,即:「這兩個非實物即外於世界的空的空間以及先於世界的空的時間這兩個非實物必須被假定」這一義仍不能被否決,如若我們要想對於空間與時間中的世界去假定一限制時。

A433
B461

(a)處，康德注之云：

> 顯然，在這裡我們所想去說的是：空的空間，就其為現象所限制而言，即，世界之內的空的空間，這種空的空間至少並不是超越原則底矛盾面〔至少不與超越原則相矛盾〕，因此，當超越原則被論及時，這種空的空間可被允許。但是其可被允許並不等於其可能性之肯斷。

「如果世界有時間與空間中的限制，則無限的虛空必須決定這量度，即『現實事物所依以存在』的那量度」，此義須被假定，此一須被假定之歸結是不可避免的。那「聲言能使我們去避免此歸結」的論證之方法是存於暗中以某種我們對之無所知的智思世界代替感觸世界；以「不預設任何其他條件」的存在一般代替第一開始（初始，即為一「非存在」底時間所先的一種存在）；並且以「世界整全」底界限代替廣延之限制：這樣，便可以擺脫時間與空間。但是我們在這裡是只論及現象世界（mundus phaenomenon）以及其量度，因此，我們不能若抽掉以前所說的感性之條件而不毀壞此現象世界之存有〔實有〕。如果感觸世界是有限制的，則它必須必然地處於無限的虛空中。如果那個虛空，因而也就是說，作為現象底可能性之先驗條件的那「空間一般」，被擱置於一邊而不理，則全部感觸世界必消失而不見。此，感觸世界就是那「在我們的問題中被給與於我們」的一切。智思世界（mundus intelligibilis）沒有別的，不過就是「世界一般」之一般概念，在此「世界一般」之一般概念中，我們把對於世界之直覺這直覺之一切條件皆抽掉，因此，在關涉於此「世界一般」之一般概念中，沒有綜和命題，肯定

的或否定的，能夠可能地被肯斷。〔案：依原文：沒有綜和命題，肯定的或否定的，能是可能的。〕

純粹理性底背反

$\begin{cases} \text{A434} \\ \text{B462} \end{cases}$

超越理念底第二衝突

正題：世界中每一組合的實體物皆是由單純的部分而被組成，
　　　而除單純者以及那由單純者而被組合成的東西外，再沒
　　　有什麼東西可存在於任何處。

證明

　　設讓我們假定組合的實體物不是由單純的部分而被組成。如
是，如果一切組合在思想中被移除，則必無組合的部分可以留存，
而（因爲我們不承認有單純的部分），是故亦無單純的部分可以留
存，那就是說，畢竟沒有什麼東西將可以留存下來，因而結果也就
是說，將沒有實體物可被給與。因此，**或者**「在思想中去移除一切
組合」這是不可能的，**或者**在移除組合以後，茲必須存有某種「沒
有組合而仍存在著」的東西，那就是說，茲必須存有單純者。【在
前一情形中，組合物必應不是由實體物而組成（因爲在實體物處，
組合只是諸實體物底一種偶然關係，諸實體物，作爲常住的實有，
必須沒有那種偶然的關係而仍可繼續存在）。】① 由於此前一情形 $\begin{cases} \text{A436} \\ \text{B464} \end{cases}$
違反我們的假定〔即：可移除之假定〕，是故茲【只剩下後一情
形】②，此亦即是說：世界中的諸實體物之組合是由單純的部分而
組成。

①案：此一整句依康德原文譯，Max Müller 亦如此譯。原文有括弧，括弧中之所說是注明語，表示組合之實義，組合只是諸實體物底一種偶然關係，無組合之偶然關係，實體物仍可自存。前一情形是說「在思想中去移除一切組合是不可能的」，如是，則組合物必只是思想中的虛構物，而不是實體物之組合。因為若是實體物之組合，則在思想中去移除一切組合必應是可能的。肯‧斯密士之譯把括弧去掉，而又用分號與前句分開，遂令人迷失的旨。

②「只剩下後一情形」，亦依原文譯。肯‧斯密士譯為「只剩下原來的假定」，遂使前文兩「或者」所示之兩可能無交代，此亦迷失不達。

那作為一直接的後果隨之而來者便是：世界中的事物，無例外，一切盡皆是單純的實有；組合只是這些實有底一種外部狀態；雖然我們從不能把這些基本的實體物孤立起來，就像把它們從組合之狀態中提出來那樣把它們孤立起來，然而理性卻必須想它們為一切組合之基元主體，因而也就是說，想它們為單純的實有，為先於一切組合而存在者。

純粹理性底背反

$\left\{\begin{array}{l}\text{A435}\\\text{B463}\end{array}\right.$

超越理念底第二衝突

反題：世界中沒有組合的東西是由單純的部分而組成，而世界
　　　中亦無處存有任何單純的東西。

證明

　　設假定一組合物（作為一實體物的組合物）是由單純的部分而
組成。因為一切外部的關係，因而也就是說，一切實體物之組合，
是只有在空間中始可能，所以一空間必須由許多部分而組成，這組
成之之部分之多亦如「含在那佔有此空間的組合物中」的部分那樣
多。但是，空間不是由單純的部分而組成，而是由諸空間而組成。
因此，組合物底每一部分必須佔有一空間。但是，每一組合物底諸
絕對每一部分〔諸基元部分〕是單純的部分。因此，單純者亦佔有
一空間。現在，**因為**那佔有一空間的每一真實的東西其自身就含有
許多互相外在的成素，因而此每一真實的東西亦是一組合物；又**因
為**一真實的組合物不是由偶然的東西而組成（因為偶然者不能在無
實體物中，即離開實體物，而互相外在），而是由實體物而組成，
是故那單純者必應是諸實體物之一組合——此是自相矛盾的。

　　反題底第二部分即：世界中無處存有任何單純的東西，此只在
意謂這一點，即：絕對單純者之存在不能因著任何經驗或知覺，無
論是內部的或外部的，而被建立；因此，絕對單純者只是一理念，

$\left\{\begin{array}{l}\text{A437}\\\text{B465}\end{array}\right.$

其客觀實在性從不能在任何可能經驗中被展示，而由於它無對象，是故它在現象底說明中亦無可應用處。因為，如果我們假定：在經驗中一個對象可以為此超越的理念而被發見出來，則這樣一個對象底經驗直覺必須被知為是這樣的一種直覺，即它是一個「不能含有那『互相外在而又可被結合於統一中』的雜多」的直覺。但是，**因為**從這樣一種雜多之「非意識」中〔案：即我們不能意識到這樣的雜多，即：「互相外在而可結合於一統一中」的雜多，我們對此種雜多無有意識或意識不到〕我們不能歸結到它之在一對象之每種直覺中之完全不可能性〔案：我們雖對此種雜多意識不到，然不能由此即說它在一對象之每種直覺中皆完全不可能〕；又**因為**設無這樣的證明〔案：意即設無這樣的雜多底完全不可能性之證明〕，絕對單純性便絕不能被建立，**是故**隨之而來者便是：這樣的單純性不能從任何知覺而被推斷出。一個絕對單純的對象從不能被給與於任何可能經驗中。而因為所謂感取世界，我們必須意謂它是一切可能經驗底綜集，所以隨之而來者便是：沒有什麼單純的東西可在世界中的任何處被發見。

反題底這第二命題比其第一命題有一更廣的應用。因為第一命題只從組合物之直覺中把單純者驅逐出去，而這第二命題卻從自然界底全部中把單純者排除去。因此，因著涉及外部直覺（組合物底外部直覺）底一特定所與的對象之概念去證明此第二命題，那不曾是可能的，但只有因著涉及「此特定所與的對象之關聯於一可能經驗一般」始可去證明此第二命題。

對於第二背反之省察

I 對於正題之省察

當我說及一全體為必然地由單純部分而組成時,「我是只涉及一實體性的全體,此一實體性的全體其為一組合者是依『組合』這詞之嚴格意義而為組合者,那就是說,我是只涉及雜多底那種偶然的統一」①,此中所謂雜多是這樣的,即它們,當作各別的而被給與者(至少在思想中當作各別的而被給與者),可被置於一相互的連繫中,而因著此相互的連繫,它們遂構成一統一。空間,恰當地說,必應不可被名曰組合體(compositum),但只應被名曰整全〔或整一,totum〕,因為空間底諸部分是只在全體中才是可能的,而並不是這全體通過部分而可能。實在說來,空間或可被名曰理想的組合體(compositum ideale),但不可被名曰一實在的組合體(compositum reale)。但是,這樣名之,實只是一純然的纖巧〔無甚意義〕。由於空間並不是一個「由實體物而組成」的組合物(甚至也不是由真實的偶然物而組成者),是故如果我從空間上移除一切組合,便什麼也沒有留存下來,甚至連一個「點」也沒有留存下來。因為一個點是只當作一空間底限制才是可能的,因而也就是說,只當作一組合物②底限制才是可能的。因此,空間與時間

並不由單純部分而組成。那只屬於一實體物之狀態者亦非由單純者而組成,縱使這狀態有一量度,例如有一變度,它亦非由單純者而組成;那就是說,變度底某種級度並不是通過許多單純的變度之增加而發生。我們之「從組合者推到單純者」之推斷是只應用於自我

潛存的東西。（一物底）狀態之偶然者並不是自我潛存者。這樣，當作實體地組合的東西之構成部分看的單純者其必然性之證明很容易被推翻（正題底全部亦連同著很容易被推翻），如果這證明被擴張得太遠，而且在無限制中〔在無區別中〕③被致使去應用於每一組合的東西——如時常所已為者那樣時。

①案：此依原文當如此：「此所謂全體，我只理解之為一實體性的全體，此一實體性的全體乃是一有特別而準確意義的組合體（als das eigentliche Compositum），那就是說，我只理解之為雜多底那種偶然的統一，」云云。肯·斯密士之譯稍有變動，亦達。「一有特別而準確意義的組合體」另兩英譯為「一真正的組合體」。

②案：此所謂「組合物」（Zusammengestetzten）當即屬空間自身之組合物，非泛言之的組合物。

③案：原文是「在無區別中」。

復次，我在這裡說及單純者是只就「這單純者是必然地被給與於組合物中者」而說及之，此中所謂組合物乃是那「可以化解成單純者，以此單純者為其構成部分」的那組合物。心子〔單子 monas〕這個字，依其嚴格意義，即「來布尼茲所依以使用此字」的那嚴格意義，而言，它只應涉及那單純者，即「當作單純本體（例如在自我意識中者）而直接被給與」的那單純者，而並不涉及組合物中之一成素。此後者，即組合物中之成素，名之曰原子（atomus）則較好。由於我是想去證明那只當作組合物中的成素看

A442
B470

的單純本體（之存在），是故我可以名此第二背反之正題①曰「超越的原子論的」（die transzendentale Atomistik）。但是，由於「原子論的」一詞長久以來是專適用於去指表「說明物質現象（分子）」這一特殊的說明之之模式，因而它亦預設經驗的概念，是故此第二背反之正題可以較適當地被名曰「辯證的單子論原則」。

①案：「正題」原文爲「反題」，誤。肯·斯密士注明云：「依 Mellein 及 Valentiner 校改。」

對於第二背反之省察

A439
B467

II　對於反題之省察

由於對抗「物質底無限分割性之主張」（此一主張之證明純是數學的），諸抗議遂被單子論者所提出。但是，此等抗議立刻使單子論者亦遭受懷疑。因爲不管數學的證明是如何之顯明，單子論者總拒絕去承認以下一點，即：只要當空間事實上是一切物質底可能性之形式條件時，此等數學的證明是基於對於空間底構成〔本性〕之洞見上的。單子論者把此等數學的證明只看成是由抽象而隨意的概念而成的推斷，因而也就是把它們看成是不可應用於眞實的事物者。但是去發明一種另樣的直覺，此另樣的直覺不同於那「被給與於根源的空間之直覺中」的直覺，這如何是可能的！空間底先驗決定如何竟不能夠直接地可應用於那種東西上，即那「只當它充滿空間時它才是可能的」那種東西上！設若我們眞去聽從單子論者之意

見，則除「數學點」以外（數學點，它雖是單純的，但卻不是空間底一部分，而是一空間之限制），我們一定要去思議一些「物理點」為同樣是單純的，雖是單純的，然而卻又去思議之為有這樣顯著的特徵者，即「它們當作空間底部分看能夠通過它們的純然聚合而去充滿空間」這樣顯著的特徵者。對於單子論者底這種悖理，我不必去重複那許多常見而有結果的〔確定的〕反駁，大家皆知想因著純粹辨解的概念底詭辯式的操縱而去抹殺數學底顯明的已證明了的真理，這是完全無益的；我只作以下之觀察或解說，即：當哲學

A441
B469 } 在這裡同數學開玩笑玩鬼計時，它之所以如此玩弄，是因為它忘記了：在此討論中，我們是只有關於現象以及現象底條件。在這裡，去為知性所形成的組合物之純粹概念找出單純者之概念，這並不是足夠的；那須被找出者乃是組合物（物質）之直覺上所需要的單純者之直覺〔意即：我們必須去為組合物（物質）之直覺找出單純者之直覺〕。但是，依感性底法則，因而也就是說，在感取底對象中，「去為組合物（物質）之直覺找出單純者之直覺」這是完全不可能的。「當一整全體，由實體物之組成者，單經由純粹知性而被思時，我們必須在一切整全體之組合以前先有單純者」這雖然誠可以是真的，然而這在現象界中實體性的整全體（totum substantiale phaenomenon）上卻並不適用，這屬於現象的實體性的整全體，由於其是一空間中的經驗的直覺，是故它隨身帶有這必然的特徵，即其中沒有部分是單純的，因為沒有空間底部分是單純的故。單子論者想因著拒絕把空間視為外部直覺底對象（物體）底可能性之條件，並想因著以這些物體（對象）以及「實體物底力學關係」作為空間底可能性之條件來代之〔代以上以空間為對象底可能性之條

件〕，想因著這種辦法去逃避此困難，他們固已很夠精明。但是我
們之對於物體有概念是只對於那作為現象的物體始有一概念；而這
些物體如其為現象，它們必然地預設空間為一切外部現象底可能性
之條件。因此，論點之規避推託〔即：單子論者那種規避，那種託
辭 die Ausflucht〕是徒然無益的，而且它早已在超越的攝物學中很
充分地被處理過。如果物體是物自身，則單子論者底論證自是有效
的。

第二個辯證的肯斷〔即：反題這個肯斷〕有這種特殊性，即 ｛ A443
朝向著此反題之肯斷，有一獨斷的肯斷以反對之，此一獨斷的肯斷 ｝ B471
是一切假合理的肯斷中唯一的一個它要在一經驗的對象中，承擔去
對那「我們已把它只歸諸超越的理念」的東西之實在性，即本體之
絕對單純性底實在性，供給一顯著的證據。此所謂本體之絕對單純
性，我在此是涉及此肯斷，即：內部感取底對象，即在那裡思維著
的「我」這個對象，是一絕對單純的本體。現在我不須進入或著手
這個問題（這在前章已充分被考慮過），我只須說明這一點，即：
如果（如在「我」這個完全赤裸的表象之情形中）任何東西只當作
對象而被思，而不加上關於「此對象底直覺」之任何綜和性的決
定，則沒有什麼雜多的東西，亦無所謂組合（Zusammensctzung）
，能夠在這樣一種赤裸的表象中被覺知。此外，又因為我所經由以
思考此對象的諸謂詞只是內部感取底諸直覺，是故【在那只當作對
象而被思的『我』這個完全赤裸的表象中】①，亦不能有什麼東西
被發見出來足以表明一互為外在的〔成素〕之雜多，因而也就是
說，足以表明一真實的組合。「自我意識」有這樣一種性質，即：
因為「在思維著」的這個主體同時亦就是它自己的對象，是故它不

能區分〔分割〕它自己，雖然它能區分「附著於它」的那些決定；因爲在關涉於它自己中，凡所謂對象皆是絕對的單一。縱然如此，當這個主體外部地觀之時，即被視爲是直覺底一個對象時，它必須在它的現象中展示某種「組合」；而如果我們要想去知道在此主體中是否有一種互爲外在的〔成素〕之雜多，則此主體即必須依此路〔即：依外部地觀之之路〕而被觀看。

①案：原文只是個“darin”，肯·斯密士譯爲“there”（在那裡），此「在那裡」當即指上句那赤裸的表象說。另兩英譯譯爲「在它們中」，此所謂「它們」（多數）是指那些「只是內部感取底諸直覺」的諸謂詞說，此則非是。蓋若既是指這些作爲內部感取底諸直覺之謂詞說，則在此諸謂詞處已有互爲外在的雜多了。此與「縱然如此」以下所說相衝突。故將“darin”實指爲「在那赤裸的表象中」。

純粹理性底背反

超越理念底第三衝突

正題：依照自然之法則而成的因果性不是這唯一的因果性，即
「世界底現象盡皆由之以被引生出」的那唯一的因果
性。要想去說明這些現象，「去假定復亦有另一種因果
性，即自由之因果性」，這乃是必要的。

證明

設讓我們假定：茲並沒有依照自然之法則而成的因果性外的其
他因果性〔茲並沒有別種因果性，但只有依照自然之法則而成的因
果性〕。既然是如此，則每一發生的事情皆預設一先在的狀態，那
發生的事情皆依照一規律不可避免地要隨此先在狀態而來。但是，
這先在狀態其自身也必須是某種已發生了的東西（某種「在其先前
不曾存在於其中的一個時間內開始有存在」的東西）；因爲如果在
過去它總是早已存在著，則它的後果亦必總是業已存在著，這樣某
種已發生了的東西，而此某種已發生了的東西依照自然之法則復要
預設一先在狀態以及此先在狀態之因果性，而此先在狀態依同樣的
方式復仍要預設一更爲先在的狀態，依此繼續後設，無有底止。因
此，如果每一發生的東西只是依照自然之法則而發生，則茲將總只
有一相對的〔次等的 subalternen〕開始，而決不會有一第一開
始，因而結果也就是說，茲決沒有互相輾轉相生的原因這種原因一

面的系列之完整性。但是自然之法則恰即是這個意思，即：沒有什麼東西可以無一充分地先驗地決定了的原因而可發生。因此「除依照自然之法則而成的因果性外，沒有其他因果性是可能的」這一命題，當依一無限制的普遍性而被取用或被理解時，是自相矛盾的；因此，依照自然之法則而成的因果性不能被看成是唯一的一種因果性。

依是，我們必須假定有一種因果性，某種東西通過此種因果性而發生，此種因果性之原因其自身不能再依照必然的法則而為另一「先於它」的原因所決定，那就是說，我們必須假定原因底一種絕對的自發性，【單因著此種自發性之自身，那依照自然之法則而前進的現象之系列遂得有一開始】①。此原因之絕對自發性便即是超越的自由，若無此超越的自由，甚至在（普通）自然之行程裡，原因邊的現象之系列也決不能是完整的。

① 案：原文「以其自身」（von selbst）似指自發性說，Meiklejohn 即如此譯。他譯此句為如此：「此自發性其自身即創始了一依照自然法則而前進的現象之系列」。肯·斯密士與 Max Müller 則把此「以其自身」譯成，是就現象之系列說的，此則於義不通，至少不順。依其譯是如此：「因著此種自發性，那依照自然之法則而前進的現象之系列遂單以其自身自有其開始（begins of itself, or begins by itself）」。此則與「自發性創始之，隨自發性而有開始」之義相頂撞，故此句以 Meiklejohn 之譯為是。茲從之，只是動詞「開始」仍作自動詞用。

純粹理性底背反

超越理念底第三衝突

反題：茲並無所謂自由；世界中的每一東西唯只依照自然之法
則而發生。

證明

　　設假定有一超越意義的自由，以之作爲一特種因果性，依此特
種因果性，世界中的事情能夠發生，即是說，以之作爲「絕對地肇
始一狀態，因而復亦絕對地肇始那狀態底後果之系列」這種肇始之
之力量；設如此，則隨之而來者便是：不只是一個系列將在此自發
性中有其絕對的開始，而且即「此自發性之決定，決定之以去創發
此系列」這種決定，即是說，即這因果性本身，亦將有一絕對的開
始；如是，則將不會有這樣一種先行的狀態，即「通過此先行的狀
態，此活動〔即：此因果性本身之活動〕，在其發生時，是依照固
定的法則而爲被決定了的」這樣一種先行的狀態。但是，每一活動
底開始皆預設一「尚未見諸行動的原因」之狀態；而這活動底力學
的開始，如果它亦是一第一開始，則它亦預設如下所說這樣一種狀
態，即「此狀態與那先行的〔尚未見諸行動的〕原因之狀態並無因
果關係，那就是說，此狀態並不是從那先行的〔尚未見諸行動的〕
原因之狀態而來」，這樣一種狀態。這樣，超越的自由是相反於因
果法則的；而那種連繫，即「超越的自由假定之爲執持於諸活動的

原因底諸相續狀態之間」的那種連繫，將使一切經驗底統一為不可能。超越的自由不是可在任何經驗中被發見者，因此，它是一空洞的「思想物」。

因此，我們必須單只在自然中（不是在自由中），去尋求宇宙事件底連繫與秩序。不受自然法則之束縛之自由（獨立不依於自然法則之獨立無待性）無疑是一種從強迫〔迫使〕中而脫出的解放，但也是從一切規律底指導中而脫出的解放。因為「去說自由底法則進入那『展示於自然行程中』的因果性中，因而以代替自然法則」，這並不是可允許的。如果自由真是依照法則而為被決定了的，則它必應不是自由；它必只是另一名稱下的自然。自然與超越的自由其不同就像「順從於法則」與「無法則」之不同。「自然」實是把「總是高而又高地尋求原因系列中的諸事件之起源」這種「尋求之」之費力而辛苦的工作賦與於知性。何以故「自然」要把這費力而辛苦的工作賦與於知性？此蓋因為諸原因底因果性總是有條件的〔被制約的〕。「自然」雖是把那辛苦的工作賦與於知性，但是在補償中，「自然」亦提出那依照法則而來的「經驗之貫通的統一」之許諾。另一方面，自由之虛幻在原因底鍊子中對於實行探究的知性提供一停止點〔止息處〕，它把知性誘導至一無條件的〔不被制約的〕因果性，此無條件的因果性單以其自身自行開始去活動。但是，此種因果性是盲目的，而且它除消了那些規律，即「單只通過之，一個完整地貫通的經驗才是可能的」那些規律。

對於第三背反之省察

I　對於正題之省察

　　「自由」這一超越的理念決無法構成心理學的自由之概念之全部內容，心理學的自由之概念之全部內容主要是經驗的。超越的理念只表示〔或代表〕一個行動之絕對的自發性，以此自發性作為行動底可歸罪性〔行動之負責性〕之恰當的根據。但是，對哲學而言，這個超越的理念是一真實的障礙物〔絆腳石〕；因為在「承認任何這樣一種無條件的因果性」之道路中，存有許多不可克服的困難。在處理「意志自由」之問題中，那總是十分困惑思辨理性者就是此問題之全然超越的一面。此問題，恰當地觀之，只是如此：是否我們必須承認「自發地開始一相續的事物或狀態之系列」這種「自發地開始之」之力量。這樣一種力量如何可能，這不是在此正題之例案中所需要被答覆的一個問題，而在關涉於依照自然之法則而成的因果性中，這亦更不是需要被答覆的問題。因為，〔如我們所已見，〕我們必須以這先驗知識，即「依照自然法則而成的因果性必須被預設」這一先驗知識，而得滿足；我們絲毫不能去了解以下之情形，即「通過一個東西之存在，另一個東西底存在是被決定了的，而為此之故，這另一個東西底存在必須單為經驗所指導」這一情形如何能是可能的。我們已證明了現象系列底第一開始（由於自由）之必然性，我們之證明之是只在「此第一開始之必然性是使世界底起源為可思議上之所必要者」這限度內而證明之；因為一切此後相隨而來的狀態可被視為依照純粹自然法則而結成的成果。但

是因爲「自發地開始一時間中的系列」之能力可因著該證明而被證明（雖非因著該證明而被理解），是故「在世界底行程內去承認諸不同系列在它們的因果性中爲能夠即以其自身而開始者，因而去把一依自由而活動這一活動之能力歸諸它們各自的本體」，這一層現在對於我們也是可允許的。我們切不要讓我們自己因著一種誤解而被擋住，使我們不得去引出這可允許的結論。所謂誤解即是這誤解，即：「由於發生於世界中的系列只能有一相對地第一開始，此系列在世界中總是爲某種其他事物之狀態所先，是故沒有一系列之絕對第一開始在世界之行程中是可能的」這誤解。我們切不要因著這種誤解而被擋住而不得去引出那可允許的結論。何以故？此蓋因爲我們在這裡所說及的那絕對第一開始並不是時間中的一個開始，而是因果性中的一個開始。舉例來說，如果我在此時從我的椅子上立起，依完全的自由而立起而並沒有更爲自然的原因之影響所決定，則一個新的系列，連同著一切它的自然的後果（無限的自然後果），即在此事中〔即：我從椅子上立起之事中〕有它的絕對開始，雖然就時間說，此立起之事只是一先行的系列之連續。因爲此一決心〔即：從椅子上立起這一決心〕以及我的立起之動作並不形成諸純粹自然結果底相續之部分，而且亦並不是此諸自然結果底一純然的連續。就此決心之發生而言，自然的原因對於它並不表現什麼有決定作用的影響力。它實跟隨著那些自然的原因接踵而來，但卻不是由那些自然的原因而生出；依此，在關涉於因果性中（雖不是在關涉於時間中），它必須被名曰現象系列底一個絕對第一開始。

　　理性底這種需要，即「我們在自然原因底系列中請求一第一開

始，由於自由而成的第一開始」這種需要，乃是廣泛地被確認了的，其廣泛地被確認是當我們觀察到以下之情形而然，即當我們觀察到：一切古代哲學家（伊壁鳩魯派是唯一的例外），當他們要解明全宇宙之運動時，他們感覺到他們自己被迫著不得不去認定一元始的運動者，即是說，不得不去認定一自由地活動著的原因，此一自由活動著的原因它首先而且即以其自己開始了此宇宙運動底狀態之系列：當我們觀察到此所云云時，理性底那種需要便是廣泛地被確認了的。古代哲學家並不想通過自然自己之資源來使一「第一開始」為可思議【並不想因著只訴諸自然來使一第一開始為可理解】①。

①括弧內是 Max Müller 譯。案：此句，Meiklejohn 則如此譯：
「古代哲學家為使一第一開始為可理解之故，他們總覺得須要走出純然的自然之外。」

對於第三背反之省察

{ A449
{ B477

II　對於反題之省察

「一無所不能的自然」（超越的重農主義 transcendental physiocracy）之擁護者，在維持其立場以對抗假合理的論證（即：在支持反對面的自由之主張中所供給的假合理的論證）中，他必作如下之論辯。如果關於時間，你並不承認任何東西可為世界中數學地第一者，則關於因果性，去尋求某種「是力學地第一者」的東

西，亦無必要。你有什麼權力〔可信賴的權威〕去發明世界底一個絕對第一狀態，因而也就是說，去發明現象底老是流過的系列底一個絕對開始，因而你便可因著對於無限制的自然安置上一些界限，而為你的想像獲得一止息地：你有什麼可仗恃的權威去如此作呢？因為世界中的諸本體物總是早已存在著（至少經驗底統一使這樣一個假設成為必然的），是故茲並無困難去假定：諸本體物底狀態之變化，即是說，諸本體物底變化底一個系列，亦同樣總是早已存在著，因而一個第一開始，無論是數學的或力學的，亦並不須被尋求。無限地推原所由來而無第一項（對此第一項而言，一切其餘者皆是此第一項之後繼者），這樣一種無限的溯源之可能性，就此可能性之可能而言，實在說來，誠不能被致使成為可理解的。但是，如果為此之故，你便拒絕去承認自然中的這個不可理解之謎，你將見你自己被迫著要去否認許多基本的綜和特性與綜和力量，此等綜和特性與綜和力量亦同樣很少有可理解處。甚至變化底可能性自身亦必須被否決。因為設若你不能因著經驗而保證變化之實有〔實有變化之發生〕，你也決不能先驗地去想出「有」與「非有」底這樣一種無停止的〔無間斷的〕承續之可能性。

A451
B479
}

縱使一個超越的「自由之能力」可被允許，允許之以供給世界中的偶發事件之一開始，這個自由之能力亦必無論如何總須存在於世界之外（雖然任何這樣的假設，即「在一切可能的直覺之綜集以上存有一個不能被給與於任何可能知覺中的對象」這樣的假設，仍然是一十分大膽而冒昧的假設）。但是，「在世界自身中去把這樣一種能力歸之於諸本體物」，這決不能是可允許的；因為，如果一定要這樣作，則依照普遍法則而必然地互相決定著的諸現象之連繫

（我所名之曰自然者），以及隨同著此連繫，經驗眞理底判準（因此判準，經驗乃不同於作夢），必幾乎完全消失而不見。與這樣一種無法則的自由之能力並肩相連而共處，「自然」〔作爲一有秩序的系統看〕很難成爲可思議的；「自由」底影響必是如此之不停止地更變了「自然」之法則，以至於現象，即「在其自然的行程中是有規則的而且是齊一的」那現象，必會被歸化成無秩序與不連貫。

$\left.\begin{array}{l} \text{A452} \\ \text{B480} \end{array}\right\}$ 純粹理性底背反

超越理念底第四衝突

正題：茲有一個絕對必然的存有隸屬於世界，其隸屬於世界或
是作爲世界之一部分而隸屬之，或是作爲世界之原因而
隸屬之。

證明

感觸世界，當作一切現象底綜集看，它含有一變化之系列。因
爲，設無這樣的一個系列，則甚至序列性的時間之表象，作爲感觸
世界底可能性之一條件者，亦必不會被給與於我們[a]。但是，每一
變化皆處於變化底條件〔變化之所依以成其爲變化的那條件〕之
下，此條件在時間中先於變化而存在，並且使變化成爲必然的。現
在，每一被給與了的有條件者，就其存在而言，皆預設那些「直升
至無條件者」的諸條件之一完整的系列，單只那無條件者才是絕對
地必然的。這樣，變化若當作那絕對必然者底一個後果而存在著，
則某種絕對必然的東西底存在必須被承認。但是此某種絕對必然的
東西〔此必然的存在〕其本身屬於感觸世界。因爲如此它外於那感
$\left.\begin{array}{l} \text{A454} \\ \text{B482} \end{array}\right\}$ 觸世界而存在著，則世界中的變化系列必應是從一個「其本身不屬
於感觸世界」的那必然原因而引生其開始。但是，這是不可能的。
何以故？這是因爲以下的緣故而然，即：由於時間中的一個系列底
開始只能因著那在時間中先於這系列者而被決定，是故一變化系列

底開始底最高條件必須當這系列尚不曾存在時即已在時間中存在著
（因爲一個開始就是一種存在它爲一個時間所先，在這先於它的時
間中，那開始有存在的事物尚未曾存在著）。依此，變化底一必然
原因底因果性，因而也就是說，這原因本身，必須屬於時間，因而
也就是說，必須屬於現象——時間之爲可能是只當它作爲現象之形
式它才是可能的。因此，這樣的因果性不能離開那「構成感取世
界」的一切現象之綜集而被思。因此，某種絕對必然的東西是被含
在世界本身中，不管此某種絕對必然的東西是「這全部的世界系列
之本身」（die ganze Weltreihe selbst）抑或這是系列底一部分。①

(a)處，康德作底注云：

　　時間，由於它是諸遷轉底可能性之形式的條件，是故客觀地
　　說，它固實是先於那些遷轉而存在；但是，主觀地說，在現
　　實意識中，時間之表象，就像每一其他表象一樣，是只在與
　　知覺相連繫中而被給與。

①譯者案：此證明之歸結與所證明之正題之所說不一致。正題之陳
　　述中並無「絕對必然的存有是這全部世界系列之本身」之說法。
　　它只說「絕對必然的存有之隸屬於世界或是作爲世界之一部分而
　　隸屬之，或是作爲世界之原因而隸屬之」。絕對必然的存有是世
　　界之一部分並不等於全部世界系列本身是絕對必然的存在。又就
　　此證明之歸結看，作爲世界之一部分與作爲世界之原因似乎不能
　　構成相交替的兩個可能，而只是一可能。如是，就此證明之歸結
　　而言，正題似當如此說：世界中存有某種絕對必然的東西，此某

種絕對必然的東西或是這全部世界系列之本身，或是作為世界之一部分而為此世界之原因。如是陳述之，方可與下文反題之否證相對應。但是，就此正題之證明之過程而言，其中又無就「全部世界系列本身」而說者，它只就條件系列之後返而直升至無條件者以證明一絕對必然存有之存在。此又是一漏洞。若正題中列有「全部世界系列本身是絕對必然的存有」這一可能，則在證明中亦當有一證明以說明之。但在證明之過程中卻又缺此一步。或可這樣想：正題中不列這一可能，只列「作為世界之一部分而為世界之原因」一可能，以全部世界系列本身為絕對必然存有只是反題之證明中加強之補充。

純粹理性底背反

{ A453
{ B481

超越理念底第四衝突

反題：一個絕對必然的存有在世界中無處可以存在，它亦不能
　　　存在於世界之外而爲此世界之原因。

證明

　　如果我們假定：「世界本身是必然的」，或假定：「一必然的
存有存在世界中」，如是，則可有兩種可能。**或者**在變化底系列中
有一開始，此一開始是絕對必然的，因而也就是說，它不復再有一
原因；**或者**這系列本身沒有任何開始，而雖然在其一切部分中它是
偶然的而且是有條件的，然而當作一整體看，它卻是絕對必然的，
而且是無條件的。但是，前一可能是與時間中的一切現象底決定底
力學法則相衝突；而後一可能則與其自己相衝突，因爲如果一個綜
積量〔Menge，**一整全系列**〕底部分其中沒有一部分是必然的存
在，則此綜積量〔**全部系列**〕自身底存在亦不能是必然的。

　　另一方面，如果我們假定：「世界底一個絕對必然的原因存在
於世界之外」，則此原因，由於它是世界中的諸遷轉底原因之系列 { A455
中的最高分子，是故它必須肇始[a]世界中的諸遷轉底原因」之存在 { B483
以及「此諸遷轉底原因之系列」之存在。現在，這個原因必須其自
身開始去有動作，因此，它的因果性必應存在於時間中，因而也就
是說，必應屬於現象之綜集，即，屬於世界。因此，這個原因其自

身必不能存在於世界之外——此則違反我們的假設〔即：違反我們
證明時先假定「世界底一個絕對必然的原因存在於世界之外」這假
設，既違反這假設，由此即反證這假設不能成立〕。

因此，既非在世界中，亦非在世界外（雖在世界外然而卻與世
界有因果連繫，意即亦非這樣地在世界外），存在有任何絕對必然
的存有。

(a)處，關於「肇始」，康德有底注云：

「肇始」這個動詞是依兩義而被取用；首先它被取用為主動
的，此主動意義的肇始指表：作為原因，它肇始一「狀態之
系列」，此一狀態之系列是那原因之結果；其次它被取用為
被動的，此被動意義的肇始指表一種因果性，此因果性在那
原因自身中開始去運作。在這裡，我從前一義推至後一義。

A456 ⎫
B484 ⎭ 對於第四背反之省察

I 對於正題之省察

在證明一必然存有之存在中，就此第四背反而論，我除使用宇
宙論的論證外，我不應當去使用任何其他論證，此所謂宇宙論的論
證即是那「從現象領域中的有條件者上升至概念中的無條件者」的
論證，此所上升至的概念中的無條件者被認為是系列底絕對綜體之
必要條件。「想從一最高存有之純然理念來證明此必然存有之存
在」這乃屬於另一「理性之原則」，而且這將須各別地被處理①。

〔**譯者案：此即下章純粹理性之理想所批判的「存有論的證明」。**〕

①**案：此句依原文直譯是如此：「而且這將須特別地被表現出來」（特別地被擺出來 wird daher besonders vorkommen）。**

　　純粹宇宙論的證明，在其證明一必然存有之存在中，須把這問題，即「這個必然的存有是否就是世界自身，抑或是一不同於世界的東西」這問題聽任其為未被決定者。要想去建立此後一想法〔即「必然的存有是一個不同於世界的東西」這一想法〕，我們定須要這樣一些原則，即此等原則不再是宇宙論的原則，而且此等原則亦並不仍然停留於①現象底系列中。因為我們定須去使用「偶然存有一般」之概念（此諸偶然存有被看成只是知性之對象），並且定須去使用這樣一個原則，即此原則將使我們能因著純然的概念去把這些偶然的存有與一必然的存有連繫起來。但是這一切皆屬於一「超絕的哲學」；我們在此尚不能去討論之。

①**仍然停留（continue），康德原文是 "fortgehen"，另兩英譯照字直譯為「進行」（proceed）。**

　　如果我們宇宙論地開始我們的證明，把此證明基於「現象底系列以及在此系列中依照經驗的因果性之法則而成的向後追溯」上，則我們此後便必不可忽然脫離此種論證之模式，而過轉到某種「不是此系列之一分子」的東西上。任何被視為「條件」的東西必須準 {A458 B486

確地依這同一樣式而觀之，即依「我們所依以在系列中視有條件者之關聯於其條件」這樣式而觀之，所謂「在系列中」之系列乃是那「被設想為因著連續的前進去把我們帶至最高的條件」的那系列。依是，如果「有條件者之關聯於其條件」這種關聯是感觸的，並且落在知性底可能的經驗使用之範圍內，則此最高的條件或原因只在依照感性底法則中，因而也就是說，只當它本身也屬於時間系列時，它始能把向後追溯帶至一終結之境。因此，此必然的存有必須被看成是宇宙系列底最高分子。

縱然如此，有些思想家卻讓他們自己有「作這樣的一種轉移或跳躍」之自由。他們從世界中的諸變化已推斷出這些變化底經驗的偶然性，即是說，推斷出它們之「依待於經驗地有決定作用的原因」之依待性，而因此，他們便得到了經驗條件底一個上升的系列。到此為止，他們完全是對的。但是，因為他們在這樣一個系列中不能找到任何一個第一開始，或任何一個最高的分子，所以他們忽然離開經驗的偶然物之概念，並且抓住純粹範疇，如是，此純粹範疇便引起一全然智思的系列，此一智思的系列之完整性基於一絕對必然的原因之存在。由於此絕對必然的原因不曾受制於任何感觸的條件，是故它亦不曾受制於這時間條件，即那「必會要求此絕對必然的原因之因果性其自身必須有一開始」的那時間條件。但是，這樣的辦法〔即上述「忽然離開經驗的偶然物之概念，抓住純粹範疇」之辦法〕是完全不合法的，其為不合法就如從以下所說而可被推測到者那樣的不合法。

依範疇底純粹意義〔嚴格意義〕而言，偶然物之所以名為偶然物是因為它的矛盾的反面是可能的。現在，我們不能從經驗的偶

然，辯說到智思的偶然。當任何東西已更變了時，它的狀態之反面
在另一時間中是現實的，因而亦是可能的。但是，此一現存的狀態
不是先行的狀態之矛盾的反面。要想去得到這樣一種矛盾的反面，
我們需要去想：在那「先行狀態所曾存在於其中」的同一時間中，
此先行狀態之反面就已能代替此先行狀態而存在。但是這一點從不
能從變化〔之事實〕而被推斷出。一個曾存在於動（＝A）中的物
體可以歸於靜（＝非A）。現在，從「一相反於狀態A的狀態隨
狀態A而來」這一事實，我們不能辯說：A底矛盾的反面是可能
的，並辯說：因A之矛盾的反面是可能的，是故A是偶然的。要
想去證明這樣一個結論，那須被表明的乃是這一點，即：茲能已有
靜以代替動，而且即在「此動所曾發生於其中」的那時間中，即能
已有靜以代動。但一切我們所能知的是如此，即：靜在那繼動而來
的時間中曾是真實的，因而它同樣亦曾是可能的。在此一時間中的
動與在另一時間中的靜其相關聯著並不是如兩相矛盾的反面那樣相
關聯著。依此，諸相反的決定之相承續，即是說，變化，決不能建
立起那「被表象於純粹知性底概念中」的那類偶然；因此，它亦不
能把我們帶至一必然存有之存在，即那「同樣地在純粹智思的概念
中而被思」的那必然存有之存在。變化只證明經驗的偶然；即是
說，只證明：新的狀態，在一屬於前時的原因之不存在中，決不能
以其自身而發生〔案：意即：如無一屬於前時的原因，一新的狀態
決不能自行發生〕。而此一義即是因果法則所規定的情況〔依原
文：而此一義即是隨因果法則而來者〕。此一屬於前時之原因，縱
使它被視為是絕對地必然的，它亦必須是如其能被發見於時間中那
樣而存在著，而且它亦必須屬於現象之系列。

A460
B488

} **對於第四背反之省察**

II 對於反題之省察

「阻礙我們去肯斷一絕對必然的最高原因之存在」的那些困難，即「我們設想我們自己，當我們在現象底系列中上升時，所可遇見」的那些困難，它們並不能是這樣的困難，即如那「在與一物一般底必然存在之純然概念相連繫中」而發生者那樣的困難。因此，那些困難並不是存在論的，那些困難必須有關於現象底系列之因果連繫（對此因果連繫，一個「其自身是無條件者」的條件須被假定），因此，那些困難必須是宇宙論的，而且是關聯於經驗法則的。以下兩層意思必須被表明出來：(1)在感觸世界中的原因之系列中的後返決不能在一「不是經驗地被制約的」條件中終止，(2)由世界底狀態之偶然性，即那因著這些狀態底變化而被致使成爲確實的「那偶然性」，而成的宇宙論的論證，這宇宙論的論證並不支持系列底一個第一而絕對地有創發性的原因之假定：此兩層意思必須被表明出來。

} 在此背反中，一種奇怪的情形可以被揭露出來。正反兩題基於同一根據。依此同一根據，在正題中，一個根源的存有之存在被推斷出來，而在反題中，則是它的「非存在」被推斷出來，而此「非存在」之被推斷出亦以同樣的鋒利或緊切（Schärfe, stringency）而被推斷出。我們先已被保證〔被告知〕：一個必然的存有存在著，因爲「過去時底全部」綜攝一切條件底系列，因而亦綜攝無條件者（即：必然者）；我們現在則被保證〔被告知〕：茲並無一必

然的存有之存在，而此確然亦因爲這同一理由而然，即：「過去時底全部」綜攝一切條件底系列（因而這一切條件其自身盡皆是有條件者——被制約者）。所以有此表面不一致之原因之說明如下。前一論證只計及〔只注視〕時間中互相決定的諸條件之系列之絕對綜體，這樣它便達到了那是無條件的而又是必然的東西。另一方面，後一論證則慮及〔或注視到〕時間系列中被決定了的每一東西之偶然性（每一東西皆爲一時間所先，在此先行的時間中，條件必須其自身又當作有條件者而被決定），而依此觀點，則每一無條件的東西以及一切絕對的必然性皆完全消失而不見。縱然如此，正反題中論證底方法卻竟完全與普通人類理性相符合，這普通的人類理性，通過從兩個不同的觀點而考慮它的對象，它時常陷入與其自己相衝突中。美輪先生（J. D. de Mairan, 1678-1771）曾視兩個著名的天文學家間的爭辯（此就觀點底選擇說乃從一困難而發生）爲一充分可注意的現象，藉以去證明他的作品是關於這爭辯現象的一篇專門的論文。這一個天文學家辯論說：月球是在它自己的軸心上旋轉，因爲它總是把同一邊轉向地球。而另一個天文學家則引出相反的結論：月球不是在它自己的軸心上旋轉，因爲它總是把同一邊轉向地球。依照此兩天文學家中之任一個在觀察月球之運動中所採取的觀點而言，這兩個推斷皆是正確的。

A461
B489

} 純粹理性底背反

第三節　在這些衝突中理性底興趣

　　我們現在在我們眼前完整地有宇宙論的理念之辯證的遊戲。這些理念是這樣的，即：與之相合的一個對象從不能被給與於任何可能經驗中，而且亦是這樣的，即：甚至在思想中，理性亦不能使之與普遍的自然之法則相諧和。但是，它們不是隨意地被思議的。理性，在經驗綜和底繼續前進中，只要當它努力想去脫離一切條件底束縛，而且努力想在其無條件的綜體中去理會那種東西，即「依照經驗底規律，除當作有條件者而被決定外，從不能被決定」的那種東西：只要當它是如此云云時，它即必然地要被引至這些理念。這些假合理的肯斷就是如此多的一些企圖，企圖想去解決四個自然而不可避免的理性之問題。茲恰有如此四個問題既不更多，亦不更少，這乃是由於這事實，即：茲恰有四種綜和的預設之系列，此四種綜和的預設先驗地把一些限制置於經驗的綜和上。

　　當理性努力去擴張它的領域而超出經驗底一切限制之外時，它就有一些驕傲的過分要求，我們已把理性底這些驕傲的過分要求只表象之於乾燥的公式中，這些公式只含有**這些過分要求**之法定的請求權之根據〔依另兩譯：這些公式只含有**理性**之法定的請求權之根據〕。由於適合於一超越的哲學，這些驕傲的過份要求已剝落了一切經驗的姿態，雖然只有在與這些經驗的姿態相連繫中，它們的充分光彩始能被展現。但是，在此經驗的應用中，而且在理性底使用

之前進的擴張中，哲學，由於起始於經驗底領域，而且由於堅定不
移地高聳至這些崇高的理念，它表現了一種尊嚴與價值，這尊嚴與
價值是這樣的，即：設若哲學只不過能使它的過份要求成為好的
〔健全的〕，則它必把一切其他人類的學問遺留在大後面而使之望
塵莫及。因為它對於我們在關於那些終極目的中的最高的期望許諾
一安全的基礎，此所謂終極目的就是理性底一切努力所必須最後向
之而輻輳者。**世界在時間中是否有一開始**，而對於它的空間中的外
延〔廣延〕是否有任何限制；任何處，或許即在我的思考的自我
中，**是否有一不可分而且不可破滅的單一**，抑或除那是可分的而且
是流轉的東西外，再沒有什麼是不可分的與不可破滅的；在我的活
動中，**我是否是自由的**，抑或如其他存有者然，我是為自然之手以
及命運之手所引導；最後，世界**是否有一最高的原因**，抑或自然底
事物以及這些事物底秩序是否必須當作**終極的對象**而截止我們的思
想，所謂終極的對象乃是這樣一種對象，即，「即使在我們的思辨
中，也從不能被超越」的那　種對象。這四類問題就是這樣的一些
問題，如數學家必樂於為它們底解決而交換他的學問之全部。因為
在關於那些「最密切地有關於人類」的最高目的中，數學是不能給
與數學家以滿足的。然而數學底尊嚴（人類理性底驕傲）卻基於
此，即：它在自然之秩序與規則中（在自然中的那是大者中與那是
小者中皆同有的那秩序與規則中）把理性引導至自然之知識，並且
在自然之運動力底異常統一中把理性引導至自然之知識，這樣，它
遂升至某種程度的洞見遠超出那「任何基於通常經驗的哲學引導我
們所去期望之」的那東西以外；並且因而它給那「被擴張而超出一
切經驗之外」的那一種理性底使用以機會與鼓勵，而同時它又因著

A464
B492

專屬的直覺，以最優異的材料供給理性以支持理性底研究（只要當此等材料之特性容許時）。

不幸在思辨方面，（雖然在人類之實踐興趣方面或許是幸運的，）理性，在其最高期望之中，見到它自己是如此地爲相反論證底衝突所累，以至於它的榮譽以及它的安全皆不允許它撤退，亦不允許它以不相干的態度去視這爭辯爲一純然的演習戰；而它亦同樣更不能得到和平，由於它自己亦直接感興趣於這爭辯之事。依此，除去考慮這衝突底根源（由於此衝突，理性被分裂而對抗其自己，意即自己內部起衝突），是否不是由於一**純然的誤解而發生**以外，便再沒有什麼東西可爲理性而留存下來。在這樣一種研究中，雙方或許要去犧牲那些驕傲的要求：但是理性之永久而和平的統治，統治知性與感性，卻必因此犧牲而正式開始。

A465
B493 }

現在，我們將延緩這種澈底的研究，以便首先去考慮我們須爲那一方而戰，假定我們被迫著要在這敵對的雙方之間去作一選擇時。「如果我們只顧及我們自己的興趣而不顧及眞理底邏輯判準，我們將如何進行」，這問題底提出，在關於雙方底爭辯權利中，將不能決定什麼事，但是它有這好處，即：它能使我們去了解在此爭辯中的參與者（雖然並未被任何優越的洞見即對於所爭辯之事的優越的洞見所影響）爲什麼他們寧爲此一方而戰而不爲彼一方而戰。復次，它對於若干點偶然的情形，例如這一方底熱情奮發與另一方底寧靜安穩，亦將可以使我們對之有所明白；它亦將說明世人爲什麼以熱烈的贊許來歡呼這一方，而視若仇讎地來反對另一方。

把那「形成雙方底起點」的原則作一比較，這能使我們，如我們將要見到的，去決定這立場，即「這初步預備研究所單由之以進

行，而且以所需要的貫徹性以進行」的那立場。在反題底肯斷中，我們觀察出一種思考方式中的**圓滿一致**以及**格準之完整的統一**，此即是一**純粹經驗論之原則**，此原則不只是在世界內的現象之說明上 { A466 / B494 } 被應用，而且在依世界之綜體而說的世界本身之**超越的理念**之解決上，亦同樣地被應用。另一方面，正題底肯斷，在現象系列內被使用的「經驗的說明模式」之外，還要預設一「智思的開始」；就此而言，正題底格準是複雜的〔不是單純的〕。但是，由於正題底本質而顯著的特徵便是「智思的開始」之預設，所以我將名這正題曰「純粹理性底獨斷論」。

在宇宙論理念底決定中，我們在獨斷論一面，即在正題一面，見到以下三點：

第一，我們見到一種實踐的興趣。每一好性情的人，如果他對於那眞正有關於他的東西有了解時，他必衷心願意參與此種實踐的興趣。**世界有一開始**；我的思考的自我是單純的，因而亦就是說，是不可破滅的；在自我底自願活動中，**自我是自由的**，並且提高在自然底強迫以上；最後，那「構成世界」的諸事物中之一切秩序皆由於一**根源的存有而然**，每一東西皆從此根源的存有〔元有〕引生出其統一性以及其合目的的連繫：這一切皆是**道德與宗教底基石**。反題則把一切這些支點皆剝落掉，或至少也現爲〔好像〕是如此。

第二，理性在正題一面有一思辨的興趣。當那些超越的理念依正題所規定的樣式被設定並被使用時，條件底全部鍊鎖以及有條件者之引生能夠完全先驗地被把握。因爲那樣設定與使用時，我們是 { A467 / B495 } **從無條件者開始的**。這一點不能因著反題而作成，爲此之故，反題是十分不利的。關於「反題中的綜和之條件」這個問題，反題對之

不能給出一個這樣的答覆，即那「並不引至同一研究之無底止的重新開始」這樣的答覆。依反題看來，**每一特定**〔所與〕的開始皆迫使我們去進至一更高的開始；每一部分皆引至**一更小的部分**；每一事件皆爲另一作爲其原因的事件所先；而「存在一般」底條件總復**基於其他條件上**，從不能在任何自存的東西即視之爲元有者中，而得到無條件的立足點與支持點。

第三，正題復亦有通俗性之利益；而這一點於其值得令人偏愛〔維護〕確然關係不小。通常的理解在一切綜和底無條件的開始之理念中並不見有絲毫困難。由於吾人更習慣於「從根據下降於後果」，即與「從後果上升至根據」比較起來，吾人更習慣於前者，所以通常的理解並不爲絕對第一者之可能性而困惑或爲難：正相反，通常的理解在這樣的概念中找到安慰，並且同時亦找到一固定點，這固定點就是「通常的理解所依以指導其運動」的那線索所能夠連屬之者。在「從有條件者到條件」這不停止的上升中，總是以一隻腳在懸空中，茲不能有令人滿意處。

A468
B496 ⎫
⎬

在宇宙論的理念底決定中，我們在**經驗主義**一邊，即在反題一邊，見到：

第一，沒有像因著道德與宗教而供給與正題的那種實踐的興趣（由於純粹的理性之原則而來的實踐的興趣）。正相反，純粹的經驗主義好像是把道德與宗教底一切力量與影響都剝奪掉。如果沒有一個有別於世界的**根源的存有**，如果這世界**沒有開始**，因而也就是說，**沒有一個創造者**，如果我們的意志**不是自由的**，如果靈魂像物質一樣是**可分割的**而且是**可消滅的**，則道德的理念與原則即喪失其一切妥效性，而與超越的理念（即：用來充作「道德的理念與原

則」底理論的支持點的那些超越的理念）同其命運。

　　但是，第二，在補償方面，經驗主義給與理性底思辨興趣〔意即：理論的或知解的興趣〕一些利益，這些利益是十分動人的〔有吸引力的〕，並且遠超過有關於理性底理念的那獨斷的主張所能供給者。依經驗主義底原則，知性總是處在它自己專有的場地上，即處在真正可能經驗底場地上，它在此場地上研究這些可能經驗底法則，並因著這些法則，它對於它所提供的確實而可理解的知識供給一無限定的擴張。在這裡，每一對象，依其本身與依其關係這兩方面而言，皆能被表象於直覺中，而且亦應當被表象於直覺中，或至少能夠而且應當被表象於概念中，而與這些概念相應的那些影像能夠清楚而明晰地在一些特定所與的與影像相類似的直覺中為那些概念而被供給出來。茲並沒有必要去離開自然秩序底鍊索並去訴諸〔或依靠〕理念，須知這些理念底對象是不能被知的，因為，由於這些對象是純然的思想物，所以它們從不能被給與。實在說來，知性並沒有被允許去離開它的固有事業，而亦並沒有被允許在「把它的固有事業帶至完整之境」底虛偽要求下〔或託辭下〕而去越過它的固有事業而進入理想化的理性之領域以及超絕的概念之領域——這一個領域是這樣的，即在此領域中，依照自然之法則而去觀察並且去研究，這對於知性不再是必要的，但只是去思考而且去發明，這對於知性才必要，它之去思考而且去發明是在這保證中而去思考與發明，即：它不能被自然之事實所拒絕，它並不因著自然之事實所給出的證據而被限制，但只臆想去越過這些自然之事實或甚至想去把這些自然之事實隸屬於一較高的權威〔關注 einem höheren Ansehen〕，即，純粹理性之權威〔關注〕。

A469
B497

　　依此，經驗主義者將絕不允許：**自然界底任何時期**〔紀元〕可被認爲**絕對地第一者**，或：他的洞見──洞見到自然底範圍的洞見之**任何限度**可被視爲**最寬廣的可能者**。他亦不允許：從自然底對象（這些對象即是「他通過觀察與數學而能分析之」的對象，並且是「在直覺中而能綜和地決定之」的對象，即所謂廣延的東西）轉到那些「旣非感取亦非想像所能**具體地表象之**」的東西（即：**單純者的東西**），這種任何的過轉。他將亦不承認：「在自然本身中假定任何『**獨立不依於自然之法則而起運用**』的力量（即：自由）」這假定**之合法性**，並因而亦不承認：「侵犯知性底事業」這侵犯之之合法性，所謂知性底事業便就是「依照必然的規律而研究現象底起源」底事業。最後，他將亦不承認：**一個原因總應在自然之外**，在**一根源的存有中，被尋求**。我們所知的沒有別的，不過是自然，因爲只有自然始能把對象呈現給我們，而且亦只有自然始能在關於對象底法則中敎導我們。

A470
B498 ｝

　　如果經驗主義的哲學家在提出其反題中沒有別的目的，只不過是去壓制以下所說的那些人之鹵莽與專擅，那些人是這樣的，即他們一直誤解理性底眞正天職以爲是在去誇耀洞見與知識，而恰恰在其所誇耀的洞見與知識處正是眞正的洞見與知識之所停止處，並以爲是去把那「只在關聯於實踐的興趣中才是妥當有效」的東西表象之爲推進思辨的興趣者（這樣表象之，由於可適合於他們的便利之故，便可去打斷物理研究之線索，即打斷之，如是，在藉口擴張知識之下，便去把這物理研究之線索繫縛於超越的理念上，而通過這些超越的理念，我們實只知道我們一無所知）：如果只不過是去壓制這類人之鹵莽與專擅；又如果，我說，經驗主義者眞以此爲滿

足，則他的原則必應是這樣一個格準，「即在我們的要求中可促進
溫和，在我們的肯斷中可促進謙虛，而同時卻又可通過那適當地被
派給我們的教師，即是說，通過經驗，而促進我們的知性之最大可
能的擴張」這樣的一個格準。如果我們眞是依如此所說而辦，則我
們定不須在我們的實踐興趣方面割去理智的預設與信仰而不用；但
只有一點不可不知，即，這些理智的預設與信仰絕不能被允許去冒 { A471
B499
稱「科學與合理的洞見」這種稱號與尊嚴。這樣的知識，即「如其
爲知識而觀之，它是思辨的〔理論的或知解的〕」這樣的知識，它
不能有經驗所供給的對象以外的任何對象；如果我們超過了這樣所
置定的限制，則那「獨立不依於經驗而尋求一新的知識種類」的綜
和便缺乏了那直覺基體，即「綜和只能被應用於其上」的那直覺基
體。

　　但是，當經驗主義本身，如其時常所表現的，在其對於理念的
態度上變成**獨斷的**，而且斷然否決那「處於其直覺的知識底範圍之
外」的任何東西時，它背叛了它自己而顯出這**同樣的不謙虛**；而這
一點就是格外可譴責的，由於那不可彌補的傷害，即「因此不謙虛
而被致使發生在理性底實踐的興趣上」的那不可彌補的傷害，而是
格外可譴責的〔不可饒恕的〕。

　　伊壁鳩魯底主張[a]與柏拉圖底主張這兩者間的對反就是這種性
質之對反。

(a)康德注云：

　　但是，伊壁鳩魯是否曾提出這些原則以爲客觀的肯斷，這是
　　有問題的。如果這些原則對於他不過是理性思辨使用之格

準，則他在這方面所表示的哲學精神比任何其他古代哲學家所表示的更爲眞正。在說明現象中，我們之進行這說明必須進行得好似我們的研究之領域並不爲世界底〔空間中之〕任何範圍或〔時間中之〕任何開始所限定；我們必須認定：「組成世界」的那材料須是如其所必是者那樣而存在，如果我們要想從經驗中去學知關於這材料之什麼事時；我們必須設定：「事件底產生」之模式，除那「將能使事件〔被看成〕是通過不可更變的自然法則而被決定」這一模式外，沒有任何其他模式可言；最後，沒有一種使用必須以任何一個有別於世界的原因而被作成〔意即：我們必不可使用一有別於世界的原因，或我們必不可訴諸一有別於世界的原因〕：一切這些原則仍然〔保持其價值〕。這些原則，對「擴張思辨哲學底範圍，而同時〔卻又能使我們〕去發見道德底原則而不必爲此發見之故去依靠一外來的〔即：非道德的，理論或知解的〕資源」而言，它們是一些十分健全的原則（雖然很少有人曾遵守這些原則）；而我們亦絲毫不能由此便說：只要當我們從事於純然的思辨時，那些「要求我們不要去理會這些獨斷命題〔即：「世界在時間方面有開始在空間方面有限制」、「世界有一神因」，等等獨斷命題〕」的人們就應當受責備說他們想去否決這些獨斷的命題。

A472
B500

　　這兩型哲學之每一型其所說皆超過其所知者。伊壁鳩魯鼓勵了知識，而且促進了知識，雖然有損於實踐；柏拉圖提供了很好的實踐原則，但卻讓理性去放縱於對於自然現象作一理想的說明（在關

於自然現象中，僅思辨的或知解的知識對於我們是可能的），那就是說，他忽略了物理的研究。

最後，就第三點而言（此第三點在相衝突的雙方間的初步選擇中必須被考慮），「經驗主義定是如此之完全不通俗」這實在是極端令人驚異的。我們可設想：通常的理解必會熱烈地採用這樣一套計畫，即那「專只通過經驗的知識以及在此經驗的知識中所顯露的合理的連繫而許諾去使它滿意」這樣一套計畫——我們可以設想它寧願熱烈地採用這樣一套計畫或草案，而不採用超越的獨斷論，此超越的獨斷論迫使它去上升到這樣一些概念，即「遠超過最有訓練的思想家底洞見與理性能力」這樣的一些概念。但是此上升到這樣的一些概念卻確然就是那使這樣的獨斷論可投合於通常的理解者。 $\left\{\begin{array}{l} \text{A473} \\ \text{B501} \end{array}\right.$ 因為那樣一來，這通常的理解見到它自己是處在這樣一種地位中，即處在一種「最有學問的人亦並不能於其中聲稱有任何優勝處以勝過它」這樣的地位中。如果說通常的理解關於這些事知道得很少或甚至一無所知，則亦沒有人能誇說他知道得更多；而雖然在關於這些事中，此通常的理解不能依一種如此學究地正確的樣式就像那些有特別訓練的人所有的樣式那樣而表達它自己，可是對於「它所能提出」的那些像煞有理的論證，茲也並沒有一個了期以了當之，因為如其所為，它是只在純然的理念之中漫蕩，關於這些理念，沒有人能知道任何事，因而在關於這些理念中，它願怎樣雄辯，它就怎樣雄辯，它完全是自由的；可是，當那「包含或涉及自然之研究」的事情在被談論中時，它必須保持緘默，而且必須承認它之無知。這樣說來，閑散與空虛乃化成這些原則底堅強支持。此外，雖哲學家見到「去承認一個『他對之不能給出任何證明』的原則，更又去

使用那些『他不能建立其客觀實在性』的概念」這是極度困難的事，可是在通常的理解方面這卻是常事，再沒有什麼東西比這更爲尋常的了。通常的理解堅持有某種東西它可以由之作一可靠的起點。「甚至思議這個預設的起點」這種思議之之困難亦並未使之不安。因爲它不知「思議」所實意謂的是什麼，它從未想到去反省這個假設〔這個預設的起點〕；它把那「通過時常的使用而對於他爲熟習的」任何東西當作已知者而接受之。實在說來，對通常的理解而言，一切思辨的興趣在實踐的興趣面前皆變闇而失色；通常的理解想像：它了解了並知道了「它的恐懼或它的希望激勵它去認定之或去相信之」的那個東西是什麼。這樣，經驗主義完全缺乏了「超越地理想化了的理性之通俗性」①；而不管這樣的經驗主義對於最高的實踐原則可怎樣有損害，可是茲亦無須恐懼它將越過學院或專門研究者底範圍，並將在一般生活中獲得任何可觀的影響或在大眾間獲得任何眞實的眷顧〔或愛護〕。

①肯・斯密士注云：依 Erdmann 對於原文有改動。案：其他兩譯依原文譯是如此：「這樣，『一超越地理想化了的理性』之經驗主義完全喪失了通俗性」。案：原文亦通，只稍微彆扭一點。其意是：對於「一超越地理想化了的理性」而成爲經驗主義（成爲經驗主義即拆掉了這超越地理想化了的理性），這種經驗主義完全缺乏通俗性。

人類的理性依其本性而言是建構的。那就是說，它視一切我們的知識爲屬於一可能的系統者，因而也就是說，它只承認這樣的一

B502
A474

些原則，即如那些「無論如何**並不使**『去把一知識與其他知識相結合，結合而成一系統』這事**在我們所可得到的任何知識上為不可能**」這樣的一些原則〔案：意即等於說：它只承認那「能使我們所可得到的任何知識可與其他知識相結合，結合而成一系統」的那些原則〕。但是，反題底諸命題卻是這樣一類的諸命題，即它們使知識大廈之完整性完全不可能。它們主張：在世界底每一狀態之外總有一更古的狀態可被發見；在每一部分中，總尚有其他部分亦同樣**是可分割的**；先於每一事件，總仍有另一事件其自身復又同樣**是被產生的**；而在一般說的存在中，每一東西皆是有條件的，而一個**無條件而第一的存在是無處可辨識的**。因此，因為反題不承認任何足以充當一建築物底基礎的東西為第一或一開始，所以依據這樣的假定，知識底一個完整的大廈是完全不可能的。這樣，理性底建構興趣（即：「要求統一」之要求，不是「要求理性之經驗的統一」之要求，但只是「要求理性之純粹先驗的統一」之要求）便對於正題底諸肯斷形成一種自然的推薦。

{ A475
{ B503

　　如果人們能從一切這樣的興趣中解脫出來而不受其約束，而且其考慮理性底肯斷是不顧這些肯斷底後果，但只依這些肯斷底根據之內在的力量之觀點而考慮之，而且又設若逃避這些肯斷底糾結難解之唯一道路便是去皈依或信奉敵對的雙方之這一方或那一方，則人們的心情必應是一繼續搖擺不定之心情。今天，「人類的意志是自由的」，這是人們的信條；明天，由於細想自然之不可化解的因果鍊子之故，人們必又主張「自由不過就是自我欺騙，每一東西簡單地言之就只是自然」。但是，如果人們被召請來而歸於行動時，則這種純然地思辨的理性之遊戲，就像一個夢一樣，必即刻停止而

豁然覺醒，而人們亦必專依實踐的興趣而選取其原則。但是，因為
「一個會反省而且會研究的存有必須拿出一段時間來致力於他自己
的理性之考察，並把一切偏見從他自己身上完全剝落淨盡，並且坦
白地把他的觀察交給他人來判斷」，這樣作是適宜的，所以沒有人
能因以下之辦法而受責，更沒有人能被禁止以使其不取以下之辦
法，即：「把敵對的雙方付諸審問，讓他們，不因威嚇而有所恐
懼，去盡其所以維護其自己，在一與其自己為同類者的陪審員面
前，即是說，在一屬於易犯錯的人類的陪審員面前，去盡其所能以
維護其自己」：沒有人能因這種辦法而受責，更沒有人能被禁止以
使其不取這樣的辦法。

純粹理性底背反

第四節 純粹理性底超越問題底解決之絕對的必然性

聲言去解決一切問題並去解答一切疑問,這必是恬不知恥的自誇,而亦必表明這樣過度的自大爲立即喪失一切信賴者。縱然如此,可是茲有一些學問,這些學問底本性就要求:發生自它們的領域的每一問題必須是憑藉那已知者而爲完全可解答的,因爲這解答必須是從「問題所由之以發生」的那同一根源而發出。在這些學問中,以不可免的無知來辯說〔假裝說不知道〕,這並不是可允許的;解決是可以被要求的。我們必須能夠,在每一可能的情形中,依照一規律,去知道什麼是「對的」,什麼是「錯的」,因爲這種去知道**是有關於我們的義務**的,而對於那我們所不能知者,我們卻沒有義務可言。另一方面,在**自然現象底說明**中,有好多事情必須仍是不確定的,亦有許多問題必須仍是不可解決的,因爲我們所知於自然者並不足以在一切情形中去說明那必須被說明者。因此,問題乃是如此,即:在**超越的哲學**中,是否有任何問題,即關涉於一個「呈現於純粹理性」的對象的問題,是不可爲此理性所解答的,是否我們可以正當藉辯說或申明我們不能給出一決定性的答覆而自解。如若我們要這樣原諒我們自己,則我們定須去表明:任何我們所能獲得的知識仍然使我們關於那「定須被歸給對象」的東西處於完全不確定中,而同時亦須去表明:雖然我們實有一概念足以發生

{ A477
  B505

一問題，然而我們卻完全缺乏材料或力量去答覆這問題。

現在，我主張：超越的哲學在思辨知識底全部領域中「是獨特的，蓋因為」①沒有「關涉於一個被給與於純粹理性的對象」的問題能是不可解決的，即對此同一人類理性而言，能是不可解決的，而且亦因為：沒有「不可免的無知」底自解或「問題之不可測度的深奧」之自解可以解除「徹底地而且完整地去答覆此問題」之義務。那「使我們能去發問這問題」的概念必須亦足以使我們去答覆這問題，因為，如在對與錯之情形中，對象並不是在概念之外被發見者。

①案：依原文：「有這特異點，即：」。

A478
B506 但是，在超越的哲學中，那些唯一的問題即「我們對之有權利去要求一充分的解答（涉及對象之構造的充分解答），而哲學家亦不得藉口於其不可參透的隱晦而以申明或辯說不能予以解答以自解」的那些唯一的問題，便就是諸宇宙論的問題。這些宇宙論的問題必須專只涉及宇宙論的理念。蓋因為對象必須經驗地被給與，而問題亦只有關於對象之符合於一理念。可是另一方面，如果對象是超越的〔超絕的〕，因而其本身是不被知的；舉例言之，如果問題是這樣的，即：那某物，即「其現象（其在我們之內的現象）是思想」的那某物（此如靈魂），其自身是否是一單純的實有，又如果問題是這樣的，即：是否有一切東西底一個絕對必然的原因，乃至其他等等，如果問題是這類的問題，則我們所要去作的便是在每一問題中去為我們的理念尋求一個對象；而我們亦很可聲言這個對象

{ A479
{ B507

是不被知於我們的，雖然並非因其不被知就是不可能的[a]。僅只宇宙論的理念始有這特點，即：這些理念能預設它們的「對象」以及它們的對象底概念所需要的「經驗的綜和」爲被給與了的；而由這些理念而發生起的問題亦只涉及此經驗綜和中的前進，【當此前進必至要去含有一絕對的綜體時】①；此所含有的絕對綜體，由於它不能被給與於任何經驗中，是故它不再是經驗的。因爲我們在這裏是只處理一個當作一可能經驗底對象看的事物，不是當作一個物自身看的事物，所以對於超離的宇宙論的問題的解答除處於理念中不能處於任何處。我們不是問「任何對象之在其自身」底構造〔本性〕是什麼，我們也不是在關於可能經驗中研究那能夠在任何經驗中具體地被給與的東西。我們唯一的問題乃是關於「那處於理念中者」的問題，對於這理念，經驗的綜和所能作的不過就只是去求接近之；因此，這問題必須能夠完全從理念處被解決。因爲理念只是理性底一個產物，是故理性不能放棄其責任而把這問題委諸不被知的對象。

(a)處，康德加一底注云：

一個超越的〔超絕的〕對象底構造〔本性〕是什麼，對此問題，雖然沒有答覆可被給出，給出之以說明此對象之本性是什麼，然而我們卻能回答說：此問題本身是「無」〔一無所有〕，因爲並沒有所與的對象與之相應。依此，在超越的靈魂學中所處理的一切問題其爲可解答皆是依「其本身是無」之樣式而爲可解答，而實在說來，它們已是依此樣式而被解答了；超越的靈魂學中的諸問題涉及一切內部現象底超越主

體，此超越主體本身不是現象，因而也就是說，它並不是當
作對象而爲被給與了的，而在此超越的主體中，亦沒有一個
範疇可以遇見其應用所需要的條件（所謂範疇乃即是問題所
實引至之者）。我們在這裏有這麼一種情形，即在此情形
處，「無解答本身就是一解答」這個俗語可以用得上。一個
關於這樣的某物之構造〔本性〕，即「不能通過任何決定性
的謂詞而被思」這樣的某物之構造〔本性〕的問題，因爲它
是完全超出那「可被給與於我們」的對象底範圍之外，是故
它完全是一空洞的問題。〔譯者案：以上整段文是説明背反
中宇宙論的理念以及其所引起的問題之特點。此注文是説明
超越的靈魂學中的對象（超越的主體）之不被知，問題是無
解答之解答，此與宇宙論的理念以及其所引起之問題不同。
此後者之問題必須被解決，不能推諉。〕

A479
B507

①案：此句是依原文及其他兩英譯而譯。依肯·斯密士之譯是如
此：「即是説，是否這前進必被帶至如此之遠就像那要去含有
一絕對綜體那樣遠」。此譯不合且不達，故不從。

A480
B508

一門學問必能對於其領域內的一切問題除去要求並期望一確實
的解答外，不要求並期望任何其他解答，這並非如初見那樣不尋
常，雖然到現在爲止那些確實的解答或許尚未被發見出來。在超越
哲學之外，茲有兩門純粹理性的學問，一門是純粹思辨的，另一門
則具有實踐的內容，此即純粹數學與純粹道德學。因爲我們之對於
條件底必然無知，所以直徑對於圓周在有理數或無理數中有什麼準

確的關係，這必須仍是不確定的，這一點不是曾被人提出來了嗎？因為藉有理數沒有適當的解答是可能的，而亦沒有藉無理數的解答曾被發見出來，因此大家逐說：至少一個解答底不可能性可以確定地被知道，而關於這種不可能性，朗白①已給出這必要的證明。在道德底普遍原則裡，沒有什麼東西能是不確定的，因為那些原則或者完全是空虛而無意義，或者必須從我們的理性之概念中被引生出來。另一方面，在自然科學裡，茲有無窮盡的臆測，確定性是不能被期望的。因為自然現象其為對象乃是那種「獨立不依於我們的概念而即可被給與於我們」的對象，而有關於這些自然現象的鑰匙〔解決此中問題之鑰匙〕並不處在我們之內，並不處在我們的純粹思考中，而是處在我們之外；因此，在好多情形中，因為鑰匙尚未被發見，所以一個確實的解答〔一個確實的開解或說明〕亦不能被期望。當然，現在在此背反中，我並不是涉及「超越的分解」中的那些問題，那些問題是有關於我們的純粹知識之「推證」的；我們現在只在關涉於判斷之對象中而論判斷之確定性，而並不是在關涉於我們的概念本身之根源中論判斷之確定性。

{ A481
{ B509

　　①肯‧斯密士注云：朗白即 J. H. Lambert, 1728-1777。證明「π不可通約」之證明，朗白在一關於超越的量度之研究報告裡，於1768年把它交給柏林學院。

　　依以上所說，理性所這樣提給其自己的那些問題，至少須有一批判的解決，這批判的解決之義務〔責成非如此解決不可之義務〕，我們不能逃避，我們不能因著埋怨我們的理性底狹窄範圍而

逃避，亦不能因著藉口基於自知之明之謙虛，聲言去決定以下諸問題乃是超出我們的理性底力量之外者，而逃避，所謂以下諸問題，乃即是這些問題，即：世界是否從永久以來即存在著，抑或有一開始；全宇宙性的空間是否被充滿之以存在物而至於無限，抑或是被圍在一定的範圍內；世界中的任何東西是否是單純的，抑或每一東西皆是無限地可分的；是否有通過自由而來的產生，抑或是否每一東西皆依靠於自然秩序中的事件之因果鍊索；最後，是否有〔或存在著〕任何存有其自身是完全地無條件的，而且是必然的，抑或是否每一東西依其存在而言皆是有條件的，因而亦就是說，皆依靠於外在的事物，而其自身皆是偶然的。一切這些問題皆涉及這樣一個對象，即此對象除在我們的思想中能被發見外，不能在任何別處被發見，即是說，它們涉及現象底綜和之絕對無條件的綜體。如果從我們自己的概念裡，我們不能去肯斷並去決定任何東西是確定的，我們必不可責備對象，說對象隱蔽其自己而不令我們發見之。因為這樣的一個對象在我們的理念之外無處可被發見，它之可被給與，這乃不是可能的。失敗底原因，我們必須求之於我們的理念之自身。因為只要我們頑固地堅持認定有一現實的對象與理念相應，則問題，如這樣視之者，便不允許有解決。處於我們的概念本身之內的那辯證之清楚的解釋必立即可以給我們以完全的確定性，即關於「在涉及這樣一個問題中我們應當如何去判斷」之完全的確定性。

A482 ⎱
B510 ⎰

　　藉口說關於這些問題我們不能得到確定性，這種藉口立刻可以遇見以下的問題，這以下的問題確然要求一清楚的回答，此即：那些理念從什麼地方來的，其解決使我們陷於這樣的困難？抑或那要求說明者是現象，而我們只須依這些理念去尋求現象底解釋之原則

或規律嗎？縱使我們假定自然界底全部都展現在我們眼前，而凡呈現於我們的直覺中者沒有什麼東西被隱蔽而逃離我們的感取與意識，可是我們的理念之對象仍然不能通過經驗而具體地或現實地為我們所知。要想達到這個目的，使之具體地為我們所知，則在這窮盡的〔十足的，vollständigen〕直覺以外，我們還需要那「不是通過任何經驗知識而可能」的東西，即是說，需要一「完整的綜和」以及「此完整的綜和底絕對綜體之意識」。依此，我們的問題並不需要**在任何特定所與的現象之說明**中被提出，因而亦不是一個「能被視為**為對象自身所安置於我們身上**」的問題。這些理念底對象從不能來到我們眼前，因為它不能通過任何可能經驗而被給與。在一切可能的知覺中，我們總仍然被捲在條件中，不管是空間中的條件抑或是時間中的條件，而我們亦不能碰見什麼是無條件的東西碰見之以便需要我們去決定這個無條件者是否是被位置於綜和底一個絕對的開始中，抑或被位置於一無開始的系列之一絕對綜體中。「全體」〔整全〕一詞，依其經驗的意義而言，總只是比較的。**量底絕對整全**（全宇宙），**區分底〔絕對〕整全**，**引生〔因果相生〕底〔絕對〕整全**，「**存在一般**」**底條件底〔絕對〕整全**，連同著關於｜這絕對整全是否是通過有限的綜和而完成抑或通過一『需要無限的擴張』的綜和而完成」這一切問題，**皆與任何可能經驗無關**。舉例言之，在認定一個物體或是由單純者而組成，或是由無窮盡地組合的部分而組成中，我們必仍然不能更好地或甚至異樣地去說明這一物體底現象；因為無論是一單純的現象或是一無限的組合皆不能來到我們眼前。現象之要求一說明是只當「現象底說明」之條件被給與於知覺中時始然；但是，一切那「總是依此路〔依被給與於知

A483
B511

B512

A484　覺中之路〕而可被給與」的東西之「一切」,當依一「絕對的整
全」而共總地被取用時,其自身並不是一知覺。可是,正是此「整
全體」底說明才是理性底超越的問題中所要求者。

　　這樣,這些問題底解決從不能在經驗中被發見,而此確然即是
爲什麼我們必不可說「那必被歸諸〔我們的理念之〕對象者是不確
定的」之故。因爲由於我們的對象只是存在於**我們的腦筋中**而且不
能外於我們的腦筋而被給與,所以我們只須小心與我們自己一致,
並且去避免那種曖昧含混,即「把我們的理念轉成一種設想的對象
之表象,即設想的一個『經驗地被給與因而要依照經驗底法則而被
知』的對象之表象」,這樣的曖昧含混,就行。因此,**獨斷的解決**
不只**是不確定的**,而且**根本是不可能的**。**批判的解決**(此批判的解
決允許有完全的確定性),並不**客觀地**考慮這問題,而是在**關聯於
知識底基礎中**,即關聯於這問題所基於其上的那知識之基礎中,而
考慮這問題。

純粹理性底背反

第五節　在四種超越的理念中宇宙論問題之懷疑的表象

　　如果從開始起，我們已知道：不管獨斷的回答結果是什麼，它必只是增加我們的無知，並把我們從這一個不可思議投擲於另一個不可思議，從這一個隱晦投擲於另一個較人的隱晦，或許甚至投擲於矛盾，則我們必不再想有這要求，即「我們的問題須獨斷地被回答」這要求。如果我們的問題簡單地只是被指向於「然」（yes）「非然」（no），則我們最好暫時把回答底設想的根據擱置在一邊，而首先去考慮依照回答之為肯定或為否定我們所應得到的是什麼。這樣考慮已，假定我們見出在正反雙方之情形中其結果是純然的空洞無意義，則茲將有一好的理由對於我們的問題去成立一**批判的考察**，成立此批判的考察以便去決定：這問題其自身是否不是基於一無根的預設，而只以理念來遊戲，此理念之虛假性能夠通過它的應用以及應用之後果而較容易地被檢查出來，即比在其自己的各別表象中為較容易地被檢查出來。此是「處理**純粹理性**所提交給**純粹理性**的問題」之**懷疑的模式**之最大的利益。因著這種懷疑的辦法，我們可以在一很小的費用上把我們自己從一大堆無收成的獨斷論中拯救出來，而以一種**清醒的批判**以代之，這清醒的批判，當作一真正的消導劑看，它將很有效地使我們來對抗這樣的一些無根據的信仰以及這些無根的信仰所引至的那設想的博學〔polymathy，

多學，百科全書式的學問〕。

因此，如果，在處理一個宇宙論的理念中，我眞能事先了解：對於現象底相續綜和中的無條件者不管我們以什麼想法想之〔以正題想之或以反題想之〕，對任何**知性概念**而言，它必須或是太大或是太小，如果我能了解這一點，則我必能了解以下的情形，即：因爲這宇宙論的理念除關涉於一經驗底對象外，它不能關涉於任何別的東西（所謂一經驗底對象意即它須是與一可能的知性之概念相符合），所以它必須完全是空洞而無意義的；因爲其對象總不能被致使與它相應，不管我們如何去使它與之相應總應不上。〔案：**意即它所意指之對象總不能來相應，蓋無直覺故，是故它是空洞而無意義的。**〕這一點事實上在一切宇宙性的概念〔宇宙論的理念〕上皆然；而這也就是理性只要當它黏著於這些宇宙性的概念時，它爲什麼總是被捲在一不可避免的背反中之故。

現在，試設想：——

第一，世界沒有開始。如是，世界對我們的**概念**〔知性概念〕而言，它**太大**。因爲我們的概念，由於它實存在於相續的後返中，是故它從不能達到那已流過去的全部永恆。又設想：世界有一開始。如是，在必然的經驗後返中，世界對**知性底概念**而言，它將是**太小**。蓋因爲「開始」仍然須預設一先於這開始的時間，所以它仍然不是無條件者；因此，知性底經驗使用之法則迫使我們必須去尋求一更高的時間條件；因而世界〔由於被限制於時間中〕對此法則而言顯然是太小。

此種太大或太小之情形在關於「空間中的世界之量度」的問題之雙重答覆上亦適用。如果空間中的世界之量度是無限的而且是不

<!-- 左側邊註 -->
A487
B515

被限制的，則它對任何可能的經驗概念而言必是太大。如果它是有限的而且是被限制的，則我們有權去問什麼東西決定這限制。空的空間並不是事物底一個自我潛存的相關者，而且它亦不能是一個「我們可停止於其上」的條件；它尤其不能是一經驗的條件以形成一可能經驗之部分。（因為茲如何能有一絕對虛空之經驗？）但是要想去得到經驗綜和中的絕對綜體，則「無條件者須是一經驗的概念」，這乃是必要的。結果，一個有限制的世界對我們的概念而言必是太小。

第二，如果空間中的每一現象（物質）是由無限多的部分而組成，則區分中的後返對我們的概念而言將總是太大；同時如果空間底區分是停止在區分中所分出的任何成分上（單純的成分上），則後返對無條件者這一理念而言將是太小。因為這個單純的成分仍然可允許一後返，後返而至那些「含於其中」的進一步的部分。

{ A488
  B516

第三，如果我們設想：除依照自然底法則外，世界中沒有東西可以發生，則原因底因果性其自身將總是某種發生的東西，它並使一種後返——後返至一較高的原因之後返成為必然的，因而亦使先行方面〔即：原因方面〕的條件系列底一種連續——連續而無底止成為必然的。這樣，自然，由於總是通過原因而工作，是故它對「我們所能使用於宇宙事件之綜和中」的任何概念而言必是太大。

如果，在某種情形中，我們承認有「**自我因致**」的事件之發生，即是說，承認有通過自由而來的產生，則依一不可免的自然之法則，「為什麼」問題仍然追蹤著我們，迫使我們，依照〔那統治〕經驗①的因果法則，去越過「自我因致」的事件那個界點；如是，我們見出這樣的一種連繫之綜體**對我們的必然的經驗概念**而言

必是太小。

①K.Smith 注明：原文只是「經驗底因果法則」。案：原文亦
通，不必改。但其他兩譯譯爲「經驗的因果法則」，則有病。

第四，如果我們承認有一個絕對必然的存有（不管它即是這世
界自身，或是**世界中的某物**，或是**世界底原因**），則我們須把這絕
對必然的存有放在一個距離任何特定〔所與的〕時間點有無限遼遠
的時間中，因爲若不如此，則它必是依靠於另一「先於它」的存有
上。但是，若把它放在一個距離任何特定〔所與的〕時間點有無限
遼遠的時間上，則這樣一個存在**對我們的經驗概念**而言，必是**太
大**，而且是不可通過任何後返的追溯而爲可接近的，不管這追溯可
被帶至如何遠。

A489
B517
復次，如果我們主張屬於這世界的每一東西（不管是當作有條
件的看或是當作條件看）皆是偶然的，則任何以及每一特定〔所
與〕的存在**對我們的概念**而言又是太小。因爲我們總是被迫著仍然
要去尋求此特定所與的存在所依靠的某種其他存在。

以上我們已表明：在一切這些情形中，宇宙論的理念對經驗的
追溯而言，因而也就是對任何可能的知性概念而言，皆或是太大，
或是太小。這樣說來，我們已主張錯誤實在於理念一邊，蓋因爲它
對其所被引向者而言，即是說，對可能經驗而言，或是太大或是太
小之故。然則我們爲什麼不依**相反的樣式**而說；在前一情形中〔即
上列四端每一端中太大一面之情形〕，**經驗概念對理念而言總是太
小**，而在後一情形中，經驗概念對理念而言**總是太大**，因而這責備

當該屬諸**經驗的後返**？爲什麼不這樣說，其理由是如此：可能經驗是那「唯一能夠把實在性給與於我們的概念」者；若無可能經驗，一個概念只是一**理念**，並無眞實性，即是說，對於任何對象並無關聯〔**並無關聯於任何對象**〕。因此，可能的經驗概念是「我們所由以判斷這理念是否只是一理念，只是一思想物，抑或是否它在世界中可找到它的對象」之標準。因爲我們之所以能說任何東西它相對於某種別的東西而或是太大或是太小，是只當前者〔**即那是太大或太小者**〕之被要求是爲後者〔**爲所對的東西**〕之故而被要求，而且須是適合於這後者時，我們始能如此說。在古代的辯證學派中所提出的謎語間，有這問題，即：如果一個球不能穿過一個洞，此時是否我們必說**這球太大**，抑或必說**這洞太小**。在這樣的一種情形中，我們如何選擇以表示我們自己，這乃是一**種無關緊要的事**，因爲我們不能知道**那一個，其存在是爲另一個之故而存在**。但是在一個人與他的衣服之情形中，我們不能說一個人對他的衣服而言爲太高，但只能說**衣服對人而言爲太短**。〔**案：衣服爲人而存在，猶理念爲經驗概念而被要求，因此，我們只能說理念對經驗概念而言而爲太大或太小，而不能反過來說經驗概念對理念而言而爲太大或太小。**〕

右側：〔 A490 / B518 〕

這樣，我們已被引至那「至少是一有根據」的懷疑上去，這有根據的懷疑是這樣的，即：宇宙論的理念，以及與這些理念相連的一切互相衝突的假合理的肯斷，或許只基於一個關於這樣式，即「這些理念之對象所依以被給與於我們」的那樣式之一空洞而純然虛構的想法上；而這種懷疑可以使我們處在正當的途徑上以便去揭露那「長期以來已引我們誤入歧途」的虛幻。

〔**案**〕：在這懷疑的表象中，我們只能説理念對經驗概念而言或是太大或是太小，而不能反過來説。此只能以衣服對人底關係爲例而表示，而不能以球與洞底謎語而言。

復次，在説理念太大或太小中，於前三衝突，我們是就正題説太小。就反題説太大。但在第四衝突中，我們卻就正題説太大，就反題説太小。此正題是説有一必然的存有。要説有一必然的存有，我們須把它置於一無限遼遠的時間中，即離開任何特定所與的時間點有無限地遠的時間中，因爲若不然，則此必然的存有必依靠於另一先於它而存在的存有上，而如此，則此必然的存有便不是最後的、無條件的，因而亦不是絕對必然的，因復有依待故。因此，它必須被置於一無限地遠的時間中，而如此，則它對經驗概念而言便太大。反之，若皆是偶然的，則對經驗概念而言又太小。因爲我們仍須尋求其所依待者。

純粹理性底背反

第六節 超越的觀念論是宇宙論的辯證底解決之鑰匙〔關鍵〕

我們在超越的攝物學中已充分地證明：每一在空間或時間中被直覺的東西，因而也就是說「對於我們為可能」的任何經驗底一切對象，不過就是現象，即是說，不過只是表象，這些表象，依它們所依以被表象的樣式而言，或當作廣延的存有〔事物〕看，或當作變化底系列看，皆無「外於我們的思想」的獨立存在。這種主張我名之曰「超越的觀念論」。〔康德在此於第二版加一底注云：我在別處有時亦名之曰「形式的觀念論」以與「材質的觀念論」區別開，即是說，與通常型的觀念論區別開，此通常型的觀念論懷疑或否決外物本身底存在。〕實在論者，依此詞〔即：實在論一詞〕之超越的意義而言，視我們的感性底這些變形為自我潛存的東西即是說，視純然的表象為「物自身」。

把那長期被貶損或被反對的「經驗的觀念論」歸諸我們，這乃是不公平的。經驗的觀念論，雖然它承認空間底真正實在性，然而它卻否決空間中的廣延物之存在，或至少視它們的存在為可疑，因而在此方面，它不允許真實與夢幻之間有任何恰當可證明的區別。至於時間中內部感取底現象，經驗的觀念論覺得視它們為真實的事物並沒有困難；實在說來，它甚至肯斷此內部經驗是內部經驗底對象之現實存在之充分的而且是唯一的證明（所謂內部經驗底對象意

A491
B519

即：「對象之在其自身」，連同著此一切「時間決定」）。〔案：此種經驗的觀念論恰當地說當該是指笛卡爾底「或然的觀念論」而言，當然康德說「經驗的觀念論」或「材質的觀念論」亦包括柏克萊底「獨斷的觀念論」而言。〕

B520　　反之，我們的「超越的觀念論」則承認外部直覺底對象如在空間中被直覺者之**實在性**以及時間中的一切變化如因著內部感取而被表象者之**實在性**。因為空間是那「我們名之曰外部直覺」的直覺之

A492　形式，又因為設無空間中的對象，則必無任何經驗的表象可言，所以我們能而且必須視空間中的廣延物為真實者；此義對於時間亦適用。但是，此空間與此時間，以及與空間、時間相連的一切現象，依其自身而言，並不是「物」①；它們不過只是些表象，而且它們不能外於我們的心靈而存在著。甚至內部而感觸的直覺②，即「直覺我們的心靈（作為意識之對象的心靈）」之直覺，（直覺此心靈，此心靈被表象為是因著時間中的不同狀態之相續而為被決定了的，）亦並不是「自我」之當體自己，如其依其自己而存在著，那就是說，此內部而感觸的直覺②並不是超越的主體〔超絕的主體〕，但只是一現象，此一現象已被給與於感性上，即被給與於「這個不被知於我們的存有」底感性〔意即：超絕主體底感性〕上。此內部現象不能被承認為依任何在其自身而且即以其自身這種樣式而存在著③；因為它為時間所制約④，而時間不能是「一物之在其自己」底一種決定。但是，空間與時間中的現象之經驗的真理性〔真實性〕卻是充分地被保障了的；它是很足夠與夢幻區別開

B521　的，如果夢幻與真正的現象這兩者依照經驗的法則真地而又完全地在一個經驗中互相膠著或攪混時。

①空間、時間只是表象，不是「物」；但現象雖是「表象」，而
　亦可是物，只不是「物之在其自己」而已。

②嚴格言之，當該是「甚至內部而感觸的直覺之所覺到者」。康
　德在此以「直覺」代表現象。

③此句依原文似當如此：此內部現象之「存在」（Dasein）不能
　被承認爲是這樣一種存在即如一個「依其自身而存在著」的物
　之「存在」。

④此句依原文是：因爲其條件是時間。

　　如是，經驗底對象從不能依其自身而被給與，但只是在經驗中
而被給與，而且它們亦不能有外於經驗的存在。「月球裡或可有居　A493
民，雖然無人曾覺知之」，這一陳說自必須被承認。但是這一陳說
只意謂：在**經驗底可能前進中**，我們**可以遇見月球上的居民**。因爲
每一東西它若依照經驗前進底法則而與一知覺相連繫，它即是眞實
的。因此，如果月球上的居民與我的現實意識處於一經驗的連繫中
〔與我的現實意識經驗地相連繫〕，則它們即是**眞實的**，雖然並不
因此之故它們即**依其自身而爲眞實的**，即是說，它們是**外於此經驗
底前進而爲眞實的**。

　　除知覺以及「從此知覺進到另一可能的知覺」這種經驗的前進
外，沒有什麼東西是眞實地被給與於我們者。因爲現象，當作純然
的表象看，其本身是眞實的是只在知覺中而爲眞實的，那個知覺事
實上沒有別的，實不過只是一經驗表象之實在性，即是說，只不過
是一現象。對於一現象，在我們之覺知之以前，去稱呼它爲一眞實
的東西，這或是意謂：在經驗底前進中，我們必可遇見這樣的一種

知覺，或是意謂：一無所有〔意謂無〕。因為如果我們說**一物之在其自己**，則我們實能說：它離開關聯於我們的感取以及可能經驗而即依其自身而存在著。但是，在這裡我們只說及空間與時間中的一個現象，而此空間與時間不是物自身底決定，但只是我們的感性底決定。依此，凡存在於空間與時間中者即是一現象；此存在於空間與時間中的東西不是任何在其自身的東西，但只是以表象而組成。這些表象，如果不在我們之內被給與，即是說，如果不在知覺中被給與，則它們便無處可被遇見。

B522

A494

感觸直覺之能力，嚴格言之，只是一接受性，一被影響之能力，即一種「依那連同著諸表象的一定樣式而被影響」的能力，此樣式所連同著的諸表象之互相間的關係就是空間這一純粹直覺以及時間這一純粹直覺（此等純粹直覺，即：空間與時間，只是我們的感性之形式），而這些表象只要當它們在其互相間之關係中（在空間與時間中）而被連繫起來，而且是依照經驗底統一之法則而為可決定的，則它們即被名曰「**對象**」。這些表象底那個「非感觸的原因」是完全不被知於我們的，因而亦不能當作對象而為我們所直覺。因為這樣一種對象必應被表象為既不在空間中亦不在時間中（空間與時間只是感觸性的表象之條件），而若離開了空間與時間這些條件，我們不能思議任何直覺〔案：當為不能思議任何感觸直覺〕。但是，我們可能把「現象一般」底那個**純粹智思**的**原因**名之曰「**超越的對象**」，但是所以這樣名之，只是為的要想可以有某種東西以相應於那被視為接受性的感性。我們可以把我們的可能知覺底全部內容以及連繫都歸屬給這個超越的對象，而且我們亦能說：此超越的對象**先於一切經驗而即依其自身而被給與**。但是，現象，

B523

當符應於此超越的對象時，它們卻不是依其自身而被給與，但只是在此經驗中而被給與，蓋由於它們只是一些表象，這些表象，當作知覺看，只當這知覺依照經驗底統一之規律而與一切其他知覺相連繫時，始能指示〔bedeuten，意指或表明〕一個真實的對象。這樣，我們能說：過去時底真實的事物是在經驗底「超越的對象」中而為被給與了的；但是它們對於我而為對象而且在過去時是真實的，是只當我（或因著歷史之光或因著原因與結果之指導線索）把以下的情形表象給我自己時，它們始對於我而為對象而且在過去時是真實的，所謂以下的情形即：「依照經驗法則而成的可能知覺底後返系列，簡言之，即世界底行程，把我們領導至一過去的時間系列以為現在時底條件」，這種情形，只當我把這種情形（因著歷史之光或因著原因與結果底指導線索）表象給我自己時，它們始對於我而為對象而且在過去時是真實的。但是，所謂把我們領導至一過去的時間系列，這一時間系列其能被表象為現實的，不是在其自身而被表象為現實的，但只是在一可能經驗底連繫中而被表象為現實的。依此，那發生於廣大無限的時期（「先於我自己的存在」的那廣大無限時期）裡的一切事件實不過只意謂「把經驗底鍊子從現在的知覺向後擴張，擴張至『在時間方面決定這個知覺』的那些條件上去」這種擴張之可能性。

A495

依此，如果我把一切時與一切地中一切存在著的感取之對象表象給我自己，我並不是〔如其〕先於經驗〔而存在在那裡那樣〕而把它們安置於空間與時間中。我之把它們表象給我自己這種表象不過就是一可能經驗之思想，即依可能經驗之絕對完整性而說的一可能經驗之思想。因為對象不是什麼別的東西，只不過是一些純然的

B524

A496　表象，是故只有在這樣一種可能經驗中，對象始能被給與。去說「對象先於一切我的經驗而存在」，這只是去肯斷說：「如果，從知覺開始，我進至這些對象所屬的經驗之某一部分〔某一部分經驗〕，這些對象便可以被遇見」。此前進底經驗條件之原因（即那決定：我將要遇見的分子是什麼分子者，或那決定：在我的後返中，我後返至如何遠我始能遇見任何這樣的分子者），則是「超越的」，因而也就是說，是必然地不被知於我者。但是，我們並不關心於此「超越的原因」，但只關心於在經驗中的前進之規律，所謂「在經驗中的前進」，此中所謂經驗即是「對象，那就是說，現象，在其中被給與我」的那經驗。復次，不管是否我這樣說，即：在空間中的經驗前進裡，我能遇見一些星球，這些星球在遼遠的遠方，其遠比現在對於我為可覺知的那最遠方更遠過一百倍那麼遠，抑或是這樣說即：這些星球，縱使沒有人類曾覺知之，或將要覺知之，亦或許可以在宇宙性的空間中被遇見，不管如何說，這最後在結果上皆是無關緊要的事。因為縱使假定這些星球是當作**物自身**而被給與，對於可能經驗沒有任何關係，而以下之情形仍然是眞的，即：它們對於我，仍然是無〔什麼也不是〕，因而也就是說，它們並**不是對象**，除只當它們被含在**經驗後返底系列中**時，它們始能是**對象**。〔案：縱使假定星球當作物自身而被給與，與可能經驗無任何關係，它們對於我仍然是無，因而亦不是對象，因為此時它們不在經驗後返底系列中。可是以上那兩種說法，其所以不管如何說皆不相干，那是因為它們都在經驗後返底系列中。在這個系列中，不管星球如何遠，我可以遇見它，因此它可以是我的對象；即使沒有人類曾覺知之或將要覺知之，它也可以被遇見，因此，它仍可以是

對象。因此，在結果上是一樣，此其所以無論如何説皆不相干。〕
只有在另一種關係中，即當這些現象爲**一絕對整全**之**宇宙論的理念**
而被使用時，因而也就是說，當我們要處理一個「**越過可能經驗底** B525
範圍」的問題時，則這模式之辨別，即「我們在其中看那些感取底
對象之實在性」的那模式之辨別，才成爲重要的，因爲它可以用來 A497
去對抗一種欺騙性的錯誤，此錯誤，如果我們錯解了我們的經驗概
念時，那是必然要發生的。

〔案〕：此節説超越的觀念論或形式的觀念論以與經驗的觀
念論或材質的觀念論區別開。超越的觀念論與經驗的觀念論
相對翻，形式的觀念論與材質的觀念論相對翻。
經驗的或材質的觀念論有兩形態：**或然的**與**獨斷的**，前者是
笛卡爾的，後者是巴克萊的。經驗的或材質的觀念論不能使
現象與夢幻區別開。但超越的或形式的觀念論則能。

純粹理性底背反

第七節 「理性與其自身」之宇宙論的衝突之批判的解決

　　純粹理性底全部背反是基於這辯證的論證,即:如果有條件者是被給與了的,則此有條件者底一切條件之全部系列亦同樣是被給與了的;現在,感取底對象是當作有條件者而爲被給與了的;所以感取底對象底一切條件之全部系列亦同樣是被給與了的。通過這種三段推理(此三段推理之大前提似乎是如此自然而且是如此之自明),在「構成一系列」的那些條件中(現象底綜和中的那些條件中)有多少差異,就有多少宇宙論的理念可被引出。這些理念設定這些系列底絕對綜體;而因著設定系列底絕對綜體,它們遂又使理性處於一不可避免的自相衝突中。如果我們首先能把使用於這種假合理的論證中的某些概念〔某些辭語〕予以糾正並予以當分之規B526　定,則我們將較更能去檢查出在這種假合理的論證中那欺矇人的東西是什麼。

　　首先,第一點,「如果有條件者是被給與了的,則在此有條件A498　者底一切條件之系列中的一種後返便即『當作一種工作而被安排給我們』①(aufgegeben)」,這是超出一切懷疑之可能而爲顯明的。因爲某種東西須被關涉到一個條件上去,這是已含在「有條件者」之概念中的,而如果這某種東西〔有條件者〕所關涉到的這個條件其自身復又是一有條件者,則它又須關涉到一更爲遼遠的條

件，如此前進〔後返的前進〕，通過這系列底一切分子皆然。這樣，上面的命題是一分析的命題，而亦無所懼於超越的批評。通過知性，我們可以把「一概念與其條件相連繫」之連繫（這連繫是直接地由於這概念本身而然）窮追到底，而且盡可能地來擴大之，這是理性底一個邏輯的設準。

①「當作一種工作而被安排給我們」，肯‧斯密士已注出原文是 "aufgegeben"，這是他的意譯。案：此一整句（整命題），Meiklejohn 是如此譯：「如果有條件者是被給與了的，則此有條件者底一切條件之系列中的後返便因而是必然地被要求的」。此譯較合。Max Müller 是如此譯：「如果有條件者是被給與了的，則此有條件者即把其一切條件之系列中的後返安置給我們」。此譯不見好。案：下文 Max Müller 之譯 "aufgegeben" 為被要求的，此處彼亦當如 Meiklejohn 那樣譯。

其次，進一步，如果有條件者以其條件俱是物自身，則依據有條件者之為被給與了的，這「後返於其條件」之後返不只是「當作一種工作而被安置①」，而且條件亦連同那有條件者之為被給與了的而實早已同時亦為被給與了的。而因為此義在系列底一切分子上皆有效，是故條件底完整系列，因而也就是說，這無條件者，是同時被給與了的，或者不說是同時被與了的，而勿寧當說是同時被預設了的，即依「有條件者（即只有通過完整的系列而始可能的那有條件者）是被給與了的」這一事實而為同時被預設了的。在此，

「有條件者與其條件」底綜和是一純然知性之綜和，此種綜和表象

B527　事物是如其所是而表象之，而並沒有考慮及我是否能得到以及如何
能得到關於這事物之知識。但是，如果我們所處理的是現象（現

A499　象，由於其是純然的表象，是故除當我們達到關於現象之知識，或
勿寧說除即在現象自身中而達到現象，現象便不能被給與，因為所
謂現象沒有別的，它們不過就是諸種經驗的知識），則我便不能依
詞語之同一意義而說：如果有條件者是被給與了的，則一切它的條
件（當作現象看）亦同樣是被給與了的，因而我無論如何亦不能推
斷出它的條件底系列之絕對綜體。現象，依對於它們之攝取而言，
其自身不過就是空間與時間中的一種經驗的綜和，而且亦只有在此
種綜和中它們始是被給與了的。因此，我們不能隨著便說：如果有
條件者，在現象底領域內，是被給與了的，則「構成其經驗條件」
的那種綜和亦隨同著是被給與了的以及被預設了的。這種綜和首先
發生於後返中，而若沒有後返，這種綜和便從未存在著。我們所能
說的是如此，即：「後返至條件」這種後返，即是說，在條件一面
的那種連續進行的經驗綜和，是「當作一種工作而被囑咐〔被責
成〕或被安置②」，而且我們所能說的又是如此，即：在此後返
中，茲並不能有缺於所與的條件〔意即：總有條件可被發見〕。

　　　①案：原文仍是“ aufgegeben ”，其他兩英譯在此都譯爲「被要
　　　　求的」。依此，Max Müller 在前一段文中亦當如此譯。
　　　②案：原文無「當作一種工作而被安置」字樣，原文只是「被吩
　　　　咐或被要求的」（ geboten oder aufgegeben ）。

又案：德文" geben "是給與，" gebeben "是被給與，而這個
" aufegegeben "則不知如何譯。字典中 auf......形之動詞或形
容詞甚多，但無此字。類比其他，此 auf......形之動詞似是
「應被給與者」，或「應有者」。故康德在此用此字，若譯爲
「所需要者」，或「被要求者」，當能達其意。肯·斯密士就
「後返」意譯爲「當作一種工作而被安置，亦能達意，無所乖
違，但不是此字之本義。後第八節首段首句中亦有此字，該處
肯·斯密士亦如此譯，則不甚通。見該處注。

以上那些考慮使以下所說甚爲清楚，即：宇宙論的推理之大前
題是依一純粹範疇之超越的意義而取用「有條件者」，而小前題則
是依一個「應用於純然的現象」的知性概念之經驗的意義而取用
「有條件者」。「這樣，這論證是犯了那種被名曰『中詞歧義之
誤』（sophisma figurae dictionis）的辯證謬誤之過。但是，此謬誤
不是一個矯揉造作的謬誤；我們的通常理性底一種十分自然的幻
象，當任何東西當作有條件者而爲被給與了的時，即這樣引導著我
們在大前題中，好像不加考慮或無任何問題似的，去假定那作爲有
條件者的任何東西底諸條件以及此諸條件之系列」①。這種假定實
在說來實只是這邏輯的需要，即：對任何特定的結論而言，我們一
定要有一足夠的前題。【復次，在有條件者與其條件之連繫中，茲
亦並不涉及一時間秩序；有條件者以及其條件是依其自身當作一起
被給與了的而被預設】②。

B528
A500

①此兩整句依原文是如此：「這樣，這論證中是含有那種被名曰

『中詞歧義之誤』的辯證的蒙混（ derjenige dialektische Betrug ）。但是，此蒙混不是一矯揉造作的蒙混，而是我們的通常理性底一種完全自然的幻象。由於此自然的幻象，遂有這情形，即：當任何東西當作有條件者而爲被給與了的時，我們即（在大前題中）好像未被檢視似的，預設了其條件以及其條件之系列。」

②此句依原文譯，已甚明。肯·斯密士譯有節略並有不諦處，故不從。

又，在小前題中，去把現象視爲物自身，以及視爲被給與於純粹知性的對象，這亦同樣是自然的，並不比我們在大前題所已作者爲更不自然，即在大前題中，我們已〔同樣〕抽掉了直覺底一切條件，須知只有在這些直覺底條件下對象始能被給與。可是，如果我們抽掉直覺底一切條件，我們已忽略了概念間的一種重要的區別。有條件者與其條件之綜和（以及其條件之全部系列）在大前題中並不隨身帶有**通過時間**或**任何相續**之概念而來的任何限制。另一方面，經驗的綜和，即是說，現象中的條件底系列，如歸屬於**小前題中者**，卻**必然地是相續的**，系列中的分子只有如其**在時間中互相相隨而來那樣始能成爲被給與了的**；因此，在此情形中，我並沒有權利去假定這綜和底絕對綜體以及因此綜和之絕對綜體而被表象的「系列之絕對綜體」。在大前題中，系列底一切分子皆是依其自身，而無任何時間底條件，而即爲被給與了的，但是在小前題中，它們只有通過相續的後返始可能，此相續的後返是只有在「此後返所依以現實地成其爲後返」的那過程中始能被給與。

B529

A501

當這種錯誤已被表示為含在這論證中時，即含在「雙方皆同樣把他們的宇宙論的肯斷基於其上」的那論證中時，則由於他們不能去供給任何足夠的理由以支持他們的要求，他們雙方很可以皆被駁回。但是這爭吵卻並不因此而結束，即好像雙方底一方或兩方已被證明在其所肯斷的實際主張中，即在他們的論證之結論中，為錯似的。因為，雖然他們不能因著證明底有效根據而支持他們的爭辯，可是也沒有什麼東西似乎比以下之情形為更清楚者，即：因為他們底一方肯斷「世界有一開始」，而另一方則肯斷「世界無開始而且是從永久以來即存在」，所以這兩肯斷中底一肯斷必須是對的。但是，縱使是如此，而因為兩方底論證皆同樣是清楚的，所以在他們之間去作一裁決乃是不可能的。這兩方很可以在理性底法庭面前被命令著去保持和平；可是縱然如此，爭辯仍然是繼續不休。因此，除說服他們使他們確信：「他們之能夠如此可欽佩地去互相反駁」這一事實就足證明：他們實在是空爭吵，並證明：一種超越的幻象已在拿一種無處可發見的實在性來引誘或哄騙我們，除這樣說服他們使他們信服以外，再沒有其他方法可以一勞永逸地來解決這爭辯，並使雙方皆滿意。這種說服之之辦法正是我們現在在解決 〔 A502 B530 〕 一「使一切企圖達於一裁決為不可能〔怎樣也不能有一裁決〕」的爭辯中所將要去遵循的途徑。

*　　　*　　　*　　　*

伊里亞派底芝諾，一個精妙的辯證家，被柏拉圖嚴厲地譴責為一個頑皮的辯士，他要想表示他的精巧，他必先開始通過一些可信

服的論證去證明一命題，然後再用其他同樣堅強的論證直接地去打倒「那些可信服的論證」①。舉例言之，芝諾主張神（或許他只思議之爲世界或宇宙本身）既非有限，亦非無限，既非在動，亦非在靜，既非相似於任何其他東西亦非不相似於任何其他東西。在批評他的辦法的批評家看來，他似乎顯有「對於兩相矛盾的命題兩者皆予以否決」這種悖理而荒謬的意向。但是，這種責難在我看來並不能算是爲有理。他的那些命題底第一個〔即：既非有限亦非無限〕，我將即刻要較詳細地去考慮之。就其他命題而言，如果「神」一詞，他意謂是「宇宙」，他自必確然要說：宇宙既不是常住不變地現存於它的地位中，即是說，在靜止中，它亦不是這樣的，即：它變更其地位，即是說，它存在於運動中；因爲一切地位皆存在於宇宙中，而宇宙本身卻並不存在於任何地位中。復次，如果宇宙綜攝每一存在的東西於其自身中，它自不能或相似於任何其他東西或不相似於任何其他東西，因爲茲並沒有所謂「其他東西」可言，在宇宙之外茲並沒有什麼「它可以與之相比較」的東西。如果兩相反的判斷皆預設一不可允許的條件，則不管它們的相對反爲如何（此對反並不等於嚴格地所謂矛盾），它們兩者皆塌落，因爲它們兩者所預設的條件（只有在此所預設的條件下它們兩者之任一個始能被維持）本身塌落故。

B531
A503

①另兩譯爲「去打倒那命題」。

如果說：一切物體或有一好的氣味，或有一「不是好的」〔是壞的〕氣味，則一第三情形是可能的，即是說，一物體很可根本無

氣味可言；因此，**這兩相衝突的命題可以都假**。但是，如果我說：
一切物體或是「好氣味的」，或不是「好氣味的」，則此兩判斷是
直接地互相矛盾的，而且只有前一個是假的，而它的矛盾的反面，
即「有些物體不是好氣味的」，亦包括那些「根本無氣味可言」的
物體。因爲，在前一種說法的對反中，氣味，物體概念底這偶然的
條件〔情狀〕，並沒有被這反面的判斷所移除，但卻是留存下來而
附隨於反面的判斷中，所以這兩個判斷並不是當作矛盾的對反而相
關聯著。

因此，如果我們說：世界在廣延方面**或是無限的，或不是無限
的**，而又如果前一命題是假的，則其矛盾的反面，即「這世界不是
無限的」，必須是眞的。這樣，我必否決一無限世界底存在，而卻
亦並沒有肯定一有限世界以代之。但是，如果我們說：這世界**或是
無限的，或是有限的**（是「非無限的」），則此兩陳述**可以俱假**。

A504
B532

因爲，在此情形中，我們必須把這世界本身視爲在其量度方面爲決
定了的〔爲決定是無限的〕，而在那相反的判斷中，我們不只是把
無限性，並或許連同這無限性，一完全各別的「世界之存在」，皆
予以移除，不只是如此，而且還把一種決定〔有限性〕附加給世
界，把這世界視爲一「在其自身**就現實地存在著**」的東西。但是，
此一肯斷〔即：肯斷世界爲有限之肯斷〕可同樣是假的；這世界很
可以不是當作一物自身而被給與，也不是在其量度方面**或是當作無
限的或是當作有限的**而**被給與**。我請求允許我去名這種對反曰「**辯
證的**」，而名那種相矛盾者底對反曰「**分析的**」。這樣，**兩個辯證
地相對反的判斷**，它們兩者**可以俱假**；因爲這一個不是另一個底純
然矛盾面，它是說了更多一點的東西，比一單純的矛盾所需要者爲

更多一點的東西。

如果我們把「世界在量度方面是無限的」與「世界在量度方面是有限的」這兩個命題視為矛盾的對反，則我們就要認定：世界，即現象底完整系列，是一物自身。【蓋以】①此時世界便成這樣的，即：縱使我停止了〔解消了〕其現象系列中的無限後返或有限後返而不作，它亦仍舊照常為無限或有限〔如無限真，則有限便假，反之亦然，以矛盾故〕。但是，如果我拒絕這種認定，或勿寧說拒絕這種伴隨而來的超越的幻像，並且否認「世界是一物自身」，則此兩肯斷底**矛盾的對反**便轉成一**純然地辯證的對反**。因為世界並不是依其自身，獨立不依於「我的表象」之後返的系列，而存在著，世界在其自身既不是**當作一無限的整全而存在著**，亦不是**當作一有限的整全而存在著**。它只存在於現象底系列之**經驗的後返**中，它不能當作某種在其自身的東西而被遇見。依是，如果這個系列總是有條件的，因而也就是說，它從不能當作完整的而被給與，則世界便不是一個無條件的整全，而亦不能當作這樣的一種整全即或是無限量底整全或是有限量底整全而存在著。

A505 }
B533 }

①依康德原文以「蓋以」起句。

我們在此關於第一個宇宙論的理念，即關於現象領域中量度底絕對整全之理念，所說的，亦應用於一切其他宇宙論的理念。條件底系列是只在後返的綜和本身中被發見，而並不是在把現象看成是這末一個「在其自身而且即以其自身，先於一切後返，而被給與」的物，這樣被誤看了的現象〔之領域〕中被發見。因此，我們必須

說：在一特定所與的現象中的部分之數目依其自身而言既非有限亦非無限。因為一個現象並不是某種「依其自身而存在著」的東西，而其部分亦是在化解的綜和之後返中始被給與，而且亦是通過化解的綜和之後返始被給與，而這一種化解的綜和之後返乃即是那「從不能在絕對完整中（無論是有限的完整抑或是無限的完整）而被給與」的後返。此義在相隸屬的諸原因底系列方面以及在「從有條件者進至無條件的必然存在」這種系列方面皆同樣適用。這些系列從不能依其自身，在其綜體中，被視為是有限的或是無限的。這些系列，由於是相隸屬的諸表象底系列，是故它們只在力學的後返中存在，它們不能先於這種後返，依其自身，當作自我潛存的事物之系列而有其存在。

{ A506
{ B534

　　這樣，純粹理性在其宇宙論的理念方面之背反，當這背反被表示為是如此，即：它只是辯證的，而且它之為一種衝突是由於一種幻象而然（這幻象是發生自我們把那「只當作物自身之條件看始有效或適用」的絕對綜體之理念應用於現象上，這些現象只存在於我們的表象中，因而也就是說，當它們形成一系列時，它們是只在一相續的後返中形成之，而並無別法可以形成之），當這背反被表示為是如此云云時，它即消滅而不見。但是，從這種背反裡，我們所能得到的，實在說來，實不是一獨斷的利益〔好處〕，而是一種批判的而且是學理上的利益〔好處〕。此種背反對於「現象底超越的觀念性」可供給一間接的證明，這一種證明乃即是那「應可說服『不以超越的攝物學中所給的直接證明為滿意』的任何人使之信服」的一種證明。此一間接的證明必存於以下的兩難中。如果世界是一個「依其自身而存在著」的整全，則它或是有限的或是無限

的。但是這兩相更替的說法皆是假的（如分別地在反題與正題之證明中所已表示的）。因此，「世界（一切現象底綜集）是一依其自身而存在著的整全」這也是假的。由此我們可說「現象一般若外於我們的表象便是無，什麼也不是」。此一義恰正是「現象底超越觀念性」之所意謂者。

A507 }
B535 }

　　這個解說是相當重要的。它能使我們去看出那被給與於四重背反中的證明並不只是純然無根的欺騙。若依據這假定，即：「現象以及綜攝這一切現象的感觸世界是事物之在其自己」這假定，則那些證明實是很有根據的。但是，由這樣所得到的命題而結成的衝突就表示在此假定中有一謬誤，如是，這衝突亦可把我們引導至作為感取之對象的事物之真正的構造〔本性〕之發見。當超越的辯證決不偏袒懷疑論時，它卻確然偏袒懷疑的方法，這懷疑的方法可以把這樣的辯證顯示為這方法底偉大效用之一例證。因為當理性底諸論證被允許在無限制的自由中去互相反對時，某種「有利益的，而且亦多半會有助於我們的判斷之糾正」的東西將總會自然增殖，雖然它不必是我們開始時所要去尋求的。

純粹理性底背反

第八節 「純粹理性在其應用於宇宙論的理念中」底軌約原則

因為在一感觸世界中，沒有條件系列底「最高限」〔最大限〕，視之為一物自身者，是通過**宇宙論的綜體原則**而為被給與了的，這最高限只能「當作一種『要求條件系列中的後返』的工作而被安置」〔只能是條件系列中之後返之所需要者〕①，因為是如此云云，所以純粹理性底原則必須依這些詞語而被修改；而如果它這樣被修改了，則它仍可保留其妥效性，它保留其妥效性實不是當作一個公理，即「**我們想這綜體為現實地存於對象中者**」，這樣的一個**公理**，而保留其妥效性，而是當作**知性上的一個問題**，因而也就是說，**主體上的一個問題**，而保留其妥效性，這問題它引導知性或主體，依照理念所規定的完整性，在任何特定所與的有條件的東西底條件系列中，去從事並繼續這**後返之工作**。因為在我們的感性中，即是說，在空間與時間中，每一條件，即在特定所與的諸現象底解釋中我們所能達到的那每一條件，皆又是有條件的。蓋因為現象並不是「對象之在其自己」（如果它們真是「對象之在其自己」，則絕對無條件者可能在其中被發見），但只是一些經驗的表象，這些經驗的表象必須總是在直覺中找得那條件，即「在空間與時間中決定它們」的那條件。「這樣，理性底原則，恰當地說來，實只是一個規律，它在所與的現象底條件系列中規定一種後返，它

並禁止這系列去把這後返帶至一結束之境，即因著把這系列所可達到的任何東西視為絕對無條件者而把這後返帶至一結束之境」②。因此，理性底原則不是經驗底可能性以及感取底對象底經驗知識底可能性之原則，因而也就是說，它不是知性底一個原則；因為每一經驗，在符合於所與的直覺〔之形式〕中，是被圍在限制或範圍之內的。理性底原則亦不是理性底一個「構造的原則」③，它並不能使我們去擴張「我們的感覺世界」之概念以超出一切可能經驗之外，它勿寧是經驗底最大可能的連續與擴張底原則，它不允許有任何經驗的限制被視為絕對的限制。這樣說來，它是理性底這樣一個原則，即此原則是用來充作一個規律，它並設定那「我們在後返中所應當去作之」者，但它卻並不能預測那「先於一切後返，如其依自己而存在那樣而現存④於對象中」的東西。依此而言，我名理性底原則曰「理性底軌約原則」，使它與條件系列底絕對綜體之原則區別開（此條件系列底絕對綜體是「被視為現實地存在於對象即現象中者」）⑤，條件系列底絕對綜體之原則必應是一構造性的宇宙論的原則。我試想即以此區別去表示實無這樣的構造原則，因而並去阻止那不可避免地要發生的事情，即那「設非如此，通過一種超越的非法偷轉，便不可避免地要發生」的事情，即是說，去阻止「把客觀實在性歸給理念，歸給一個『只用來充作一規律』的理念」這種事。

① 譯者案：此處肯·斯密士又譯為「當作一種……工作而被安置」。但「後返」可以當作一種工作，「最高限（最大限）」卻不能當作一種工作。故在此，如此意譯不甚通。Max Müller

譯爲「只能是條件系列中的後返之所需要者」。此似乎稍好。

案：原文動詞只是個 " aufegeben "，肯‧斯密士一貫意譯爲「當作一種工作而被安置」，而 Max Müller 則一貫譯爲「需要」（所需要的，被要求的）。德文 geben 是給與，gegeben 是被給與，aufgegeben 則不知如何譯。類比其他，此 auf……形之動詞似是「應被給與者」，「應有者」。

②此一整句，依原文是如此：「這樣，理性底原則恰當地說來實只是一個規律，此規律在所與的現象底條件系列中規定一種後返，此後返決不能被允許去停止在任何絕對無條件的東西處」。此似簡單而甚明，其他兩譯大體皆如此，不知何故肯‧斯密士於此中最後一句譯的那麼囉嗦。也許此最後一句於意義上有問題，故他予以詳盡的表達。但若如此，他應注明；但在此，他卻又無注明。

③「構造的原則」亦可譯爲「構成的原則」，在此亦可意解爲「圓成原則」。此處說構造原則與軌約原則與分析部原則之分析中所說者意義不甚相同。

④「現存」，肯‧斯密士注明原文爲「被給與」（gegeben）。

⑤此句，肯‧斯密士注明依原文當爲「是被視爲在對象中（即：在現象中）即依其自己而被給與」。

　　要想恰當地去決定純粹理性底〔原則之爲一規律〕這種規律之意義，首先，我們必須注意：作爲一規律或一軌約原則的理性之原則並不能告訴我們對象是什麼，但只能告訴我們經驗的後返如何被貫徹下去以便去達到對象之完整的概念。如果它企圖於前一工作〔想告訴我們對象是什麼〕，則它必應是一構造的原則，而這樣的

A510
B538

構造原則是純粹理性所決不能供給者。因此，它不能被視爲可以去主張「一特定所與的有條件者之條件底系列在其自身或是有限的或是無限的」者。因爲若那樣視之，則我們必是去視一絕對綜體之純然理念（此絕對綜體只是在理念中被產生）爲等值於這樣一種思考，即「思考一『不能被給與於任何經驗中』的對象」這樣一種思考。因爲依據那樣視之而言，我們一定要把一種「獨立不依於經驗綜和」的客觀實在性歸給一「現象底系列」。因此，此理性之理念其所能作的不過是把一個規律規定給條件系列中的後返綜和；而依照這個規律，後返的綜和必須從有條件者，通過一切相隸屬的條件，向那無條件者而前進。但是，它從不能達到這個目標，因爲絕對無條件者不是可在經驗中被發現的。

因此，我們必須首先決定所謂一個系列底綜和就其從不是完整的而言是什麼意思。要決定其是什麼意思，有兩個詞語是通常地被使用的，這兩個詞語是想去標識出一種差別，雖然並沒有正確地指定出這差別之根據。數學家只說及一「無限地前進」（progressus in infinitum）。以查考概念爲其工作的哲學家不承認這個詞語爲合法，而代之以「不定地前進」（progressus in indefinitum）。我們不須中止下來以便去考察這種區別底理由，或去詳說這種區別底有用的使用或無用的使用。我們只須以這樣的正確性即如在我們自己的目的上所需要的那正確性來決定這些概念。

A511
B539

關於一條直線，我們可以正當地說：「它可以被引長至無限。在此情形中，一「無限」與一「不定長的前進」間的區別必只是一無謂的纖巧。當我們說「你試畫一條線」，則在此去加上「不定長地畫」實比去加上「無限長地畫」聽起來似更爲正確。當「無限長

地畫」意謂你在畫一條線時你必須不要停止（這不是說「畫一條線」時所意謂者），可是「不定長地畫」卻只意謂你在畫一條線時盡可如你所願以畫之；而如果我們只涉及那在我們的力量之內所要去作的是什麼，則「不定長地畫」這辭語是完全正確的，因為我們總能使這條線再長一點，而無底止。在我們只說及這種前進，即，只說及從「條件」進至「有條件者」這種前進之一切情形中，亦是如此。這種可能的前進可在現象底系列中進行而無底止。從一對特定的雙親下降，**世代底下降線**亦可以無底止地進行，而且我們亦很可以視這條下降線為現實地在世界中如此連續下去者。因為在此情形中，理性從不需要「系列底一個絕對綜體」，因為它並不預設那個綜體為一條件以及為一所與（與料根據），但只把它當作某種有條件的東西而預設之，這作為某種有條件的東西的綜體，它允許可以被給與，而且可以繼續對之增加而無底止。

〔 A512
〔 B540

可是就下列問題而言，情形卻完全不同。此問題即：當一種後返在一系列中從某種當作有條件者而被給與的東西上升至它的條件時，這種上升的**後返**能擴展至有多遠？我們是否能說這後返是存在於無限中的，抑或只能說它是不定遠地擴張的（存在於不定中的）。舉例言之，我們是否能從現在活著的人，通過他們底祖先底系列，而無限地上升。抑或我們只能這樣說，即：就我們所已後返至者而言，我們從未遇見過一經驗的根據可以使吾人視這系列為限制在任何點上者，因此我們很有理由而且同時被迫著不得不就每一祖先去進一步追尋其更遠的祖先，雖然實不能去預定這些更遠的祖先。

對以上之問題，我們可以答覆說：當整全是被給與於經驗直覺

中時，則此整全底內部條件系列中的後返便可無限地進行著；但是當只有一個系列中之分子是被給與了的，而從此一被給與了的分子開始，後返又必須進行至絕對的綜體，當是如此云云時，則這後返僅屬於「不決定的性格」的（在不定中的）。依此而言，一個物體底區分，即是說，被給與於一定界限間的一段物質之區分，必須被說為無限地進行著的。因為這一段物質是當作一整全，因而也就是說，連同著其一切可能的部分，而被給與於經驗直覺中。因為此一整全底條件就是此整全中之部分，而此部分底條件就是部分底部分，依此下去，無有底止，又因為在此化解底後返中，此條件系列底一個無條件的（不可分的）分子從未被遇見過，是故不只是茲並沒有任何經驗的根據足以停止此區分，而且任何繼續區分底進一步的分子其自身就是先於這區分之繼續而為經驗地被給與了的。那即是說，此區分是無限地進行下去的。另一方面，因為任何特定人底祖先之系列並不是依其絕對綜體而在任何可能經驗中為被給與了的，是故這後返乃是從世代系列中的每一分子進行至一較高的分子的，而且亦沒有經驗的界限，即「顯示一分子為絕對地無條件者」的那經驗的界限，可以被碰見。而因為此中的諸分子，即「可以供給條件」的那些分子，並不是先於後返，而已含在對於這整全底一個經驗直覺中，所以此處之後返並不是對於所與者之區分而無限地進行著，但只是「不定遠地進行著，進行著以尋求進一步的分子以便可以加到那些已被給與了的分子上去，而這些進一步的分子其本身復又總當作有條件者而被給與。

不管這後返是無限地進行著，抑或是不定地進行著，無論在那一種情形中，這條件之系列皆不可被視為當作「**無限**」而**被給與於**

對象中。這些系列不是**事物之在其自己**，但只是現象，這些現象，由於互為條件，是只在這後返本身中被給與。因此，問題不再是：此條件系列在其自身是如何大，是**有限的**，抑或是**無限的**，因為它在其自身什麼也不是，是無；問題但只是：我們如何去**進行這經驗的後返**，我們連續這後返須連續到如何遠。在此，就「管轄這樣的後返程序」的規律而言，我們見到一重要的差別。**當整全是經驗地被給與的了的時**，則在此整全底內部條件之系列中「無限地」向後進行〔後返〕，這乃是可能的。可是當這**整全不是被給與了的**，但須首先**通過經驗的後返始被給與**，則我們只能說：「尋求這系列底更高而又更高的條件」這種尋求是「**無限地**」可能的。在前一情形中，我們能說：茲總有比我通過化解底後返所能達到者為更多的「經驗地被給與了的」分子存在在那裡；但是在後一情形中，則意思是如此，即：我們在後返中總能進一步而又進一步地前進，因為沒有分子是當作絕對無條件者而為經驗地被給與了的；而因此，因為一更高的分子總是可能的，是故就此更高的分子而言，繼續追究是必要的。在前一情形中，我們必然地找到這系列底進一步的分子；在後一情形中，因為沒有經驗是絕對地被限制了的，是故我們去追究進一步的分子乃成必要。因為，或者我們沒有一種知覺它把一絕對的限制安置於經驗的後返上，在此情形中，我們必不可視這後返為已完整了的，或者我們有一知覺它限制了我們的系列，在此情形中，此知覺不能是所已經過的系列之一部分（因為那能限制者必須不同於那「為此能限制者所限制」的東西），而因此，我們亦必須把我們的後返再繼續下去後返到此條件上去，而這樣，這後返復又重新開始，依此繼續下去，無有底止。

{ A515
{ B543

以上這些觀察將因著其下節中的應用而被置於其恰當的場合中〔而得恰當地被表示〕。

純粹理性底背反

第九節　在關於一切宇宙論的理念中，理性底軌約原則之經驗的使用

　　在許多機緣上，我們早已表明：沒有超越的使用可由知性底純粹概念或理性底純粹概念〔理念〕而造成；並已表明：感觸世界中的條件系列底**絕對綜體**〔**之肯斷**〕是基於理性底一種超越的使用，在此超越的使用中，理性從其所假定之為一**物自身**者要求此**無條件的完整**；並已表明：因為感觸世界並不含有這樣的完整，所以我們從不能有理由就感觸世界中的系列底絕對量度去探問這感觸世界是否是被限制了的抑或它**在其自身**是不被限制的，我們只能有理由去探問我們在經驗的後返中應當進行至如何遠，即當我們把經驗向後追溯到它的條件，而我們之追溯到其條件是遵守理性底規律而追溯至其條件，因而對於理性底問題除那「符合於〔經驗的〕對象」的答覆外，沒有其他答覆可言，我們即以此為滿足，當我們是如此云云時，我們在經驗的後返中應當去進行至如何遠。 ⎰A516
⎱B544

　　因此，那唯一剩留給我們的便是理性底原則之對一可能經驗底連續與量度而為一規律之妥效性；理性底原則之作為「被視為物自身」的現象自身之構造原則之無效性已充分地被證明。如果我們把此兩結論牢記於心，則理性之自我衝突便完全結束而不再現。因為這種批判的解決不只是毀滅了那「使理性自相衝突」的幻象，並且將代之以實義（teaching, Sinn），此實義在糾正那「曾是衝突之

唯一源泉」的誤解中使理性自身一致。這樣，一個「若不如此則必是辯證的」之原則將被轉成一「學理性的原則（doctrinal principle）。事實上，如果這個原則能被執持爲可以決定知性之最大可能的經驗使用，即依照其主觀意義然而卻又符合於經驗之對象，而決定知性之最大可能的經驗使用，則結果將與設想這原則好像真是一個公理，即「先驗地決定對象之在其自身」的公理（此從純粹理性說是不可能者），甚爲相同〔*所差亦無幾：只結果差不多，而來源根本不同*〕。因爲只有當這原則在指導知性之最廣可能的經驗使用中是有效果的時，這原則始能在關涉於經驗之對象中，於擴張並糾正我們的知識上，表現任何影響力。

A517
B545

I 〔第一背反之解決〕一宇宙整全中的現象之組合綜體之宇宙論的理念之解決

在此，如在其他宇宙論的問題處那樣，理性底軌約原則是基於這命題，即：「在經驗的後返中，我們不能有『一絕對限制』底經驗，即是說，不能有那『經驗地言之是一絕對無條件者』這樣的一個條件之經驗」。何故不能有，其理由是如此：蓋這樣的一種經驗必應含有現象底一種限制，這限制是因著「無」而限成或因著「虛空」而限成，而在繼續後返中，我們亦定能夠在一知覺中去碰見這種限制。但這卻是不可能的。

上提那個命題實際上是陳述這個意思，即：我們在經驗的後返中所僅能達到的那些條件便是「其自身復須被視爲經驗地有條件

A518
B546

者」這樣的一些條件。只陳述這個意思的那個命題最後終歸（in terminis）含有這個規律，即：在上升的系列中，不管我們進至如何遠，我們必須總是要追究這系列底一個更高的分子，此更高的分子或者可通過經驗而成爲被知於我們，或者不可通過經驗而成爲被知於我們。

　　因此，對第一個宇宙論的問題之解決而言，我們只須去裁決：在就時間與空間而後返到「宇宙底無條件的量度」這種後返中，這個從不能被限制的上升是否可說爲是一種「後返至無限」之後返，抑或只可說爲是一不決定地繼續的後返（不定的後返）。

　　世界底一切過去狀態底系列之完全一般的表象以及那「共在於宇宙性的空間中」的一切事物之完全一般的表象其自身就只是我所思給我自己（雖然在一不決定的樣式中思之以給我自己）的一個可能的經驗的後返。只有依此經驗的後返，對一個特定所與的知覺而言的這樣的條件系列之概念始能發生[a]。現在，我們只【隨時】① 在概念中有這「宇宙性的整全」，但從未在直覺中有之〔即：從未把宇宙當作一整全而在直覺中有之〕。因此，我們不能從「宇宙整全底量度」辯說至「後返之量度」，依照前者以決定後者；反之，只有因著參照經驗的後返之量度〔只有通過經驗後返之量度〕，我始能爲我自己去形成世界底量度之概念。但是，關於此經驗的後返，我們所能知的至多是如此，即：從條件系列底每一特定所與的分子開始，我們總是仍然要經驗地進到一較高而且較遠的分子。現象底整全之量度並不是因著此前進而即可以依任何絕對的樣式而爲被決定了的；因此，我們不能說這個後返可以進行至「無限」。要想進行至無限，我們定須預測這後返所尚未達到的那些分子，並把

A519
B547

這些尚未達到的分子之數目表象之為如此之大以至於沒有經驗的綜和能夠達到之，因而也就是說，我們定須先於這後返而決定世界之量度（雖然只是消極地決定之）。可是先於後返而去決定世界之量度，這乃是不可能的。因為世界並不是依其綜體，通過任何直覺，而為被給與於我者，是故它的量度也不是先於後返而為被給與於我者。因此，關於世界底量度本身，我們畢竟不能說任何事，更亦不能說在此世界量度中存有一無限的後返。一切我們所能作的便是去尋求世界底量度之概念，即依照那「決定世界中的經驗的後返」的那規律來尋求世界底量度之概念。這個規律所說的不過是如此，即：在經驗的條件之系列中，我們所可達到的不管如何遠，我們決不應假定一絕對的限制，但只應把每一當作有條件者看的現象隸屬到另一個現象上去，以此另一個現象作為它的條件，而且我們亦必須前進至這個條件。此義就是「不定的後返」，此不定的後返，由於它並不能決定「對象中的量度」，是故它是很夠清楚地可與「無限的後返」區別開。

A520
B548

(a)處，康德作底注云：

因此，這個宇宙系列既不能比可能的經驗後返為較大，亦不能比之為較小，所謂可能的經驗後返即這宇宙系列之概念所單基於其上的那種後返。而因為這種後返既不能產生一決定性的無限，亦不能產生一決定性的有限（即：任何絕對地被限制了的東西），是故世界底量度既不能被視為有限，亦不能被視為無限，這是十分顯明的。世界底量度所經由之以被表象的那後返既不允許一有限，亦不允許一無限。

①案：原文有「隨時」（jederzeit）一副詞，英譯皆略。

因此，我不能說：世界在空間方面或關於過去的時間方面是無限的。任何這樣的量度概念，由於它是一所與的無限量之概念，是故它乃是經驗地不可能的，而因此，在關涉於那「作爲感取之對象」的世界中，它也是絕對地不可能的。我也不能說：從一特定知覺向後返，返到那在一系列中（不管是空間方面的系列抑或是過去的時間方面的系列）限制此特定知覺的那一切東西上，這種後返可以進行至「無限」；若這後返可以進行至無限，則它必須去預設世界有一無限的量度。我也不能說：這後返是有限的；一絕對的限制亦同樣是經驗地不可能的。這樣，關於全部的經驗之對象（整個的感取世界），我不能說任何什麼事；我必須把我的肯斷限制到這規律上去，即那「決定經驗，即在符合於其對象中的經驗，如何可被得到，以及其如何可進一步被擴張」這樣的規律上去。

這樣，對於「關於世界量度的宇宙論的問題」之第一而否定的答覆便是：世界在時間方面沒有第一開始，而在空間方面亦無最遠的範圍〔界限〕。

因爲如果我們設想這世界有開始，有限制，則這世界必應是一方面爲一**空的時間**所限，而另一方面又爲一**空的空間**所限。但是，因爲當作現象看，世界不能**在其自身**依空的時間之樣式或依空的空間之樣式而被限制（現象不是一物之在其自己），所以世界底這些限制必須在一可能經驗中被給與，那即是說，我們需要有一對於**限制之知覺**，即因著絕對空的時間或空的空間而限制成的那種「限

A521
B549

制」之知覺。但是這樣的一種經驗，由於它完全空無內容，所以**它是不可能的**。因此，世界底一個**絕對的限制**是**經驗地不可能的**，因而也就是**絕對地不可能的**[a]。

(a)康德在此有底注云：

須知這個證明完全不同於第一背反底反題之**獨斷的證明**。在那個獨斷的論證中，我們依照通常而獨斷的觀點，視這感觸世界爲一個**在其自身**，以其綜體，先於任何後返，而**被給與的東西**；我們且又肯斷說，這感觸世界，除非它佔有一切時間與一切地位，否則它便不能在空間與時間中有任何決定性的位置，不管是那一種。因此，這獨斷論者的結論亦不同於我上面所給的那結論；因爲在這獨斷的證明中，我們推斷了或表示了這世界底**現實的無限性**。

肯定的答覆同樣直接地隨之而來，即：在現象系列中的後返，當作世界底量度之一決定者看，是「**不決定地**」進行著的。此即等於說：雖然這感觸世界沒有絕對的量度，然而這經驗的後返（只有通過此後返這世界始能依其條件一邊而被給與）卻有其自己之規律，即：「它必須總是從這系列底每一有條件的分子進至一更爲遼遠的分子；它之如此前進或者是藉賴著我們自己的經驗而然，或者是藉賴著歷史底指導線索而然，或者是藉賴著結果與原因底鍊索而然。而如此規律進一步所要求者，我們的唯一而定常的目的必須是知性底可能的經驗使用之擴張，蓋由於此擴張是理性之在其原則之應用中之唯一恰當的工作」①。

A522 }
B550 }

①案：此不合原文。依原文是如此：「**總應去從系列底每一分子，當作有條件者看者**，進至一更邈遠的分子（或者經由我們自己的經驗而進至，或是經由歷史底指導而進至，或是經由原因與結果之鍊索而進至），而**無論進至何處，決不應去免除**知性底可能的經驗使用之擴張，蓋由於此擴張是理性之在其原則之應用中之唯一恰當的工作」。此是一整句表示「經驗後返」之規律。肯·斯密士譯拆開了，顯不出。他把它分成兩整句，而於後一整句又加了許多字，意思全變了。Max Müller 譯較合。當以此原文爲準。

這個規律並不規定這樣一個決定性的經驗的後返，即：「此後返在某類現象中必須無底止地進行著」這樣一個決定性的經驗的後返，例如從一活著的人開始，通過一祖先之系列而向後進行，在此後返進行中，我們決不能期望去遇見一第一雙親，又如在天體底系列中，我們決不能承認一個最遠方的太陽：此規律並不規定這樣決定性的經驗的後返。此規律所要求的一切便是「從現象進到現象」這種前進；因爲縱使那些所要進至的現象不能產生一現實的知覺（此如當對我們的意識而言它們在級度上——強度量上太弱不足以成爲經驗時），然而當作現象看，它們仍然屬於一可能的經驗。

一切開始皆存在於時間中，而廣延者底一切限制皆存在於空間中。但空間與時間只屬於感取之世界。依此，雖世界中的現象皆是有條件地被限制了的，然而「世界本身」卻旣不是有條件地被限制了的，亦不是無條件地被限制了的。

　　同樣，因爲世界從不能當作「完整者」而被給與，又因爲甚至那「當作有條件者而爲被給與了的東西」之條件系列，作爲一宇宙系列看，亦不能當作「完整者」而被給與，所以世界底量度之概念是只有通過後返始爲被給與了的，而並不是先於後返在一「集合的直覺」〔整全的直覺〕中而爲被給與了的。但是，後返只存於「決定量度」這「決定之」之決定活動中〔決定量度之活動中存有後返〕，後返並不給出任何決定性的概念〔後返至何處便決定至何度，後返不能給出一客觀的決定性的量度之概念以爲定是什麼量〕。因此，後返並不能產生出這樣一個量度之任何概念，即那「在關聯於某種一定的單位尺度中而能被叙說爲是無限的」這樣一個量度之概念。換言之，後返並不能進行至「無限」，好像這「無限」可被給與似的，但只能進行至不決定地遠的〔不定的遠〕，以便去給出那種經驗的量度，即那「在此後返中並通過此後返始成爲現實的」那種經驗的量度。

A523 }
B551 }

II　〔第二背反之解決〕給與於直覺中的一個整全底區分之綜體之宇宙論的理念之解決

　　如果我們區分一給與於直覺中的「整全」，則我們是從某種有條件者而進至此某有條件者底可能性的諸條件。部分底區分（對於部分再施以區分，此曰次區分或化解）便是此諸條件底系列中的一種後返。這個系列底絕對綜體必只當這後返能達到單純的部分時，始可被給與。但是，如果在一連續進行的化解中的一切部分其自身

復又是可分的，則這區分，即「從有條件者後返至其條件」這種後返，便是**無限地**進行著的。因為這些條件（這些部分）其自身即含在有條件者中，而又因為這個有條件者是當作「完整的」而被給與於一個「被圍在限制之內」的直覺之中，所以這些部分盡皆與那有條件者一起而為被給與了的。因此，這個後返不可只被名為一「**不定的**」的後返。此不定的後返，前就第一個宇宙論的理念而言是可允許的，因為該第一宇宙論的理念要求「從有條件者進至其條件」這一種前進，而所進至的這些條件，由於是外於該有條件者，所以它們並不是通過有條件者而為已被給與了的，而且亦不是與該有條件者一同而為已被給與了的，它們但只是在經驗的後返中始被增加到該有條件者上去。但是，關於一個可分至無限的整全，我們卻沒有理由去說：這個可分至無限的整全是**由無限多的部分**而被作成。因為雖然一切部分皆含在這整全底直覺中，可是這全部的區分並不因而亦含在這整全底直覺中，但卻是只存於連續的化解中，即是說，只存於這後返之本身中，因著此後返，這系列始成為現實的。因為這種後返是無限的，所以這後返所達到的一切分子或部分皆是含在這被視為一集合體的所與整全中。但是這區分底全部系列卻並不因而即含在這所與的整全中，因為這區分底全部系列是一相續的無限，而從未是一「整全」，因此，它不能展示一無限的眾多數，或一整全中的一無限的眾多數之任何結合〔或組合〕。

　　以上這個一般的陳述顯然可以應用於空間。每一被直覺為在限制內的空間便是這樣的一個整全，此種整全之部分，如因著繼續不斷的化解而被得到者，其本身總仍是空間。因此，每一被限制了的空間是無限地可分的。

A524
B552

A525 }
B553 }

　　這個陳述底第二應用完全自然地隨以上應用於空間而來，此第二應用即是應用於被圍在限制之內的一個外部的現象，即，應用於一個物體。一個物體底可分性是植基於空間底可分性中，空間底可分性構成「這物體之為一廣延的整全」之可能性。因此，**物體是無限地可分的**，然而它卻不是**由無限多的部分而組成**。

　　實在說來，這似乎是可以的，即：一個物體，因為它必須當作本體〔常住體〕而被表象於空間中，所以就空間底可分性之法則而言，此物體將不同於空間。我們固可承認：化解從不能把一切組合從空間處移除〔意即：使一切組合離開空間〕；因為若那樣移除，則必意謂：空間（在此空間處並沒有什麼自我潛存的東西）已不復是空間，而此是不可能的。可是另一方面，「如果物質底一切組合在思想中被消除則便無物可以留存」這個肯斷似乎並不是可與一本體之概念相容的，此本體被意謂是一切組合之主詞，而且它必須繼續存在於〔常住於〕組合物之成素中，縱使空間中的連繫（因著此連繫那些成素可構成一物體）被移除，它亦必須繼續存在。但是，這層意思雖適用於物自身（因為物自身是通過知性底一純粹概念而被思），然而它卻並不適用於我們於現象領域中所名之曰本體者。因為此現象領域中的本體並不是一絕對的主詞，它但只是一個常住

A526 }
B554 }

的感性影像，它除當作一直覺外，它什麼也不是，而在直覺中，無條件者是從未被遇見的。

　　但是，雖然此「無限的進行」之規律無疑地可應用於一「只被視為充塞空間」的現象之隸屬區分，可是它並不能被致使去應用於這樣一個所與的整全，即「在此所與的整全中，諸部分早已是如此確定地互相分離以至於此諸部分構成一不連續的量（quantum discretum）」這樣一個所與的整全：那無限的進行之規律不能被致使去應用於其部分各自分離而構成非連續量這樣的整全上。我們不能假定：一被組織起的整全底每一部分其自身復又是如此之被組織起來，以至於：在部分底分析而分析至無限中，仍有其他被組織起的部分總可被遇見；總之，我們不能假定：這整全是可以被組織起而組織至無限的。這不是一可思議的假設。物質底部分如見之於其無限的化解中者，可被組織起來，這自是眞的。空間中一所與現象底區分之無限性是只基於這事實，即：通過這種無限性，只有這**可分性**（此可分性之自身，就其部分之數目言，是絕對地不決定的）是**被給與了的**，至於那些部分自身則只有通過隸屬區分而被給與以及被決定。總之，整全，依其自身而言，並不是早已被區分了的。因此，部分底數目，一種區分在一整全中所可決定者，將依靠於我們在此區分底後返中所欲進至多遠而定。另一方面，在一被思議爲**無限地**被組織起來的組織體之情形中，這整全是被表象爲早已分成部分的，並且被表象爲先於一切後返而即足以把一種決定性的而又是無限數的部分允諾給我們者。但是，這是自相矛盾的。這種無限的錯綜重疊是被視爲一無限的（即：從不能被完整的）系列，然而同時卻又被視爲在一〔不連續的〕複合體(Zusammennehmung)中而爲完整的。無限的可分性之屬於現象是只當此現象是一「連續量」時，它始屬於現象；無限的可分性是與空間底佔有分不開的，此空間之佔有實是無限的可分性之根據。去把任何東西視爲是一「**不連續量**」，便是去把其中的單位數目視爲是被決定了的，因而也就是說，視爲在每一情形中皆等於某一數目。在一組織起的物體中，組織能進至多遠，這只有經驗能夠表示之；而雖然就我們的經

{ A527
{ B555

驗已歷過而言，我們可從未確定地已達至任何非組織的部分，可是「經驗到這種非組織的部分」之可能性必須至少可被承認。但是，當我們把一「現象一般」底超越區分記於心中時，則「此區分可以擴展至如何遠」之問題並不要等候一來自經驗的答覆；那問題可因著理性之原則而被裁決，此理性之原則規定以下之情形，即：在廣延物底化解中，這經驗的後返，依照廣延物這一現象之本性，從不能被視爲是絕對地完整了的。

＊　　　　＊　　　　＊　　　　＊

A528 }
B556 }
對於數學的超越理念底解決之結束語以及對於力學的超越理念底解決之預備的省察

我們通過一切超越的理念，依表列的方式，已表象了純粹理性底背反，並且已表明了這衝突底根據以及移除此衝突之唯一辦法便是宣布這兩相反對的肯斷皆假，在如此表象之以及如此表明之中，我們已把條件表象爲在一切情形中皆依照空間與時間之關係而委順於〔或繫屬於〕那有條件者。條件在空間與時間之關係中委順或繫屬於有條件者，這乃是通常的理解所普通作成的假設，而衝突亦專由於這假設而發生。依此想法，綜體底一切辯證的表象，在對於一所與的有條件者而言的條件之系列中，皆完全是同一性格的。條件總是和有條件者一同爲一系列底一分子，因而亦是與有條件者爲「同質的」。在這樣一個系列中，後返從不能被思爲是完整了的，而如果它已被思爲是完整的，則一分子，其自身爲有條件者，必須

已錯誤地被設想為是第一分子，因而也就是錯誤地被設想為是無條
件者；對象，即，有條件者，或可並非總是只依照它的量度而被思
量，但是至少它的條件系列已如此被思量。這樣，便引起了這困
難，即：理性使這系列對於知性或是太長，或是太短，這樣，知性
從不能相當或相稱於那所規定的理念：這一困難決不能因著任何和
解而被處理，但只能因著割斷這死結而被處理。

　　但是，依以上所說的那一切，我們已忽略了那「**存於對象間**」
的**本質的分別**，即是說，已忽略了那「**存於知性底概念間**」的**本質
的分別**，這些知性底概念即是理性所要努力去把它們升至理念者。
依照前文所給的範疇表，這些概念其中有兩類是函蘊著現象底數學
的綜和，其他兩類則函蘊著現象底力學的綜和。

　　到現在為止，在以上的那兩種解決中，去計及這種分別是不必
要的；因為恰如在一切理念底一般表象中我們總是要順從於現象領
域內的條件〔總是仍然要留在現象領域中的條件下〕，所以在那兩
類數學的超越理念中我們所牢記於心的唯一對象也是作為現象的對
象。但是，現在由於我們要進而去考慮知性底力學概念適合於理性
底理念適合到什麼程度，所以這分別便成十分重要的，並且它對於
「理性被牽連或糾纏於其中」的那種訴訟〔衝突〕亦開放給我們以
新的看法或見解。這訴訟，在上面我們對於它的裁判中〔即：在第
一、第二兩背反之解決處對於它的裁判中〕，已由於它在正反雙方
皆基於假的預設之故而被遣除〔被廢棄〕。但是，因為在力學的背
反中，和理性底要求可以相容的一個預設或可被發見，又因為法官
或許補充了那請求中所缺乏的東西（那請求雙方皆犯誤述之過），
所以這訴訟可以被處理得使雙方皆滿意，可是這一種處理法在數學

{ A529
  B557

{ A530
  B558

的背反方面是不可能的。

　　如果我們只考慮條件系列底伸展，並只考慮這些系列是否適合於理念，這理念對於這些系列是否太大抑或太小，則這些系列在這些方面實一切皆是**同質的**。但是居於這些理念之下而為其根據的知性之概念卻可含有或者單只是**同質者之綜和**（此種綜和被預設在每一量度之組合中同樣亦被預設在每一量度之化解中），或者亦是**異質者之綜和**。因為異質者可被承認為至少在力學的綜和之情形中是可能的，所謂力學的綜和，乃是在因果連繫方面以及在必然者與偶然者底連繫方面皆同然者。

　　因此，在現象系列底數學連繫中，除感觸的條件外，沒有其他條件是可允許的，那就是說，沒有一個條件其自身不是這系列之一部分者。可是另一方面，在感觸條件底力學的系列中，一個異質的條件，即其自身不是系列之一部分，但純粹是智思的，而如其為智思的，因而它亦是在這系列之外，這樣一個異質的條件可被允許。

A531 }
B559 }

在此情形中，理性得到滿足，而無條件者亦是先於現象而被安置，而同時現象底不可變更地有條件的性格〔被制的性格〕卻又並不因而被隱晦，而這些現象底系列亦並不因而被割短以侵犯了知性所規定的原則。

　　既然力學的理念允許現象底一個條件在現象系列之外，即是說，一個條件其自身不是現象，則我們便達到一個完全不同於那「在數學的背反之情形中是可能的」任何結論之結論。在數學的背反中，我們不得不宣告兩相對反的肯斷皆假，可是另一方面，在力學的系列中，完全有條件者，即和「被視為現象」的系列不可分離的完全有條件者，是和一個「雖實並非是經驗地被制約了的，然而

卻亦是『非感觸的』」條件有密切關係的。這樣，我們一方面能夠
去爲知性得到滿足〔意即：給知性以滿足〕，另一方面亦能夠去爲
理性得到滿足〔意即：給理性以滿足〕[(a)]。如是，〔力學背反中
的〕辯證的論證，即「依此路或彼路只想在純然的現象中尋求無條　　$\left.\begin{array}{l}\text{A532}\\\text{B560}\end{array}\right\{$
件的綜體」的那辯證的論證，雖完全倒塌，而理性底命題，當此較
正確的解釋已這樣被給與了時，則可雙方皆是眞的。在那些「只涉
及一數學地無條件的統一」的宇宙論的理念方面決不能是如此；因
爲在這些理念方面，沒有現象系列中的一個條件其自身不是現象，
不是作爲現象而爲系列底分子之一，能被發見。

　　(a)處，康德作注云：

　　　　知性並不承認現象間有任何條件其自身能是「並非經驗地被
　　　　制約者」。但是，如果對於現象〔領域〕中的某種有條件
　　　　者，我們能思議一個智思的條件，它不屬於現象底系列而爲
　　　　其分子之一，而我們之思議這樣一個智思的條件至少又沒有
　　　　干擾或妨礙了經驗條件之系列，如是，則這樣一個條件即可
　　　　被承認爲是「並非經驗地被制約者」，其這樣被承認卻又無
　　　　損於經驗的後返之連續。

Ⅲ 〔第三背反之解決〕「宇宙事件之從其原因而引生」這引生中的綜體之宇宙論的理念之解決

當我們應付或處理那發生的東西時,茲只有兩種因果性可被我們所思議;此兩種因果性乃是或依「自然」而成者,或由「自由」而發生者。依照「自然」而成的因果性是感觸世界中的某一個狀態與那先行的狀態之相連繫,所謂先行的狀態即是「此某一狀態依照一規律所追隨」的那個狀態。因為現象底因果性基於時間之條件上,而先行的狀態,如果它總是已經存在著,它便不能已產生了一個「在時間中開始有存在」的結果,是故那隨之而來者便是:那發生的東西或開始有存在〔開始出現〕的東西其原因之因果性必須其自身也須開始有存在,而依照知性之原則,它必須其自身轉而復需要有一原因。

A533
}
B561

但是另一方面,所謂自由,依其宇宙論的意義而言,我理解為是「自發地開始一狀態」之力量。因此,這樣的因果性其自身將不居於另一「在時間中決定之」的原因之下,如依自然底法則所要求者。依此義而言,自由是一純粹超越的理念,此超越的理念首先並不含有任何從經驗假借得來的東西,其次,它涉及一個「不能在任何經驗中被決定或被給與」的對象。「每一生起的東西有一原因」,這是一個普遍的法則,它制約一切經驗底可能性。因此,原因底因果性,即「其自身也是生起或開始有存在」的那原因之因果性,必須其自身轉而復有一原因;而這樣,經驗底全部領域,不管

它擴展至如何遠，逐被轉成「純然自然者」之綜集。但是，因為在此路數中，沒有「決定因果關係」的諸條件底絕對綜體可被得到，所以理性為其自己創造了「一個自發性」之理念，這一自發性能夠以其自身開始去活動，而不須依照因果性之法則被一先行的原因所決定，決定之以至於有活動。

實踐的自由之概念即基於此超越的理念，而自由底可能性之問題所總是為其所苦〔所纏繞〕的那困難之真實的根源亦處於此超越的理念，此則一定要特別地被注意。自由，依其實踐的意義而言，就是意志（Willkür）之獨立不依於由感性衝動而來的迫束。因為一個意志，當它是感性地被影響時，即為感性的動力所影響時，它即是感性的；如果它可感性地被迫使為必然如此者，它即是動物性的意志（arbitrium brutum）。人類的意志確然是一為感性所影響的意志（arbitrium sensitvum），但它不是動物性的，而卻是自由的（liberum）。因為感性並不迫使它的活動為必然如此者。人有一種自決之能力，此能力獨立不依於任何由感性衝動而來的迫束或強制。

顯然，如果感觸世界中的一切因果性皆是純然的自然，則每一事件皆必依照必然的法則在時間中為另一事件所決定。現象，依其決定意志而言，必會在意志底活動中有其自然的結果，而且亦必會使意志底活動成為必然的〔機械地必然的〕。因此，超越的自由之否決必包含著一切實踐的自由之取消。因為實踐的自由預設：雖然某種東西未曾發生過，可是它應當發生，並預設：既然它應當發生，是故其原因，如被發現於現象領域中者，並不是如此之有決定作用以至於排除了我們的意志底因果性——意志底因果性即是那

A534
B562

「獨立不依於那些自然的原因，而且甚至相反於那些自然原因之力量以及影響力，而能產生出某種『依照經驗的法則在時間秩序中而為被決定者』的東西」的那種因果性，因而也就是說，是那「能夠完全以其自己開始一事件之系列」的那種因果性。

A535
B563 }

因此，在這裡，就像理性在其冒險越過可能經驗底範圍中自相衝突時所常發生的那樣，這問題實不是生理學的〔自然學的〕，但卻是超越的。關於自由底可能性之問題實有關於心理學；可是因為此問題基於純粹理性底辯證的論證，所以此問題底處理以及解決是專屬於超越的哲學的。在試作這種解決以前（這種解決是超越哲學所不能謝絕的一種工作），我必須多或少更準確地規定這超越哲學底程序，即在處理此問題中的超越哲學底程序。

如果現象是物之在其自己，空間與時間是物之在其自己〔物自身〕底存在之形式，則條件必總是與有條件者為同一系列之分子；這樣，在現在的情形中，如在其他超越的理念處那樣，背反必發生，即是說，這系列對知性而言必是或太大或太小。但是，力學的理性概念，我們在本節以及下節所要去討論之者，有這特性，即：它們並不有關於一個對象之被視為一量度，但只有關於此對象底「存在」；依此，我們能抽掉條件系列底量度，而只考量條件對於

A536
B564 }

有條件者底力學關係。依是，在處理關於自然與自由之問題中，我們所遭遇的困難乃是：自由是否畢竟是可能的，而如果它是可能的，它是否能和自然的因果法則之普遍性一同存在。說「世界中的每一結果必須或是從自然而發生或是從自由而發生」，這是一真正地非此即彼的析取命題嗎？我們豈必不可說：在同一事件中，依不同的關係，兩者皆可被發見嗎？「感觸世界中一切事件皆依照自然

底不可變更的法則而處於一通貫的連繫中」，這是超越分析中一個已建立起的原則，而此原則是不允許有例外的。因此，問題只能是：自由是否完全為這不可侵犯的規律所排拒，抑或一個結果，儘管其依照自然而這樣被決定，是否不可以同時亦基於自由。現象底絕對實在性〔意即：超越的實在性〕這一通常而錯誤的預設在這裡顯出其有害的影響，使理性陷於狼狽。因為，如果**現象真是物之在其自己**，則**自由便不能被維持**。如是，自然將是每一事件底完整而充分的決定因。事件底條件將只能在現象系列中被發見；條件與條件底結果這兩者將依照自然底法則而為必然的。可是，另一方面，如果現象不被視為比其**所實是者**為更多，如果它們不被看成是**物之在其自己**，但只被看成是表象，是依照經驗的法則而被連繫起來的表象，則它們自身必須有那「並非是現象」的一種根據。這樣的一種智思的原因底諸**結果**可以顯現出來，因而亦可通過其他現象而被決定，但這智思的原因之因果性本身並不是這樣被決定了的。雖然諸結果須在經驗條件底系列中被發見，然而這智思的原因，連同其因果性，卻是在這系列之外的。這樣，這所產生出的結果在關涉於其智思的原因中可以被看成是自由的，而同時在關涉於現象中它又可被看成是依照自然之必然性而為由這些現象而結成者。這種分別，當依此完全一般而抽象的樣式而被陳述時，必然顯得極為微妙難解而又隱晦，但是在其應用底經過中，它將成為清楚的。我的目的只想去指出以下之情形，即：因為在一自然之係絡裡，一切現象之通貫的連繫是一不可搖動的法則，所以頑固地堅持現象底「**實在性**」〔意即：超越的實在性〕其不可避免的結果便是去毀壞一切自由。那些追隨通常想法的人絕不能去消融自然與自由間的衝突而和

A537
B565

解之。

A538
B566
}

通過自由而成的因果性與「普遍的自然必然性之法則」相諧和之可能性

　　凡在一感取之對象中其自身不是現象者，我名之曰「智思的」〔純智所思的〕。因此，如果一個「在感觸世界中必須被看成是現象」的那存有它在其自身中有這麼一種能力，即此能力不是感觸直覺底一個對象，但是通過此能力，該存有可以成為現象底原因，如是，則此存有之「因果性」便可依兩個觀點而被看待。如果此因果性被視為一「物自身」底因果性，則它依其**活動**而言便是「智思的」；如果此因果性被視為感取世界中的一個現象底因果性，則它依其**結果**而言便是「感觸的」。因此，我們必須對於這樣一個主體底能力之因果性既要去形成一經驗的概念，又要去形成一理智的概念，並且要視這兩個概念為涉及一同一結果者。這雙重方式，即【思考一「**存在於**一感取之對象中而產生此對象」的能力】①這思考之之雙重方式並不與我們「關於現象以及關於一可能經驗所須去形成」的任何概念相衝突。何以故如此，這是因為以下的緣故而然，即：因為現象並非物自身，是故現象必須基於一「**超越的對象**」上，此超越的對象決定現象為純然的表象；因此，茲並沒有什

A539
B567
}

麼東西可以阻止我們，使我們不能把一種「不是現象（雖然其結果須在現象中被遇見）」的「因果性」歸給此超越的對象，即在此超越的對象所因之以顯現而成為現象的那種性質以外，再把一種不是現象的因果性歸給此超越的對象。每一有效的原因必須有一種性

格,即是說,必須有其因果性底一個法則,若無此因果性底法則,它必不能是一原因。因此,依據以上的假設,我們必須在一「屬於感觸世界」的主體中首先有一**經驗的性格**;因著此經驗的性格,此主體底活動,當作現象看,是依照不可更變的自然法則而與其他現象有通貫的連繫。而因為這些活動能從其他現象中而被引生出,所以它們與其他現象合在一起構成自然秩序中一個唯一的系列。其次,〔除那經驗的性格外,〕我們定須也要允許這主體**有一智思的性格**,因著此智思的性格,這主體實是那些「當作現象看」的活動之原因,但是這智思的性格本身卻並不處於任何感性底條件之下,因而其自身亦並不是一現象。我們可名前者曰現象領域中的事物之性格,而名此後者曰「作為物自身」的事物之性格。

①「一『存在於感取之對象中而產生此對象』的能力」,肯·斯密士譯為「為一感取之對象所有的能力」,此不達。案:原文是 " das Vermögen *eines* Gegenstandes der Sinne "。Max Müller 譯之為「一感取底對象之能力」,此亦不達。" eines " 處須補之以動詞,但不應如肯·斯密士之所補。Meiklejohn 譯為「一『居留於一感取之對象中』的能力」,此稍得之。「居留於」實即「存在於」——「存在於一感取之對象中而產生此對象」。

〔**又案**〕:此段文中所說的「超越的對象」是指「物自身」言。下文屢使用此詞,皆指物自身言,皆非第一版超越推證中所說的「超越的對象=X」。物自身本不可說為對象,而

若視爲對象，即隨文以「超越的」說之，此超越實即超絕義。因既有實指，實指物自身而說，故與第一版超越推證中所說的「超越的對象＝Ｘ」不同。該處無實指，康德亦明言它不是一「智思物」（noumenon）。此並非以超越推證中的「超越對象」爲準，再比照此處所說的「超越的對象」，而謂康德說「超越的對象＝Ｘ」態度遊移不定或有衝突也。成爲問題而困惑讀者的是第一版超越推證中的超越對象，而實指物自身的超越對象則無問題可言。第二版的超越推證刪去「超越的對象」一詞，別處使用此詞只是實指物自身而言，此只是隨文立詞。然則第一版超越推證中說超越對象，康德對之實另有思理，與實指物自身的超越對象不同，故當討論該處該詞時，不可謂康德遊移不定，謂其亦有物自身底意義也。

現在，這個活動的主體，依其**智思的性格**而言，自不處於任何時間條件下；時間只是現象底一個條件，並不是物自身之條件。在此主體中，沒有活動可**開始**或**停止**〔有生或滅〕，因此，此主體並不必須去符合於這決定之法則，即「一切在時間中是可變化的東西」底決定之法則，亦即是說「每一發生起的東西必須在那『先於它』的諸現象中有其原因」這樣的每一東西底決定之法則。總之，此主體底因果性，就其是「智思的」①而言，必不會在那些經驗條件底系列中有一地位，所謂那些經驗的條件即是「事件所經由之以被致使在感取世界中成爲必然的」那些條件。此智思的性格實從未直接地被知，因爲任何東西只有當其顯現時，它始能被覺知，除此

A540
B568

以外，再沒有什麼東西可被覺知。此智思的性格必應依照經驗的性格而被思，此恰如我們被迫著不得不去思一超越的對象為處於現象之基礎地位而為其根據，雖然我們對於「超越的對象在其自身是什麼」一無所知。

> ①「智思的」，康德原文為「理智的」。肯·斯密士注云：別處康德總使用「智思的」這個較少令人誤會的詞語。案：當改。關於此兩詞之分別，康德已在分析部中 A257，B313 處有所注明。此處自是其不慎。

因此，此主體，當作現象看，依其經驗的性格而言，「它自應必須去符合於一切「因果的決定之法則」」①。就此而言，此主體不過只是感取世界底一部分，而此主體底諸結果，就像其他現象一樣，亦必須是「自然」底不可免的成果〔亦必須是不可避免地由「自然」而排洩出者〕。一旦外部現象被見為去影響此主體，並且一旦此主體底經驗性格，即此主體底因果性之法則，是通過經驗而成為被知的，則此主體底一切活動必須容許有依照自然之法則而說明之之說明。換言之，此一切活動底完整而必然的決定上所需要的那一切東西必須被發見於一可能經驗中。

> ①依原文：「它自應必須依照一切決定底法則而屈服於因果的結合或連繫」。

依其智思的性格而言（雖然我們對此智思的性格只能有一般的 〔 A541 B569

概念），此同一主體必須被思量為解脫一切感性底影響者，並被思量為解脫一切通過現象而來的決定者。因為此主體是一智思物，所以在此主體中便沒有什麼東西在發生；茲不能有「需要時間中的力學的決定」的變化，因而亦不能有「因果的依待——依待於現象」的依待。結果，因為自然的必然性是只有在感觸世界中被發見，所以此主動的存有依其活動而言必須是獨立不依於一切這樣的必然性者，而且必須是從一切這樣的必然性中解脫出來而不受束縛者。沒有活動在此主動的存有自身中有開始；但是我們卻可完全正確說此主動的存有即以其自身開始了其感觸世界中的結果。依其肇始了感觸世界中的結果而言，我們必不應說：「此等結果能夠即以其自身而開始」；它們總是通過先行的經驗條件而為預先被決定了的，雖然只是通過它們的經驗性格（此經驗性格不過是那智思性格者底現象）而為預先被決定了的，因而也就是說，雖然它們只有當作自然原因底系列之一連續看，它們才是可能的。這樣，自由與自然，依此兩詞之充分的意義而言，能夠比照「諸活動或涉及其智思的原因或涉及其感觸的原因」而同時並存於諸活動中而無任何衝突。

A542 ⎱
B570 ⎰　　宇宙論的自由之理念與普遍的自然必然性相連繫之說明

　　　　我已認為對於我們的超越問題之解決去作此大體之描述〔即：以上之概述〕這是很適當的，這樣作，我們便可更好地去鳥瞰「理性所須去採用之以達問題之解決」的那經過。現在，我將把含在此種解決中的種種因素明示出來，並詳細去考慮之。

　　　　「『每一發生的事情皆有一原因』這是一自然法則。於所謂皆

有一原因中，因這些原因之因果性，即原因之活動，亦是在時間中
先於那繼彼而起之結果者，是故其自身不能總是已存在著〔不能永
恆常存著〕，它必須是已發生過的東西，而且它必須在現象間亦有
一原因，經由此原因，它復轉而是被決定了的。因而結果也就是
說，一切事件在自然秩序中是經驗地被決定了的。只有藉賴著此法
則，現象始能構成一個自然界，而且始能成為經驗底對象。此法則
是一知性之法則，沒有背離此法則之背離可被允許，亦沒有現象可
能逃脫此法則。」①「去允許這樣的逃脫」這必是去把一現象置於
一切可能經驗之外，去使一現象有別於一切可能經驗底對象，因而 $\left\{ \begin{array}{l} \text{A543} \\ \text{B571} \end{array} \right.$
也就是說，去把一現象轉成一純然的思想物、一腦筋底幻想物。

①案：此一長句 ，Max Müller 依原文語法譯是如此：「這一自
　　然法則，即：『每一發生的東西皆有一原因』，亦即：『所謂
　　有一原因，此原因之因果性，即此原因之活動，由於它在時間
　　中是先行者，而且於顧及那已發生之結果中，其自身亦不能總
　　是已存在著，但必須在某時已發生過，由於是如此，是故它必
　　須在現象間有其原因，經由此原因，它是被決定了的』，並亦
　　即：『由於以上之所說，是故自然秩序中的一切事件皆是經驗
　　地被決定了的』：──這一法則（單通過此法則現象始能構成
　　一個自然界，而且始能成為經驗之對象）乃是一知性之法則，
　　此法則決不能被放棄，而且亦沒有任何一個現象能逃脫此法
　　則」。Meiklejohn 譯亦順此句法譯。肯·斯密士譯是拆開了，
　　單說「每一發生的事情皆有一原因」為自然法則，後兩句不知
　　居何地位；又「只有藉賴著此法則」，「此法則」不能定其確
　　指，指首句乎？抑亦包括後兩句乎？依原文，自然法則賅指三

　　「即」句說，以三「即」句說自然法則，接著即說此三「即」
　　所表示之法則是一知性之法則。不過以後兩「即」所表示者為
　　法則，不太合習慣，但句法確是如此。

　　以上所說之法則似乎必會函蘊著一原因鍊子之存在，此原因鍊
子在後返至其條件中是不允許有絕對綜體的。但是這一點並不使我
們苦惱或有什麼麻煩。這一點早已在背反之一般討論中被處理過，
所謂背反即是「理性當其在現象之系列中進行至無條件者時所陷入
之」的那背反。設若我們真屈服於超越實在論之虛幻，則「自然」
固不能保留下來，「自由」亦不能保留下來。因此，在這裡，唯一
的問題是如此，即：設承認在全部事件系列中除自然的必然性外再
沒有什麼別的東西，則去把同一事件一方面視為只是自然之結果，
而另一方面又視為是一由於自由而發生的結果，這尚是可能的嗎？
抑或是在這兩種因果性之間存有一直接的矛盾呢？

　　在現象領域中的諸原因間，茲確然不能有任何東西它能絕對地
而且即以其自身開始一系列。每一活動，當作現象看，只要當它引
起一事件時，其自身就是一事件或生起，而且它預設另一事件，在
此另一事件中它的原因可被發見。這樣，每一發生的東西只是系列
底一個連續，「沒有什麼以其自身而開始的東西是此系列底一可能
分子」①。這樣，在時間承續中的諸自然原因之活動其自身就是結
果；它們預設「在時間系列中先於它們而存在」的那些原因。一個
根源的活動，即如「以其自身就能把以前不曾存在的東西使之出
現」這樣根源的活動，並不能在因果地相連繫的現象中被期望。

A544
B572

①此句依康德原文是：「沒有以其自身而開始的開始在此系列中是可能的」。

現在，設承認一切結果皆是現象，又承認一切結果底原因亦同樣是現象，如是，則說「一切結果底原因之因果性定須專只是經驗的」，這是必然的嗎？豈不可寧是這樣的，即：雖對現象領域中的每一結果而言，這結果依照經驗的因果性之法則而與其原因相連繫這一種連繫實是需要的，然而此經驗的因果性其自身卻是一個「不是經驗的但是智思的」因果性之一結果，而其自身是智思的因果性之一結果復又未曾絲毫侵犯了或破壞了此經驗的因果性之與自然原因相連繫，豈不可寧是如此乎？此智思的因果性必應是這樣一個原因之活動，即此一原因在關涉於現象中是一個根源的原因，因而，由於其屬於智思因果性這一能力，是故此一原因亦不是一現象，而是一智思的原因；雖然如此，可是當一個原因是自然底鍊子中的一個環節〔或連鎖物〕時，它卻不是一智思的原因，此時，它必須另樣地被看成是完全屬於感取之世界者。

要想我們可以能夠去尋求並去決定自然事件底自然條件，那就是說，去尋求並去決定自然事件底現象領域中的原因，則現象底因果連繫之原則是需要的。如果此原則被承認，而且如果此原則並不因任何例外而被減弱，則知性底一切要求即可完全被滿足①，而物理的說明亦可遵循其自己的路線而進行而沒有任何干擾。（所謂知性底一切要求，此中所謂知性乃即那「依其經驗的使用而言，它在一切發生的事件中除見了自然外不見有任何別的什麼事，而且它亦很有理由只見有自然不見有別的什麼事」的知性，就是這樣的知性

A545
B573

其所有之一切要求可完全被滿足。)倘若我們假定(縱使這假定必
應只是一虛構):在自然原因間,某一原因有一種能力它只是智思
的,因為它之決定去活動決不基於經驗的條件上,但只基於【知性
所思之根據】②上〔意即:基於純智思的根據上〕,那些知性之要
求亦決不能被破壞或被侵犯③。當然我們必須同時亦能夠去假定:
現象領域中的這些原因底活動是符合於一切經驗的因果性之法則
的。依此而言,活動著的主體,當作現象領域中的原因(causa
phaenomenon)看,必須通過其一切活動之不可化解的依待性而與
自然緊繫於一起,而且只當我們從經驗的對象上升至**超越的對象**
時,我們始見到:這個主體連同其現象領域中的一切因果性在其為
智思物的身分中有某種條件必須被視為是純粹智思的。〔案:此句
中所謂「超越的對象」,即指「自由」言。又案:「在其為智思物
之身分中」,此中智思物康德原文為現象(感觸物),肯·斯密士
注云依 Hartenstein 改。〕因為,在決定現象依什麼路數始能充作
原因中,如果我們遵循自然之規律,則我們便不須關心於現象以及
現象底連繫之何種根據可被思為存在於「超越的主體」中,此超越
的主體是經驗地不被知於我們者。此智思的根據並不須在經驗的探

A546
B574 } 究中被考慮;它只有關於純粹知性中的思想;而雖然此思想底諸結
果以及這純粹知性底活動可以在現象中被遇見〔被發見〕,可是縱
然如此,這些現象亦必須能夠藉賴著其他現象依照自然法則而能夠
有一完整的〔自然〕因果的說明。我們須把這些現象底純粹經驗的
性格視作說明底最高根據,而讓它們的智思性格(即:它們的經驗
性格之超越的原因)完全在討論之外而為完全不被知者,即除「經
驗性格用來充作智思性格底**感觸符號**」這限度以外,這智思性格可

任其完全在討論之外而爲完全不被知者。

　　①此句依原文是：「知性實可有一切其所能要求者」。

　　②原文是「知性之根據」，肯・斯密士如原文直譯，此令人有誤
　　　　會。其意實即是「知性所思之根據」，此等於「智思的根據」。

　　③依原文是：「知性不能絲毫被損害」。

　　現在讓我們把這個意思應用於經驗。人是感觸世界底現象之
一，而即當他是現象之一時，他亦是自然原因之一，此一自然原因
之因果性必須居於經驗法則之下。就像自然中一切其他事物一樣，
人必須有一經驗的性格。我們之能知此經驗的性格是通過「人於其
活動中所顯露」的力量與能力而知之。在無生命或只是動物性的自
然中，我們不能有根據以思：任何機能〔能力〕不依一純然感觸的
樣式而被制約。〔案：意即無生命或動物性的自然其機能只能依純
然感觸的樣式而被制約，不能依別樣而被制約。〕但是，人，即
「他只通過感取而知一切其餘的自然」這樣的人，他亦通過純粹統
覺而知其自己；而其通過純粹統覺而知其自己實在說來是在一種活
動與內部的決定中而知其自己，而此種活動與內部的決定，他不能
視之爲感取之印象。這樣，一方面，人對於他自己是現象，而另一
方面，在關涉於某種機能中（此等機能之活動不能被歸屬於感性之
接受），他對他自己又是一純然智思的對象。此等機能，我們名之
曰知性與理性。特別是理性，我們依一完全特別不同的路數把它與
一切經驗地被制約的力量區別開而把它彰顯出來。因爲理性觀看其
對象是專依理念而觀看之，而它復依照這些理念來決定知性，既如

A547
B575

此決定已，知性遂進而對於其自己所有的那同樣是純粹的概念去作一經驗的使用。

「我們的理性有一種因果性」，或「至少我們可如理性之有因果性那樣而把理性表象給我們自己」，這是從「命令」處而即可見出是顯然的，所謂命令，即是在一切行為之事中〔在一切實踐之事中〕，我們把它當作規律而安置之於我們的【執行的能力（ausübenden Kräften）】①上者。「應當」即表示一種必然性，並表示一種與根據相連繫的連繫，此種必然性以及此種連繫在全部自然中是無處可發見的。知性在自然中只能知道現在實是的是什麼，已經曾是的是什麼，或將要是的是什麼。我們不能說：自然中的任何東西在一切這些時間關係中它所實是的是什麼以外還要「應當是什麼」。當我們只把自然底行程存於心中時，「應當」是沒有任何意義的。去問「在自然世界中什麼東西**應當**發生」，其為背理如同問「一個圓圈**應當**有些什麼特性」一樣的背理。一切我們所可有理由以問之的乃是：在自然中什麼東西在發生？圓圈底諸特性是什麼？

> ①「執行的能力」，肯·斯密士譯為「主動的力量」（active
> powers），不達。他兩譯皆譯為「執行的能力」（executive
> powers）是。

「應當」表示一可能活動〔行為〕，此可能的活動底根據除是一純然的概念外，不能是任何東西。而在一純然自然在活動之情形中，其根據卻必須總是一現象。「應當」所應用於其上的那活動實

必須在自然條件下才是可能的。但是，這些自然條件在決定意志本身中並不表現任何作用，但只在決定結果以及此結果之現象領域中的諸後果上表現作用。不管有多少自然的根據或有多少感性的衝動迫使我去「意欲」，它們總產生一「應當」，但只能產生這樣一個意欲，即此意欲，雖遠不足成為必然的，但卻總是受制約的；「而為理性所宣布的『應當』則以一種限制以及一標的來**質對**這樣的意欲，不，尤有進者，它禁止這樣的意欲或審定這樣的意欲而允許之」①。不管所意欲的是純然感性底一個對象（快樂）抑或是純粹理性底一個對象（善），理性將決不屈服於任何「經驗地被給與」的根據。理性在此並不如「事物在現象中呈現其自己」那樣來遵循事物之秩序，但只是以**圓滿的自發性**依照著**理念**來為其自己架構其自己所特有的一種秩序，它使經驗的條件適合於這些理念，它並依照這些理念來宣布活動為**必然的**，縱使這些活動從未發生過，或許亦決不會將要發生。而同時理性亦預設：它在關於一切這些活動中能有一種因果性，因為設若不然，則沒有經驗的結果可從理性之理念而被期望。

①此句依原文是如此：「而為理性所宣布的『應當』則對那個意欲安置一標的與限制，不，更進而對那個意欲給與以禁止或詳審（詳審而允許之）」。

　　現在，依這些考慮，讓我們守住我們的立場，並且讓我們視以下至少為可能，即：「理性關涉著現象實有一種因果性」。理性雖然是如此，可是它亦必須顯示一經驗的性格。因為，每一原因預設 { A549 B577

一個規律，依照此規律，某些現象可隨該原因而來而爲結果；而每一規律在這些結果中要求齊一性。此齊一性實即是原因之概念（作爲一種機能或能力的原因之概念）所基於其上者，而當此齊一性必須爲純然的現象所顯示時，它即可被名曰「原因之經驗的性格」。此性格是常住不變的，但原因底諸結果，依照與之伴隨並一方面有限制作用的種種條件之變化，而顯現於變化的形態中。

這樣，每一人底意志有一經驗的性格，此**經驗的性格**沒有別的，不過就是**人之理性底一種確實的因果性**，只要當那種因果性在其現象領域中的諸結果中顯示一個規律，由此規律，我們可以推斷理性底諸活動是什麼以及此諸活動之根據是什麼（依它們的種類與程度而推斷它們是什麼），因而我們便可形成一種「關於人底意志底主觀原則」之評估，只要當那種因果是如此云云時，那〔人底意志之〕經驗的性格不過就是人底理性底一種確實的因果性。因爲此「人底意志之」經驗的性格其自身必須從那些「作爲此意志之結果」的現象中而被發現，而且亦必須從這規律，即「經驗表示這些現象所要去符合之」的那規律中而被發現，所以那隨來者便是：現象領域中人們底一切活動是依照自然底秩序而爲人們之經驗性格所決定，並且爲「人們之經驗性格相合作」的其他諸原因所決定；而如果我們能窮盡地研究人們底意志底一切現象，則必不會被發現有一個人類的活動我們不能確定地預斷之而且不能認可其爲必然地從它的先在條件而進行者〔而來者〕。依是，言至此，就此經驗的性格而言，茲並無所謂自由；然而卻亦只有在此經驗性格底指引下，人始可被研究，那就是說，如果我們簡單地只是在作觀察，而且依人類學底樣式，我們只是想對於人底活動底動因去構成一生理學的

A550 }
B578 }

研究時，則只有在此經驗性格之指引下，人始可被研究。

　　但是，當我們考慮這些活動是依其關聯於理性而考慮之時（關聯於理性，所謂理性，我並不意謂思辨理性，經由此思辨理性，我努力想去說明這些活動底起源〔Ursprunge，開始存在 coming into being〕，我但只意謂理性是就「理性其自身是產生這些活動的原因」而意謂理性），總之就是說，如果我們把這些活動拿來與涉及實踐意向（praktischer Absicht）的理性相比對時，則我們便見有一種規律與秩序乃完全不同於自然之秩序者。因為以下之情形亦是可有的，即：那「在自然之過程（Naturlaufe，course of nature）中已發生，而依照其經驗的根據又必須不可避免地要發生」的那一切**事實不應當發生**。【又】①，有時，我們見到，或至少我們相信我們見到：理性底諸理念事實上實已證明了此等理念底因果性，即在關涉於當作現象看的「人底活動」中此等理念底因果性；並且見到：這些活動之已發生不是因為它們已為經驗的原因所決定而發生，而是因為它們已為「理性之根據」〔屬於理性的根據〕所決定而發生。

　　　①「又」，肯·斯密士譯為「但是」（however）。原文有 "aber" 一字，但是這裡，此字是「又」義，非「但是」義。因為上下文無轉折的意思。Max Müller 譯為「and sometimes」（而有時），此譯是。Mieklejonn 譯為「又，有時」（sometimes, too），此譯更好。

　　依是，設承認理性可以被肯斷為在關涉於現象中有其因果性，⎰ A551
　　　　　　　　　　　　　　　　　　　　　　　　　　　⎱ B579

理性底活動此時仍然能夠被說爲是自由的，縱使這活動底經驗性格（當作一「感取之樣式」看的經驗性格）依其一切細節而言皆是完全地而且必然地被決定了的。此經驗的性格其自身是在智思的性格（作爲一「思想之樣式」的智思性格）中而爲被決定了的。但是，此智思的性格，我們不能知之；我們只能藉賴著現象而指示其本性；而這些現象實只對於感取之樣式，即經驗的性格，給出一直接的知識(a)。活動，就其能被歸屬於一思想之樣式〔即：智思的性格〕以爲其原因而言，它實並不依照經驗的法則跟隨那思想之樣式〔智思之性格〕而來；那就是說，它並不是時間上爲純粹理性之諸條件所先〔並不是在時間承續中先之以純粹理性之諸條件〕，而是在內部感取之現象領域中爲純粹理性之諸條件底諸結果所先〔在內部感取之現象領域中時間上先之以此等條件底諸結果，以諸結果屬現象落在時間中故〕。純粹理性，當作一純粹智思的機能或能力看，並不隸屬於時間之形式，因而亦並不隸屬於「時間中的相續」之條件。理性底因果性，依其智思的性格而言，當其產生一結果時，它並不在一定時間內發生或開始存在。因爲它若在一定時間內發生，則其自身必應服從現象底自然法則，依照此自然法則，因果系列是在時間中被決定了的；如是，則它的因果性必應是「自然」，而不會是「自由」。這樣，一切我們有理由所能去說的便是：如果理性在關涉於現象中能有一種因果性，則它便是這樣一種能力，即「通過此能力，一經驗的結果系列之感觸條件始有其開始」這樣的一種能力。因爲那處於理性中的條件並不是感觸的，因而其自身亦不能開始有存在或發生〔不能在時間中什麼時候開始存在自亦不能在時間中什麼時候不存在即消滅〕。這樣，我們在任何

A552 }
B580 }

經驗的系列中所不能見到的東西是可以被顯露爲是可能的，即是說，一個相續的事件系列之「條件」其自身可以是「並非經驗地被制約者」。因爲在這裡，這條件是在現象系列之外的（是存在於智思之中的），因此，它亦並不是隸屬於任何感觸的條件的，而且它亦不是通過一先在的原因而爲隸屬於「時間之決定」的。

(a)關於該處，康德注之云：

這樣，諸活動底眞正的道德性，諸活動之有功或有過，甚至我們自己的行爲底眞正的道德性，有功或有過，是完全仍然被隱蔽而不爲我們所見的。我們的歸罪歸咎之評估只能涉及〔活動之〕經驗的性格。此經驗的性格有多少可歸給自由底純粹結果，有多少可歸給純然的自然，即是說，可歸給對之無責可負的氣質之過失〔或偏弊〕，或歸給氣質之幸運的構造（merito fortunae），這是從不能被決定的；因此，對之小沒有完全公正的判斷可作。

縱然如此，可是同一原因在另一種關係中實亦屬於現象之系列。人其自身就是一現象。人之意志有一經驗的性格，此經驗的性格是人之一切活動之經驗的原因。茲並沒有一個「依照此經驗性格而決定人」的條件而不含在諸自然結果之系列中，或不服從此諸自然結果底法則，依照此諸自然結果底法則而言，關於時間中發生的東西，茲並不能有「不是經驗地被制約的因果性」。因此，沒有特定所與的活動能夠絕對地即以其自身而開始（因爲此特定所與的活動只能當作現象而被覺知）。但是關於純粹理性，我們不能說：那

A553
B581

狀態，即「意志在其中是被決定了的，即經由純粹理性而爲被決定
了的」那個狀態，是爲某一其他狀態所先〔即：先之以某一其他狀
態〕而且其自身即爲此某一其他狀態所決定。何以故？這是因爲以
下的緣故而然，即：**理性其自身並不是一現象**而且它亦並不隸屬於
任何感性之條件，所以即使就它的因果性而言，此因果性中亦並無
「**時間的承續**」，而自然之力學法則，即「依照規律而決定時間中
之相續」的那力學法則，亦不是可應用於此因果性的。

　　理性是意志底一切活動之常住不變的條件，意志底一切活動即
是「人在其下顯現（顯現而成爲現象）」的那些活動。這些活動，
在其已發生以前而未發生時，盡皆在人之經驗性格中而爲預先被決
定了的。就智思的性格而言（人之經驗的性格是此智思性格底**感觸
圖式**），並無所謂「在前」或「在後」；每一活動（不管其在時間
中對於其他現象的關係爲如何），都是純粹理性底智思性格之直接
的結果。因此，理性是自由地活動著的；它並不是通過時間中先在
的外部根據或內部根據，在自然原因底鍊子中，而爲力學地被決定
了的。因此，此自由不應當只是**消極地**被思議爲獨立不依於經驗的
條件者。如果只這樣地思議之，則理性之機能〔理性這個機能〕必
不會是現象底一個原因。因此，它亦必須依**積極的詞語**被描述爲
「**致生或創發一事件系列**」之力量。在理性自身中，沒有什麼東西
有其開始〔即：開始成爲某種東西〕；理性，由於它是每一自願活
動〔意志活動〕底無條件的條件，所以它不允許有一些條件是在時
間中先於其自身者。理性底結果實是在現象底系列中有一開始，但
是在此系列中理性底結果卻從未有一絕對地第一開始。

　　對於此軌約的理性原則〔理性之軌約的原則〕，要想以其經驗

A554
B582
（左側頁碼標記）

的使用之一例來說明之（不是去證明或確立之，因為努力想以事例去證明超越的命題，乃是無用的），讓我們取一作意的活動〔發自於意志的活動〕，例如**惡意的說謊**，為例，因惡意的說謊，某種混亂在社會中已被引起。首先，我們努力去發見這說謊所由以被致成的動機；其次，在這些動機底指引下，我們進而去決定有多少活動以及這個活動底後果可責歸給這犯罪者。就第一問題而言，我們把這活動底經驗性格追溯到它的根源處，我們在有缺陷的教育中，在壞的朋比中，亦大部分在不知愧恥的自然習性之惡劣中，在輕薄與粗率中，找到這些根源，而我們亦沒有忽略去把那可以參與進來的偶然原因亦計算在內。我們進行此種研究，恰如對一特定所與的自然結果而言，我們一定要確定其有決定作用的諸原因之系列。但是，雖然我們相信這活動是這樣地被決定了的，可是我們仍然**要責備**這行動者〔這說謊的人〕，我們之責備之，實不是因為他的不幸的〔惡劣的〕習性而責備之，也不是因為那「已影響了他」的環境而責備之，甚至也不是因為他的以前的生活方式而責備之；因為我們預設：我們可完全不考慮【此等】①所已是者是什麼，並預設：我們可視過去的條件系列為不曾發生者，而且可視這行動為完全不為任何先在的狀態所制約者，恰似這行動者即在其自身而且即以其自身在此活動中〔說謊底活動中〕開始一完全新的後果系列。我們的**責備**是基於一**理性底法則上的**，因著此理性之法則，我們視理性為這樣一個原因，即此原因，不管以上所說的一切經驗條件為如何，它即已能決定而且應當決定這行動者可不如此去行動〔即：可不說謊〕。這種**理性底因果性**，我們不能把它視為只是一有合作作用〔有協力作用〕的動力，但視為**在其自身即是一完整的動力**，甚

A555
B583

至當感性的衝動並不偏愛它而卻直接地反對它時,它**在其自身亦是一完整的動力**,這個活動〔即:說謊活動〕是要被歸給這行動者之**智思性格的**;在他說出這謊言的那一刹那中,這**罪責便完全是他的罪責**〔完全應由他負責〕。理性,不管這行動底一切經驗條件爲如何,它是完全**自由的**,而這謊言是完全由於理性之過失〔疏忽〕。

①「此等」,肯‧斯密士譯爲「此生活方式」,非是;Max Müller 亦如此譯,亦非。惟 Meiklejohn 之譯得之。我們所不考慮的不只是「生活方式」,連「環境」以及「惡劣的習性」俱在內。

這樣的歸罪判斷(zurechnenden Urteile, imputation)清楚地表明:我們思量理性爲不爲那些感性的影響力所影響者,亦思量之爲非可有更變者。理性底現象(即:「理性所依以在其結果中顯現其自己」的那些樣式或模式)自可有更變,但是在理性自身中,茲卻並無先在的狀態以決定那繼起的狀態。那就是說,理性並不屬於感觸性的條件之系列,此感觸性的條件乃即是那「依照自然之法則使現象成爲必然的」那些條件。理性是在一切時及一切情況下皆現存於人之一切活動中,而且它亦總是這同一者;但是理性其自身卻並不存在於時間中,而且它亦並不落於「其以前所未曾存在於其中」的那任何新的狀態中。在關涉於新的狀態中,理性是有「決定之」之決定作用者,而不是「可決定的者」。因此,我們不可問:理性爲什麼不曾異樣地來決定其自己,但只可問:它爲什麼不曾通過它的因果性而異樣地來決定現象。但是對此後一問題,沒有答覆

是可能的。因為一異樣的智思的性格必應給出一異樣的經驗的性格。當我們說:「不管行動者底以前的全部生活經過為如何,這行動者總能免於說謊而不說謊」,當我們如此說時,此所說者只意謂:行動是在理性底直接力量之控制之下的 *。理性在其因果性中並不隸屬於任何現象之條件或任何時間之條件。雖然時間之差異對於互相關係中的現象造成一基本的〔主要的〕差異(因為現象不是「物之在其自己」,因而亦不是「原因之在其自己」),可是它對於「活動和理性所有之關係」卻不能造成差異。

　　* 案:應到此為句,「意謂」只意謂至此為止。肯‧斯密士
　　之讀法不只意謂至此為止,還賅括下一句;而 Max Müller
　　之讀法更賅括至「雖然」句。此皆不通。惟 Meiklejohn 之
　　讀法是,案:康德原文並未斷開,是一氣連下到最後一句
　　止,如是遂令譯者有讀法之迷失。

　　這樣,在我們的關於自由活動底因果性之判斷中,我們僅能達 {A557 B585} 至「智思的原因」而止,再不能進而越過此。我們能知這智思的原因是自由的,即是說,它可獨立不依於感性而為被決定了的,而且依此而言,它可以是現象底「非感觸地被制約」的條件(the sensibly unconditioned condition)。但是要想去說明:在當前的情況下,這智思的性格為什麼一定恰恰給出這些現象以及此種經驗的性格,這卻超越了我們的理性之一切力量,實在說來,不但「說明解答之」是超越了理性之一切力量,即「僅只去發問那問題」也超越了理性之一切權利,恰像是我們要去問我們的外部感觸直覺底超

越對象為什麼只給出「空間中的直覺」而不給出某種其他樣式之直覺，要去解答此問題這也超出理性之一切力量，去發問此問題也超出理性之一切權利。但是「我們在此須去解決之」的問題並不需要我們去提出任何這樣的疑問。我們所須去解決的問題只是如此，即：「自由」與「自然的必然性」是否能在同一活動中並存而無衝突；而對此問題，我們已充分答覆了。我們已表明：因為「自由」可以和另一種條件，即「完全不同於自然的必然性底條件」之條件有關係，所以自然的必然性之法則並不影響自由，並已表明：「自由」與「自然的必然性」這兩者可以互不依待地而且亦互不干擾地並存著。

＊　　　　＊　　　　＊　　　　＊

　　讀者須注意：在所已被說及者中，我們的意向不曾想去建立自由底實在性，所謂自由即是當作一個「含有感觸世界底現象之原因」的能力看的那自由——我們無意於去建立如此之自由之實在性。因為「想去建立自由之實在性」這種研究，由於其不僅只處理概念〔意即：還需要有直覺或經驗〕，是故它必不會是超越的〔意即必已轉成內在的〕。又，它亦必不能是可成功的，因為我們決不能從經驗中推斷出任何「不能依照經驗底法則而被思」的東西。甚至去證明自由底可能性，這亦不曾是我們的意向，因為設若想去證明自由底可能性，則在此中我們亦必不曾成功，因為我們不能由純然的先驗概念知道「任何真實根據以及此根據底因果性」之可能性。在這裡，自由是只當作一超越的理念而被討論，因著此一超越

A558
B586

的理念，理性逐被引導著去想：它能夠藉賴著「不是感觸地被制約的東西」（the sensibly unconditioned）而肇始了現象領域中的條件之系列，而因為這樣想，所以它逐捲入一種與那些法則相衝突之背反中，所謂那些法則即「它自己把它們規定給知性之經驗的使用」的那些法則。我們所唯一能夠去表明的，而且我們所唯一欲關心去表明的，便是：這種背反是基於一純然的虛幻上，並是：通過自由而成的因果性至少並不是與「自然」不可相容的。

IV　〔第四背反之解決〕「現象就其存在一般 而言之」之依待性底綜體這一宇宙論的 理念之解決

{ A559
{ B587

　　在上副節中〔即：Ⅲ—副節〕，我們已考慮了感觸世界中之變化，變化是就其形成一力學的系列而言，在此系列中每一分子皆隸屬於另一分子，猶如結果之隸屬於原因。現在，我們將使用此種變化狀態之系列只是為的去指導我們尋求一存在，此一存在可以用來充作一切可更變的東西之最高條件，即是說，去指導我們尋求一「必然的存有」。在此，我們不是關心於無條件的因果性，但只關心於本體自己之「無條件的存在」。因此，在此我們心中所想的那系列乃實是一種「**概念底系列**」，而不是一種「**直覺底系列**」，所謂直覺底系列即是「在其中此一直覺是另一直覺底條件」的那種直覺之系列。〔案：此所謂概念底系列，概念是指一完整的個體物當作一本體看之概念說，直覺則是指事件說。〕

　　但是,因為現象底綜集中的每一東西是可更變的,因而依其存在而言,它亦是有條件的,所以在依待的存在之全部系列中,不能有任何無條件的分子其存在可被視為**絕對必然的**,這一點是十分顯明的。因此,如果現象真是物自身,又如果,如隨其為物自身而來者,條件與有條件者總是屬於同一「直覺之系列」,則一必然的存有能作為感取世界中的現象底存在之條件而存在著,這決無可能。

A560
B588

　　「力學的後返,在一重要方面,有別於數學的後返」。〔依原文:「**力學的後返有特殊處,並有別於數學的後返**」。〕因為數學的後返只有關於把部分結合起來以形成一全體或把一全體區分成部分,所以這種系列底條件必須總是被看成是這系列底部分,因而也就是說,必須被看成是**同質的**,並必須被看成是**現象**。可是另一方面,在力學的後返中,我們不是關心於所與的部分底一個無條件的整全之可能性,或一所與的整全之一無條件的部分之可能性,而是關心於「一個狀態之從其**原因**而引生」,或「一本體物自身之偶然存在之從一**必然的存在**而引生」。因此,在此後兩種後返中,條件必連同有條件者一起皆形成一經驗系列之部分,這並不是必要的。

　　這樣,避免我們現在所要處理的這種表面的背反之道路顯然是擺在我們眼前的。這兩個相衝突的命題,如果依不同的關係〔觀點〕而被理解,則它們**兩者可以皆真**。感取世界中的一切東西可以是偶然的,因而亦只有一經驗地有條件的存在,然而茲尚可存有這全部系列底一個非經驗的條件;即是說,茲尚可存有一無條件地必然的存有。這個必然的存有,由於是這系列底**智思條件**是故它必不會作為一分子而**屬於這系列**,甚至**亦不會作為此系列底最高分子**而

A561
B589

屬於這系列,它亦不會使**這系列底任何分子成為**「非經驗地被制約

者」。這全部的感觸世界，就慮及一切它的各種分子之經驗地有條件的存在而言，它必不會被影響〔被干擾〕。思議一個無條件的存有如何可以用來充作現象底根據，這種思議底道路是不同於上副節中討論「自由底非**經驗地被制約的因果性**」時我們所遵循的道路的。因為在那裡，事物本身〔例如意志或理性〕是當作原因（substantia phaenomenon）而被思議為**屬於這條件系列的**，只是它的**因果性**被思為是**智思的**。可是在這裡，這必然的存在卻必須被思為完全在**感觸世界底系列之外的**（as ens extramundanum），而且必須被思為是**純粹地智思的**。只有依此路〔別無他路〕，它始能保住其自己而對抗那「使一切現象成為偶然的與依待的」之法則〔意即：保住它自己不使它自己隸屬於或服從於那偶然性與依待性之法則，即只應用於一切現象的那偶然性與依待性之法則〕。

　　因此，理性底**軌約原則**，當其有關於我們現在的問題時，便是如此，即：感觸世界中的每一東西皆有一經驗地有條件的存在，而其性質中亦沒有一個性質能是無條件地必然的；對條件系列中的每一分子而言，我們必須在某可能經驗中期望一經驗的條件，而且盡可能地尋求一經驗的條件；沒有東西可使我們有理由從經驗的系列外的一個條件引生出一個存在，或甚至使我們有理由依一個存在之在此經驗系列內的地位視此一存在為絕對獨立的而且是自足的。可是同時此軌約原則亦決不能阻止我們去承認這全部系列可以基於某一智思的存有，此某一智思的存有不受一切經驗條件底束縛，而且其自身亦含有一切現象底可能性之根據。{ A562
B590

　　在這些解說中，我們無意去證明一智思的存有底無條件地必然的存在，或甚至我們亦無意去建立感觸世界中的現象底存在之一純

粹智思的條件之可能性。正因爲，一方面，我們限制了理性，我們
之所以限制之，乃恐怕它若離開經驗條件底指導線索，它必迷失而
誤入「**超離或超絕之境**」，而採用了那些「不能有任何具體的表
象」的「說明根據」，所以另一方面，我們亦限制了「知性底純經
驗使用之法則」，我們之所以限制之，乃恐怕它關於「事物一般」
底可能性擅自有所裁決，並恐怕它只依據「智思的存有在說明現象
中一無用處」而宣告這智思的存有是不可能的。

這樣，一切我們所已表明的乃是：一切自然物之通貫的偶然
性，以及一切這些自然物底經驗條件之通貫的偶然性，是完全與一
必然的然而卻又是純粹智思的條件之「隨意的假定」（optional
assumption）相一致；而由於兩肯斷間並無眞實的矛盾可言，是故
它們**兩者可以皆眞**。這樣一個絕對必然的存有，由於爲知性所思
議，依其自身而言它或可是不可能的，但是這不可能決不能從「屬
於感觸世界的每一東西之普遍的偶然性與依待性」而推斷出，亦不
能從這樣的原則，即「禁止我們停止於感觸世界中之偶然分子底任
何一個分子上，並禁止我們訴諸感觸世界外的一個原因」這樣的原
則而推斷出。理性之進行一方面在其經驗的使用中依一條途徑進
行，而另一方面在其超越的使用中卻又依另一條途徑而進行。

感觸世界所含有的不過是現象，而這些現象只是純然的表象，
此等表象總是感觸地被制約了的〔有條件的〕；在此領域中，物自
身從未對我們而爲對象。因此，在討論經驗性的系列底一個分子
中，不管這分子是什麼分子，我們決不能有理由跳出感性底係絡之
外，這是不足驚異的。設若去跳出感性底係絡之外，那便是去視現
象儼若它們眞是物自身似的，所謂物自身是這樣的，即：它們可以

A563
B591

離開其超越的根據而存在著，而且當我們對於它們的存在尋求一越
乎它們以外的原因時，它們能夠仍然存在那裡：便是去視現象儼若
眞是這樣的物自身似的。設就偶然的**事物**而言，最後必確然是如
此，但就這些事物底純然**表象**而言，則不是如此，這些表象底偶然
性其自身就只是一現象，它不能在那「決定現象」的後返之外引至
另一種後返，那就是說，它只能引至經驗的後返。另一方面，對於
現象，即對於感觸世界，去思一智思的根據，並去思這智思的根據
爲可免於現象底偶然性者，這並不與現象系列中無限制的經驗性的
後返相衝突，亦不與現象底通貫的偶然性相衝突。要想去移除這表 $\left\{ \begin{array}{l} \text{A564} \\ \text{B592} \end{array} \right.$
面的背反〔這第四背反〕，我們所已表明的那一切實在說來也就是
這個意思；而這個意思亦只能依此路而被表明。如果每一「就其存
在而言是有條件的」東西之條件總是感觸的，因而也就是說，總是
屬於系列之內的，則此條件其自身必須轉而復又是有條件的，此如
我們在第四背反底反題中所已表明者。因此，或者理性通過其對於
無條件者的要求，必須陷於與其自身相衝突中，或者這個無條件者
必須被安置於系列之外，即被安置於智思的東西中。如是，這無條
件者底必然性將不需要任何經驗的條件，亦不允許有任何經驗的條
件；就現象而論〔在關涉於現象中〕，此無條件者之必然性將是無
條件地必然的。

　　理性底經驗使用，在涉及感觸世界中的存在之條件中，是不因
一純粹智思的存有之承認而受影響的；它依照通貫的偶然性之原則
從經驗的條件進到更高的條件，此更高的條件復又是經驗的。但是
當我們所盼望的是理性之純粹的使用（在涉及目的中理性之純粹的
使用）時，此軌約原則並不排除那「不存在於系列內」的一個智思

的原因之假定，這亦同樣是眞的。因爲那時此智思的原因只指表
「感觸系列一般」底可能性之超越的而亦不被知於我們的根據。此
智思的原因之存在。由於它是獨立不依於一切感觸的條件的，而且
亦由於在關涉於這些感觸條件中它是無條件地必然的，是故它並不
A565 }　與現象底無限制的偶然性不一致，那就是說，它並不與經驗條件底
B593 }　系列中的無底止的後返不一致。

關於純粹理性底全部背反之結束語

當理性在其概念中只以感觸世界中的諸條件之綜體爲目的〔爲
對象〕，並在以此綜體爲目的〔爲對象〕中，它思量它能爲此諸條
件得到什麼滿足，只要當理性是如此云云時，我們的理念便立刻即
是超越的與宇宙論的。但是，一旦無條件者（我們所實際關心者就
是這無條件者）被置定於那完全處於感觸世界之外的東西中，因而
也就是說，被置定於那完全處於可能經驗之外的東西中，則這些理
念便變成超絕的。這些理念既變成超絕的，如是，則它們便不再用
來只爲理性底經驗使用之完整而服務（這一〔完整性之〕理念必須
總是被追求的，雖然它從未完整地被達到）。正相反，它們完全把
它們自己脫離了經驗，它們並且爲它們自己造成一些對象，對於這
些對象，經驗不能供給之材料，而這些對象底客觀實在性亦並不基
於經驗系列底完整上，但只基於純粹的先驗概念上。「這樣的超絕
的理念有一純粹智思的對象；而此純粹智思的對象實可被承認爲是
一超越的對象，但是我們承認之爲一超越的對象是只當我們同樣亦
承認：在關於此超越的對象中，除知其爲超越的對象外，至於其

餘，我們實無任何知識〔實一無所知〕，並且同樣亦承認：此超越
的對象不能藉賴著特異的內部謂詞〔內在的謂詞〕當作一決定性的
東西而被思：只當我們同樣有此兩層承認時，我們始可承認之爲一
超越的對象。〔案：此超越的對象實即超絕的對象，因其理念爲超
絕的故。〕由於此超越〔超絕〕的對象是獨立不依於一切經驗的概
念的，我們逐斷絕任何「能建立這樣一個對象底可能性」之根據，　　〔 A566
而且我們亦無絲毫可辯說之理由（Rechtfertigung）以假定這樣一　　　 B594
個對象。此超越〔超絕〕的對象只是一個「思想物」①〔案：就思
辨理性言，它是如此，但若就實踐理性言，它的超絕性即變成內在
性，而我們亦有根據建立其可能性，並亦有可辯說之理由以假定
之。〕縱然如此，可是這宇宙論的理念，即那曾引起第四背反的宇
宙論的理念，卻迫使我們必須去走這一步〔冒險於這一步，冒險而
進至此超越即超絕的對象〕。因爲現象底存在，即那「從不是自本
自根的，但卻總是被制約的，有條件的」那現象底存在，它需要我
們周遭去尋求某種不同於現象的束西，那就是說，去尋求一智思的
對象，在此智思的對象中，這種偶然性可以終止。但是一旦當我們
允許我們自己去假定一個「自我潛存的實在」完全在感性底領域之
外時，則現象便只能被看成是這樣的諸偶然的變形，即「其自身爲
睿智體的諸存有所因以去表象智思的對象」的那諸偶然的變形。因
此，那留給我們的唯一辦法便是類比之使用，因著類比之使用，我
們使用經驗底概念以便去形成某種智思物之概念，此種智思物，由
於它們存在於其自身〔不對我們而爲呈現〕，是故對於它們，我們
並無絲毫知識。因爲偶然物除通過經驗外不能被知，而又因爲我們
在此是關心於那些「無論如何不能是經驗底對象」的東西，是故我

們必須從那「其自身是必然的」之東西中，即是說，從事物一般底純粹概念中，引生出那些「不能是經驗底對象」的東西之知識。這樣，我們所取以越過感取世界的那第一步迫使我們，在尋求這樣新的知識中，去拿一種研究，研究絕對必然的存有之研究，來作開始，並且迫使我們從這絕對必然存有之概念去引申出一切那些就其為純粹智思的而言的東西之概念。此一層我們想在下章中去【處置】②之。

①案：此在原文是一長句，一氣下來。肯·斯密士之譯把它斷開，並稍有變動。Max Müller 是依原文直譯，但亦有不諦處。依原文譯似當如此：「這樣的超絕的理念有一純然智思的對象，此智思的對象實可被許為是一超越的對象，關於此超越的對象，除知其為超越的外，至於其餘，我們誠全然一無所知，但是，為此之故，此外，如果我們想去思議它為一『經由其特異而內在的謂詞而被決定』的東西，則我們既無這樣一個對象底可能性之根據（由於其獨立不依於一切經驗底概念故），而在我們這一邊，亦無絲毫可辯說的理由以假定這樣一個對象，而因此，此超越的對象是一純然的思想物。」案：當以此為準。肯·斯密士之變動不見佳。

②「處置」原文是 “anstellen”。此動詞在此當譯為「處置」。肯·斯密士與 Max Müller 皆譯為 “to do”（去作之），非是。若譯為「去作之」，則此層意思變成積極的，是我們所要去作的。實則此層意思並非康德所許可。下章對於「存有論的證明」之批判正表示其不許可此層意思之意。故譯為「處置」為妥。「此層意思（或此種作法），我們想在下章中去處置

之」，正表示去批判之之意。Meiklejohn 則譯爲「我們想在下章中去嘗試之（to attempt）」，此同於「去試作之」，亦不諦。

超越的辯證
第二卷　純粹理性底辯證推理

第三章　純粹理性之理想

第一節　理想一般

　　由以上我們已見到：沒有對象能離開感性之條件，單通過知性之純粹概念，而被表象。因為若是那樣被表象，則此等純粹概念底客觀實在性之條件是虧缺了的，而亦沒有什麼東西可在此等純粹概念中被發見，除純然的思想之形式外。但是，如果此等純粹概念被應用於現象，則它們可具體地被展示，因為在現象中，【它們有了專屬而確實的材料以成為經驗底概念】①——經驗底概念沒有別的，不過就是一知性底概念之在具體中〔在現實中〕。但是「理念」甚至比範疇更為遠離了客觀實在性，因為沒有現象，即「理念可具體地被表象於其中」的那現象，能被發見出來。理念含有某種一定的完整性，沒有可能的經驗知識能達至此完整性。在理念中，理性只意在一系統性的統一，理性想使那經驗地可能的統一去接近

A568
B596

此系統性的統一，然而卻從未完整地達到此系統性的統一。

> ①案：此句依原文及參考其他兩英譯而譯。肯・斯密士之譯不達
> 且有病，故不從。依其譯是如此：「它們得到了經驗底概念上
> 的專屬材料」。

　　但是，我所名曰「理想」者看起來似乎甚至又比理念更爲遠離了客觀實在性。所謂「理想」，我理解之爲理念之不只在具體中，而且亦在個體中，即是說，我理解之爲理念之作爲一個體物，此個體物是可決定的，或甚至是單只因著理念而被決定。

　　〔當作一理念看的〕人之爲人之人義①（humanity），依其完整的圓滿性而言，它不只含有那「屬於人性②並構成我們的人性之概念」的一切基要性質（此等基要性質可擴展至與其目的完全相符合之境，與其目的完全相符合必應就是我們的「圓滿人義」之理念），而且此外，它亦含有「人義」這個理念底「完整決定」上所需要的每一東西③。因爲在一切兩相矛盾的謂詞〔之每一對矛盾謂詞〕中，只有一個謂詞能應用於「圓滿的人」之理念〔即：人之爲人義這個理念〕。那對於我們而言是一「理想」（ideal）者，依柏拉圖的想法，則是神的知性底一個理念〔理型 idea〕，是神的知性底純粹直覺之一「個體性的對象」，是每一種可能的存有中之「最圓滿者」，是現象領域中的一切倣本之「基型」（archetype, Urgrund）。

> ①案：humanity（Menschheit）在此譯爲人之爲人之「人義」。

「圓滿的人」（perfect man）之理念就是「人之爲人之人義」
這個理念。「人之爲人之人義」就是人應成其爲人之人義。現
實的人很少能至此。故「人之爲人之人義」是一理念。

②「人性」（human nature）是「生之謂性」的現實的人性。
「人義」中含有構成此人性的一切基要性質。每一基要性質有
其應有之目的。若每一基要性質皆能擴展至與其應有之極至目
的完全相符合之境，這就形成「圓滿的人義」之理念。孟子
云：「形色天性也，唯聖人爲能踐形」。

③人之爲人之人義亦含有圓滿的人義這個理念底完整決定上所需
要的每一東西。此所需要的每一東西可就其所含有的「構造我
們的人性概念」的一切基要性質而想。設就此一切基要性質中
之每一性質，我們寫成 a 與 −a 這樣的相矛盾的謂詞對，則此
等諸矛盾的謂詞對之任一對中只有一個謂詞，不是 a，就是 −a，
不是 −a，就是 a，能適用於人義之理念以決定之。此就是所謂
「含有圓滿的人義這個理念底完整決定上所需要的每一東
西」。此只是籠統地形式地言之。

設若我們不翱翔得如此高遠，我們猶須承認人類理性不只含有 {A569 B597}
理念，且亦含有理想，此等理想，雖然它們像柏拉圖的理型那樣，
不具有創造的力量，但猶有實踐的力量（作爲軌約的原則有實踐的
力量），並且形成某些一定行動底可能圓滿之基礎。道德的概念，
由於其基於某種經驗的東西上（如快樂與不快樂），是故它們並不
完全是理性底純粹概念。可是縱然如此，在關於這樣的原則中，即
「因著此原則，理性把限制置於一『其自身無法則』的自由上」，
這樣的原則中，道德的概念（當我們只注意其形式時）猶很可充作

理性底純粹概念〔或純粹的理性之概念〕之範例。德性，以及與此德性相連的人類的智慧（依完整的純淨性而言的人類智慧），它們皆是理念。但是斯多噶所說的「智者」卻是一「理想」，即是說，是一個「只存在於思想中但卻與智慧之理念完全相符合」的人。由於理念給出規律，所以在此給出規律之情形中，理想堪充作做本底完整決定之「基型」；而我們對我們的行動而言，除這個在我們之內的神性的人之行為可作為標準外，亦不能有其他標準。我們以那在我們之內的神性的人之行為來比較並判斷我們自己的行為，並因而來改善我們自己的行為，雖然我們從未能達至那因著在我們之內的神性的人之行為而被規劃成的那種圓滿性。雖然我們不能把客觀的實在性（客觀的存在）許諾給這些理想，然而這些理想亦並不因此就被看成是腦筋底虛構；這些理想以一種標準提供給理性，此標準對於理性是不可缺少的，它們之提供此標準，如它們所作的，是以一個這樣的東西之概念，即「在其種類上是完全完整的」這樣一個東西之概念，來提供此標準，並因如此提供之標準，它們逐能使理性去評估並去衡量那不完整者底缺陷之程度。但是，要想去真實化此理想於一範例中，即是說，去真實化之於現象之領域中，例如去描畫〔圓滿的〕智者〔之性格〕於一傳奇小說中，這卻是不可實行的。在如此企圖中，實有某種荒誕的東西存於其中，而且是遠不足為訓的，因為種種自然的限制（此是經常地違犯理念之完整性者）使在這樣的企圖中所指望的幻想完全為不可能，而且它們亦因而把一種懷疑投擲於善自身上（即有其根源於理念的那種善自身），以其似是一種純然的虛構物而投擲之以懷疑。

A570
B598

以上所說即是理性底「理想」之本性，此「理想」必須總是基

於決定性的概念上，並且可用來作爲一規律與基型，在我們的行動
中與在我們的批判的判斷中皆同樣可用來作爲一規律與基型。想像
底產品是屬於一完全不同的性質的；對於這些產品沒有人能說明
之，或能給出一可理解的概念；每一想像底產品類似一種拼合物，
只是一堆特殊性質之雜湊，此一堆特殊性質不爲任何可指派的規律
所決定，而且它似只形成一模糊不清的寫生畫，從紛歧的經驗中而
畫出者，而卻並不形成一決定的影像〔或形像〕，這種雜湊或拼合
物只是這樣一種表象，即如畫家與相士自認在其腦子中所有者那樣
一種表象，畫家把此一表象視爲是其作品中之一不可傳達的陰影
（Schattenbild），而相士則把此一表象視爲是其批判的判斷〔品
鑒〕中之一不可傳達的陰影。這樣一些表象或可（雖不恰當）被名
曰「感性底理想」，因爲它們被看成是可能的經驗直覺之模型（實
不是可眞實化的模型），【然而它們卻又不能爲說明與考察供給出
合格的規律（fähige Regel）】①。 A571 B599

①**案**：*此句依原文譯。*Meiklejohn *譯：「但它們不能爲說明或考*
　　察供給規律或標準」。此譯得之。肯・斯密士譯：「然而它們
　　*卻又不能供給出那『**可被說明與可被考察**』的規律」，此不*
　　*通。*Max Müller *譯同於肯・斯密士。*

　　理性，在其理想中，正相反，它意在完整的決定，依照先驗的
規律而來的完整的決定。依此，它爲其自己思考一對象，它視此對
象爲依照原則而爲完全可決定的。但是，在這樣的決定上所需要的
條件不是在經驗中可被發見的，因此，這概念其自身是超絕的。

第二節　超越的理想（超越的基型）

　　每一概念，在關涉於那「不含於其中」的東西中，它是未被決定的，並且是隸屬於「可決定性之原則」的。依照此原則，凡兩矛盾地相反的謂詞，每一對中只有一個謂詞能屬於一概念。此原則是基於矛盾律的，因而亦是一純粹邏輯的原則。即如其為一純粹邏輯的原則而觀之，它抽掉了知識底全部內容，並且是只有關於知識之邏輯形式。

　　但是每一「事物」，就其可能性而言，它亦同樣隸屬於「完整

A572
B600 }
決定之原則」，依照此原則，如果「事物」之一切可能的謂詞與它們的矛盾的反面謂詞聚和在一起而被取用，則每一對矛盾的相反謂詞中之一謂詞必須屬於此事物。此完整決定之原則不只是基於矛盾律；因為，它不只是依事物之關聯於兩個相矛盾的謂詞來考量每一事物，此外，它復亦依事物之關聯於「一切可能性」之綜集，即關聯於事物底一切謂詞之綜集，來考量每一事物。設預定此綜集為一先驗的條件，則此完整決定之原則便要進而去表象每一事物為由其於此一切可能性之綜集中所有之應分所得〔股份〕而引生其自己之可能性者[a]。因此，完整決定之原則有關於內容，而不只有關於邏輯形式。它是那「意想去構成一物之完整概念」的一切謂詞底綜和之原則，而不只是一分析的表象之原則，即在只涉及兩個相矛盾的謂詞之一謂詞中而為一分析的表象之原則。它含有一個超越的預

A573
B601 }
設，即是說，它含有一切可能性之材料之預設，而此材料復轉而又被看成是先驗地含有每一物底特殊可能性之「與料根據」者。

(a)處，康德有底注云：

依照此完整決定之原則，每一物是關聯於一共同的相關項，即關聯於一切可能性之綜集。如果這個相關項（即：供給一切可能的謂詞的那材料）必應被發見於某一物之理念中，則它必可證明一切可能的事物底親和力，通過一切可能的事物底完整決定底根據之同一性而證明一切可能的事物之親和力。雖然每一**概念**底「可決定性」隸屬於排中原則之普遍性，然而一**物之決定**〔完整決定〕卻隸屬於一切可能謂詞底「綜體」或「綜集」。

【「每一存在著的物是完整地被決定了的」，這一個命題並不只意謂「**特定所與的**」相矛盾的謂詞底每一對中之一謂詞必須總是隸屬於此一物，而是意謂一切**可能的**謂詞中之一謂詞必須總是隸屬於此一物】①。藉賴著這個命題，不只是諸謂詞邏輯地互相被比較，而且是一物本身，依超越的樣式，與**一切可能謂詞**底綜集相比較。因此，這個命題所肯斷的是這一義，即：要想完整地去知道一個物，我們必須知道每一可能的謂詞，並且必須即因此每一可能的謂詞而決定此一物，或是肯定地決定之，或是否定地決定之。因此，所謂「完整的決定」乃是這樣一個概念，即，此概念，依其綜體性而言，它決不能具體地被展示，完整的決定就是這樣的一個概念。完整的決定是基於一個理念上的，而此理念是只在理性之機能中有其地位，而所謂理性之機能即是那「把知性底完整使用之規律規劃給知性」的那個機能。

①原文如此,不能表明完整決定義。肯・斯密士譯於此有所增補
而譯為「諸可能謂詞〔底每一對〕中之一謂詞必須總是隸屬於
此一物」。此亦不甚夠。其實當如此:一切可能的兩相矛盾的
謂詞對之每一對中之一謂詞必須總是隸屬於此一物。

　　雖然「一切可能性之綜集」這個理念,當其充作每一物底完整
決定之條件時,其自身是未被決定的,即在關涉於那「可以構成
之」的諸謂詞中,其自身是未被決定的,而且它是被我們思議為不
過是一切可能謂詞之綜集,可是依更密切的檢查,我們猶可見到:
這個理念,當作一個基源概念看,它排除了一部分謂詞(此一部分
謂詞若當作引申的謂詞看是早已通過其他謂詞而為被給與了的,或
者此一部分謂詞是與其他謂詞為不相容者,它是把那或是由其他謂
詞而引申出的或是與其他謂詞不相容的這樣的一部分謂詞排除
掉);並可見到:這個理念,實在說來,它規定〔提練或精簡〕它
自己為一完全先驗地決定了的概念。這樣,這個理念變成「一個體
對象」之概念,此個體對象是通過純然的理念而完整地被決定了
的,因此,它必須被名曰純粹理性底一個「理想」。

　　當我們考慮一切可能的謂詞,不只是邏輯地考慮之,而且是超
越地考慮之,即是說,涉及這樣的內容,就像那「能先驗地被思為
屬於這些可能謂詞」者這樣的內容,而考慮之,當我們如此考慮一
切可能的謂詞時,則我們見到:通過一切可能謂詞中的某些謂詞,
我們表象一「實有」,通過其他謂詞,則表象一純然的「非有」。
邏輯的否定,即「只通過『不是』這個字而被指示」的那邏輯的否
定,恰當地說來,實並不涉及一概念,但只在一判斷中涉及一概念

A574
B602

之關聯於另一個概念，因此，它是完全不足以就概念之內容去決定一個概念。「非有死」這個詞語不能使我們去宣布說我們可因著此詞語而在對象中表象一純然的「非有」；這個詞語是讓一切內容為未被觸動者〔未觸及一切內容〕。另一方面，一超越的否定依其自身而言即指表「非有」，並且是相反於「超越的肯定」者，而此超越的肯定也者其為義之本身乃即表示一實有者也。因此，超越的肯定被名曰「實在」，因為單只通過此超越的肯定，並且只就超越的肯定所及者而言，某物（或諸物）始是對象，而此超越的肯定之反面，即否定，則指表一純然的缺無，而只當此否定被思時，此否定即表象一切物之取消。

$\left\{ \begin{matrix} \text{A575} \\ \text{B603} \end{matrix} \right.$

　　現在，沒有人能決定地思考一否定，除因著把否定基於其反對面的肯定上。那些生而盲的人不能有絲毫黑暗之觀念，因為他們沒有光明之觀念。野人對於貧困無所知，因為他無所知於財富。無知的人沒有其無知之概念，因為他們沒有知識之概念。諸如此類甚多[a]。這樣說來，一切否定之概念皆是引申的；那「含有一切物底可能性與完整決定性之與料根據以及所謂材料或超越的內容」者乃正是諸實在。

(a)處，康德有底注云：

　　天文學家底觀察與計算已教給我們很多奇異的東西；但是他們所教給我們的最重要的一課則是顯露「我們的無知」之深淵，此無知之深淵，若非天文學家之教告，我們從來不能想其是如此之深廣。對於這樣顯露出的無知之反省，在我們的對於目的之評估上（我們的理性必應為此評估而被使用），

必產生一很大的變化。〔在 A 與 B 兩版中，此注之注號附在前一句處，即「野人」句處。此蓋因疏忽而然。〕

因此，如果理性於事物之完整決定中使用一超越的基體，此超越的基體好像含有一全部材料庫，事物之一切可能謂詞皆必須取之於此「材料庫」，如是，則此超越的基體不能是別的，不過就是「一切實在底綜集」（omnitudo realitatis）之理念。一切眞正的否定不過就是一些「限制」，可是設若這一切否定不是這樣基於「無限制」上，即是說，不是基於這「一切」〔這綜集〕上，則「限制」之稱號必應是不可應用的。

但是，那「具有一切實在」者之概念卻正是這樣一個物即「其自身爲完整被決定了的」這樣一個物之概念；而因爲在一切可能的「相矛盾的謂詞對」中，每一對中有一個謂詞，即是說，那「絕對地屬於一存有」的那個謂詞，是在此存有之決定中被發見，所以一個「最高眞實的存有」（ens realissimum）之概念就是一「個體存有」之概念。因此，一「最高眞實的存有」之概念是一超越的理想，此超越的理想足爲那「必然地屬於一切存在著的東西」的完整決定之基礎。此超越的理想是一切存在著的東西底可能性之最高而完整的「材料條件」①——這一個材料條件乃即是「一切對象底思想（就對象之內容而論）必須後返地被追溯到之」的那一個條件。此超越的理想同時亦是人類理性所可能有的那唯一眞正的理想。因爲只有在此一眞正理想之情形中，一物之如此一概念（即：一個依其自身而言是普遍的這樣一個概念）始是在其自身而且通過其自身而爲完整被決定了的，而且始被知爲是「一個個體物

A576
B604

（individuum）」之表象。〔案：此一「最高真實的存有」即意指一絕對而必然的存有，由「必然─偶然」這一範疇之超絕的使用，對「可變化者之偶然物」而超絕地引出一「元動者之必然」。此一「最高真實的存有」之概念即此「元動者之必然」之概念。〕

①「材料條件」相應於上段所說的「材料庫」而言。

經由理性而成的關於一個概念之邏輯的決定是基於一析取的三段推理上的，在此析取的三段推埋中，大前題占有一邏輯的區分（關於一普遍概念底範圍之區分），小前題則是把此範圍限於一定的部分，而結論則是因著此部分而決定概念。〔案：關此，讀者須熟練普通邏輯中之析取推理或選言推理。〕一「實在一般」之普遍的概念不能先驗地被區分，因為若無經驗，我們不能知道任何決定性的實在之種類必會被含在那綱類之下。因此，在一切事物之完整決定中所預設的那「超越的大前題」沒有別的不過就是「一切實在底綜集」之表象；此超越的大前提不只是在這樣一個概念，即「就其超越的內容而言，它綜攝一切謂詞**於其自身之下**，這樣一個概念；它亦含有一切謂詞**於其自身之內**；而每一物之完整的決定是基於此「整全實在」〔一切實在之綜集〕之限制上的，因為此整全實在之一部分已被歸屬於所要決定之物，而其餘部分則被排除掉──此一方歸屬一方排除之程序是與析取的大前題中之「或此或彼」相契合的，並且亦足與「依小前題通過區分底分子之一而成的對象之決定」相契合。依此而言，理性，【在其使用超越的理想以為一切可能的事物之決定之根據中】①，它是依這樣式，即類比於「其析

取的三段推理中之程序」之樣式而進行的——這一類比，實在說來，就是這一原則，即「我以前曾把那平行於而且相應於三種三段推理的一切超越的理念之系統的區分基於其上」的那個原則②。

①案：此句依原文譯，簡而明。依肯・斯密士之譯則如此：「在其使用超越的理想以為這樣一個東西，即『因著涉及此東西，它可決定一切可能的事物』，這樣一個東西中」。此則太迂曲。

②見本分引論第三節。

　　顯然，理性，在達成其「表象事物之必然的完整決定」這目的中它並不預設一「相應於此理想」的存有之「存在」，但只預設這樣一個存有之「理念」，而其預設此理念亦只為這目的，即「從完整決定之無條件的〔不被制約的〕綜體中引生有條件的〔受制約的〕綜體，即引生有限制者之綜體」之目的。因此，這個理想是一切事物之基型，而一切事物，當作不圓滿的倣本看，盡皆從此基型中引生其所依以可能之材料，並且同時依種種程度想求接近此基型，可是總不能實際地達到此基型。

　　因此，一切事物底可能性（即，就事物之內容而言，雜多底綜和之可能性），必須被看成是引生的〔派生的〕，只有一例外，即那「於其自身中包含一切實在」的那個東西之可能性不能被看成是派生的。此後者之可能性必須被看成是根源的。因為一切否定（這些否定是任何東西所由之以與「最高真實的存有」區以別的那些唯一謂詞）只是一較大的實在之限制，而終極言之，亦即是最高的實

A578
B606

在之限制；因此，這些否定預設此最高的實在，而且就其內容而言，它們是從此最高的實在而被引生出。事物底一切雜多性只是「限制最高實在之概念」這種限制之之相應的種種模式（最高實在乃即是那形成事物之共同基體者）〔：有如是多之事物即相應地有「限制最高實在之概念」之種種限制模式，〕此恰如一切圖形之為如此多之可能乃是如「限制無限空間」之不同模式那樣多而多〔：有多少「限制無限空間」之不同模式即有多少圖形出現〕。因此，理性底「理想」之對象（此一對象即是「只在理性中而且只通過理性而呈現給我們的那個對象」）可被名曰「根源的存有」（primordial being, *ens originarium*）。由於它無復有在其上者，所以它亦被名曰「最高的存有」（highest being, *ens summum*）；而由於那被制約的每一東西皆隸屬於它（服從於它），所以它又可被名曰「一切存有之存有」（being of all beings, *ens entium*）。〔 A579 / B607〕但是，這些詞語並不是要被認為是指表一現實對象對於其他事物底客觀關係，但只須被認為是指表一個「理念」對於「諸概念」底客觀關係。因此，我們對於這樣卓絕特出的一個存有之「存在」仍然是完全無知識的。〔案：最高真實的存有、根源的存有、最高的存有、一切存有之存有，皆一義之異名，皆意指一絕對而必然的存有即上帝而言。〕

　　我們不能說一個根源的存有是由一些引生的存有而組成，此蓋因為諸引生的存有預設根源的存有，所以諸引生的存有其自身不能構成此根源的存有。因此，根源的存有之理念必須被思為是單純的。

　　因此，從此根源的存有引生一切其他可能性，這種引生，嚴格

言之，不能被看成是根源存有底最高實在性之「限制」，亦不能被看成似是其最高實在性之「區分」。因爲若是這樣視之，則根源的存有必應被視爲諸引生的存有之一純然的聚合；而這一點，如我們剛才所已表明的，乃是不可能的，雖然在我們的開始粗略的陳述中，我們已使用了這樣的語言〔即：「限制」以及「區分」等語言〕。反之，最高實在性必須當作事物之根據而制約一切事物之可能性，而不是當作事物之綜集而制約一切事物之可能性；而事物底雜多性，因此，亦必須不是基於根源的存有自身之限制，而是基於一切「隨根源的存有而來」的那些東西上，所謂隨根源的存有而來的一切東西，此中亦包括一切我們的感性，以及現象領域中的一切實在，而現象領域中的一切實在是這樣一類存在，即它們不能當作因素而屬於最高存有之理念。〔案：此段文之提醒甚爲重要。先前，「一切實在之綜集」、「限制」、「區分」，等詞語，都是隨便那麼說，嚴格言之，它們是不妥當的。若如文著實以言，則必流於斯頻諾薩之泛神論，尚不是上帝變成聚合而已也。〕

A580
B608

在追求我們人類所有的這個理念中，如果我們進而把此理念實體化，我們將能通過最高實在性之純然概念去決定根源的存有，決定之爲這樣一個存有，即它是一整一，是單純的，是一切充足的，是永恆的，等等。總而言之，我們將能夠依根源存有之無條件的〔不被制約的〕完整性，通過一切正斷詞〔範疇〕，去決定此根源的存有。這樣一個存有之概念就是上帝之概念，依超越的意義而被取用〔被理解〕的上帝之概念；而純粹理性之「理想」，如上所規定者，就是超越的神學之對象。

但是，對於超越的理念，若作這樣的使用，則我們定須跨過超

越理念底【本分（Bestimmung）】①之範圍以及其【可允許性（Zulässigkeit）】②之範圍。因為，理性，在其使用此超越理念以為事物之完整決定之基礎時，它只把此超越理念當作「綜實在」之概念而使用之，而並不要求此綜實在須是客觀地被給與了的並且其自身須是一物。「要求其須是一物」之「物」是一純然的虛構，在此虛構中，我們把我們的理念中之雜多〔內容〕結合之並實化之於一理想中，當作一「個體存有」看的理想中。但是，我們沒有權利去作這一步，甚至亦沒有權利去假定這樣一個假設之可能性。而從這樣一個理想而流出的任何後果對於事件之完整決定亦不能有任何關係，而在事物之完整決定方面亦不能表現絲毫影響力；可是超越的理念已被表明為是必然的，其所以被表明為是必然的，乃是只因為其有助於事物之完整決定之故。

①案：原文 Bestimmung 是「本分」義，肯·斯密士譯為"purpose"，不達。

②原文 Zulässigkeit 是「可允許性」義，肯·斯密士譯為妥效性（validity）非是。

但是只去描寫我們的理性之程序以及我們的理性之辯證〔虛幻〕，這並不足夠；我們必須亦要努力去發見這種辯證之根源，這樣，我們便可能夠去解明理性所已引起的幻象，即那作為「知性之一現象」①的那幻象。因為我們現在所正說及的這個「理想」是基於一自然的理念上的，而並不是基於一純然地隨意的理念上的。因此，那須被問的問題只是這個問題，即：理性視一切事物之可能性

A581
B609

爲從一獨個的基本可能性，即最高實在之可能性，而被引生出，並因此，理性逐預設此最高實在之可能性〔基本可能性〕須被含在一個體的〔獨特的 besonderen〕根源存有中，這是如何發生起的呢？

①原文及英譯皆是如此。其意是「理性的知解」上的一個現象。

依據〈超越分析部〉中的討論而言，這個問題之答覆是顯明的。感取底對象之可能性即是這些對象之關聯於我們的思想，在此思想中，某種東西〔即：經驗之形式〕能先驗地被思，而那構成「材料」者，即構成現象領域中之「實在」者（實在是相應於感覺的那實在），則必須是被給與者，因爲若非被給與者，則此實在〔此材料〕甚至亦不能被思，而其可能亦不能被表象。現在，感取底一個對象其能完整地被決定是只當它與那些「在現象領域中爲可能」的一切謂詞相比較時，它始能完整地被決定，而且藉賴著這些謂詞，它始可或肯定地被表象或否定地被表象。但是，因爲那「構成**事物本身**」者，即那「構成**現象領域中之眞實物**」者，必須是被給與的，（非然者事物必不能被思議，）又因爲一切現象底眞實物所由以被給與處就是經驗，就是視之爲一整一而擁攝一切的那經驗，所以感取底一切對象之可能性上所需的材料必須被預設爲是給與於一整全中〔在一整全中被給與〕；而一切經驗對象底可能性，一切經驗對象底互相區別以及其完整的決定，是只能基於「這整全之限制」上。除感取底對象外，沒有其他對象事實上能被給與於我們，而對象之被給與於我們除在一可能經驗底係絡中被給與外，亦無處可被給與；因此，我們亦可說，沒有什麼東西它可對於我們是

A582
B610

一對象，除非它預設一切經驗的實在之綜集以爲其可能性之條件。現在，由於一種自然的幻象，我們遂視此原則（即：「只應用於那些『當作我們的感取之對象而被給與』的東西上」的那原則）爲一「必須在**事物一般**上爲有效」的原則。依此，由於略去這個限制〔即：略去只限於感取底對象這個限制〕，我們遂把關於我們的當作現象看的事物底可能性之「概念」之經驗的原則，視爲關於「**事物一般**底可能性」之一超越的原則。

如果我們因此進而去把「一切實在之綜集」之理念實體化，則這是因爲以下的緣故而然，即，因爲：我們辯證地以經驗全體〔當作一全體看的經驗〕之「集合的統一」代替知性之經驗的使用之「分布的統一」；並因此，遂把全部現象領域思之爲一獨個的東西，即一「含有一切經驗的實在於其自身」的那獨個的東西；復因此轉而又藉賴著上面所說的超越的非法臆斷〔非法偷轉〕，以「居於一切事物底可能性之根源地位並爲此一切事物之完整決定而供給眞實條件」這樣一個東西之概念來代替那獨個的東西：即因爲以上云云的緣故，如是，我們遂進而去把「一切實在之綜集」之理念實體化〔實體化之爲一理想，爲一個體的存有，即上帝〕[(a)]。

{ A583
{ B611

(a)處，關於所以實體化之之緣故，康德加底注云：

　　這「最高眞實的存有」（ens realissimum）之理想，雖然實在說來它只是一個純然的表象，然而卻首先**被眞實化**，即是說，首先變成一個對象，然後又**被實體化**，而最後，又因著「理性之自然地向著統一之完整而前進」這種自然的前進，它遂如我們將即刻所要表示的，乃**被人格化**。因爲經驗之軌

約的統一並不是基於現象本身（並不是只基於感性），而是基於通過知性而成的雜多之連繫（在一統覺中的雜多之連繫）；因此，最高實在之統一以及一切事物底完整的可決定性（可能性）似乎即存於一「最高的知性」中，因而亦就是說即存於一「睿智體」中。

第三節　思辨理性之「證明一最高存有之存在」之論證

不管理性之迫切需要，需要去預設某種東西，此某種東西可把知性底概念之完整決定所基依的充分基礎〔根據〕供給於知性，不管理性是如此云云，可是它亦很容易覺識到這樣一個預設之理想的並純然虛構的性格，容易到它不允許其自己單憑此根據（單憑此迫切需要之根據）便確信：一個只是其自己的思想之產物者即是一真實的存有——設若不是理性被迫著從另一方向，在「從受制約者（有條件者，此是已被給與了的）後返至不受制約者〔無條件者〕」這後返中，去尋求一止息地。〔此一冗長的迂曲的説法，其意是如此：儘管理性迫切需要預設某種東西云云，可是設若理性不被迫著從已被給與了的有條件者後返至無條件者這後返中去尋求一止息地，則理性便很容易意識到這樣一個預設之理想的並純然虛構的性格，因此它不允許其自己單憑此根據（單憑此迫切需要之根據）便可確信：一個只是其自己的思想之產物者即是一真實的存有。那就是説，若理性被迫著從有條件者後返至無條件者，即在此

後返中尋求止息地，它才不容易覺識到那個預設之理想的並純然虛構的性格，因此，它遂許其自己單憑此根據（單憑此迫切需要之根據）即可確信思想之產物是眞實者。因此，才需要批判的檢查：即使在此後返中尋求止息地，此亦不足以使我們確信這一止息地即是一眞實的存有。〕從受制約者後返至不受制約者，此不受制約者，實在說來，並不是當作「其自身是眞實者」而爲被給與了的，亦不是當作有一「隨其純然的概念而來」的實在性而爲被給與了的；但是，它卻是那唯一能把條件底系列完整起來者，當我們去把這些條件追溯到其根據時。這種追溯乃是我們人類的理性，以其本性而言，引導我們一切人，甚至是最少反省的人，所去採用的一種程序，雖然並非每一人皆繼續去遵循這種程序。這一種程序不是開始於概念，而是開始於通常的經驗，因此，它把它自己基於某種現實地存在著的東西上。但是開始於經驗以追溯有條件者之根據，如果此所追溯之根據並不基於那絕對地必然者不可搖動的磐石上，則它是不足取的。而此後一支持點〔即：絕對必然者這一支持點〕，如果在其外以及在其下尚有任何空的空間，又如果其自身不能廣布於〔遍及於〕一切東西以至無復有任何進一步疑問之餘地，即是說，如果它在其實在性上不是無限的，則它復又轉而是懸空而無支持之者。

　　如果我們承認東西爲存在著的，不管這某種東西是什麼，則我們也必須承認有某種東西它是必然地存在著。因爲偶然物其存在著是只在作爲其原因的那某一其他偶然存在之制約之之下始存在著，而從此作爲其原因的某一其他偶然的存在，我們卻又須推斷另一原因，直至我們能至一原因它不是偶然的，因而它是無條件地必然

的，而後止。這個論證就是「理性把其前進而至於根源的存有這種前進基於其上」的那論證。〔簡單地說是如此：這個論證就是「理性進至根源的存在」所基依的那個論證。〕

A585
B613 }

現在，理性周圍尋求一個概念欲其符合於如此高的一種存在就像無條件的必然者之存在那樣一種最高的存在，其尋求此種概念不是為「從此概念可先驗地推斷出此概念所代表的東西之存在」之目的（因為如果這是它所想要去作的，則它應當把它的研究限於純然的概念上，而這樣，它必不需要一所與的存在以為其研究之基礎），但只是為的在它的種種概念間去找得一個概念任何方面皆非與「絕對的必然性」為不相容者。因為，「茲必有某種東西它以絕對必然性而存在著」，這一點是被視為已為論證中的第一步所早建立起。如是，如果，在把那與此「必然性」為不相容的每一東西皆移除後，只有一個存在遺留下來，則此「存在」必須是「絕對必然的存有」，不管此存在之「必然性」是否是可理解的，即是說，是否是可單從其概念而推演出的。

現在，一個東西，它若在其概念中對於每一「何以故」之問含有一「因此故」之答，它若在任何方面皆無缺陷，它若在每一路數中皆足夠為一條件，則這個東西似乎確然就是這個存有，即「絕對必然性能適當地被歸屬給它」的那個存有。因為，雖然它含有「一切可能的東西」之條件，然而其自身卻不需要有任何條件，而實在說來，它亦不能允許再有任何條件，而因此，它逐滿足了，至少即在其不需要有任何條件這一特徵上滿足了這無條件的必然性之概

A586
B614 }

念。依此而言，一切其他概念皆必須遠不及乎它；此蓋因為這一切其他概念皆是有缺陷的，而且皆有需於完整，所以它們不能有「獨

立不依於一切進一步的條件」這種獨立不依性以爲其特徵。我們實
無理由辯說：凡不含有最高的而在一切方面又皆是完整的這樣一個
條件者其自身在其存在方面亦因而就是有條件的。但我們實有理由
去說：那不含有最高而完整的條件者它即不具有這樣一種特徵，即
「單通過此特徵，理性始能藉賴著一先驗的概念，在關涉於任何存
有中去知道它是無條件的〔不被制約的〕」這樣的一種特徵。
〔案：此句較簡單地可如此說：那不含有最高而完整的條件者它即
不具有那「可使理性去知道它是無條件者（不被制約者）」之特
徵。〕

　　因此，在一切可能事物之概念中，「一個最眞實的存有」之概
念就是最符合於一「無條件地必然的存有」之概念者；而雖然此最
高眞實存有之概念可以不是完全適當於〔滿足於〕那「無條件地必
然存有之概念」，可是，我們在此事上並無其他選擇，我們見到我
們自己被迫著必須去堅持這最高眞實的存有之概念。蓋因爲我們不
能輕易去廢除一「必然存有」之存在；而如果一旦必然存有之存在
已被承認，則在全部可能性之領域中，我們便不復能找到任何別的
東西它能作一〔比一最高眞實的存有所能作者爲〕更有根據的要
求，要求於在其存在之樣式中爲如此之卓越者。〔案：意即：一旦
一必然存有之存在已被承認，則在全部可能性之領域中，只有此
「最高眞實的存有」能有根據地作此要求，即要求其存在爲無條件
地必然的存有之存在之要求，除此以外，再找不到任何別的東西它
能比此「最高眞實的存有」所能作者爲更有根據地作此要求。是以
「最高眞實的存有」之概念就是那最符合於一無條件地必然的存有
之概念者。除此之外，再無其他選擇。是故我們必須堅持此最高眞

實的存有之概念。〕

　　既如此，則以下所說即是人類理性底自然程序。人類理性以「使其自己相信某一必然的存有之存在」來開始。此一必然的存有，人類理性理解之〔辨識之〕爲有一種「不被制約」的存在者。如是，人類理性周圍尋求那「獨立不依於任何條件」的東西之概念，它在那「其自身是一切別的東西之充足條件」的東西中找到該物之概念，即是說，它在那「含有一切實在性」的東西中找到該物之概念。但是，那「含有一切實在性〔一切無所不含〕而且無限制」的東西就是這絕對的統一，而且那東西亦含著一獨一的存有之概念，此一獨一的存有同時亦即是最高的存有。依此，我們可歸結說：這最高的存有，由於它是一切別的東西之根源的根據，是故它必須以絕對必然性而存在著。

　　如果我們所存想的是「歸於一判決」，即是說，如果某種必然的存有之存在已被認爲是當然的，而又如果進而「關於此必然存有之是什麼必須歸於一判決」這是已被同意了的，如是，則以上所說的思考路數必須被允許其有某種中肯處〔有足以使人信服的力量〕。因爲在這種情形下〔即上如果云云之情形下〕，沒有較好的選擇可被作成，或勿寧說我們畢竟根本無選擇之可言，我們但見我們自己被迫著去判決以維護這「完整實在性之絕對的統一」維護之以爲一切可能性底終極根源。但是，如果我們並不是被要求去歸於任何判決，但只寧願去讓這問題擺在那裡以爲待決者，直至證明底重量足夠逼迫我們去同意爲止；換言之，如果我們所要去作的只是去估計我們在此事上實際所知的有多少，以及去估計我們只是諂媚我們自己說我們知道此事，這自吹有知之所知有多少，如是，則以

A587
B615

上所說的論證是遠不能現為如此有利的一種面貌。而要想去補償那論證底要求之缺陷，特別的眷顧是必要的〔須有待於特別的眷顧〕。

　　因為如果我們認這問題為如這裡所陳述者，即，(1)從任何特定所與的存在（此或可只是我自己的存在），我們能正確地推斷一無條件地必然的存有之存在；(2)我們必須視一「含有一切實在」的一個存有，因而也就是說，視一「含有每一條件」的一個存有，為絕對地不受制約者，而因此，在此一「最高真實的存有」之概念中，我們已發見這樣一個東西之概念，即「我們亦能以『絕對必然性』歸屬之」，這樣一個東西之概念——設即使承認這一切，我們亦無法隨之即可說：一個「沒有最高實在性」的有限制的存有之概念，即因其無最高實在性之故，它便與絕對實在性為不可相容者。因為雖然在此有限制的存有之概念中，我找不到那「含在條件底綜體之概念中」的無條件者〔不被制約者〕，可是我們亦無理由歸結說：此有限制的存有之存在必須即因其為有限制的存有之故而即為有條件者〔受制約者〕；此恰如在一假然推理之情形中，我不能說：某一條件不成立，這有條件者〔受制約者〕亦不成立。（此所謂「某一條件」，在現在所討論之情形中，即是依照〔純粹〕概念而成的完整性這條件。我們不能說：沒有完整性這條件便沒有絕對實在性；我們亦不能說：沒有無條件者之最高實在性便沒有絕對實在性，便是有條件的，不是無條件地必然的。）正相反，我們可完全有自由去主張：任何有限制的存有，不管它們是什麼，儘管它們是有限制的，它們亦可是無條件地必然的，雖然我們不能從「我們對於它們所有的普遍概念」來推斷它們的必然性。這樣說來，這論證

A588
B616

〔即：由無條件地必然的或必然的存有論證最高真實的存有之論
證〕決不能把一必然存有底特性之絲毫概念供給給我們，而實在說
來，那論證是完全無效果的。〔案：意即由無條件地必然的，或由
必然的存有，並不能使我們說這必然的存有即是一最高真實的存
有，即是上帝。因為很有是必然的存有，有絕對實在性，而卻並無
最高實在性，絕對完整性。〕

但是，這個論證仍然繼續有某種重要性，並且仍然繼續具有一
A589
B617 } 種權威性，對此權威性，我們不能只依「此客觀的不足夠〔缺
陷〕」之根據便可立刻把它剝奪掉。因為設若承認在理性之理念中
有某種責成〔案：例如責成促進最高善之責成〕，此等責成是完全
妥當的〔正確的〕，但是在其應用於我們自己身上，除依據這假
定，即「有一最高的存有給實踐法則以效力與確認」這假定外，則
此等責成必缺乏任何實在性，即是說，對於此類責成，茲必無任何
動力可言：設若是如此云云，則在這樣一種情況中，我們即須被迫
著非去追隨那樣一些概念不可，這些概念是這樣的，即，雖然客觀
地言之，它們可不是足夠的，然而依照我們的理性之標準而言，它
們卻又是佔優勢的，並且與它們相比，我們亦不能知道有什麼東西
是更好的而且是更足使人信服的。這樣說來，前文所說的「歸於一
判決」這判決之之義務必因著一種實踐的增加〔實踐方面的事之增
加〕而偏傾了〔改轉了〕那制衡狀態，即偏傾了那如此精細地為思
辨〔理性〕底懸而不決所保持的那制衡狀態〔即：使此制衡停滯狀
態有轉機而取決於實踐理性〕。實在說來，理性，當它為這樣迫切
需要的動力〔即：上文所說責成所需的動力〕所推動時，不管它的
洞見是如何之不完整，如果它不能使它的判斷符合於那些要求，即

至少比我們所知的任何其他要求爲有更大重量的要求，則它必即在
其自己之判斷中（而亦並無比其自己之判斷爲更精密的判斷）被認
爲是不當的〔該受譴責的〕。〔案：此段所說是隱指實踐理性之批
判如何肯定「上帝存在」一設準。〕

　　雖然這個論證，由於其基於「偶然者之內在的不足性」上，它
事實上是超越的，然而它卻又是如此之單純而自然，以至於它一旦
被提出，它即爲最通常的理解〔大眾的理解〕所接受。我們眼見事
物更變，出現，以及消滅；因此，這些事物，或至少這些事物之狀
態，必須有一原因。但是就那「可被給與於經驗中」的每一原因而
言，同樣的問題亦仍可被發問。因此，有什麼地方我們可更適當地 ⎰ A590
定「終極因果性」之位呢？有什麼地方比那亦有「最高因果性」的 ⎱ B618
地方爲更適當呢？所謂亦有最高因果性的地方，意即在這樣一個存
有處亦有最高因果性，即此存有它於其自身中根源地含有每一可能
的結果底充足根據，而且我們亦能很容易地藉賴著「一擁攝一切
〔無所不擁〕的圓滿性」這一屬性來對於此存有懷有一概念。有什
麼地方比亦有「最高因果性」的這樣一個存有處爲我們所可更適當
地安置「終極因果性」之處呢？我們只有將終極因果性安置於亦有
最高因果性之存有處，既如是安置已，如是，我們進而去把此最高
的原因視爲絕對必然的原因，因爲我們見到「我們定須上升到此最
高的原因」這乃是絕對地必然的，而且我們亦見到沒有可以使我們
越過此最高的原因之根據。這樣，在一切民族中，在最愚昧的多神
論之狀況下，那裡仍閃爍著某種一神論之曙光，各民族之被引至此
一神論，並不是因著反省以及深奧的思辨而被引至，但只是因著通
常的理解之自然的傾向而被引至，因爲通常的理解一步一步慢慢總

歸能去了解其自己之需要。

因著**思辨理性**而證明上帝之存在，在這樣的證明中只有三個可能的證明之路。

引至此目標〔上帝〕的一切途徑**或是**從決定的經驗以及因此經驗而被知的感取世界底特殊構造開始，而且依照因果性之法則，從這開始處上升至此感取世界以外的那最高原因：**或是**從那純粹不決定的經驗，即是說，從「存在一般」底經驗開始；**或是**最後抽掉一切經驗，只從純然的概念，完全先驗地辯說至一最高原因之存在。

A591 }
B619 } 第一種證明是物理神學的證明，第二種證明是宇宙論的證明，第三種證明是存有論的證明，藉賴著思辨理性以證明上帝之存在，只有此三種證明，除此三者外，再無其他種證明，亦不能有其他種證明。〔案：由實踐理性以證明上帝之存在，所謂道德的證明，則不在思辨理性範圍之內。〕

我想去表示：理性之不能依這一途徑即經驗的途徑去前進亦如其不能依其他途徑即超越的途徑去前進，而理性在這樣想只因著思辨底力量以翱翔於感取世界以上中舒展其雙翼是全然無效的。關於這些論證所依以被處理的次序〔即：「處理這些論證」所依之次序〕，那將是相反於理性在其自己的發展之進程中所取的次序，因而也就是說，相反於我們在上文的說明中所遵循的次序。因為我們將表示：雖然經驗是那首先引起這種研究者，然而卻正是這超越的概念它在一切這樣的努力中，標識出「理性使其自己所要去達到之」的那目標，而且實在說來它亦是理性在其努力想去達成那個目標中之唯一的導引者。因此，我將開始於「超越的證明」之考察，然後再進而去研究經驗的因素之增加在抬高這論證底力量中所能有

的結果是什麼。

第四節　上帝底存在之存有論的證明之不可能性 $\left\{\begin{array}{l}\text{A592}\\\text{B620}\end{array}\right.$

　　從上面所已說者觀之,「一絕對必然的存有之概念是純粹理性底一個概念,即是說,是一個純然的理念,此理念之客觀實在性很不能因著『理性要求之』這一事實而即可被證明〔意即:很不能由其為理性所要求而被證明〕」,這是甚為顯明的。因為這個理念只在關涉於一種不可達到的完整性中教導我們,因而它寧只是被用來去限制知性,而不是被用來去把知性擴展之於新的對象。

　　但是,在這裏,我們碰見了那既奇怪而又令人困惑的情形,即是說,雖然「從一特定所與的存在一般推至某種絕對必然的存有」這種推斷看起來似乎既是不容異議的而又是合法的,然而那一切條件,即「單在其下知性始能形成這樣一種必然性之概念」的那一切條件,卻又是我們之作此推斷中的許多障礙。

　　在一切時代,人們皆已說及一「絕對必然的存有」,而在如此說時,人們並不努力想去了解這一類的東西〔這一類的存有〕是否以及如何甚至可被思議,但卻已努力想去證明此類存有之存在。當然,在給此概念一名言的〔口頭的〕定義中,並無困難,即是說,說它是這樣的某種東西即「其不存在是不可能的」這樣的某種東西,這並無困難。但是,這名言的定義並產生不出一種洞見以洞見 $\left\{\begin{array}{l}\text{A593}\\\text{B621}\end{array}\right.$
到一些條件,這些條件足以使「去視一物之不存在為絕對不可思議」這一點為必然的①。這些條件確然正是我們所想要去知道的,知之以便我們可以決定在動用此概念中我們是否究竟思維了任何

事。單只通過「不被制約」這個字之引出，把那些條件即「知性所不可缺少地需要之以去視某物爲必然的」那些條件，皆予以移除，這種權宜辦法是遠不足以表示在「無條件地必然者」之概念中我是否仍然思維了任何事，抑或畢竟根本未曾思維任何事。

①「必然的」，康德原文爲「不可能」，依 Noiré 改。

抑又有應知者，這一概念，即在開始時是盲目地被冒險一試〔碰運氣〕而現在則變成是完全如此之熟習，這樣的一個概念，曾被設想可有其意義，而此意義可依若干例證而被展示；而因此之故，一切進一步的研究，即研究其可理解性之研究，似已是完全不需要的。如是，「每一幾何命題，例如『一三角形有三個角』，是絕對地必然的」，這一事實已被認爲足以使我們有理由去說及一個「完全在我們的知性範圍之外」的對象，好像我們已完全了解了「我們因著那個對象之概念所想去傳達者」之是什麼。

一切被認爲確實的例證，無有例外，皆是取自於「判斷」，並不是取自於「事物」以及事物之「存在」。但是，判斷底「無條件的必然性」並不同於事物底「絕對必然性」。判斷底「絕對必然性」【只足形成】①事物底「有條件的必然性」，或者說【只足形成】①判斷中的謂詞底「有條件的必然性」。上面那個幾何命題並不宣說「三個角是絕對必然的」，但只宣說：「在有一三角形（即：一三角形是被給與了的）之條件下，三個角將必然地被發見於此所已給與的三角形中」。實在說來，有如此大的一種虛幻的影響力爲此「邏輯的必然性」所表現，以至於只因著一簡單的設計，

A594
B622
}

設計去形成一事物之先驗概念是依這種樣式，即如「在此概念底意義之範圍內包括存在」這種樣式，而去形成之，單只因著如此形成一事物之先驗概念之單純設計，我們便設想我們自己已證成了這結論，即：因為「存在」必然地屬於概念之對象（其必然地屬於此概念之對象總是在這條件下，即「我們置定這事物為所與者，為存在著者」之條件下，而屬之），所以我們必然地，依照同一律，必須去置定此概念底對象之存在，因而遂歸結說：這個存有其自身就是絕對地必然的，而其自身為絕對必然的，再重複一遍，是因為這個理由，即此存有之「存在」早已被思於這樣一個概念中，即那是隨意地被假定的，而且是根據「我們置定其對象」之條件而被假定的，這樣一個概念中。

①「只足形成」，原文及三英譯俱是「只是」。但若譯為「只是」，不達，故意譯為「只足形成」。意即判斷底無條件的必然性（絕對必然性）只足使事物或判斷中的謂詞有那有條件的（被制約的）必然性。

在一自同的〔分析的〕命題中，如果當我保留主詞時，我卻拒絕謂詞，則矛盾便發生；因此，我說這謂詞是必然地屬於那主詞。但是，如果我們把主詞與謂詞皆同樣予以拒絕，則便無矛盾可言；因為在這樣拒絕之下，沒有什麼能是矛盾的東西被遺留下來。去置定一個三角形，然而卻又去拒絕此三角形底三個角，這是自相矛盾的；但是，去把三角形連同著其三個角而一起拒絕之，這卻無矛盾可言。這意思對於一絕對必然存有之概念亦同樣有效或適用。如果

A595
B623 ｝此絕對必然存有之存在被拒絕，則我們即拒絕此事物本身連同其一切謂詞；而此時，亦無矛盾之問題可發生。此時，沒有什麼「必會是矛盾」的東西外於此事物，因為此事物之必然性並不是被設想為是從任何外在的東西而被引生出；亦不能有「必會是矛盾」的任何東西是內在的〔內在於此事物〕，因為在拒絕事物本身中，我們已同時拒絕了其一切內在的特性。「上帝是無所不能的」，這是一必然的判斷。如果我們置定一「神體」，即，置定一「無限的存有」，則「無所不能」便不能被拒絕；因為這兩個概念〔即：「神體」與「無所不能」這兩概念〕是同一的。但是，如果我們說「茲並無所謂上帝」〔上帝不存在〕，則「無所不能」一謂詞固不是被給與了的，即其一切謂詞中之任何其他謂詞亦不是被給與了的；它們一切盡皆連同其主詞而被拒絕，因而此時在「上帝不存在」這樣一判斷中亦無絲毫矛盾可言。

這樣，我們已見到：如果一判斷之謂詞連同其主詞而被拒絕，則無內的矛盾可發生，並見到：不管這個謂詞是什麼謂詞，這層意思總可成立。避免此結論底唯一路數便是去辯說：有些主詞不能被移除，而且必須總是要存留下來。但是，這樣辯說只只是說「茲必存有一些絕對必然的主詞」這說法底另一種說法；而正是這一假定才是我所要認為有問題的，而亦正是這一假定之可能性才是上節所述的論證所自承要去建立的。因為，對於這樣一個東西，即，它

A596
B624 ｝若連同其一切謂詞而一起被拒絕，而又可遺留下一矛盾，這樣一個東西，我不能形成絲毫的概念；而在矛盾之不存在中，單只通過純粹先驗的概念，我並無關於「不可能性」之判準。

不管這一切一般性的考慮（在這些一般性的考慮中，每一人皆

必須一致，不能有異辭），我們仍可因有一種實例而被詰難，這實例乃是當作一種證明〔案：即存有論的證明〕而被提出，此當作一證明而被提出的實例它證明：事實上，相反於這些一般性的考慮之相反是成立的，即是說，它證明：茲實有一個概念，而實在說來，亦只有一個概念，在涉及此概念中，「此概念底對象之非有〔不存在〕」或「此概念底對象之被拒絕」其自身即是自相矛盾的，此一概念即是「最高眞實存有」之概念。人們宣布說：此「最高眞實的存有」擁有一切實在性，並宣布說：我們有理由去假定「這樣一個存有是可能的」（「一概念不自相矛盾」這一事實並不足以證明「此概念底對象之可能性」。但是眼前我暫時願意去承認這相反的肯斷，即姑認其可以證明⁽ᵃ⁾）。現在，〔這論證進而說〕「一切實在性」〔「最高眞實的存有」所擁有的「一切實在性」，即「綜實在性」，一切存在者底實在性之綜體〕亦包括「存在」；因此，「存在」是被含在一個「是可能的」的東西之概念中。如是，如果此一東西被拒絕，則此一東西之「內在的可能性」亦被拒絕——這是自相矛盾的。

$\left\{\begin{array}{l} \text{A597} \\ \text{B625} \end{array}\right.$

(a)處，康德有底注云：

一個概念，如果它不是自相矛盾的，則它總是可能的。此是「可能性」之邏輯判斷，因著此邏輯判準，概念底對象是可與「以無概念〔概念不可能〕而空無對象（nihil negativum）①」區別開的。但是，縱然如此，此概念亦可仍是一空洞的概念，除非「此概念所經由之以被產生」的那「綜和之客觀實在性」已特別地被證明過；而所謂「綜和底

客觀實在性已被證明」之證明，如我們在以往所已表明的，
是基於「可能經驗」底原則上的，並不是基於分析底原則
（矛盾律）上的。這是一警告，此警告足以對抗從概念底
「邏輯可能性」，直接辯說至事物之眞實的可能性。

①此詞之解釋參看 B348, A292。

〔對於以上的論證，〕我的答辯是如下。把「存在」之概念
（不管此存在之概念在什麼名稱下被僞裝）介入於這樣一個事物，
即「我們自認是只涉及其可能性而思之」這樣一個事物之概念中，
在這種介入中，早已存有一矛盾。如果那種介入可被允許爲是合法
的，則一表面貌似的勝利自可被贏得；但是，事實上，那種勝利實
並沒有什麼東西曾被說及：那種勝利中的肯斷只是一套套邏輯〔同
語重複〕。我們必須問：「此物或彼物（即：被允許爲是可能的此
物或彼物，不管它是什麼物）存在著」這個命題是一分析命題抑或
是一綜和命題？如果它是一分析命題，則此物底存在之肯斷並沒有
把什麼東西增加到此物之思想上；但是，在這種情形中，或者存在
於我們之內的「思想」就是「事物本身」，或者我們已預設了一存
在爲屬於「可能者」之領域，如是，依據此口實，我們已從此可能
者之內在的可能性推斷了此可能者之存在，而此推斷沒有別的，不
過就是一可憐的套套邏輯。「實在」這個字（此字在**事物**之概念中
似乎並不同於**謂詞**概念中的「存在」這個字）在答覆我此種反對中
並無裨益。因爲，如果一切「置定之」之置定（不管那被置定的是
什麼）被名曰「實在」，則事物連同著事物之一切謂詞實早已被置

定於主詞之概念中，而且早已被假定爲是現實的；而在謂詞中，說
事物是存在的〔現實的〕，這只是重複一遍。但是，另一方面，如 〔 A598
果我們承認（如每一通達的人所必須承認的）：一切存在的命題皆 　 B626
是綜和的，則我們如何能裝作去主張說「存在這一謂詞不能被拒絕
而無矛盾」呢？〔案：意即：若承認一切存在的命題皆是綜和的，
則拒絕「存在」這一謂詞，亦很可以無矛盾。如何能強說拒絕之便
不能無矛盾？〕「存在這一謂詞被拒絕而即矛盾」，這一特徵只見
之於分析命題中，而實在說來，這一特徵確然亦即是那「構成分析
命題之分析的性格」者。

　　設若我不曾見到因著一邏輯的謂詞與一眞實的謂詞（即與「決
定一物」的謂詞）相混擾而引起的幻象幾乎是越出糾正之外〔即難
以糾正，幾乎足以抗拒一切糾正〕，則我必已希望只因著存在之概
念之精確的決定，依一直接的樣式，去結束這些無謂而又無結果的
爭辯。〔但是現在因爲我已見到了這由混擾而成的幻象幾乎足以抵
抗一切糾正，所以我不能這樣簡單地了當之，我必須去揭穿這混
擾。因爲雖然難以糾正，然而畢竟是混擾而可糾正的。〕①任何我
們所欲的東西皆可被致使去充作一邏輯的謂詞；甚至主詞亦可單以
其自己而被謂述；因爲邏輯抽掉了一切內容。但是一有決定作用的
謂詞則是一個「被增加到主詞概念上而且是能擴大主詞概念」的謂
詞。因此，它必不是早已被含在主詞概念中者。

　　　①案：此爲譯者所補，補之以足語意。

　　「存有」（ being, Sein ）顯不是一眞實的謂詞；即是說，它不

是這樣的某種東西，即「能被增加到一物之概念上」這樣的某種東西之概念。它只是一物之置定，或只是當作依其自身而存在著者看的某些決定之置定。邏輯地說來，它只是一判斷之係詞。「上帝是無所不能的」這個命題含有兩個概念，即「上帝」與「無所不能」這兩個概念，此兩概念中之「是」（ is ）這個縮小的〔無變化的〕字並不能增加一新的謂詞，它只足以去置定謂詞，即依謂詞之關聯於主詞而去置定謂詞。現在，如果我們取用「上帝」這個主詞是連同著其一切謂詞（「無所不能」是其中之一個）而取用之，取用之而說「上帝是」〔上帝存在〕，或說「有一上帝」，如果我們是如此云云，則我們並沒有把一新的謂詞附著於上帝之概念上，但只依這主詞自身連同著其一切謂詞而置定了這主詞，而實在說來，我們置定這主詞是如其為一個對象，即「和我的概念有關係」的一個對象，而置定之。〔在此情形下，〕對象與概念這兩者底內容必須是同一的；沒有什麼東西能已因著「我之思概念之對象（通過「對象是」或「對象存在」這詞語而思概念之對象）為絕對地被給與了的」而被增加到這概念上，即被增加到那「只表示可能的者」的概念上。換言之，「真實者」並不比「只是可能的者」含有更多的東西。一百個真實的銀元並不比一百個可能的銀元含有絲毫更多的錢。因為當後者指表概念，而前者指表對象以及對象之置定時，設若前者比後者含有更多的東西，則在這情形中，我的概念必不會表示這整全的對象，因而亦必不會是此對象底一個恰當的概念。但是我的財政地位其為一百真實銀元所影響卻十分不同於其為純然的一百銀元之概念（即：純然的一百銀元底可能性之概念）所影響。因為對象〔真實的一百銀元〕，由於它現實地存在著，是故它並不是

A599
B627

分析地含於我的概念中，而是綜和地被增加到我的概念上（此所謂
我的概念中之概念只是我的狀態之一決定）；然而這所思的一百銀
元其自身卻並不曾通過其這樣獲得了「外於我的概念」的「存在」
而絲毫有所增加。

　　不管我們用什麼謂詞以及用如何多的謂詞以思一物（縱使我們 ⎰ A600
用之以完整地決定一物），可是當我們進一步宣說「此物存在」　⎱ B628
時，我們對於此物實並未造成絲毫的增加。非然者，則此物必不會
恰正是那存在著的同一物，而是某種「比我們在概念中所已思者爲
更多」的東西；而因此，我們小不能說：我的概念之準確的〔絲毫
不爽的〕對象存在著。如果我們在一物中思考每一實在性〔一切實
在性〕，只除去一個實在性而不思，即被漏掉，則此漏掉的實在性
並不能因著我說「這有缺陷的物存在著」而得以被增加上。反之，
此物存在著是以同樣的缺陷即與「我曾缺陷地思之」時之缺陷相同
的那同樣的缺陷而存在著，因爲若非然者，則那存在著的東西必是
某種不同於我所已思的東西。因此，當我思一存有爲最高的實在
時，它究竟是否存在抑或不存在，這問題仍然存而未決。因爲雖然
在我的概念中，對於一「事物一般」之可能的眞實內容可以是一無
所缺，然而依此事物一般之關聯於我的全部思想狀態而言，某種東
西仍然是缺少了的，即是說，「當我不能去肯斷說」①此對象之知
識也是後驗地〔經驗地〕可能的時，某種東西仍然是缺少了的。在
這裡，我們見到我們現有的困難之根源。設若我們處理感取之對
象，我們不能把事物之存在與純然的事物之概念混而爲一。因爲通
過**概念**，對象只被思爲符合於可能經驗知識一般底「普遍條件」，
然而通過對象之**存在**，則對象是被思爲屬於當作一整全看的經驗之 ⎰ A601
　　　　　　　　　　　　　　　　　　　　　　　　　　　　　　⎱ B629

係絡的。但是，在其這樣與全部「經驗底內容」相連繫中，對象底**概念**並未絲毫被擴大；此時一切所因以被致成者乃是這一點，即：我們的思想〔我們的概念〕已因著對象之與全部經驗內容相連繫而得到了一額外可能的知覺。因此，如果我們想只通過純粹範疇去思考存在，則我們不能標舉出〔凸顯出〕任何一點標識足以使此「存在」與那純然的可能性區別開，這是不須驚怪的。

> ①此爲 Kemp Smith 所補。若依原文不補，則當如此：「即是說，『此對象之知識必也是後驗地可能的』，這一點是缺少了的」。Max Müller 即如此譯。案：補之爲是。Meiklejohn 譯亦稍有補充：「即是說，爲概念所指示的對象之知識是否是後驗地可能的，我是無知的」。

　　因此，不管我們的一個對象之概念所可含有的是什麼以及如何之多，如果我們要想去把「存在」歸給對象，則我們必須走出此對象底概念以外。在感取底對象之情形中，「存在之可被歸給對象」是依照經驗的法則，通過對象之與我們的知覺之某一知覺相連繫，而【被達成】①。但是，在論及純粹思想底對象中，我們卻沒有什麼方法藉以去知此種對象之存在，因爲此種對象之存在必須依一完全先驗的樣式而被知。我們所有的「一切存在之意識」（不管這存在之意識是直接地通過知覺而有者抑或是間接地通過那「使某種東西和知覺相連繫」的推理而有者）皆只專屬於經驗底統一之領域；任何外於此領域「而被認爲確實」的存在，雖實並非如「我們所能宣布其爲絕對不可能者」那樣的存在，然而它本性上實只屬於一假

定，此一假定，我們決無法證成之。

①「被達成」，康德原文是 geschieht，此字在此是「達成」義，非「發生」義，Meiklejohn 譯為「被達成」（is attained），是；Max Müller 與 Kemp Smith 譯為「發生」（takes place），非。

　　一最高存有之概念在好多方面是一十分有用的理念；但是恰因為它只是一純然的理念，所以它全然不能單以其自己在關涉於那存在著的東西中去擴大我們的知識。它甚至「關於任何這樣的存在，即超出那『在經驗中而被知並通過經驗而被知』的東西以外這樣的存在之可能性」①亦不足以使我們有所啟悟。可能性之分析的判準，如存在於這原則，即「赤裸的〔單純的〕諸置定物（諸實在）並不引起矛盾」這原則中者，我們固不能否決之。但是，因為這樣置定的諸實在並不是依其特殊各別的性格而為被給與於我們者；又因為縱使它們已如此被給與於我們，我們必仍然無法對之作判斷〔因為只是置定物，不在經驗中故〕；又因為綜和知識底可能性之判準除在經驗中可以找得外決不能在別處可被找得，而一理念之對象卻又並不能屬於此所說之經驗：因為以上諸原故，所以一物中的一切真實的特性之相連繫乃是一種綜和，此綜和之可能性我們不能夠先驗地去決定之。這樣說來，那有高名的來布尼茲在其以達成「此莊嚴的理想的存有底可能性之先驗的理解」來自誇或自矜飾中是遠未成功的。

①「……」，此引號中之句，肯·斯密士注出康德原文是

{ A602
  B630

" in Ansehung der Möglichkeit eines Mehreren "。Max Müller 譯此爲「關於其可能性」（其字似指上句中「那存在著的東西」說，是對於 eines 的翻譯），而把 Mehreren（更多者）則譯爲動詞底受詞，如是，他譯此整句爲：「它甚至關於其可能性（那存在著的東西之可能性）亦不足以去教告或啓迪我們以任何更進一步者（更多一點者）」。案：此譯或較簡明。肯·斯密士譯是把" eines Mehreren "讀在一起，如是此句遂譯成「經驗中被知的東西以外的一個存在之可能性」。Meiklejohn 譯大體類此，譯爲「我們所不能知其存在的一個存有之可能」。如是，「更多者」不是受詞，而被化解爲「超出……以外」。案：恐以 Max Müller 譯爲是。「那存在的東西」即是上句中的「那存在著的東西」，亦即理念（最高存有之概念）所指者。而此所指者亦正是上段末所說「外於經驗統一之領域的存在」只是一假定而無法證成之的存在。承此而言，遂有本段首兩句之所說：正因爲最高存有之概念只是一理念，所以它固不能單以其自己在關涉於那存在著的東西中去擴大我們的知識（擴大之以至知其所指者之存在），它甚至在關涉於那存在著的東西之可能性中亦不能教告我們以什麼更多一點的東西（教告我們它是否是一眞實的可能）。

因此，想因著笛卡兒底那有名的「存有論的論證」去建立一個最高存有底存在，這種企圖實只是空費勞力；我們並不能因著純然的理念就可更擴展我們的〔知解的〕洞見之資本，亦如一個商人不

能因著把若干零數增加到其現金賬簿上即可使其更爲富有。

第五節　上帝底存在之宇宙論的證明之不可能性 { A603 B631

　　企圖想從一純粹隨意的理念中去抽引出一個「相應於此理念」的對象之存在，這種企圖是一完全不自然的辦法，而且是一純然的經院精巧之新發明。如果，在我們的理性方面，茲不曾先有這需要，即「去假定某種必然的東西（在此必然的東西中我們的後返追溯可以終止）以爲存在一般之基礎」這需要；又如果理性不曾因爲「此必然者必須是不被制約的而且必須是先驗的」之故，逐「被迫著去尋求一概念，此概念，（如若可能時）必應可滿足這樣一種要求〔即：要求去假定某種必然的東西之要求〕，而且必能使我們依一完全先驗的樣式去知道一個存在，則這樣一種企圖必不能被作成。適所說那被迫著所去尋求的那一個概念曾被假設爲已被發見於一「最高眞實的存有」之理念中；而因此，此最高眞實存有之理念只是爲那必然的存有之更確定的知識而被使用，而關於那必然的存有之必然的存在，我們是早已依其他根據而已深信之而無疑矣。但是，理性底這種自然的程序〔即：先信有必然的存有之程序〕是被隱蔽了的，而且人們逐不以此概念〔即：最高眞實存有這一個概念〕爲終結，而卻造成一種企圖以此概念爲開始，因而逐想從此概念中去推演出那種「存在之必然性」，即「此概念所只想去補充之」的那種「存在之必然性」。這樣，不幸的存有論的證明逐得興起，此存有論的證明旣不能對於自然而健全的知性給與滿足，亦不能對於更爲學院性的嚴格證明之要求給與滿足。 { A604 B632

　　宇宙論的證明,即我們現在所正要去考察的這「宇宙論的證明」,它保持住絕對必然性與最高實在性之相連繫,但是,它不像存有論的證明那樣,從最高實在性推到存在之必然性,它是從先前已被給與了的「某種存有之不被制約的〔無條件的〕必然性」推到此某種存有之無限制的實在性。這樣說來,宇宙論的證明已進入了如此一種推理之【軌道(Geleis)】①,即此推理之軌道,不管它是合理的抑或是假合理的,無論如何,它總是自然的,而且它是最令人信服的,其最足令人信服不僅是對常識而言,且甚至亦對思辨性的知性而言。宇宙論的證明復亦描畫出自然神學中的一切證明之首出的綱要,不管它是因著多餘的增益而如何被裝飾以及如何被偽裝,它總是已被循持者,而且亦總是將要被循持者,此宇宙論的證明,來布尼茲名之曰「起自世界底偶然性」之證明(the proof *a contingentia mundi*),我們現在將進而去展示之並去考察之。

　　　①「軌道」,康德原文是 Geleis,此字是軌道、常軌、軌轍之
　　　　意,肯·斯密士譯爲" course ",不很恰,相當於 course 者,
　　　　德文是 Gang。

　　此證明這樣說:如果有任何東西存在著,則一絕對必然的存有亦必須存在著;現在,至少我存在著;所以一絕對必然的存有必須
A605
B633
存在著。在此三段推理中,小前題含有一個經驗,大前題含有這推斷,即「從任何經驗〔經驗一般〕推斷到必然者之存在」這種推斷[a]。因此,這個證明實是起自經驗,它不完全是先驗的或存有論的。爲此之故,而又因爲一切可能經驗底對象被名曰世界,所以此

證明乃被名曰「宇宙論的證明」。因爲在論及經驗底對象中，此證明抽掉了一切特殊的特性（通過此一切特殊的特性此世界可以不同於任何其他可能的世界），所以「宇宙論的證明」這個名稱亦足以使此證明與「物理神學的證明」區別開，此物理神學的證明是基於「世界之特殊特性之觀察」上的，而所謂「世界之特殊特性」乃是因著我們的感取而被揭露給我們者。

(a)處，康德加注云：

此推斷盡人皆知，不需要詳細的陳說。它依靠於【所謂】①「超越的自然因果性之法則」上。此法則是如此：每一偶然的東西皆有一原因，此原因，如果其自身亦是偶然的，它必須同樣亦有一原因，如此後返，直至諸隸屬原因底系列結束於一「絕對必然原因」處而後止，若無此絕對必然的原因，此系列必不會有完整性。

①「所謂」，康德原文是 vermeintlich＝angeblich，其意是據稱、所謂，亦有臆想、表面等義，在此只譯爲「所謂」即可。肯·斯密士譯爲設想地（supposedly，臆想地），此尚可。Max Müller 譯爲 " apparently "（表面地），在此不很通。Meiklejohn 譯爲 " spurious "（僞造的，不正當的），顏色太重，不可用。依據「超越的自然因果性之法則」而推斷「必然者之存在」當然有毛病（有欺騙性），如後文所列舉，但此法則亦是很自然的。故加之以臆想地，或表面地，或僞造的，皆失指。若如英譯而譯之，總覺不順適。

如是，此證明進行如下：必然的存有只能依一個路數而被決定，即是說，因著每一對可能的兩相反謂詞（如 a 與 − a）中之一謂詞而被決定。因此，必然的存有必須通過其自己之概念而完整地被決定。現在，茲只有一個可能的概念，此一可能的概念完全先驗地決定一物，此概念即是「最高眞實的存有」之概念。因此，此「最高眞實的存有」之概念即是這唯一的概念，即「通過之一必然存有始能被思」的那唯一的概念。換言之，一「最高的存有」必然地存在著。

A606
B634

在此宇宙論的論證中，有如此多的假合理的原則被結合起來，以至於思辨理性在此情形中已使其一切辯證技巧之資產有了力量足以去產生最大可能的超越幻象。此論證之檢查可暫置於後，我們可依次先詳細說一說詭計（eine List），因著這詭計，一舊的〔存有論的〕論證可被僞裝成一新的論證，並因著這詭計，「訴求兩種證人之同意」這種訴求便可被作成，一種證人備有純粹理性底憑據，而另一種證人則備有經驗底憑據。實際上，那唯一的證人就是那「憑純粹理性之名而說話」的證人；此唯一的證人，在其力求冒充爲第二證人中，它只想變更其服裝與聲音。此宇宙論的證明，它爲的要想去爲其自己建立一安全的基礎，它立足於經驗，而因其立足於經驗，它遂以爲它不同於存有論的證明，那存有論的證明是把它的全部信賴置於純粹先驗概念中。但是，此宇宙論的證明其使用經驗只是爲論證中之唯一的一步而使用之，即是說，它使用之以便去歸結〔推斷〕一「必然存有」之存在。至於此必然存有可有些什麼特性，這經驗的前題並不能告訴我們。因此，理性遂全然廢棄經驗，而力求從純然的概念中去發見：一絕對必然存有必須有些什麼

A607
B635

特性，即是說，於一切可能的事物中，此一絕對必然存有其自身即
含有一些條件（requisita），這些條件對於「絕對必然性」而言乃
是本質的〔基要的〕者。現在，這些本質的〔基要的〕條件除在一
「最高眞實的存有」之概念中被發見外，是無處可被發見的；因
此，這結論遂被引出，即：最高眞實的存有即是絕對必然的存有。
但是，在這裡，我們顯然預設了這一點，即：「最高實在性之概
念」是完全適合於「存在底絕對必然性之概念」的，即是說，我們
是預設了這一義，即：存在底絕對必然性之概念可從最高實在性之
概念而被推斷出。現在，「存在底絕對必然性之概念可從最高實在
性之概念而被推斷出」這一命題乃正是存有論的證明所主張的命
題；在這裡，此命題乃被假定於宇宙論的證明中，而實在說來，它
被致使成爲宇宙論的證明之基礎；然而這一假定卻又正是「宇宙論
的證明所自認要去廢棄之」的一個假定。因爲「絕對必然存有之存
在」①乃是一個「依純然的概念而被決定」的存在。如果我說：最
高眞實的存有之概念是一個而且是唯一的一個「專屬於並適合於必
然的存在」之概念，則我亦必須承認：必然的存在能從此最高眞實
的存有之概念中被推斷出。這樣說來，所謂宇宙論的證明其所可有
的任何令人信服的力量實皆歸功於從純然的概念而成的存有論的證
明。「訴求於經驗」之訴求是完全多餘的；經驗或可把我們引至
「絕對必然性」之概念，但它卻不能夠去證明此必然性爲「屬於任
何決定性的東西」者。因爲設若一旦我們努力想去作這一步〔即：
去證明此必然性爲屬於任何決定性的東西者〕，則我們必須廢棄一
切經驗，而且必須在純粹概念間試求去發見此諸純粹概念中是否有
一個概念它含有一絕對必然存有底可能性之條件。如果在此路數 〔A608
B636

中，我們能決定一必然存有之可能性，則我們同樣亦能建立此必然
存有之存在。因為，這樣一來，我們所說的實正是這一點，即：在
一切可能的存有中，有一個存有它隨身帶有絕對必然性，即是說，
此存有是以絕對必然性而存在著〔或：此存有其存在著是絕對必然
地存在著〕。

①「絕對必然存有之存在」，康德原文是「絕對必然性」（die
absolute Notwendigkeit）。肯‧斯密士與 Max Müller 俱如文
譯。但說「絕對必然性是一個『從純然的概念而被決定』的存
在」，不很通。Meiklejohn 改譯為「絕對必然存有之存在」，
茲從之。

【諸論斷中的一切謬妄〔詭詐〕是很容易被檢查出來的，如若
我們依經院風範或規律整然的樣式〔案：即邏輯方式〕去把這些論
斷置於眼前〔陳列出來〕。這裡正是這樣的一種展示。】〔案：此
依康德原文譯。依肯‧斯密士譯如下：「謬誤而誤引人的論證是很
容易被檢查出來的，如若此諸論證是依正確的**三段推理之方式**而被
陳列出來。我們現在即要在這所討論的事例中（即宇宙論的證明之
事例中）進而去作此列出之工作」。案：此中「依正確的三段推理
之方式」為誤譯，而且下文亦無三段推理之樣式。此或許一時把
「經院」字誤視為「三段推理」字（兩字形似而訛）。其餘改動與
增補都無所謂。〕

如果「每一絕對必然的存有同樣亦是一切存有中之最真實的存
有」這個命題是正確的，（而此命題亦是宇宙論的證明之強有力

者，）則它亦如一切肯定判斷一樣，必須是可換位的，至少可因著減量（per accidens）而換位。因此，我們可說：有些最眞實的存有（some entia realissima）同時亦即是絕對必然的存有。但是，一個最眞實的存有（ens realissimum）在任何方面皆無不同於另一個最眞實的存有，而在此概念下凡對於「有些」爲有效的，對於「一切」亦有效。因此，在此情形中，我能以簡單的方式〔即：單純換位法〕將那個命題換位，而不只是因著減量而換其位，如是，我可說：每一最眞實的存有是一必然的存有。但是，因爲這個命題是單只從其先驗的概念而被決定，所以純然的「最眞實的存有」之概念必須隨身帶有最眞實的存有底絕對必然性；而此一義確然正是那「存有論的證明所要肯斷而宇宙論的證明所要拒絕去承認之」者，然而宇宙論的證明之結論卻又實是偷偷地基於此義上。 { A609 B637

這樣說來，思辨理性在其想去證明一最高存有之存在中所進入的第二條途徑不只是如第一條途徑之同爲欺騙的，且有一新增的缺陷，此即犯「論點不中肯」（ignoratio elenchi）之過，它裝著以新的途徑來引導我們，但經過略一紆迴之後，它又把我們帶回我們依其囑咐所已放棄的途徑。

我已說過，在此宇宙論的論證中，隱藏一全部的「辯證臆斷之巢穴」，此一巢穴，超越的批判很容易能把它檢查出來並能把它拆毀掉。我現在將只把這些欺騙性的原則列舉出來，而把「進一步地研究它們以及駁斥它們之工作」遺留給讀者，讀者此時在這些事情上將是夠熟練的。

〔所謂把這些欺騙性的原則列舉出來，〕例如，我們見到：

(1)這超越的原則〔案：則「每一偶然者皆有一原因」這超越的

原則〕，依此超越的原則，我們從偶然者推斷一原因。此原則只在感觸世界中是可應用的；超出此感觸世界以外，它不能有任何意義。因為純然理智的「偶然者之概念」不能像因果性之概念那樣可使任何綜和命題被產生出來〔被作成〕。因果性原則除「只在感觸世界中可有意義並可有其應用之判準」外，它不能有意義，亦不能有其應用之判準。但是，在宇宙論的證明中，因果性原則之被使用確然正是為的要使我們能去前進而越過感觸世界，它始被使用。

A610
B638

(2)我們復見到「推斷第一原因」之推斷，即「從感觸世界中一個又一個陸續被給與的諸原因底一個**無限系列之不可能性**而推斷一第一原因」這種推斷。理性底使用之原則並不能證成「有一第一原因」之結論，甚至在經驗底世界內亦不足以證成之，至若超乎此世界而在一「此原因系列不復再能擴展到之」的領域中更不能證成之。

(3)我們復見到在關於此原因系列之完整中理性之不能被證成的〔無根的，虛假的〕自我滿足。一切條件之移除（所謂一切條件即是「若無之則沒有必然性之概念是可能的」那一切條件，這樣的一切條件之移除）是被理性誤認為系列概念之完整，因為既移除已，則我們便不能再思議任何進一步的東西，即依據此根據理性逕視條件之移除為原因系列底概念之完整。

〔案〕：在順原因向後追溯中，這原因系列（亦曰條件系列）本是不能完整起來的。但是想到第一原因，這又須是無條件的，此即是「一切條件之移除」。可是若移除一切條件，我們不能思議任何進一步的東西，不能形成任何確定的

概念，必然性之概念當然亦不能形成。此必然性即隱指「絕對必然的存有」之必然性而言。可是這樣的一切條件之移除並不等於原因系列（條件系列）之完整。移除一切條件，我們固不能再思議任何進一步的東西，因而亦不能思議一第一原因，一絕對必然的存有，因此，這移除亦並不等於原因系列之完整。若誤認之爲原因系列之完整，於此完整處而想一第一原因以爲停止處，這便是理性之假滿足，無根的自我滿足。若知背反章之所云，便可明白此義。因爲宇宙論的證明是開始於經驗，從經驗中所與的現實存在（偶然存在）追溯其原因。一落於此後返追溯中，此原因系列便不能完整。而一切條件之移除並不即是此原因系列之完整。由一切條件之移除而想一最高存有很可能是存有論的證明中之想法。宇宙論的證明想於此想法搭上一原因系列以啣接之，那是徒然而無效的。

(4)最後，我們復見到「一切實在性之被統一於一個實在性而無內在的矛盾」這一個概念之**邏輯的可能性**與這樣一個整一實在性之**超越的可能性**之相混擾。在這樣一個整一實在性之超越的可能性之情形中，我們需要有一個原則去建立這樣一種綜和之可實行性，但是這樣一個原則其自身只能應用於可能經驗之領域，乃至其他云云。

〔案〕：意即越過可能經驗之領域，於最高存有處，一切存有之存有處，統一切實在性於一整一實在性這整一實在性

處，我們不能有那足以建立起綜和的原則。但只有綜和被建
立起，這樣一個整一實在性之超越而真實的可能性始可被證
成。否則只有邏輯的可能性、分析的可能性。而一個概念之
邏輯的可能性並不函其實際存在。邏輯的可能與超越而真實
的可能性之相混早已見於存有論的證明中，而此宇宙論的證
明復又犯此病而不覺。案：有直覺處始有綜和可言。對此最
高存有，感觸直覺不能及，而由於吾人又無智的直覺，故此
處無任何綜和可言。故一言綜和必限於感觸直覺，故使綜和
可能的那原則只能應用於可能經驗之領域。

宇宙論的證明之程序是很工巧地被設計出來，設計出來以使我
們能夠去避免「必須通過純然的概念去證明一先驗的必然存有之存
在」。只通過純然的概念以證明先驗必然存有之存在，這種證明必
需要依存有論的樣式而被作成，而這「依存有論的樣式而被作成」
之證明卻亦正是這樣一種事業，即「我們覺得我們自己對之是全然
無能為力」的一種事業。依此，我們取一現實的存在（一經驗一
般）以為我們的推理之地點，並依我所能依的樣式而進到此現實存
在底某種絕對必然的條件。如是，我們便不需要再去表明此絕對必
然的條件之可能性。因為，如果此一絕對必然的條件已被證明實存
在著，則關於其可能性之問題便完全是多餘的。現在，「如果我們
需要更充分地去決定此『必然存有』之本性」①，則我們並不能力
求依那「實是充足的」樣式而去作此決定，即是說，並不能因著
「從此必然存有之概念去發見其存在之必然性」這種辦法而力求去
作此決定。因為，設若我們能這樣去作此決定，則我們必不會有需

A611
B639

於一經驗的起點。我們決不可這樣去作，我們所尋求的那一切實只
是這消極的條件〔無之必不然而有之不必然的那種條件即是消極的
條件，亦即是不可少的條件、必要的條件〕，若無此消極的條件
〔必要的條件〕，一存有必不會是絕對必然的存有。而在一切其他
種推理中，即「從一特定後果推至其根據」這樣的其他種推理中，
依充足樣式作決定自應是合法的；但是在現在的情形中，不幸有這
情形發生，即：對絕對必然性而為必要的那條件是只在一獨一的存
有中被發見。因此，此獨一的存有〔即：最高真實的存有〕必須在
其概念中即含有絕對必然性所需要的那一切條件，因而它能使我先
驗地去推斷此絕對的必然性。因此，我必須亦能去逆轉這推理而
說：這樣的任何東西，即「此（最高實在性之）概念可應用於其
上」的那任何東西，亦即是絕對必然的東西。如果我不能作此逆轉
之推理，（因為如果我想避免承認存有論的證明，我必須承認我不
能作此逆轉之推理，）則我必在我所遵循的新途徑上已受了挫折而
失敗，而復重回到我的起點〔即起於經驗之起點，根本未能由此起
點前進一步，如是，宇宙論的證明便根本不能成立，其似是一證明
者實只是那存有論的證明之僞裝〕。最高存有之概念實可滿足那一
切先驗問題，即「關於一物之內在的決定所能發問」的那一切先驗
問題，因而它是一個理想，一個完全是獨一無二無與倫匹的理想，{ A612 B640
蓋因為此概念雖是普遍的，然而它同時亦指表一個個體物（ein
Individuum），指表之為存有於一切可能的事物中間者。但是此最
高存有之概念卻並不能給出這滿足，即關於其自己之存在之問題之
滿足，雖然這關於其自己之存在之問題實是我們的研究之真實目
的；而如果任何人已承認了一必然的存有之存在但卻又想去知道在

一切〔存在著的〕事物中間那一個事物可同一於此必然的存有，則我們並不能回答說：「這一個，而非那一個，就是這必然的存有」。

①案：此句依康德原文當爲：「如果我們需要依必然存有之本性更充分地或更準確地去決定此必然的存有（如進而去決定其存在）。」

若爲的想去減輕理性之工作，即其在尋求「說明底根據之統一」中之工作，則我們實可被允許去設定一個一切充足的存有之存在以爲一切可能的結果之原因。但是若是如此過甚地去專斷就如去說「這樣的一個存有必然地存在著」這樣過甚地去專斷，則我們便不再是對於一可允許的假設給與一溫和的表示，而是斷然地對於「必然的確定性」置有要求。因爲關於這樣一個東西，即「我們聲言要去知之爲絕對必然的」這樣一個東西之知識其自身必須帶有絕對必然性。

超越的理想之全部問題就等於這樣的問題，即：或是設絕對必然性已被給與，試去找出一個概念有此絕對必然性，或是設某物之概念已被給與，試去找出此某物是絕對地必然的。如果此兩種工作中任一種是可能的，則其他一種亦必須是可能的；因爲理性單只承認那必然地隨其概念而來者爲絕對地必然的。但是，這兩種工作皆
A613
B641 完全超出「我們之在此事上極力去求滿足我們的知性」這種極度努力之外；而一切試想去誘導知性去默認其無能，這一切試想亦同樣皆歸無效。

　　不被制約的必然性〔必然存有之必然性〕，即「我們如此不可
缺少地需要之以爲一切事物之承擔者」的那必然性〔必然存有之必
然性〕，對人類理性而言，是一個眞正的深淵。「永恆性」，依其
一切可驚的莊嚴（如哈勒 Haller① 所描寫者）而言，其自身亦遠不
能在心靈上造成與此「必然性」相同的不可抗拒的壓力；因爲「永
恆性」只衡量事物之久歷〔持久〕，它並不支荷事物。今設一個存
有，即「我們表象之爲一切可能事物中之最高者」這樣一個存有，
它好似必對其自己而言曰：「我是從永久以來直到永久總是存在
著，而且在我以外，除那通過我的意志而存在者外，再沒有什麼別
的東西可言，但是既如此，我存在於何處呢？」這層意思，我們固
不能把它攔起，置諸不理，但我們亦不能忍受之。在這裡，一切支
持者皆使我們失望〔無助於我們〕；而最大的圓滿，亦如最小的圓
滿，對純然地思辨理性而言，皆同樣是不實的，而且是無基礎的，
思辨理性不須費絲毫的努力去以保留此兩種圓滿中之這一種或那一
種，而讓它們完全消滅它亦實不覺有任何損失。

　　①肯・斯密士注云：哈勒（Albrecht Von Haller, 1708-1777）是
　　　醫學問題以及類似醫學問題之作家，*Die Alpen* 以及其他諸詩
　　　之作者。

　　好多自然中的力量，只通過某種結果而顯示其存在者，對於我
們仍然是不可測度的；因爲我們不能很足夠地經由觀察而追蹤它
們。又，居於現象之基礎地位的那超越的對象（並隨同著此超越的
對象，我們的感性爲什麼只服從某種終極條件而不服從其他條件之

理由）亦同樣對於我們是不可測度的，而且對於我們將永遠仍是不可測度的。事物本身實是被給與了的，但是我們不能有任何洞見以洞見到事物之本性。但是，就純粹理性之理想而言，情形卻完全不同；純粹理性之理想決不能被說為是不可測度的。何以故如此，這是因為以下的緣故而然，即：因為除理性方面「只需要藉賴著此理想去把一切綜和的統一完整起來」這一需要外，去對於此理想之實在性給出任何憑據這並不是需要的；因而又因為此理想決無法當作一可思的對象而為被給與了的；即由於以上兩層緣故，所以此純粹理性之理想不能依這樣式，即「一對象所依以為不可測度」的那樣式之樣式而為不可測度的。正相反，此一純粹理性之理想，當作一純然的理念看，它必須在理性之本性中找得其地位以及其解答，因而它亦必須許可予以研究。因為「我們定須能夠依客觀的根據或在純然幻象之情形中依主觀的根據去對於我們的一切概念、意見以及肯斷，給與一說明」這乃正是理性之本質。

一必然存有底存在之一切超越的證明中的辯證幻象之發見與說明

以上已有的兩種證明皆是超越的，即是說，皆是企圖獨立不依於經驗的原則而試作成的。因為雖然宇宙論的證明預設一「經驗一般」，然而它卻並不基於此經驗之任何特殊性質，但只是基於純粹的理性之原則，其基於依純粹理性之原則，乃是在【關涉於一個「通過經驗意識一般而被給與」的「存在」】這種關涉之中而基依之①。進一步，它又立刻放棄此種指導〔此種依經驗一般而成的指

A615
B643

導〕而單只信任純粹的概念。然則，在這些超越的證明中，什麼是這辯證的但卻又是自然的幻象之原因呢？（那辯證而自然的幻象把必然性之概念與最高實在性之概念連繫於一起，而且它把那只能是一理念者眞實化並實體化，什麼東西是這種幻象之原因呢？）我們爲什麼被迫著去認定：在存在著的諸事物中間有某一個事物其自身是必然的，但同時我們卻又被迫著從這樣一個存有之存在而縮回，就好像從一深淵而縮回？我們又如何去擔保理性在此事上可以與其自身相契合〔相一致〕，並擔保理性從其遲疑不定的贊同〔總是復又撤回其贊同〕之搖擺不定的狀態中而可達至一安定的洞見呢？

①此句依原文譯。Kemp Smith 譯爲：其所基依的純粹理性之原則爲可應用於一個「通過經驗意識一般而被給與」的存在者。把「在關涉於」句改爲「爲可應用於」句，此則非是。

　「一旦我們認定某種東西存在著，我們便不能避免去推斷說某種東西必然地存在著」，【這是十分可注意的事（es ist etwas überaus Merkwürdiges）】①。宇宙論的論證即基於此種完全自然的推理上（此推理雖是很自然的，然而卻並不因此即是確定的）。而另一方面，如果我取用任何物之概念，不管我所取用的是什麼物之概念，我即見到：此物之存在決不能被我表象爲是絕對必然的，並見到：不管那存在著的東西是什麼，沒有什麼東西可以阻止我使我不想其「非存在」。這樣說來，雖然我實可被迫著去認定某種必然的東西爲一般存在的東西之一條件，然而我卻並不能思任何特殊的東西爲依其自身而言是必然的者。換言之，我決不能把追溯到存 〔 A616 B644

在之條件這後返追溯完整起來，除因著認定一「必然的存有」以完整之外，但是我卻又決不能以這樣的一個存有來開始。

①依德文原句，當爲「這是十分可注意的事」。肯·斯密士譯爲「在這一事實中，存有某種十分奇怪的事」，不達。"Merkwürdiges"在此應譯爲「可注意的事」，不應譯爲「奇怪的事」。Max Müller 亦譯爲「奇怪的事」，非是。惟 Meiklejohn 譯的對。

如果我被迫著去思某種東西爲諸存在著的東西之一條件，但我卻不能夠去思任何特殊的東西爲依其自身而言是必然的者，則那不可免地隨之而來者便是：必然性與偶然性並無關於事物本身；非然者，必有矛盾發生。因此，必然性與偶然性這兩個原則，沒有一個能是客觀的原則。但是，它們可被視爲理性底主觀原則。必然性之原則要求我們去尋求某種必然的東西爲一切「當作存在者而被給與」的東西之一條件，即是說，直至我們已達到一種先驗地完整的說明爲止，否則我們無處可以停止；而偶然性之原則則總是禁止我們去希望這種完整，即是說，禁止我們去視任何經驗的東西爲不受制約者，並禁止我們因視之爲不受制約者而去使我們自己免除追溯其進一步的由來之辛苦。以此樣式來看，則此兩原則，由於只是**啓發性**的〔誘導性的〕與**軌約性**的原則，並由於只有關於理性之**形式的興趣**，所以它們兩者很可以並存。必然性之原則規定云：關於自然，我們須去作哲學的推究，好像對一切「屬於存在」的東西而言，茲存有一必然的第一根據，但是，這樣去作哲學的推究，只是

爲的這目的，即「把系統的統一帶進我們的知識中」之目的，我們
之能把系統的統一帶進我們的知識中是因著「我們總是追求這樣一
個理念就像可以之作爲一個想像的終極根據這樣一個理念」之辦法
而把它帶進於知識中。而偶然性之原則則警告我們說：不要去把諸
存在著的事物之任何決定（不管是什麼決定）視爲這樣的一個終極 $\left\{\begin{array}{l}\text{A617}\\\text{B645}\end{array}\right.$
根據，即是說，視爲絕對地必然的，但只應爲進一步的追溯事物之
由來留有餘地，因而可以去把每一決定視爲總是爲某種別的東西所
制約者。但是，如果在事物中被覺知的每一東西皆必須必然地被我
們視爲受制約者，則便沒有什麼「許其爲經驗地被給與者」的東西
而能被視爲是絕對地必然的。

　　因此，因爲絕對必然者，由於它是一切現象之終極根據，是故
它只意在充作一原則以便我們可以去得到現象中最大可能的統一，
又**因爲**我們在此世界內決不能達到此統一（這是因爲「上述第二條
規律，即偶然性原則所警戒吾人者所示之規律，它總是命令或吩咐
我們須去把統一底**一切經驗的原因**視爲其自身是被引生者」之故而
然），所以我們必須視「絕對必然者」爲在此世界之外者。

　　雖然古代哲學家們視自然中之一切形式〔形態〕爲偶然的，可
是依其視物質〔材質〕爲根源的而且是必然的而言，他們卻又遵循
普通人之判斷。但是，如果他們已依物質之在其自己（即：絕對
地）視物質，並就此在其自己之物質之存在視物質，而不是相對地
視物質，視之爲現象之「基體」〔托體〕，則「絕對必然性」之理
念必立刻消滅而不見。因爲茲並沒有什麼東西它絕對地強使理性去
承認這樣一種存在：正相反，理性總能在思想中消滅這樣一種存在
而並無矛盾；絕對必然性乃是一種「須只在思想中被發見」的必然

A618
B646 ｝性。因此，絕對必然性這個信念〔Überredung 勸誘使人相信有此
絕對必然性這種勸誘〕必已是由於某種軌約原則而然〔必已是以某
種軌約原則爲其根據〕。事實上，廣延與不可入性（只此兩者造成
物質之概念）構成「現象底統一」之終極的經驗原則；而此原則，
就其不是經驗地被制約的而言，它便有一軌約原則之性格。縱然如
此，可是因爲這物質即「構成那在現象中是眞實者」的這物質之每
一決定，因而逐亦包括不可入性在內，就是一種結果（活動），此
結果必須有其原因，因而它亦總是在性格上是派生的〔有其所由以
生的〕，因爲物質之每一決定是如此云云，所以物質並不是可與當
作「一切派生的〔次級的〕統一」底原則看的必然存有之理念相容
的。（因爲物質底諸眞實特性，由於它們是派生的，是故它們盡皆
只是有條件地必然的，因而亦盡皆是可被移除的，此而既可被除，
則物質之全部存在亦必隨之可被移除。）如果物質並非不可與必然
存有之理念相容〔意即：可與必然存有之理念相容〕，則我們必已
「因著經驗的資具〔手段〕」①而達到了那統一之終極根據，此則
爲第二軌約原則所不許。〔案：此所謂第二軌約原則即前文所説偶
然性之原則。〕因此，物質，以及一般言之，凡屬於此世界的任何
東西，並不是可與「一必然的根源存有」之理念相容的，縱使此必
然的根源存有之理念只被視爲「最大的經驗統一」之原則，物質亦
不是可與之相容的。此一必然的根源存有或終極原則〔終極根據〕
必須被置於此世界之外，這樣，便可讓我們有自由以可靠之信心去
從其他現象引生出此世界中之諸現象以及此諸現象之存在，恰似茲
並無必然的存有之可言，而同時我們復亦有自由不停止地去向追溯

A619
B647 ｝現象之由來這種追溯之完整性而努力，恰似這樣一個存有眞已當作

一終極的根據而被預設。

①康德原文只是「經驗地」一副詞。

　　從以上那些考慮而言，最高存有之理想不過只是理性之一軌約原則，此軌約原則指導我們去視世界中一切連繫儼若從一「一切充足的必然原因」而發生。我們能把「那種連繫之說明中的系統性的，而依普遍的法則而言，又是必然性的統一之規律」基於那個理想上；但是那個理想卻並不是一個「依其自身而言為必然的」這樣一個存在之肯斷。同時，我們【又常難以避免】①超越的非法偷轉，經由此非法偷轉，此形式的〔軌約的〕原則是當作構造的原則而被表象的，並且經由此非法偷轉，上句中所說的那系統性的而又是必然性的「統一」是被實體化了的。在這裡，我們所作的恰如我們在空間處所作的。空間只是一感性之原則，但是因為它是一切圖形之基本根源與基本條件（所謂一切圖形只是空間自身之許多限制），所以它被誤認為某種絕對必然的東西，依其自己之權利而存在著〔獨立而自存著〕，又被誤認為這樣一個對象，即「依其自身而先驗地被給與」這樣的一個對象。在這裡亦然，因為自然底「系統性的統一」，除當我們預設一最高眞實的存有之理念以為最高原因時，它便不能被規定為我們的理性底經驗使用上之一原則，是故，「此最高眞實的存有之理念一定要被表象為一現實的對象」這是完全很自然的事。那最高眞實的存有之理念既很自然地被表象為一現實的對象，則此一現實的對象，依其為最高條件之性格而言，它復亦是一必然的對象。這樣，我們遂把一軌約原則變成一構造原

{ A620
  B648

則。當我們視此最高的存有（此最高的存有就其關涉於世界而言，它是絕對地必然的，意即無條件地必然的）為一依其自己而且因其自己而為一物之物時，「這樣一種代替〔即：以構造原則代軌約原則這種代替或將軌約原則偷轉為構造原則這種偷轉〕已被造成」這便成為十分顯明的。何以故如此？蓋因為既然視此最高存有為一依其自己而且因其自己而為一物之物，則我們便不能夠去思議什麼東西可為此一最高存有之必然性所意謂。即因此故，顯然當吾人視此最高的存有為如此之一物時即有一種代替或偷轉已被造成。必然性之概念，作為思想底一個形式條件，只能在我們的理性中被發見；它並不可被實體化，實體化之而為存在底一個實際條件（material condition）。

①案：康德原文在造句上用的是「不可避免」一詞，英譯造句俱譯為「不能避免」，嫌太著實，故改為「常難以避免」。若真不能避免，或說這是不可避免，則亦用不著批判了。

又案：必然性之概念，若只作為理想底一個形式條件而只能在我們的理性中被發見，則那為此必然性之概念所意謂的東西始可被思議。若把它實體化而為存在底一個實際條件，則此必然性之概念所意謂的東西便不可被思議。此時所謂必然性之概念自指最高真實的存有之為一必然的存有而言。此最高真實的存有若只作為一個理念看，則其必然性只是思想之一形式條件。理念自是軌約原則中之理念。若把此理念實體化而為一依其自身而存在著的真實存有，則其必然性亦被實體化而為其存在底一個實際條件。此則其所意謂者便不可被思議。此亦如前文所說超越的對象（物自身）等之不可測度，而純粹理性之理想則

是可測度，可允許之以研究。故「理想」不等於這樣一個存在
之肯斷，即「依其自身而爲必然的」這樣一個存在之肯斷，即
並不等於一個必然的存在之客觀的肯斷。我們預設一最高眞實
的存有之理念以使自然底系統性的統一可爲理性底經驗使用之
原則，其爲原則只是爲一軌約的原則。若把此軌約原則變爲構
成原則，則一個最高眞實的存有之理念即變成一現實而必然的
對象，即客觀地對其存在有所肯斷，其爲「必然的」這必然性
亦成其存在底一個最高的實際條件。如是，這便不是我們的理
性所能及，即成爲不能被思議者，亦成爲不可測度者。當然，
如果我們轉到實踐理性，而承認我們有智的直覺，則此理念之
爲現實而必然的對象自可被思議，實亦是無思之思地被思議。
但康德此處只就知解理性説，故云其爲不可被思議。此義深
遠，試讀中國哲學當能知之。但康德先分軌約與構成之不同，
此在第一關甚爲重要。過此一關，轉至實踐理性，若再承認智
的直覺，便是圓實之敎。若轉至實踐理性，不能承認有智的直
覺，則只能如康德《實踐理性批判》中之所説，非圓實敎。

第六節　物理神學的證明之不可能性

如果，如上所述，既非「事物一般」之概念亦非「任何存在一
般」之經驗能供給所需要者，則只有去試一試：一「決定性的經
驗」，即現存世界中底事物之經驗，以及此等事物之構造與秩序，
是否不能供給這樣一種證明，即「可幫助我們去達至一最高存有之
存在之確信」這樣一種證明之基礎。這樣的證明，我們想名之曰

「物理神學的證明」。如果這一企圖亦失敗，則我們便可說：對於一種「相應於我們的超越理念」的存有之存在，沒有任何滿意的證明能因著純粹思辨理性而爲可能。

A621 ⎱
B649 ⎰
　　依所早已說過者而觀之，顯然對於此種探究〔即：企圖由決定性的經驗去找證明之基礎這種探究〕我們能信賴一十分容易而又決定的答覆。因爲如何能有一經驗它可適合於一理念？理念之特有的本性正在這事實，即：沒有經驗可適合於它。一個「必然的而又一切充足的根源存有」之超越理念是如此壓倒一切地偉大，是如此之高而越在任何經驗的東西以上（此經驗的東西總是受制約的），以至於它使我們困惑爲難，不知如何才好，它所以使我們如此，這是一部分因爲我們決不能在經驗中找得材料足以滿足這樣一個概念，一部分又因爲我們總是在受制約者〔有條件者〕之範圍內進行我們的研究，我們總是在這範圍內無效地尋求那不受制約者〔無條件者〕，即是說，在這範圍內，沒有經驗綜和底法則它可給我們一關於任何這樣不受制約者之例證，或說它可在關於這樣的不受制約者之追求中供給絲毫的指導。

　　如果最高存有其自身定須處於條件鍊子中，則它必亦是那條件系列中之一分子，而且它亦如「它爲之前」的那些較低分子一樣，必要求進一步的研究，研究「其所由之以來」的那較高的根據。如果另一方面，我們想去把這最高存有與那條件鍊子分離開，並去思議它爲一純粹智思的存有，離開自然原因之系列而存在著，如是，則理性能因著什麼橋樑而可想法過渡到它那裡去呢？因爲「管轄『從結果過轉到原因』這種過轉」的那一切法則，我們的知識底一切綜和與擴張，其所涉及的皆不過只是可能的經驗，因而也就是

說，它們只涉及感觸世界中之對象，而若離開了這些對象，它們皆 { A622 B650 不能有任何意義。

這個現有之世界把如此不可測量的一個變化性、秩序性、合目的性，以及美麗性之舞台〔幕景〕，就像那同樣亦被展示於此世界之無限範圍中者以及被展示於此世界底部分之無限制的可分性中者那樣的如此云云之舞台〔幕景〕，呈現給我們，以至於即使以我們的微弱知性所能得到的這樣的知識而言，我們亦是面對著如此多的不可測度地偉大的奇景，所面對的偉大奇景既是如此之多，是故遂使一切言語皆喪失其表達力〔多至非言語所能表達〕，一切數目皆喪失其測量之作用〔多至非數目所能測量〕，我們的諸思想自身亦喪失其一切確定性〔多至非思想所能確定地思之〕，並亦因其如此多之故，我們的對於全體〔整全〕之判斷亦融解其自身於一種驚異中〔意即：對於此全體奇景亦根本不能有判斷，而只有驚異〕，此驚異是無言的，而亦正因其是無言的，是故它亦是雄辯的。到處我們見到有一種結果與原因之鍊索或目的與工具之鍊索，見到有一種創生與化解中的規則性。世界中沒有什麼東西它能以其自身自行進入這樣的一種狀態〔情況〕中，即「我們於其中見到它存在」這樣的一種狀態中，任何東西它總是指點到某種別的東西以為其原因，而此某種別的東西轉而又使我們從事於這同樣研究底重複（即使我們又須去尋求其原因）。這樣說來，除非在此偶然物之無限鍊子以上，我們能認定有某種東西去支持此宇宙，能認定有某種東西它是根源的而又是獨立地自存的，而且當作宇宙底起源之原因看，它同時亦能確保此宇宙之永續性，除非是如此云云，否則此全部宇宙必沉沒於虛無之深淵中。設承認此最高原因，其為最高是就世界中一

切東西而言其爲最高，如是，我們將要把什麼樣的偉大歸屬給此最

高的原因呢？我們不曾熟知此世界底全部內容，我們亦不能知如何
因著與那一切是可能的世界相比較而估量此世界底量度。但是，就
因果性而言，因爲我們不能廢棄一終極而又最高的存有，然則又有
什麼東西能阻止我們使我們不把一種圓滿底程序即「將此存有置於
那是可能的每一其他東西之上」的那圓滿程度歸屬給此存有呢？我
們很容易作到這種歸屬，即因著把此存有表象爲結合一切可能的圓
滿於其自身中好像結合之於一獨個的本體中而作到這種歸屬，雖然
這樣作此歸屬是只通過一抽象概念之薄弱的大綱而作之。這個抽象
的概念是符合於「我們的理性之要求於原則數目之節省」這種要求
的，它並不自相矛盾，而且它亦決不確然爲任何經驗所反對〔意
即：並不確然和任何經驗相矛盾〕；而且它同時亦有這樣一種性
格，即：它有貢獻於經驗範圍內的理性之使用之擴大，即通過它所
給出的那指導，即在秩序性與適合目的性之發見中可以作指導的那
指導，而有貢獻於理性使用之擴大。

　　此種證明總是值得被人以敬意稱說之。它是最古老、最清晰，
而又與人類底通常理性最相符合的一種證明。它使自然底研究有生
氣，恰似它自己即從自然底研究這個源泉中而引出其存在並得到其
永遠常新的活力。它在我們單以觀察發見不出目的與意向的地方暗
示出目的與意向，它又藉賴著一種特殊的統一，即其原則存在於自
然之外這樣一種特殊的統一之指導概念而擴大我們的自然之知識。
此知識復又回應其原因，即回應那「引至此知識」的理念，並且此

知識又如此強化了「最高造物主」之信仰以至於此信仰獲得「一不
可抗拒的信服」之力量〔獲得一令人不能不信服之力量〕。

因此，要想去減低此證明之權威性，那不只是令人不安，而且是完全無效。理性，由於它經常為這種不斷增加的證據所支持，（這種證據雖是經驗的，卻亦是如此之有力），是故它並不能經由那些為微妙而深奧難解的思辨所提示的懷疑而如此之被壓抑，以至於它不能因著瞥見自然之奇異以及宇宙之莊嚴而立刻從一切抑鬱的反省之不決狀態中而覺醒，就好像從夢中而覺醒一樣，覺醒了，它乃從某種高度上升至某種高度，直升至最高者而後止，從有條件者上升至此有條件者之條件，直升至那最高而又無條件〔不被制約〕的造物主而後止。〔案：此一長句從「它不能……如此之被壓抑以至於它不能……」起以下須一氣讀。其意是說理性雖經由思辨所引起的懷疑而受壓抑，然而它亦能因著瞥見自然之奇異以及宇宙之莊嚴而從不決中覺醒，好像從夢中覺醒一樣，覺醒了，它即能從某高度升至某高度，直升至最高度而後止，從有條件至升至此有條件者之條件，直升至最高而無條件者而後止。肯·斯密士譯為兩否定語句一氣讀，它不能因某某而受壓抑而即不興起（不覺醒），意即雖受壓抑而可興起。前兩譯者則斷為兩句，首句為否定句（不能被壓抑或被沮喪），次句則重新提起為正說。〕

但是，雖然我們並沒有帶來什麼東西以反對「此種論證程序之合理與功用」，而實毋寧去稱讚了並推進了此種論證之程序，可是我們仍然不能讚許這要求（此種論證必衷心願意去提出這要求），即要求於「必然確定性」之要求，以及要求於這樣一種同意，即「並不基於從其他地方而來的特殊眷顧或支持」這樣一種同意之要求。如果自負的智者〔辯者〕之獨斷的語言降低其音調，降至這樣一種信仰，即「適合於緩和我們的懷疑，雖然並不適合於命令吾人 { A625 B653

以無條件的服從」這樣一種信仰所需要的較為溫和而謙虛的表示，則那種論證之程序並不能有傷於善舉。因此，我主張：物理神學的證明決不能以其自身來建立一最高存有之存在，但它必須總是要投靠或仗恃存有論的論證以彌補其不足。它只可充作存有論的論證之一引論；【因此，存有論的論證含有唯一可能的證明根據（倘若一思辨的證明竟是可能的時），此唯一可能的證明根據乃實是人類理性所決不能行經或沿傍（vorbeigehen）之者】①。

①案：康德原文" vorbeigehen "是行經或沿傍的意思，但一般大體引申而為忽視或忽略義，肯·斯密士即依忽視義而譯為「廢棄」（dispense），如是，此一整句便成「因此，存有論的論證含有人類理性所決不能廢棄的那唯一可能的證明根據（只要一思辨的證明竟是可能的時）」。Max Müller 譯略同。如此譯亦通，但不甚合原文語法，原文 vorbeigehen 句是重提正說。茲如原文譯，於義理較順。Meiklejohn 略此正說句未譯，此句文法上或有難處。

物理神學的證明之要點如下：

(1)在此世界中，我們到處見到一種「依照一決定性的目的以偉大智慧而完成」的安排之清晰的信號並見到此種安排之清晰的信號是在一個「在內容上是不可名狀地變化多端而在範圍上又是無限制的」這樣一個宇宙中見到之。

(2)此種合目的的安排是完全外於此世界中之事物的〔意即：來自此等事物以外的〕，而且只是偶然地屬於此等事物；那就是說，

此千差萬別的事物，設若它們不曾因著一個「依照作爲根據」的理念而成的有布置作用的理性原則爲一些決定性的目的而被選擇出來並被設計出來，則它們決不能以其自身因著種種不同工具之如此繁多的結合就已合力互助以去實現那些決定性的最後目的。

(3)因此，茲存有一個莊嚴而明智的原因（或多個原因），此原因必須是此世界底原因，其爲此世界底原因不只是當作一個盲目地工作著而有全力的「自然」，因著「多產」而爲此世界底原因，而是當作一睿智體，通過「自由」，而爲此世界底原因。

(4)此原因底統一可以從存在於世界中底諸部分間的交互關係之統一而被推斷出，（此所謂世界中底諸部分是當作一巧妙地安排好的結構之分子看的，）其如此被推斷出是以確定性而被推斷出，只要當我們的觀察在其證實上爲足夠時，而若超出這些限制〔即：我們的觀察所及的限制〕，則是依照類比之原則，以概然性而被推斷出。

{ A626
{ B654

在這裡，我們不需就自然理性之結論過分嚴格地批評自然理性，此所謂自然理性之結論是這樣推得的，即從自然產品與我們人類技藝所產生者之間的類比而推得的結論，而我們之就此兩者間作類比是當「我們對於自然作了冒犯而歪曲了自然，並且強使自然不依其自己之目的而進行而依我們的目的而進行」時始有此類比，自然理性之結論即依由這樣作成的類比而推得，即是說，是訴諸這些特殊的自然產品與房子、船、鐘錶等之相似性而推得的。在這裡，我們不需就自然理性之這樣的結論過分嚴格地批評自然的理性。我們亦不需致疑自然理性底這個結論，即：在自然底基礎處存有一種因果性相似於對人造品負責之因果性，即是說，在自然底基礎處存

有一種知性與意志〔相似於人造品處人之知性與意志〕；並亦不需
致疑這個結論，即：因以上所說的相似的因果性之故，一自我活動
〔自由活動〕的自然（即：「使一切人類技藝甚至或可說使人類理
性自身爲可能」的那自然）之內在的可能性可從另一種技藝，雖是
超人類的技藝，而被引生出——「這種自然由超人類的技藝而被引
生出」這一種推理它或許不能經得起徹底搜索的超越批評。在這裡
我們亦不需致疑自然理性底這些結論。我們雖不需就自然理性底那
樣云云的結論而過分嚴格地批評自然理性並亦不需致疑自然理性底
這些結論，可是無論如何我們必須承認：如果我們要想去詳明一個
原因，則我們在這裡除以類比即類比於「那些合目的的產品」之類
比（單只是這些合目的的產品底原因與活動之方式始充分被知於我
們）來進行外，我們不能有別法使我們更安全地來進行。理性決不
能有理由爲那隱晦的，理性對之無任何知識的，因而亦是不可能有
證明的「說明上之根據」之故而丟棄其所知的因果性。〔*如果理性*
放棄其所知的因果性而求助於或依靠於它所不知的那隱晦而不可證
明的「說明之原則」，這必無求諒理由可說。——依 Max Müller
譯。理性，如果她從她所知的因果性越過而歸到她所不知的那隱晦
而不可證明的「說明之原則」，她必不能夠去滿足她自己的要
求。——依 Meiklejohn 譯。〕

依據此種論證之方法，自然中的如許多之合目的性以及諧和的
A627
B655
適應性只足夠【表明】①形式〔形態〕之偶然性，並不足夠表明物
質〔材質〕之偶然性，即是說，不足表明世界中的「質體」之偶然
性。要想表明物質〔材質或質體〕之偶然性，我們必須表明：世界
中的事物必不會以其自身就能夠依照普遍法則而有這樣的秩序與諧

和，設若這些事物就其本體而言不是最高智慧之產品。但是，要想表明這一點，我們必須在那些「從類比於人類技藝而引生出的」的證明根據外復需要有完全不同的其他「證明之根據」。因此，這個論證所能證明的至多是一個世界底「建築師」，此建築師總是甚為其工作時所依據的那材料之「適合或不適合」②所困累，而並不是一個世界底「創造者」，此創造者懷有理念，每一東西皆隸屬於其所有之理念。但是，「至多證明一建築師」這一點完全不適合於我們眼前所有的崇高目的，即是說，完全不適合於「一個一切充足的根源存有」之證明。要想表明物質〔材質或質體〕之偶然性，我們定須要依靠於一超越的論證，而此超越的論證卻正是我們在這裡開始時所要避免的。

①案：原文 beweisen 雖有證明義，但在此當取「表明」義。英譯為 prove（證明），與證明根源存有之證明混。

②原文只「適合性」一個字。

因此，這推理實是這樣的，即：通貫全世界到處所可觀察的那秩序性與合目的性〔或設計性 Zweckmäßigkeit〕可以被看成是一完全偶然的安排，而我們由此可以推至一個「相稱於此偶然的安排」的原因之存在。但是這個原因之概念必須使我們能去知道關於此原因之某種十分決定性的東西，因此，此原因之概念不能是別的，不過就是這樣一個存有之概念，即「此存有具有一切權力、一切智慧，等等，總之，它具有專屬於一個一切充足的存有的一切圓滿」，這樣一個存有之概念。因為「十分偉大」、「異常」、「力

A628
B656

量與優越之不可測量」，這些謂詞並不能給出決定性的概念，而且它們亦實並不告訴我們其所形容的那個東西其自身是什麼。這些謂詞只是關於「這對象底偉大」底一些相對的表象（relative representations, Verhältnisvorstellungen），此所謂「對象底偉大」中的對象即是這個對象，即「觀察者在其默想此世界時把它拿來與其自己相比較並與其自己之理解能力相比較」的這個對象，而那些只是相對的表象〔關於對象底偉大底相對的表象〕的謂詞亦皆同樣只是一些頌揚之詞，不管我們把這對象偉大化，抑或是在關聯於那個對象中把這作觀察的主體加以貶抑。在我們論及一物（底圓滿）底偉大處，茲並無什麼決定性的概念，除那「綜攝一切可能的圓滿」的概念外；而在此「綜攝一切可能的圓滿」的概念中，亦只有實在性之整全（allness, omnitudo）是完全被決定了的。

現在，我確信沒有人敢冒險宣說：他了解了世界底弘大與繁富（如其在世界底範圍與內容兩方面所已觀察者）對於一無所不能者之關係，世界底秩序對於最高智慧之關係，世界底統一對於「世界之創造者底絕對統一」之關係，等等。因此，物理神學對於世界底最高原因不能給出任何決定性的概念，因而它亦不能充作一種神學之基礎，此一種神學即是「其自身轉而又須去形成宗教之基礎」者。

「要想經由經驗的途徑進到絕對綜體」，這是完全不可能的。可是這正是那物理神學的證明中所企圖者。然則去渡過這廣闊的深淵，所已被採用的工具是什麼呢？

A629
B657

物理神學的論證實能把我們引到「讚美世界底創造者之偉大、智慧、力量，等等」這讚美之境，但它卻不能使我們再前進一步。

既然如此，結果我們放棄了那從「經驗的證明根據」而來的論證，而退回來去求助於偶然性，此偶然性，我們在此論證底第一步中已由世界中之秩序性與合目的性來【論斷之或表明之】①。以此偶然性作為我們的唯一前題，如是，我們單因著超越的概念，便進到一絕對必然存有之存在，而最後復又從第一因底絕對必然性之概念進到那個必然存有之完全決定的或可決定的概念，即是說，進到一「擁攝一切」的實在性之概念。這樣說來，物理神學的證明，由於在其所從事者中已失敗，在面對此困難中，它忽然又退回來而投靠於宇宙論的證明；而因為宇宙論的證明只是一偽裝的存有論的證明，所以物理神學的證明實已單因著純粹理性而達成其目的，雖然在開始時，它拒絕與純粹理性發生任何親切的連繫而裝作要依據那「從經驗而被引生出」的可令人信服的證據去建立其結論。

> ①原文是" geschlossenen "，此字等於" schliessen "，有終局結束、論斷等義，在此是論斷或斷定義，即呼應前 A627, B655 處之表明義，故亦即是表明義。肯·斯密士譯為" inferred "，如字譯為推斷，亦不順。

因此，那些提出「物理神學的論證」的人們並沒有什麼根據可使他們在其對於「超越的證明模式」之態度中顯出如此之輕蔑，並使他們裝做明智的自然研究者，而自滿地輕視超越的證明模式為隱晦的思辨精練之工巧產品。因為設若他們真願意去檢查他們自己的論證程序，則他們必會見到：在「他們立足於堅實的自然與經驗之基地上已提出或貢獻出某種可重視的道路，而復又覺得他們自己仍

A630
B658

然如以前一樣距離那對象即『把其自己顯露於他們的理性』的那對象甚遠」之後，他們忽然又離開了那個堅實的根據，而進入了那「純然可能性之」領域，在此可能性之領域處，他們希望憑依理念之雙翼去接近那對象，即「其自身已拒絕①他們的一切經驗的研究」的那對象。因爲在此極大的使人震驚的跳躍之後，當他們，如他們所想的，已發見一穩固立足地時，他們即把他們的概念（決定性的概念，即「他們現在始得有之，但他們不知如何得有之」的那決定性的概念）擴展而至覆及天地萬物底全部領域。而這理想，即〔「此種推證所這樣包含著」的那理想，並且〕「完全是純粹理性底一個產品」的那理想，經過那樣擴展後，他們便以涉及於經驗來說明之，雖然其如此說明之是很不適合很不足夠地說明之，並且是依一種「過甚降低或有損於此理想底對象之尊嚴」的樣式而說明之；而且他們又徹頭徹尾堅持不承認：他們之達到這種知識或假設是因著一種「完全不同於經驗之道路」的道路而達至之。

①案：原文是「避離或遠離」（entzogen）。

這樣說來，一個根源的或最高的存有底存在之物理神學的證明是基於宇宙論的證明的，而宇宙論的證明又是基於存有論的證明的。而因爲除此三種證明外，再沒有其他途徑留給思辨的理性，所以從純粹的理性之概念而成的存有論的證明便是這唯一可能的證明，如果「如此之甚地高舉在知性底一切經驗使用以上」的一個命題之任何證明實畢竟是可能的時。

第七節　基於理性底思辨原則上的一切神學之批判 　{ A631 / B659

如果所謂神學我理解之爲關於根源存有之知識，則它或是只基於理性（theologia rationalis），或是基於啓示（revelata）。前者之思考其對象或是通過純粹理性，只藉賴著超越的概念（根源的存有、最高眞實的存有、一切存有之存有，這類超越的概念）而思之，在此情形下，它即被名曰「超越的神學」或是通過從自然（從我們的靈魂之本性）假借得來的一個概念（一個作爲一最高睿智體的根源存有之概念）而思之，既如此而思之，則它必須被名曰「自然的神學」。那些「只承認一超越的神學」的人們被名曰「理神論者」（deists）；那些「復亦承認一自然的神學」的人們則被名曰「智神論者」（theists）①。理神論者承認：我們能只通過理性而知一根源存有之存在，但他們卻主張說：我們的關於此根源存有之概念只是一超越的概念，即是說，只是一個「擁有一切實在性，但我們卻不能夠依任何較爲更特殊的樣式而去決定之」這樣一個存有之概念。智神論者肯斷說：理性是能夠通過類比於「自然」而更準確地決定其對象，即是說，更準確地決定其對象爲這樣一個存有，即此存有通過知性與自由，於其自身中即含有每一別的東西之終極根據。這樣說來，理神論者表象此存有是只表象之爲「世界之一原因」（至於是否依此存有底本性之必然性而表象之爲世界之一原因　{ A632 / B660

抑或是通過自由而表象之爲世界之一原因，則是存而不決者），而智神論者之表象此存有則是表象之爲「世界之創造者」。

①依康德此種規定，理神論者的超越神學，我們亦可名之曰形式
的超越神學，而智神論者的自然的神學，我們亦可名之曰「實
際的神學」。實際之所以為實際即在他視那個根源的存有為一
最高的睿智體，類比於我們的靈魂本性（自然）而思之，思之
為具有智性與自由者，此即比只通過理性而思之為一超越的概
念而卻不能有任何進一步的決定者為較具體，即較實際。是則
實際之所以為實際即在規定那個根源的存有的為最高的睿智
體，為具有知性與自由者，不只是通過理性而思之為一超越的
形式的概念，為一最高存有之理上為如此這般者。如是，如果
我們類比於宋明儒者之思路而思之，則 deism 既可譯為理神論，
那麼 theism 即可譯為「心神論」或「智神論」。普通以「有神
論」或「一神論」譯之，猶嫌泛也。「心神論」易起誤會，故
收心為智，譯為「智神論」較恰。理神論中的最高存有只可說
為「世界之一原因」，原因或根據是形式詞語。智神論中的最
高存有是「世界底創造者」；而創造者之所以為創造者即在其
為一睿智體，為具有知性與自由者；知性與自由是指謂心靈之
詞語，心始可有創造性。但不管是理神論或智神論，俱是思辨
地言之也。理神、智神，依天臺宗詞語言之，俱是「六即」中
之「理即神」，智神亦猶是理上言之也。不過此理上所言的比
「理神」之上所言的為多一點而已。

又，超越的神學，它或是想從一「經驗一般」（沒有依任何較
特殊的樣式決定經驗所屬的世界之本性）去推演出根源存有之存
在，如是，它即被名曰「宇宙論的神學」（cosmo-theology）；它
或是相信它通過純然的概念，而無任何經驗之助，即能知道這樣一

個存有之存在，如是，它即被名曰「存有論的神學」（onto-theology）。

　　自然的神學推斷一「世界底創造者」之特性與存在是從那「被展示於世界」中的構造、秩序，與統一而推斷之，所謂「被展示於世界中云云」，此中所謂世界即是這樣一個世界，即「我們於其中須承認有兩種因果性」這樣的一個世界，而所謂兩種因果性即是連同著各自之規律的兩種因果性，此即自然因果性與自由因果性是。自然神學從「其中有那兩種因果性」這樣一個世界上升到一最高的睿智體以為原則，其為原則或是為一切自然的秩序與自然的圓滿之原則，或是為一切道德的秩序與道德的圓滿之原則。在前一種情形中，自然神學即被名曰「物理神學」（physico-theology），在後一種情形中，它即被名曰「道德的神學」（moral-theology）(a)。

　　(a)處，康德有底注云：

　　　　「道德的神學」並不是「神學的道德學」。因為神學的道德學含有道德法則，此道德法則預設世界底最高統治者之存在。另一方面，道德的神學則是一最高存有底存在之確信，而此一確信是把其自己基於道德法則上的。〔案：此註語甚重要。道德的神學是神學基於道德，最高存有底存在之確信是基於道德法則。此即康德本人之主張。神學的道德學是道德基於神學，道德法則基於最高統治者之存在。（「道德法則預設世界底最高統治者之存在」，所謂「預設」即預先假設之以為道德法則之根據。）依康德，吾人可有「道德的神學」，而不能有「神學的道德學」，蓋此後者使道德為他律

故。吾依此分別，於儒家言「道德的形上學」，而道德的形上學並非是「形上學的道德學」也。故吾只言「**道德的形上學**」(此並不同於康德所謂「道德『底』形上學」)，並不言「形上學的道德學」。〕

因爲所謂上帝之概念，我們並非慣常理解之爲只是一盲目地工作著的「永恆的自然」，以爲一切事物之根源，而是理解之爲一最高的存有，此最高的存有通過知性與自由而爲一切事物之創造者；又因爲只在如此理解之之意義下，上帝之概念始使我們感興趣：因爲以上兩層緣故，所以嚴格地言之，我們能否認理神論者有上帝之信仰，而只承認他有一根源的存有或最高的原因之肯斷。但是，因爲沒有人以其否決其所只不敢冒險肯斷者而應受責難，所以若說理神論者只相信一上帝，而智神論者則相信一活的上帝(有生命的上帝、最高的睿智體)，這或許較少粗澀難聽而且亦比較更爲公正。

〔案〕：「沒有人以其否決其所只不敢冒險肯斷者而應受責難」語中「所只不敢冒險肯斷者」意即理神論者不敢冒險進一步復肯斷其所肯斷之根源的存有或最高原因爲一睿智體，具有智性與自由者。他不敢肯斷如此之上帝，但他可相應其所肯斷之根源的存有而肯斷一形式的、理的上帝。如是，他否決其所不敢肯斷者而只肯斷一理上帝則是很可以的。因此說他只信一上帝(理上帝)，而智神論者則信一活的上帝，有生命的上帝，作爲最高智體的上帝，則是較爲和緩(較少急切難聽)而且較爲公允，不必定說他不信上帝也。

A633
B661

我們現在將進而去研究理性底一切此等努力底可能根源是什麼。

為此研究之目的，知解的知識可被界定為關於「存在者」之知識，而實踐的知識則被界定為關於「應當存在者」之知識。依此界定而言，理性底知解使用是這樣一種使用，即因著此使用，我先驗地（必然地）知道「某物存在者」，而理性之實踐的使用則是這樣一種使用，即因著此使用，「那應當發生者」，是先驗地被知了的。現在，如果「某物存在著」或「某物應當發生」，這是不可爭辯地確定的，但此不可爭辯之確定性同時又只是有條件的，如是，則「此不可爭辯之確定性」底某種決定性的條件或者是絕對地必然的條件，或者「只是一隨意的〔可能的〕而且是偶然的預設①。在前一情形中，這條件是「定設了的」（postulated, per thesin）；在後一種情形中，它是「假定了的」（assumed, per hypothesin）。現在，因為茲實有一些實踐法則是絕對地必然的，即是說，實有一些道德法則是絕對地必然的，是故那必須隨之而來者便是：如果這些實踐法則〔道德法則〕必然地預設「任何存有」之存在以為它們的「責成力量」底可能性之條件〔決定性的條件〕，則此所預設的任何存有之「存在」必須是「定設了的」；而此任何存有之存在之所以為「定設了的」，則是因為這充足的理由，即：那被制約者，即「由之以推至任何存有之存在以為道德法則底責成力量底可能性之決定性的條件」的那被制約者〔有條件者〕，其自身已先驗地被知為是絕對的必然的：即因為此充足理由，所以那任何存有底存在之設定才是定設了的。在某一將來的時間中，我們將表明：道德法則不只是預設「一最高存有」之存在，

{ A633
{ B662

且由於諸道德法則其自身在另一連繫中是絕對地必然的，所以它們亦使我們有理由定設此最高的存有，雖然實只是由一實踐的觀點而定設之。但是，在現在，我們可將此論證置而不論②。

①該句，依康德原文是如此：「或者只是當作隨意的（可能的）而且是偶然的條件而被預設。」當以此爲準。

②案：康德在《實踐理性批判》中視自由、靈魂不滅、上帝存在爲設準，彼處所說之設準即是此處所說之「定設」之設，而不是隨意的、偶然的「假設」之設。此處所說「任何存有之存在」切實言之即隱指「上帝存在」說；所謂實踐法則（道德法則）底「責成力量」即指道德法則責成吾人必須去促進最高善（圓善）說。即在此種責成上吾人必須設定「上帝存在」，設定之以爲此責成力量底可能性之決定性的條件。「那被制約者其自身已先驗地被知爲是絕對地必然的」，此所謂「被制約者」即隱指「最高善」說。

當我們只處理「那存在者」（而不處理「那應當存在者」）時，則那受制約的者，即「在經驗中被給與於我們」的那受制約的者，總是被思爲同樣亦是偶然的者。因此，那「制約此受制約的者」之條件並不是被知爲是絕對必然的條件，但只用來充作某種相對必然的條件，或無寧說是只用來充作「所需要的條件」；此一條件依其自身而言，並且先驗地言之，它只是一隨意的預設，在我們之想以理性去知這「受制約者」中爲我們所假定。因此，如果在知解知識之領域中，一物之絕對必然性眞要想被知道，則其被知只能

由先驗的概念而被知，決不能因置定它爲一「關聯於一給與於經驗中的存在」之原因而被知。

如果知解的知識有關於一個「不能在任何經驗中被達到」的對象，或一對象之諸概念，則此知解的知識便是「思辨的」。「它之所以被名曰『思辨的』，是爲的要想去把它與『自然之知識』區別開」①，此自然之知識只有關於那些「能在一可能經驗中被給與」的對象或對象之謂詞。

A635
B663

①該句，依康德原文是如此：「它是相反於自然之知識的」。

「我們所因以從那當作一結果看的生起者（經驗地偶然的者）推斷一原因」的那原則乃是一自然知識之原則，但卻並不是思辨知識之原則。因爲，設若我們從此原則之所是，即從其爲一「含有一切可能經驗底條件」的原則之所是，而作一抽象〔意即不再使用之爲一「含有一切可能經驗底條件」的原則〕，並且把那一切是經驗的東西者置諸不顧，而想去肯斷它爲關於「偶然物一般」之原則，如是，則茲不再存有絲毫根據而可以使我們有理由去說任何綜和命題，就像那可以表示如何從那存在於我們眼前者過轉到那某種完全不同的東西名之曰原因者，這樣的綜和命題。在這種純然地思辨的使用中，不只是偶然物之概念喪失其一切意義，即原因之概念亦同樣喪失其一切意義，所謂喪失其一切意義即喪失其客觀實在性，此客觀實在性之可被致使成爲可理解的是只在具體中〔在現實經驗中〕始然。

〔**案**〕：意即在那原則之純然思辨的使用中，原因之概念與偶然物之概念皆喪失其一切意義，即喪失其在經驗中爲可理解的客觀實在性。案：我們所因以從結果推原因的那原則本是自然知識之綜和原則，即依因果範疇所成的先驗綜和原則，其中含有一切可能經驗底條件，此條件即因果範疇是。今若就此原則作一抽象，抽離此原則之所本是，置一切是經驗的東西者於不顧，視之爲關於「偶然物一般」之原則，如是，此原則便不復再是一自然知識之原則，而乃成一思辨知識之原則，如是，我們便不能再有任何綜和命題，而原因之概念以及偶然物之概念亦必喪失其客觀實在性，而無任何具體而現實的意義，只成一思辨上的空概念。此如「分析部」所說，覆看便可了解此段文之所說。

如果我們從世界中的「事物」之存在推斷此諸事物底原因之存在，則此時我們之使用理性便不是在「自然之知識」中使用之，而是在「思辨」中使用之。因爲自然之知識並不是視事物本身（本體物）爲經驗地偶然的者，但只視那「生起」者，即事物〔本體物〕之「狀態」，爲經驗地偶然的者，亦不是把那事物本身〔本體物〕涉及一原因，而是只把那「生起」者，即事物〔本體物〕之「狀態」涉及一原因。「本體（物質）依其存在而言其自身是偶然的」，這一點必須依一純粹思辨的樣式而被知。復次，縱使我們只說及世界中之形式〔形態〕，只說及「事物所依以被連繫而且起變化」之樣式或路數，而想由此所說及之形式或樣式去推斷一「完全不同於此世界」的原因，此推斷必復仍是一純粹思辨理性之判斷，

A636
B664

因爲我們所要推斷的那對象並不是一可能經驗底一個對象。因果性
原則只在經驗領域內有效，超出此領域以外它便無任何應用，不，
實在說來，它實是無意義。如此之因果性原則，若是思辨地被使
用，必完全從其恰當的使用而轉向〔意即離開其恰當的使用〕。

　　〔案〕：「從世界中事物之存在推斷其原因之存在」語中之
　　「事物」即上段所說之「偶然物一般」之事物，即不是在時
　　間條件下被表象之事物，而是離開感性當作個體物一般看的
　　事物，即當作一「本體物」看的事物。此本體物，我們意許
　　它是被造物，所以它亦應是偶然物。就此偶然物而推斷其超
　　越的原因，便是思辨知識，不是自然知識；在此，理性之使
　　用是思辨的，不是經驗的，因而亦不能形成一綜和命題。此
　　當作本體物看的偶然物亦可說是「物質」。此「物質」亦不
　　是如康德所說當作現象看的物質，即不過是一類表象的物
　　質，而是不在空間中被表象的物質，因而它只能依純粹思辨
　　樣式而被知。這樣看的事物、偶然物、本體物、物質，統皆
　　是抽離了感觸直覺者，如上段之所說。我們就這樣的事物思
　　辨地推斷其最後的原因，這是思辨知識中之推斷，不是自然
　　知識中之推斷。若在感觸直覺範圍內，則是自然知識中之推
　　斷。因爲在此範圍內，事物不是這樣看的事物：「不是視事
　　物本身（本體物）爲經驗地偶然的者，而是只視那生起者，
　　即事物之狀態，爲經驗地偶然的者，亦不是把那事物本身涉
　　及一原因，而是只把那生起者，即事物之狀態，涉及一原
　　因」。因此，在此有綜和命題可言，而「本體」則是當作一

範疇看，是決定經驗現象之一條件，不是當作事物本身看的
本體物。此如「分析部」所說云云。

現在，我主張：「一切試想在神學中依任何純然思辨的樣式去
使用理性」這一切試想皆全然是無結果的，而依這一切試想之本性
而言，它們亦全然是虛無而空洞的，我並主張：在自然之研究中理
性底使用之諸原則亦並不引至任何種神學。「結果，那『唯一是可
能』的屬於理性之神學〔或理性的神學〕便是那『基於道德法則或
由道德法則而尋求指導』的神學」①。【知性】②底一切綜和原則
只允許有一「內在的使用」〔內在是與「超絕」相對的內在〕；而
要想有一最高存有之知識，我們定須把一切綜和原則委之於一「超
絕的使用」，對於此超絕的使用，我們的知性是決不適宜的〔決不
能勝任的〕。如果經驗地有效的因果法則要引至根源的存有，則此
根源的存有必須隸屬於經驗底對象之鍊索，而在此情形下，它必像
一切現象一樣，其自身復又是被制約的。但是，縱使藉賴著結果對
於原因底關係之力學法則而跳出經驗底範圍之外，這種跳出之跳躍
被看成是可允許的，那麼我們因著此種辦法或程序，能得到什麼樣
一種概念呢？這種跳出之辦法甚不能供給一最高存有之概念，因為
經驗從來不能把一切可能的結果中之最大的結果給與於我們，而要
想為那種最大結果底原因去供給證據，這樣的最大結果必應是必要
的。設若我們想藉賴著〔一具有〕最高圓滿性與根源的必然性〔的
存有〕之純然的理念而去彌補我們的概念中這種決定之缺無（缺無
「一最高存有之概念之決定」之缺無——想以最高圓滿性與根源必
然性之理念去彌補這缺無），則這實可當作一種偏愛而被承認；可

A637
B665

是它不能依一種不可爭辯的證明之力量當作一種權利而被要求。〔如果我們只為的想在我們的理性中不留有空虛，而要求被允許因著最高圓滿性之純然的理念以及根源的必然性之純然的理念去補充那個原因之完整決定中的缺陷，則這當作一種偏愛或可能被承認，但決不能依一種不可抗拒的證明之力量而被要求。（依 Max Müller 譯）〕物理神學的證明，由於它結合思辨與直覺，所以它或可把一種附加的〔額外的〕重量給與於他種證明（如果有他種證明時）；但是單獨地視之，它只能用來去使知性準備好以便理解神學知識〔為知性之理解神學知識鋪路〕，並且在此方向中把一種自然的偏傾給與於知性，但它卻不能依其自身而且因其自身即能去完成此工作〔此證明之工作〕。

①該句，依康德原文是如此：「結果除非我們基於道德法則或為道德法則所指導，否則茲不能存有任何理性之神學（屬於理性之神學或理性之神學或理性的神學）」。
②康德原文是「知性」，肯，斯密士誤譯為「理性」。

凡此一切皆清楚地指點到這結論，即：超越的問題只允許超越的解答，即是說，只允許一種「專基於先驗的概念而無絲毫經驗的混雜」的解答。但是，現在所考慮的問題顯然是綜和的，它要求我們的知識之擴張於一切經驗限制〔範圍〕以外，即是說，擴張到一個「相應於我們的一純然理念」的存有之存在，而我們的這一個純然的理念乃是一個「在任何經驗中不能有與之相匹敵者」的理念。現在，如我們所早已證明者，先驗綜和知識其為可能是只當它表示

A638
B666

一可能經驗底形式條件時，它才是可能的；因此，一切原則只可有「內在的妥效性」，即是說，它們只可應用於經驗知識底對象，即只可應用於現象。這樣說來，一切想通過純然地思辨的理性，藉賴著一種超越的程度，去構造一神學，這一切試想〔企圖〕皆是無成果的。

但是，縱使任何人寧願致疑已被給與於「分析部」中的那一切證明〔表明〕，而不願允許其自己被剝奪其所長期信賴的論證之確定性之信服，可是他仍然不能拒絕去面對我的要求。我的要求即是這要求，即：他定須至少給一滿意的說明，說明他如何並以什麼樣的內部照明相信他自己能夠憑依純然理念之雙翼而如此高遠地飛翔，飛翔至一切可能經驗之上。新的證明，或試想去改進舊有的證明，我必會懇求請原諒我〔意即：對不起，算了罷！〕在此領域內，實無很多的選擇餘地，因為一切純然思辨的證明結局皆總是使我們回到這同一證明，即存有論的證明；因此，我並無真實的理由去恐懼超感性的理性〔自感性束縛中解脫出來或脫離感性束縛的理性〕底獨斷的維護者之豐富的發明才能。但是，我將不謝絕這挑釁工作，即「去發見此類企圖中的謬誤，因而去使其要求歸空」這種挑釁工作〔揭發工作〕；關於此種挑釁工作，我實能不顧慮我自己為一特別好戰之人而堪為之。但是，用這種手段〔挑釁的手段〕，我從來未能成功去斷絕那些曾習慣於獨斷的說服〔勸誘〕方式者之較好幸運之希望；因此，我只限我自己於這溫和的要求，即要求他們以普遍的詞語而且以基於人類知性之本性以及我們的一切其他知識來源之本性上的詞語，來對於以下這一個問題給出一滿意的答覆，即；我們如何能著手進行此所提議之工作，即「去擴張我們的

A639
B667

完全先驗的知識，並去把此完全先驗的知識帶進於這樣一個領域中，即『在此領域處，沒有經驗對於我們是可能的，因而在此領域中亦沒有辦法來建立我們自己所已發明的任何概念之客觀實在性』這樣一個領域中」這種所提議的工作：要求他們對於如何著手進行此所提議的工作之問題給一滿意的答覆。不管知性以什麼樣式達到一概念，此概念底對象之存在決不是因著分析之程序而可在此概念之內被發見；因為對象底「存在」之知識確然即存於這事實，即：對象之被置定是超出關於此對象底〔純然〕思想之外而依其自身而被置定。【可是要想走出我們的概念之外而卻又並不追隨經驗的縮結（經由經驗的縮結只現象可被給與）以去達至新的對象與過分誇奢的存有之發見，這是完全不可能的。】①

①案：此一整句依康德原文譯。依肯‧斯密士之譯是如此：「單只通過概念，要想進至新的對象與超自然的存有之發見，這是完全不可能的；而去訴諸經驗，這亦是無用的，因為經驗在一切情形中只給出現象」。此譯與原語意不合，而把「過分誇奢」（überschwenglicher）一形容詞改為「超自然」亦不必要。

依 Max Müller 譯是如此：「事實上，我們不能走出概念之外，而除非我們追隨經驗的連繫（經由經驗的連繫除現象外沒有什麼東西可被給與），否則，我們亦不能希望去發見新的對象與想像的存有」。此於語意稍合，雖不全合。「過分誇奢」譯為「想像的」亦不恰。

依 Meiklejohn 譯是如此：「但是要想去走出我們的概念之外，而無經驗之助（經驗除現象外不能把任何什麼東西呈現於心

靈），或要想只因著純然概念之助去達至新的對象種類或超自然的存有之存在之確信，這是完全不可能的」。此於語意更較合，雖亦不全合。此譯亦把「過分誇奢」譯爲「超自然」。

但是，雖然理性，依其純然地思辨的使用而言，它很不足以勝任如此偉大的一種事，即「去證明一最高存有之存在」這樣偉大的事，可是依其足以糾正那「由其他源泉而來」的任何關於此存有之知識而言，依其足以使此存有與其自身相一致以及與【那個可理解的目標〔意向〕】①相一致而言，並依其足以使此存有從那「與一根源存有之概念不相容」的每一事中解脫出來並從一切經驗限制底混雜中解脫出來而言，它猶有很大的功用。

$\left.\begin{array}{l} \text{A640} \\ \text{B668} \end{array}\right\}$

①「那個可理解的目標或意向」原文是 "jeder intelligibelen Absicht"。肯・斯密士與 Meiklejohn 俱譯爲 "intelligible objects"，"objects" 雖有時亦有「目標」意，但在此卻不顯，依慣例，人可想爲是「智思的對象」，太泛。Max Müller 譯爲「每一可理解的想法」（every intelligible view），尤泛。原文既是目標（Absicht），則「那個可理解的（智思的）目標」，康德未明言，很難明白指什麼說，然依《實踐理性之批判》，康德以上帝之存在（最高存有之存在）保證最高善，使我們促進最高善爲可能，則「那個可理解的（智思的）目標」很可指最高善（圓善）說。思辨理性雖不足以證明此最高存有之存在，但它提出這個概念來使其自身一致（不矛盾）並使其與「最高善」這個智思的（可理解的）目標相一致（不矛盾），這是很有功用的（是其有大功之一）。此句依肯・斯密

士譯是如此：「使此存有與其自身相一致以及與**每一觀點**即智思的對象由之而被注視的那**每一觀點**相一致」。這便完全不達。依 Max Müller 譯是如此：「使此存有與其自身相一致並與每一可理解的（智思的）**想法**相一致」，這更莫明所以。依 Meiklejohn 譯是如此：「使此存有與其自身相一致並與一切其他智思對象之概念相一致」，這雖稍表意，然太泛，亦失原文「目標」意。

因此，超越的神學，不管其如何之無能，它仍然在其消極的使用中有很大的重要性，它並可充作「我們的理性」底一個持久的監察官，當我們的理性只處理諸純粹概念時，而所謂諸純粹概念是這樣的，即如其為純粹概念而觀之，它們是不允許有不是超越的判準者〔意即只承認一超越的判準〕。因為，如果，【有一天，在其他處，或許即在實踐的關涉中〔即在關涉於實踐的事中〕】①，一最高而一切充足的存有（當作睿智體看者）之預設已毫無疑問地建立起其妥效性，則「依據此概念之超越邊，準確地去決定此概念為『一必然而又是最高真實的存有』之概念，去使此概念從那『不合於最高實在性』的任何東西中解脫出來（這任何東西由於屬於純然的現象故不合於最高實在性，此如較廣義之神人同形論），並且同時又去處置一切敵對方面的肯斷，不管是無神論的、理神論的，抑或是神人同形論的」，這必有最大重要性。〔案：此一長句與 A640，B668處之長句相呼應〕。這種批判的處理，實在說來，並不很困難，因為那「已能使我們去證明人類理性之無能，無能去肯斷這樣一個存有之存在」的那同一根據必亦足以去證明一切敵對方面的肯

{ A641
{ B669

斷之不妥實〔無效〕。因為，我們通過理性之一純粹地思辨的使用能從什麼地方得來這種【理會或鑒別】②，即：「茲並無最高的存有以為一切事物之終極根據」這種理會或鑒別〔案：此為無神論者之所主〕，或又從什麼地方得來這種理會或鑒別，即：「此最高存有絕無這樣的諸屬性，即『從其後果而辯，我們把它當作類比於一思維存有底諸力學的實在性而表象給我們自己』這樣的諸屬性」這種理會或鑒別〔案：此為理神論者之所主〕，【或又從什麼地方得來這種理會或鑒別，即：「在一最高存有有其類比於一思維存有底諸力學的實在性之屬性之情形中，此諸實在性〔或諸屬性〕必須服從這一切限制，即『感性不可免地把它們安置於那些「通過經驗而被知於我們」的睿智體上』的那一切限制」這種理會或鑒別】③〔案：此為神人同形論者之所主〕。

① 「有一天，在其他處，或許即在實踐的關涉中（即在關涉於實踐的事中）」，此諸片語依康德原文譯。肯·斯密士譯為：「在某種其他關係中，或許依實踐的根據。」不達。

② 「理會或鑒別」，康德原文是" die Einsicht "，肯·斯密士譯為「知識」，Max Müller 譯亦然，Meiklejohn 譯為「證明」。案：知識、證明，在原文（無論德文、英文）皆另有其詞。康德在此用了這個字，其實是理會、識別、鑒識等義。知識或證明太重了。

③ 此最後一句依康德原文譯。肯·斯密士譯稍有變動，其譯是如此：或又從什麼地方得來這種知識（理會或鑒別），即：「（如神人同形論者所主張），此最高存有必須服從這一切限制，即『感性不可免地把它們安置於那些「通過經驗而被知於

我們」的睿智體上』的那一切限制」這種知識。

〔案〕：此一長而複雜的質問句大意是如此，即：只經由理
性之思辨使用，我們從什麼來源能引生出像無神論者之所主
這樣的理會，像理神論者之主所主這樣的理會，像神人同形
論者之所主這樣的理會。無神論者很簡單，他們根本不承認
有最高存有以爲萬物之終極根據。理神論者可承認有一最高
存有，但不承認它是一具有知性與自由的最高睿智體，即他
們可信仰一上帝，但不信仰一活的上帝（有生命的上帝、最
高睿智體的上帝，即人格神的上帝）。故他們所信的上帝
（最高的存有）絕無類比於一思維的存有（人的靈魂）之知
性與自由這類的屬性。有這類的屬性，始能説最高存有是一
造物主，是萬物之創造者，否則不能説它是造物主，只能説
它是萬物之根據。此一點即是此類屬性之後果，故文中有
「從其後果而辯」之語。而此類屬性是「類比於一思維存有
底諸動力學的實在性（如知性與自由等）」而被表象者。神
人同形論者則認爲此最高存有可以有其類比於一思維存有底
諸動力學的實在性之屬性，但是此諸屬性（諸動力學的實在
性）卻必須服從一些限制，此等限制乃是我們的感性所不可
免地安置於那些有限的睿智體（即通過經驗而被知於我們的
那些睿智體）上者。即，其所受的限制與有限的睿智體（如
我們人類）所受的限制同，故爲神人同形論。通過理性之純
粹思辨的使用，吾人固不能證明智神論者所肯斷的作爲最高
睿智體的最高存有之存在，但同樣亦不足以證明敵對方面的

肯斷，如無神論者的肯斷、理神論者的肯斷、神人同形論者
的肯斷之為妥實。

如是，對理性之純然思辨的使用而言，最高存有雖仍是一純然
的「理想」，然而它卻是一「無瑕疵」的理想，是一個「把全部人
類知識完整起來並使之登於極位」的概念。此最高存有底客觀實在
性固不能因著純然思辨的理性而被證明，但它亦同樣不能因著純然
思辨的理性而被否證。既然如此，是以如果茲必有一道德的神學它
能彌補此缺陷〔彌補「最高存有底客觀實在性不能被證明」之缺
陷〕，則超越的神學，以前曾只是或然的者，將證明其自己為不可
缺少的，即依其足以決定此最高存有之概念而言，並依其足以經常
地檢驗理性而言，它將證明其自己為不可缺少的。（所謂「檢驗理
性」，此中所謂理性乃是「時常為感性所欺騙或蒙混」的理性，而
又「時常不與其自己之理念相諧和」的理性。）必然性、無限性、
統一性、外於世界而存在的「存在性」（非如「世界靈魂」之為在
世界內存在者之存在性）、從時間條件中解脫出來而不受其制約的

A642
B670
}「永恆性」、從空間條件中解脫出來而不受其制約的「無所不在」
之遍在性，以及「無所不能」之萬能性，等等，凡此皆純粹是超越
的謂詞，而亦正因此故，所以關於此等謂詞之純淨化了的概念，每
一神學見其為如此之不可缺少者，只能從超越的神學中而被得到。

超越辯證部分之附錄 I

純粹理性底理念之軌約的使用

純粹理性底一切辯證的企圖之終局不只是穩固了我們在「超越的分析」中所早已證明了的那一點，即：一切我們的那些「裝作要去引我們超出可能經驗領域之外」的結論皆是虛僞的而且是無基礎的；而且它同樣亦以此進一步的一課教給我們，即：人類理性有一自然的趨向，趨向於去越過這些限制，而超越的理念對於理性之爲自然的亦恰如範疇之對於知性之爲自然的——雖然有這差別，即：當範疇引至於眞理，即引至於我們的概念之符合於對象時，而理念則卻產生那「雖是一純然的幻象然而卻又是一不可抗拒的幻象」者，「而對於這不可抗拒的幻象之有害的影響，我們甚至藉賴著嚴厲的批評亦僅能作到中和之而使之無礙」①。

> ①案：此句，依康德原文是如此：「而對於這不可抗拒的幻象之欺罔或迷惑（Täuschung），我們幾乎只有經由嚴厲的批判始能使我們遠離之而不爲其所妨礙。」

那「在我們的諸能力（Kräfte）之本性中有其基礎」的每一東西必須適當於此諸能力之正當使用，而且必須與此諸能力之正當使

A643
B671 } 用相一致——只要當我們能抵禦某種誤解並且因此抵禦而能發見此諸能力之固有方向時。因此，我們有權利去假設超越的理念有其自己之好的、恰當的使用，因而亦就是說，有其「內在的」使用，然而當它們的意義被誤解時，而且當它們被誤認爲眞實事物之概念時，則它們即於其應用中變成超絕的，而亦正因其於應用中變成超絕的之故，它們始能成爲虛妄的。因爲那並不是理念本身它能是超絕的或內在的，但只是理念底使用才能是超絕的或內在的（即理念或漫蕩於一切可能經驗之外因而成爲超絕的使用，或在經驗底範圍內找得其使用因而成爲內在的使用），理念底使用之或爲超絕的或爲內在的是依照「理念或是被應用於那『被假設來以相應於它』這麼一個對象上，或是在關涉於那些爲知性所處理的對象中它只被引向於知性使用一般」這兩種情形而或爲超絕的〔依前者〕或爲內在的〔依後者〕。一切非法偸轉之錯誤皆應被歸屬於判斷能力之缺陷，決不應被歸屬於知性或理性。

理性從未直接地關聯於一個對象，但只直接地關聯於知性；而亦只有通過知性，它始有其自己之〔明確而有特效的〕經驗使用。因此，理性並不創造（對象之）概念，但只整列它們，而且把一種統一給與於它們，此一種統一是這樣的，即：此諸對象之概念之所以能有此統一是只當它們依其最廣可能的應用而被使用時始能有之，即是說，只當它們爲的要去得到種種系列中的綜體時始能有之：理性是把這樣的一種統一給與於諸對象之概念。知性自身並不有關於此種綜體，但只有關於那種連繫，即通過此連繫，依照概念而成的種種條件系列始可有其存在〔始可被建立起來〕：知性只有

A644
B672 } 關於這樣的連繫。因此，理性是以知性以及知性之「有效的應

用」①爲其唯一的對象。恰如知性藉賴著概念把對象中之雜多統一
起來，所以理性亦藉賴理念把概念之雜多統一起來，而正當其如此
統一之之時，它遂置定一種「集合的統一」，以之爲知性活動之目
標，若非然者，知性底活動只有關於「分布的統一」。

①案：依康德原文是：「知性之適當的委派或安放」
（zweckmäßige Anstellung）。

依此，我主張：超越的理念決不許有任何「構造的使用」。當
依那種錯誤的樣式〔即依構造使用之樣式〕而視之時，因而也就是
說，當視之爲可供給某種對象之概念時，它們不過只是「假合理
的」〔vernünftelnde 詭辯的〕概念，即只是辯證的概念。可是另
一方面，它們有一優異的，而實在說來亦是不可缺少地必要的「軌
約的使用」，即是說，有一「指導知性趨向於某種一定的目標」之
使用，此一定的目標是由知性底一切規律所標識出的路線所向之輻
輳者，好像是向著其交割點而輻輳一樣。此一交割點實只是一純然
的理念、一想像的焦點，知性底概念實並不從此想像的焦點開始著
手進行，蓋因爲此焦點居於可能經驗底界限之外故；可是縱然如
此，此焦點卻足以去把那「與最大〔可能的〕擴展相結合」的最大
〔可能的〕統一給與於這些概念〔即：知性之概念〕。因此，遂發
生了這幻象，即：好似那些路線在一「處於經驗地可能的知識領域
之外」的眞實對象中有其根源一樣──恰似反映於鏡子中的對象看
起來好像是在鏡子背後似的。縱然如此，這種幻象（不至允許其欺
騙我們）亦是不可缺少地必要的，如果我們要去指導知性超出每一 { A645
B673

所與的經驗之外（此所與的經驗是可能經驗底綜集之部分），並因而去獲得其最大可能的擴張時，此恰如在鏡像之情形中，那所含有的幻像〔影像〕是不可缺少地必要的，如果，在那些擺在我們眼前的對象之外，我們亦要去看看那些處在我們背後某距離外的對象時。

如果我們依知識之全部範圍而考慮知識（考慮那因著知性而被得到的知識或知性所供給於我們的知識），則我們見到理性在其對於此全部知識的態度中之特別顯著者便是這一點，即：它規劃此全部知識之系統化，並去達到此全部知識之系統化，即是說，它想依照一簡單的原則去展示此全部知識底各部分之相連繫。理性底這種統一作用總是預設一理念，即知識底整全相之理念，此所謂「知識底整全相」之整全乃是那「先於各部分底決定性的知識而存在」的那整全，而且亦是那「含有『對於每一部分先驗地決定其位置並先驗地決定其對於其他部分之關係』的條件」的那整全。依此，這個理念在知性所得到的知識中定設一完整的統一，因著此完整的統一，知性所得的知識並非只是一偶然的聚合，而是一個「依照必然法則而被連繫起來」的系統。我們不可說這個理念是對象底一個概念，但只可說它是「諸對象概念之通貫的統一」之概念，只要當這統一可以對知性充作一規律時。理性底這些概念〔這些「表示諸對象概念底通貫統一」的概念即理念〕並不是從自然中引生出的；正相反，我們是依照這些理念來發問自然，並且我們認爲我們的知識是有缺陷的，當其不適合於這些理念時。依一般所承認，純粹的土、純粹的水、純粹的風等等，並不是能被發見的。但是，爲的要想恰當地去決定這些自然因素中之每一個因素在產生現象上所有的

A646
B674 ｝

股分，我們又需要純粹的地水風火等之概念〔即：地水風火等之理
念〕，雖然當論及其完整的純淨性時，它們只在理性中有其根源。
這樣說來，要想依照一機械性之理念去說明物體底化學性的交互作
用，則每一類物質是被還原到土（作爲純然重量看的土），還原到
鹽類與易燃體（當作力看的火），以及還原到水與風以爲運載工具
（此好像是車乘器械，因著此種車乘器械，首兩種因素可以產生其
結果）。通常所使用的表達方式自是不甚相同；但是理性之影響於
自然科學家之分類工作仍然是很容易被檢查出的。

　　如果理性是一「從普遍者推演特殊者」這種推演之機能，又如
果普遍者早已依其自身即是確定的，而且早已是被給與了的，如
是，則於施行歸屬之手續時只判斷力是需要的〔只需要有判斷能力
以去施行歸屬，歸屬特殊者於普遍者之下之歸屬〕，而因此歸屬手
續，特殊者是依一必然的樣式而爲被決定了的。這一種程序我將名
之曰「理性之確然的使用」。但是，如果普遍者是只當作「或然
的」而被承認，而且又只是一純然的理念，如是則特殊者是確定
的，但是，「特殊者爲其一後果」的那規律之普遍性卻仍然是一問
題。由此規律之普遍性有問題而論，若干特殊事例，盡皆是確定的
者，即需被檢查，檢查一下，看看它們是否是從這規律而來。經過
這檢查後，如果這規律現爲是這樣的，即：一切可被徵引的特殊事
例皆從這規律而來，如是，則我們即可由此辯說至此規律之普遍 ⎰ A647
性，而從此規律之普遍性復又可辯說至一切其他特殊的事例，甚至 ⎱ B675
辯說至那些尚未被給與的事例。這一種程序，我將名之曰「理性之
假然的使用」。

　　理性之假然的使用，基於當作或然概念看的理念者，恰當地言

之，並不是「構造的」，即是說，它並不是有這樣一種性格者，即：「依一切嚴格性來判斷，我們能視之爲可證明『普遍規律之眞理性』者（普遍規律即是我們用之以爲假設者）」，這樣一種性格者。因爲我們如何去知道一切那些「能**證明**原則〔普遍規律即假設〕底普遍性」的可能後果呢？（所謂一切可能後果即是「那些當作實際上從所採用的原則而來者」看的可能後果）。理性之假然的使用只是軌約的；它的唯一目的便是盡可能地去把統一帶進我們所有的詳細知識〔特殊知識〕之全部中，並因此統一之帶入遂可使這規律去**接近**普遍性。

因此，理性之假然的使用是以知性底知識之系統性的統一爲其目的，而此統一即是知性底知識之規律底眞理性之判準〔試金石 Probierstein〕。但是，這系統性的統一（由於是一純然的理念）只是一設計的統一，它不能被視爲其自身是被給與了的，但只應被視爲是一問題。這種設計性的統一可幫助我們去爲知性，即那在衆多而又特殊的使用模式中之知性，發見一原則，並去把知性底注意引至那些尚未被給與的事例上，因而遂可使知性更爲通貫〔更爲有系統 zusammenhängend〕。

A648
B676 }

但是我們從以上那些考慮所可有理由以抽引出的那唯一結論便是這一點，即：知性底雜多知識之系統性的統一，如爲理性所規畫者，乃是一邏輯的原則。此作爲一邏輯原則的系統性的統一是藉賴著理念去幫助知性，即在那些「知性於其中不能以其自己建立規律」的諸情形中，它藉賴著理念去幫助知性，【它並同時在一簡單的原則下使知性底各種不同的規律獲得諧一性〔Einhelligkeit，系統性的諧一性〕，並經由這諧一性，遂亦使之獲得通貫性〔關聯性

Zusammenhang〕，即如其爲可實行的那樣的通貫性或關聯性】①。但是，若說：對象底構造〔本性〕或「即如此等對象之作爲對象而知之」的那知性之本性其自身就已被決定至系統性的統一，並說：不須涉及理性底任何這樣特有的興趣，我們就幾乎能先驗地設定此統一，並說：因爲我們能先驗地設定此統一，所以我們便可去主張知性之一切可能的知識（亦包括經驗的知識）就有理性所需要的統一，並且亦處於公共的原則下，由此等公共原則，一切種知識，不管其如何千差萬別，皆能夠被推演出：若是這樣去說時，則這必是要去肯斷理性之一超越的原則〔不只是一邏輯原則〕，而且必使系統性的統一之成爲必然的不只是當作方法看成爲主觀地並邏輯地必然的，而且亦使之成爲客觀地必然的。

①【　】號中者依康德原文譯。依肯·斯密士譯是如此：「它並同時在一簡單原則下去把統一或系統給與於知性底眾多而又紛歧的規律，這樣，它便可依每一可能的路數去獲得一貫」。案：此譯不諦，尤其最後一句不諦。另兩英譯較合。

我們可用理性底使用底一個例子來說明這個意思。在那些「符合於知性之概念」的種種統一中，有一種統一便是一本體底因果性之統一，此一統一被名曰「力」〔力之統一〕。同一本體底種種現象初看表示出如此之紛歧，以至於在開始時我們必須去假定許多不同的力，其不同之多恰如有許多不同的結果那麼多。舉例來說，在人類心靈中，我們有感覺、意識、想像、記憶、機智、識別力、快樂、欲望等等。現在，茲有一邏輯格言，此一邏輯格言要求這一

A649
B677

點,即:我們定須盡可能因著把這些心象互相比較以及檢查出它們的隱藏的同一性來化歸或減少這種表面看起來似乎是差異的差異。我們要求研究那與意識相結合的想像是否不可以與記憶、機智、識別力等為同一物,是否不可以或許甚至同一於知性與理性。雖然邏輯不能夠裁決〔發覺或探悉〕一基本的力量是否現實地存在著,然而一基本力量之理念卻至少是那「被包含於力量底複多性之系統的表象中」之問題。理性底邏輯原則要求我們盡可能完整地去完成這樣的統一;而此一力量與彼一力量底諸現象被見為互相同一,若見之愈多,則「它們只是同一力量底不同顯現」這一點就變成更為概然〔意即:概然率愈高〕,此同一力量,相對於較特殊的力量而言,可被名曰「基本的力量」。在此力與彼力底諸現象處是如此,在其他諸力處亦然。

這些「相對地基本的力量」必須轉而又被互相比較,它們這樣被比較,為的是要去發現它們的諧和,如此,便可去使它們更接近於一獨一的本質力量,即是說,更接近於一「絕對地基本的力量」。但是,此理性底統一只是假然的。我們並非肯斷說這樣的一種力量必須必然地被發見,但只肯斷說我們必須依理性底興趣去尋求它,即是說,我們必須依「為種種規律即經驗所可提供給我們的種種規律而去建立某種原則」這種建立原則之興趣而去尋求它。我們必須努力(只要是可能的)依此路去把系統的統一帶進我們的知識中。

A650 }
B678 }

但是如若轉到〔注意到〕知性之超越的使用,我們便見此一基本力量之「理念」不只是當作理性之假然使用上的一個問題而被討論,而且它聲言要有客觀實在性,此蓋由於它設定一本體底種種力

量之系統性的統一之故，並亦由於它表示〔設立〕一確然性的原則之故。因爲設即未曾試想去表明種種力量之諧和一致，不，甚至在「試想去表明其諧和一致這一切試想皆已失敗」之後，我們猶可預設：這樣一種統一實現實地存在著，而我們之如此預設不只是如在上面所引用的事例中因爲本體底統一之故而如此預設，而且甚至在以下所說那樣的諸情形中亦如此預設，即：「於其中，如在物質一般之情形中那樣，我們可遭遇到這樣的許多力量，即『雖然它們有幾分是同質的，然而卻同樣亦是差異的』，這樣的許多力量」這樣的諸情形中亦如此預設。在一切這樣的諸情形中，理性預設種種力量底系統的統一，其預設此系統性的統一是依據「諸特殊的自然法則可概括在較一般的法則之下」這個根據而預設之，並亦依據，「原則之節省〔簡易〕不只是理性之一經濟的要求，而且亦是自然自己所有的諸法則中之一法則」這個根據而預設之。

　　除非我們同時亦預設一超越的原則（因著此超越的原則，諸規律底系統性的統一可先驗地被假定爲必然地固具於對象中者），否則要想去了解茲如何能有一邏輯的原則（因著此邏輯的原則，理性可規劃諸規律底統一），這實在說來是很困難的。因爲，以什麼權利，理性，在其邏輯的使用中，能要求我們去視顯示於自然中的諸力量之複多性爲只是一化了裝的統一〔只是統一之化裝爲眾多〕，並要求我們盡可能去從一基本力量中引伸出此統一？即是說，如果理性逕直去承認「一切力量可是異質的」這同樣爲可能，而「推源由來〔推源此一切力量之由來〕這種推源所示之系統性的統一可不符合於自然」這亦同樣爲可能，則它在其邏輯的使用中如何能要求我們去視顯示於自然中的諸力量之複多性爲只是一化了裝的統一，

{ A651
　B679

並要求我們盡可能去從一基本力量中引伸出此統一呢？蓋因為那樣一來，理性必違反其自己之天職〔本分〕，此蓋由於那時它提議一個「與自然之構造〔本性〕完全不一致」的理念為其目的故。我們亦不能說：理性，當其依照其自己之原則而進行時，它已通過「自然底偶然構造之觀察」而達到了這種統一之知識。要求我們去尋求此種統一的那「理性之法則」是一必然的法則，因為設無此法則，我們亦畢竟無理性可言，而若根本無理性可言，則亦不能有知性之貫通的使用，而若知性之貫通使用不存在，則亦不能有經驗真理之充足判準。因此，【在關涉於此後者（即經驗真理之充足判準）中】①，除去預設「自然之系統的統一」為客觀地妥當的並且是客觀地必然的外，我們決無選擇之餘地。

> ①案：此片語依康德原文是 " in Ansehung des letzteren "（在關
> 涉於此後者即經驗真理之充足判準中）。肯·斯密士改動一下
> 譯為「要想去獲得一經驗的判準」，非是。

雖然哲學家們甚至對其自己亦常不曾承認這個超越的原則〔超越的預設〕，或實在說來，實亦常不曾意識到已使用了此超越的原則，可是縱然如此，我們見到此超越的原則已依顯著的樣式偷偷地被函蘊於「他們所依據以進行」的諸原則中。個體物所依以互異的各種差異相並不排拒種目底同一性，而各種目亦必須只被看成是少數綜綱〔綱類〕底不同決定，而此少數綜綱轉而復又是更高的綜綱底不同決定，依此類推，繼續前進；總之，只要當一切可能的經驗概念能夠從較高而又較一般的概念中被推演出時，我們即必須尋求

A652
B680

這些可能的經驗概念之某種系統的統一：凡此云云，這乃是一邏輯原則，是經院學者底一個規律，設無此規律或原則，便不能有理性之使用。因爲我們之能從普遍的歸結到特殊的，是只當普遍的特性如其爲特殊的特性所依據的基礎那樣而被歸給事物時，我們始能從普遍的歸結到特殊的。

「這樣的統一可被發現於自然中」，這一樣是哲學家們在以下這個著名的經院格言中所預設者，即：「基要或原則必不可不必要地被加多」（ entia praeter necessitaten non esse multiplicanda ）。這個格言宣布說：諸事物，依其本性而言，它們即可爲理性之統一供給材料，並宣布說：表面無限的變化並不一定阻礙我們使我們不能去假定：在這無限變化後面存有諸基本特性底一種統一，所謂諸基本特性是這樣的一些特性，即「一切差別能夠從它們那裡通過重複的決定而被引生出」，這樣的一些特性。這種諸基本特性底統一，雖然它只是一純然的理念，然而在一切時它卻已是如此熱切地被尋求，以至於：只須去緩和或調節對於此統一之渴望，而不須再去鼓勵此渴望。當化學家把一切鹽類的東西化歸至兩個主要的綱類，即酸性與碱質，其如此化歸已成功時，這已是前進了一大步；但不止於此，他們且努力想去表明甚至這兩主要綱類底差別亦只是同一基本質料之變種或不同顯現。化學家逐步又想去把不同的土類（石頭底質料以及甚至金屬底質料）化歸至三類，最後又化歸至兩類；但是他們仍不以此爲滿意，他們又不得不這樣想即：在這些變種〔即三類或兩類〕後而必只存有一個綱類，不，他們不得不這樣想，即：對土與鹽而言，甚至很可只存有一個公同的原則。人們或可這樣設想，即：這種化歸只是一種**經濟的設計**，以此設計，理性

A653
B681

可免於一切可能的麻煩，又只是一種**假然的企圖**，此企圖，如成功時，它將通過這樣經由化歸而得到的統一去把概然性給與於這所假定的「說明之原則」。但是〔**這樣的設想只表示化歸之目的是一種自便自利的目的，而**〕這樣自便自利的目的能夠很容易與理念區別開。因為在符合於理念中，每一人皆預設：理性底這種統一是與自然本身相契合的，並預設：理性在此實並非在請求，而是在指揮，雖然它實不能去決定這種統一之極限。

如果在那些「把其自己呈現給我們」的諸現象之間真存有如此複雜的一種差異變化（所謂差異變化，我不是說形態上的差異變化，因為在形態方面，現象很可互相相似，而是說在內容上，即在存在著的事物之雜多上，有如此複雜之差異變化），複雜到甚至最敏銳的人類知性亦不能因著對於現象之比較發見出些微的相似性（此相似性乃是「完全可思議」者），如是，則邏輯的類屬法則必毫無立足處〔必完全不能成立〕①；我們甚至亦必無綱類之概念，或實在說來必無任何【一般性的（allgemeiner）】②概念；而那「只有事於這樣的概念」的知性自身亦必【不能成立】③〔**根本不能有知性自身之可言**〕。因此，如果邏輯的類屬原則可被應用於自然（所謂「自然」我在此只意謂那些「被給與於我們」的對象），則它即須預設一超越的原則。而依照此超越的原則，同質性是必然地被預設於可能經驗之雜多中（雖然我們無法先驗地去決定此同質性之程度）；因為在同質性之缺無中，沒有經驗的概念，因而也就是說，沒有經驗，會是可能的。

A654
⎱
B682

①依康德原文當譯爲「必完全不能成立」（ganz und gar nicht

stattfinden）。

②原文"allgemeiner"是「一般性」或「概括性」之意。肯·斯密士譯爲「任何其他普遍的概念」，在此用「普遍的」不很妥，而「其他」字更不必要。

③依原文是「不能成立或存在」（kein……stattfinden）。肯·斯密士譯爲「必會是非存在的」。「非存在的」在此不達。

　　設定「同一性」的那「邏輯的類屬原則」是爲另一個原則即「種目原則」所平衡，此種目原則，不管事物之在同一綱類下之相契合爲如何，它總是要求事物中之雜多與差異，因此，它把「知性之注意於差異性並不亞於注意於同一性」這一點規定給知性。這個辨別性的觀察之原則，即區別能力之原則，它對於前一原則（即機智①能力之原則）中之可能的粗率給與一限制；這樣，理性顯示一雙重性的，【互相抗衡或背馳的（einander widerstreitendes）】②興趣，一方面它就類屬而感興趣於「外延」（範圍即普遍性），另一方面它就種目之複多而感興趣於「內容」（決定性）。在前一情形中，知性多想一點概括在知性底概念之下者，在後一種情形中，知性多想一點包含於其概念之中者。此雙重性的興趣復亦顯現其自己於自然之研究者間思路之差異。那些「較特別是思辨性格」的人，我們幾乎可以說，他們皆是敵視「異質」者，而且他們總是注視於綱類之統 ；另一方面，那些「較特別是經驗頭腦」的人，他們又經常不停止地努力於依這樣雜多的樣式，就如幾乎要去滅絕「能夠依照普遍原則去決定自然中之現象」之希望，這樣的雜多之樣式，而去分化自然。

{ A655
B683

①「機智」，肯・斯密士注云：康德在其《人類學》1.§42中規定機智爲這樣一種能力，即因著此能力，我們可決定普遍者之適當於特殊者。此與判斷力相反。判斷力是這樣的，即因著此判斷力，我們可決定特殊者符合於普遍者。

②肯・斯密士譯爲「自我衝突」，非是。此無所謂衝突，加「自我」更不行。

「依照普遍原則去決定自然中之現象」這一種思想模式顯然是基於一個「意在於一切知識之系統的完整」的邏輯原則，這一邏輯原則規定以下一點，即：我們以綱類爲開始，由此下降於那些可概括在此綱類下的雜多，我們之如此下降於這樣的雜多是依這樣式即如「去獲得系統之推擴或擴展〔廣延的展開〕」這樣式而下降於這樣的雜多，此恰如在另一種程序即上升於綱類之程序中，我們努力去獲得系統之〔上升的（收攝的）〕統一。因爲如果我們把我們的注意只限於那「標識出一綱類」的概念之範圍，則我們便不能決定〔不能看清〕「去進行此綱類概念之範圍之〔邏輯的〕區分」之爲可能可能到什麼程度，此恰如只從一物體所佔有的空間中，我們不能判斷〔不能看清〕「去進行此空間底部分之〔物理的〕區分」之爲可能可能到什麼程度。因此，每一綱類要求有種目之差異，而每一種目復轉而又要求有副屬種目之差異；而因爲這些副屬種目中沒有一個副屬種目其自身沒有一範圍（意即必須有一定的範圍，如一普遍概念所有者），所以理性【在其十足充分拓展中（in ihrer ganzen Erweiterung）】①，它要求：沒有種目可被看成其自身是最低者。何以故如此，這是因爲以下的緣故而然，即：由於種目亦

總是一概念，它只含有那「公共於不同的東西」之公共者，是故它並不是完整地被決定了的；即以此故，它不能是最低的。因此，種目不能直接地關聯於一個「個體」，而其他概念，即是說，其他副屬種目，必總是被包攝於此種目之下。這種層層分化〔特殊化〕底法則可被程式為是這原則，即：「種目差異之繁多不應無故被減少」（entium varietates non temere esse minuendas）。 ⎧ A656 ⎩ B684

> ①依康德原文當如此譯。肯・斯密士譯為「在其被帶至完整中」（in being carried to completion），不達。Max Müller 譯為「在其極度的擴展中」，此較合。

但是那是很容易被看出的，即：這個邏輯法則，設若它不曾基於一個「超越的分化法則」上，它必無意義，亦必無應用，所謂「超越的分化法則」是這樣的，即，它實在不要求那「對於我們能是對象」的諸事物中之差異之一「現實的無限性」，（邏輯原則，由於它只就可能的區分肯定邏輯範圍之「不決定性」，所以它不能為任何這樣的肯斷即現實無限差異之肯斷給與一機會或根據，）它雖不要求差異之現實的無限性，但它卻把「在每一可發見的種目之下尋求副種目，在每一差異之下尋求較小的差異」這種尋求之義務賦與於知性。因為設若沒有較低的概念，則亦不能有較高的概念。現在，知性只通過概念始能有知識，因此〔就區分說〕，不管知性進行「區分之歷程」進行得如何遠，它從來不是只通過純然的直覺而進行其區分之歷程，但總是一次又一次地須通過「較低的」概念而進行其區分之歷程，依現象之完整決定而說的現象之知識（現象

之完整決定是只通過知性始可能）在我們的概念之特殊分化中要求一無底止的進程，並要求「前進於其他而猶有其他餘下的差異」這一種前進，對於這些差而又差的差異，我們在種目之概念中已把它們作了相當的抽象掉了，更復進而在綱類之概念中已把種目中之差異作了相當的抽象把它們抽掉了。

A657
B685 }
　　這種特殊分化之法則不能從經驗中被引生出，經驗決不能把任何這樣廣大之遠景展示於我們的眼界上。經驗的特殊分化，如果它不爲先行的「超越的特殊分化法則」所指導，它在雜多之區別中不久即停頓而不能前進。超越的「分化法則」，當作理性之一原則看，它引導我們總是去尋求進一步的差異，並引導我們總是去揣測此等進一步的差異之存在，即使當感覺不能揭露出此等差異時，它亦引導我們去【揣測（vermuten）】①其存在。「有吸收力的土有不同種類（白堊粉以及氯化土）」，這一發見是只在一先行的理性規律之指導下始可能。理性依據這假定而進行，即：自然是如此繁富地被差異化了的，以至於我們可預定這樣繁富的差異之存在，而因此，它又把尋求這樣的差異之工作規定給知性。實在說來，只有依據「自然中的〔對象之〕②種種差異」之假定，我們始能有任何知性機能之可言，此亦恰如只有在「自然中之對象顯示同質性」之條件下，我們始能有任何知性機能之可言。因爲「那在一概念下被理解」的東西之差異性確然正是那爲概念之使用以及知性之操作而給予以機會或根據者。

　　　　①原文 vermuten 是「揣測」的意思。肯·斯密士譯爲" suspect "
　　　　不如譯爲" conjecture "。

②依 Meiklejohn 譯補。

這樣說來，理性爲知性預備場所是(1)通過較高的綱類下的雜多之「同質性」之原則而預備之，(2)通過較低的種目下的同質者之「種變」〔差異〕」之原則而預備之，(3)爲的要想去完整起此系統性的統一，復通過一進一步的法則，即一切概念之「親屬性」〔攝屬性或引曳性〕」之法則而預備之（此親屬性之法則它規定：我們依差異性之逐漸增加從每一種目進行到每一其他種目）〔：總之，理性是通過這三個原則（兩原則一法則）爲知性預備場所（預備知性運用之場所）〕。這三個原則我們可名之曰「同質性」原則、「特殊分化」原則，以及「形式〔形態〕底連續性」之原則。此最後一個原則是從其他兩原則之聯合〔合一〕而發生，因爲只有通過「上升於較高類」這上升之歷程以及「下降於較低種目」這下降之歷程，【理念中的系統性的連繫始能被完整起來】①。蓋那樣一來，一切繁多的差異始是互相關聯起來的，因爲這一切繁多的差異盡皆從一最高的綱類而發出，即通過一較廣而又較廣地擴展的決定中之一切等級從一最高的綱類而發出。

$\left\{\begin{array}{l}\text{A658}\\\text{B686}\end{array}\right.$

①此句依原文並參照 Max Müller 譯而譯。肯・斯密士譯稍變通一下，譯爲「我們始能得到完整性中的系統的連繫之理念」，不諦。

這系統性的統一，爲那三個邏輯原則所規定者，可依以下的樣式而被說明。每一概念可以被視爲是一個點位，此點位，當作一觀

察者之站臺看，它有其自己之地帶〔視界〕，即是說，它有一大堆
事物〔變化多端的事物〕，此一大堆事物可由那個立足點而被表象
而且好像是被鳥瞰。這個地帶必須是能含有一無限數的點位者，此
無限數點位中每一點位皆有其自己之較狹的地帶；即是說，每一種
目依照分化原則皆含有副種目，而邏輯的地帶則專以較小的地帶
（副種目）而組成，決不會以那無範圍的點（個體）而組成。但
是，對不同的地帶而言，即是說，對不同的綱類而言（此諸不同綱
類中每一綱類皆為其自己之概念所決定），茲能有一公共的地帶，
【由此公共的地帶】①，如同由一公共的中心點，那些不同的地帶

A659
B687
〔諸不同的綱類〕皆可一起被鳥瞰；而從此較高的綱類，我們仍可
繼續前進，直至達到一切綱類中之最高者而後止，因而也就是說，
直至達到普遍而真實的地帶而後止，此一普遍而真實的地帶是依最
高概念之立場而被決定，它並綜攝一切雜多（綱類、種目、副種
目）於其自身之下。

①依康德原文是「由此公共地帶」，Meikeljohn 亦如此譯，肯·
斯密士譯為「在關涉於此公共地帶中」，不通順，而 Max
Müller 則譯為「在此公共地帶中」，亦不通順。

我們是因著「同質性法則」而被運載至最高的立場，因為「分
化法則」而被運載至一切較低的立場以及此諸較低立場之最大可能
的種變差異。而因為，這樣說來，在一切可能概念底全部範圍中茲
並無空隙可言，又因為若外於此全部範圍便不能有什麼東西可被發
見，所以從此普遍的地帶之預設以及此普遍地帶底完整區分之預設

逐發生出這原則，即：「諸形式間無有空隙」（non datur vacuum formarum），此即是說，茲並沒有諸不同的、根源的、第一〔最高的〕綱類，它們互相孤立，好似為一虛空的居間空間所分離；情形但只是這樣的，即：一切雜多綱類皆只是一個簡單的最高而又普遍的綱類之區分。從此原則便有以下的原則以為其直接的後果，此即：「諸形式間有連續」（datur continuum formarum），此即是說，一切諸不同的種目皆互相鄰接，並不允許經由跳躍（Sprung，per saltum）從此一種目過轉到另一種目，但只允許通過那「居於彼此兩種目間」的一切小而又小的差異等級來從此一種目過轉到另一種目。總之，這裡並無種目或副種目它們互相間是可能最接近的；其他居間的種目仍然總是可能的，這些居間的種目之不同於前說的種目或副種目中之每一個，其不同總是較小於前說的種目或副種目自身間的不同。

A660
B688

〔案〕：任取兩個較低的種目或副種目，我們不能說它們兩者是最接近的，再沒有比它們兩者之接近更為接近的了。依同質性法則，上同有最高的綱類；可是依分化原則，下異便無最低的種目，除是個體。但無論如何低的種目，它總不能直接關聯於個體，因此，無最低的種目。因此，無論如何低的兩種目或副種目，其間必仍有可能的居間種目（居間而又居間）。這些居間的可能種目其不同於原兩種目或副種目總比原兩種目或副種目自身間的不同（差異）為較小。

這樣說來，上述第一法則〔即：同質性原則〕使我們不以過多

的不同的根源綱類為滿足，並吩咐我們對於同質性予以適當的注意；第二法則〔即：分化法則〕則轉而又對於「趣向於統一」之趨向賦與一節制，並堅持：在我們進而去把一普遍的概念應用於個體以前，我們須區別此普遍概念內的副屬種目。第三法則〔即：形式或形態底連續性之法則〕則結合前兩法則，其結合之也，是因著規定以下一點而結合之，即：即使在極端的繁多之間，我們亦能在從此一種目過轉至另一種目之逐步過轉中觀察出「同質性」，而這樣我們便可認知不同支派間的一種親屬關係，蓋由於這一切不同的支派皆發自同一根源故。

　　但是，「種目（邏輯形式）底連續」這個邏輯法則預設一超越的法則（自然中連續之法則 lex continui in natura），設無此超越的法則，則該邏輯法則必只把知性誤引入歧途，使它去遵循一「或許完全相反於為自然本身所規定的途徑」之途徑。因此，這種邏輯法則必須基於純粹超越的根據上，而並不基於經驗的根據上。因為如果它基於經驗的根據上，則它必比系統較為晚來，然而事實上卻正是它自己使那一切「在我們的自然知識中是系統性的東西」者被產生出來。這些法則之形成並不是由於「任何秘密設計作一試驗，因著把它們只當作試驗性的提議而提出來」這個緣故而然。「這樣的諸預測〔意即：這些法則所表示的預測〕，當其被穩固時」①，它們即給出堅強的證據以支持這看法即：這假然地被思議的統一是很有根據的；而這樣堅強的證據亦因而在此方面有某種一定的利益。但是，「這些法則注視或默察基本因素之節省、結果之繁多，以及由此兩者而來的自然底各部分之親和性，默察之為其自身即是既與理性相符合又與自然相符合者」，這卻是很顯明的。因此，這

A661
B689

些原則是直接地依其自身就帶有其推薦書〔就可被推舉〕，並不是
只當作方法學上的手法或技巧而帶有其推薦書〔而可被推舉〕。

　　①依康德原文是：「無疑，這樣的連繫（意即：這些法則所表示
　　的連繫），當其有所切中時」。

　　但是「這種『形式底連續性』是一純然的理念，對於此理念，
沒有與之相合的對象能夠在經驗中被發見」，這是很容易被看出
的。因為第一點，自然中的諸種目是現實地被分割了的，因此，它
們必須構成一「不連續量」（quantum discretum）。設若在追尋
諸種目底親和性〔吸引力，引曳性〕中的「前進」是連續的，則在
任何兩所與的種目之間必會存有一真正無限數的居間分子，而此是
不可能的。復次，第二點，對於此法則我們不能作成任何決定性的
經驗使用，因為此法則只在完全一般的詞語中教告我們說：我們須
去尋求親和性底諸等級〔諸級度〕，而關於我們以何樣式去從事尋
求這些等級，並從事尋求這些等級能尋求到如何遠〔尋求至何種程
度〕，此法則並不能給出任何判準，不管是什麼判準。

　　如果我們把這些關於系統性的統一底原則依適合於其經驗的使
用之次序而排列之，則它們將是這樣地依次而立，即：雜多性，親
和性〔引曳性〕，統一性，每一個當作一理念，依其完整性之最高
度而被取用。理性預設那「因著知性而被得到並和經驗有直接關
聯」的知識。它並依照那「越過一切可能經驗」的理念而尋求這種
知識底統一。雜多，即不管其差異性如何，它總處於統一之原則
下，這樣的雜多其親和性〔引曳性〕實【不只】①涉及事物，且更

A662
B690

涉及事物之特性與力量。試舉例以明之。如果在開始時，我們的
【尚未完全被糾正】②的經驗引我們去視星球底軌道為圓形的，
又，如果我們繼而復檢查出星球之由圓形而越軌，如是，我們把這
種越軌追尋到那「能夠依一固定的法則，通過無限的居間等級，把
圓形軌道改變成諸歧出的軌道中之一」者。那就是說，我們假定：
那些「不是圓形軌道」的星球之運動將多或少接近於一圓形之特
性；而這樣我們遂有一橢圓形之理念。因為彗星，就觀察所能及，
在其這樣的行程中，它們是不能轉回的，所以它們的途徑仍顯示出
更大的越軌。如是，我們所要作的便是去假設：它們是依一拋物線
的行程而進行，此拋物線的行程有類乎橢圓形，而且依一切我們的
觀察而言，它與那「其長軸不定地擴張」的橢圓形是區別不開的。
這樣，在這些原則底指導之下，我們在軌道形式底種類中發見一種
統一，並因此軌道形式底種類之統一，復在一切「星球運動底法
則」之原因中發見一種統一，此即是吸引力。如是，我們又把我們
的所得仍作進一步的擴張，努力以同一原則去說明一切種變以及那
些似乎離開〔越出〕這些規律者；最後，我們甚至進而去作一些
「經驗所永不能確立」的增益，即是說，依照親和性〔引曳性〕之
規律，復去思議彗星之雙曲線的途徑，在此種雙曲線途徑之行程
中，這些星球完全離開了我們天體系統，並且我們又由於從太陽過
到太陽，把宇宙底最遠部分聯合於一起，所謂宇宙即是這樣一個宇
宙，即雖然它對於我們是無限制的，然而它卻是徹底地為同一運動
力所維繫於一起者。

A663
B691

①康德原文有「不只」二字，肯・斯密士譯略。

②此依康德原文譯，肯·斯密士譯爲「不圓滿」的（有缺點的）
其他兩英譯亦然，皆不甚諦，蓋太籠統而泛故。

這些原則之可注意處，以及那在這些原則中單與我們有關者，
便是這一點，即：這些原則似乎皆是超越的，又雖然這些原則含有
純然的理念以爲理性底經驗使用之指導（理念就是這樣的理念，即
「理性只似是漸近線地追隨之，即是說，只是永遠更接近地追隨
之，而卻永遠達不到之」這樣的理念），然而這些原則，當作先驗
的綜和命題看，卻猶有客觀而卻不決定的妥效性，並且它們可用來
充作可能經驗之規律。又,它們亦能在經驗底經營勞作（elaboration,
Bearbeitung）中，以極大的利益，當作啓發性的原則（heuristic
principle），而被使用。但是，關於這些原則底一種超越的推證卻
不能被作成；在理念之情形中，如我們上面所已表明者，這樣的推
證決不是可能的。

{ A664
B692

　　〔譯者案〕：範疇，吾人可對之作一超越的推證，因而它們
有客觀而決定的妥效性，此如「概念之分析」中之所說。但
是吾人對於理念卻不能有超越的推證。因此，它們雖可有客
觀妥效性，但卻又是不決定的妥效性。表示「系統性的統
一」的雜多性之原則、親和性（引曳性）之原則、統一性之
原則，凡此皆是超越的原則，皆含有純然的理念。（雜多性
本身不是超越原則，雜多而至無窮分無限多始是超越原則。
親和性而至無窮的連續是超越原則。統一性而至絕對的完整
是超越的原則。）它們的客觀妥效性見之於同質性原則、特

殊分化原則,以及種目連續之原則(這些原則亦名曰邏輯法
則)之運用之有效。但是在此雖足見它們有客觀的妥效性
(在經驗所及範圍內有效),但卻又是不決定的妥效性(它
們只引經驗向前進,而不是如範疇之爲構造的,故其妥效性
爲不決定的,引經驗向前進而無止境,不能至於極,故爲不
決定的。)蓋因爲它們含有理念故,經驗中無對象與理念相
應故,它們是邏輯法則所預設的超越根據故,它們只是啓發
性的(軌約的)原則(引發經驗向前進趨於統一),而非構
造原則故。但據下附錄Ⅱ開頭第二段,康德說理念雖實不能
有如範疇處所作的超越推證,但因其亦有客觀而卻不決定的
妥效性,是故亦應有一種超越的推證,儘管其超越的推證大
不同於範疇之超越的推證。因此之故,此處直說對於理念不
能有超越的推證,稍欠簡別,顯得矛盾。又這些原則雖可當
作先驗綜和命題看,然而卻實不是構造的先驗綜和命題,如
範疇處之所成者。

在「超越的分析」中,我們已把知性底力學原則,只作爲「**直
覺底軌約原則**」者,與知性底數學原則,在關於直覺中,是構造原
則者,區別開。縱然如此,可是這些力學法則在關於經驗中,卻又
是構造的,因爲它們使概念(即:「若無之則不能有經驗」的那概
念)爲先驗地可能的。但是,純粹理性底諸原則在關於經驗概念
中,決不能是構造的;此蓋由於以下的緣故而然,即:因爲沒有
「相應於這些原則」的感性規模〔**屬於感性的規模**〕可被給與,所
以這些原則決不能有一具體現實中的對象:即因此故,它們不能是

構造的。如是，如果我們不允許這些原則之作爲構造原則之經驗的使用，然則我們將如何去爲它們確保一「軌約的使用」，並隨同此軌約的使用去爲它們確保「某種客觀妥效性」呢？而這樣的軌約使用又能有什麼意義呢？

〔譯者案〕：康德此段所說甚爲重要。他亦知「原則底分析」中所說的知性底力學原則雖是軌約的，但在關於經驗中，卻又是構造的，因爲它們使範疇之應用爲先驗地可能，而範疇是經驗可能之條件。故力學原則（經驗之類推）一往說其爲軌約的是不很周足的，至少亦與純粹理性底原則之爲軌約的不同，因爲此後者只能爲軌約的，而不能爲構造的。故吾曾指出知性之力學原則之爲軌約的與純粹理性底原則之爲軌約的，此兩「軌約的」其意義不一致。實則「軌約的」一詞之恰當意義，依康德之使用，當該以於純粹理性底原則處所說者爲標準。詳見吾《現象與物自身》一書。又康德此處說知性底力學原則是「直覺底軌約原則」，「直覺」是經驗直覺。經驗直覺給吾人以「存在」，而力學原則如「經驗底類推」之所示者則不能構造此存在，只能軌約此存在。軌約在此是規則義，意即只能規則之而將其納於關係法則中，此即是說，不管我們直覺到此存在或未直覺到此存在，只要它是現象之存在，它即須在關係法則中存在。力學原則之爲「直覺底軌約原則」只表示此義。意即在關於直覺中，知性底力學原則只是軌約的。至於知性底數學原則（直覺底公理與知覺底預測）在關於直覺中則是構造的，因爲它們是直接

表象一直覺之量的。在此，表象之即構成之。直覺公理表象
直覺之形式面之廣度量，知覺預測表象直覺之材質面之強度
量。凡此俱見於「原則底分析」中。又，知性底力學原則除
「經驗底類推」外，還有順程態範疇而言的「經驗思想之設
準」。此「設準」之為軌約的與「類推」之為軌約的，其意
義亦不同，而設準與類推亦為不同層次者，康德俱名之曰軌
約原則亦不恰。凡此詳論俱見於吾《現象與物自身》中。

知性對理性而言可作為理性之一對象，恰如感性對知性而言可
作為知性之一對象。「去使知性底一切可能的經驗活動之統一成為
有系統的」這乃是理性之事，恰如「藉賴著概念去把現象之雜多連
繫起來，並去把此雜多帶至〔或置於〕經驗法則之下」這乃是知性
之事。但是，知性底諸活動，設無感性之規模〔圖式〕，便是未被
決定的；恰如理性之統一在關於以下所說之條件中依其自身而言亦
是未被決定的，所謂以下所說之條件乃即是這樣的條件，即「知性
須應在此條件下依系統的樣式去結合其概念，並應如此條件所至之
程度那樣廣而去結合其概念」這樣的條件：理性底統一即在關於這
樣的條件中依其自身而言是未被決定的。〔案：意即：理性底統一
它根本缺乏了「知性須應在其下系統地結合其概念」的那條件，即
是說，它根本無感性之條件（規模或圖式），故依其自身而言，它
是未被決定的。知性亦須在「規模」或「圖式」這感觸條件下，並
應如此感觸條件所至之程度那樣廣（即：感觸條件廣至何度知性亦
如之），它始能依系統性的樣式去結合其概念。若無此條件，它的
諸活動（諸運用）便是未被決定的。雖在此情形下，其活動不曾為

A665 }
B693

被決定的，但並非一往永爲不被決定的，是故其諸活動仍可以爲被決定的。因爲知性雖與感性爲異質，它卻是相即於感性的，因而它可有「規模」以迎接之而使之下達。在此情形下，它即可系統地結合其概念，如是其活動便成被決定了的。但是理性底統一卻根本不能有這樣的感觸條件，故依其自身而言，它是未被決定的；是故總云：就這條件即「知性須應在其下並如其同廣那樣始能系統地結合其概念」這條件而言，理性底統一其自身是不被決定的。〕但是，雖然我們不能夠在直覺中去爲「知性底一切概念之完整的系統統一」找得一規模，然而這樣一個規模之「類似物」（analogon）卻必須必然地可被給與。此一「類似物」即是在一個原則下「知性底知識之區分與統一」中之「最高度」〔極度 maximum〕這個理念。因爲由於一切限制條件，即「引起一不決定性的雜多」的那一切限制條件，之被略去〔或置而不論〕，那「是最大而又是絕對完整」的東西始能決定地被思想。這樣說來，理性底理念便是一感性規模之一類似物；但是雖可作一類似物，卻有這差別，即：知性概念之應用於理性底規模實不能產生關於對象自身之知識（就像範疇之應用於其感性規模之情形中所產生者），但只能爲知性底一切使用之系統性的統一產生一規律或原則。現在，因爲每一原則，即「把知性之使用中的通貫的統一先驗地規劃給知性」的那每一原則，在經驗之對象上亦有效（雖然只是間接地有效），所以純粹理性底諸原則在關涉於經驗之對象中，必須亦有其客觀實在性，但是它們之在關涉於經驗之對象中而有客觀實在性並不是爲的要想去決定該對象中之任何什麼事因而始有客觀實在性，乃只是爲的要想去指示出一種程序，即「知性之經驗而決定的使用所因以可被置於與

B694

A666　其自身〔即此使用自身〕完全相諧和中」的那種程序，因而始有客觀實在性。而這一層意思則是因著把知性之使用盡可能帶進與「通貫的統一底原則」相連繫而被達成，並因著依照此原則而去決定知性之程序而被達成。

> 〔譯者案〕：「現在，因爲每一原則」云云，這一長句其意如下。知性底原則如直覺之公理，乃至經驗之類推等，對於經驗對象有所決定，但是理性底原則對於經驗底對象無所決定。此等原則只使知性之經驗而決定的使用歸於通貫的統一。知性底原則是第一序上的，理性底原則卻是第二序上的。此第二序上的諸原則把知性之一切使用之通貫的統一先驗地規劃給知性，因此它們是間接地在經驗之對象上有效，因此，就經驗之對象而言，它們亦應有其客觀實在性。可是這客觀實在性不是因它們對於經驗之對象有所決定而然，乃是因它們指示一種程序即「使知性之一切經驗而決定的使用處於自身相諧和中」之程序而然。而此種程序即是「使知性之一切使用處於通貫的統一即系統性的統一中」之程序，因此，指示此種程序者即是理性底原則，此等原則是主觀的原則。

　　我名這一切主觀原則，即「不是從一對象之構造〔本性〕而被引生出，但只在關涉於對象底知識之某種可能的圓滿中從理性之興趣而被引生出」的那一切**主觀原則**，曰「**理性之格準**」（maxims of reason）。因此，茲有一些思辨理性底格準，這些格準是完全基

於理性之思辨的興趣上的，雖然它們看起來似乎是一些客觀的原則。

當純然**軌約的原則**被視為**構造的原則**，因而亦當作**客觀的原則**而被使用時，它們即可互相衝突。但是，當它們只被視為「格準」時，茲便無真實的衝突可言，它們但只是理性底興趣中的一些差異，這些差異引起思考方式之分歧（Trennung）。事實上，理性只有一獨一的興趣，而其諸格準之衝突則只是諸方法中的一種差異，而且亦只是諸方法底一種互相限制，此所謂諸方法乃即是「此興趣所因以努力去求得滿足」的那些方法。

這樣說來，某一思想家可更特別地感興趣於「雜多」（依照**分化原則**），而另一思想家亦可更特別地感興趣於「統一」（依照**聚合原則**）。每一人皆相信：他的判斷已通過「有所見於對象」而被達成，然而他的判斷實只完全基於對於那兩原則中之一原則之較大或較小的執著（attachment, Anhänglichkeit）。而因為此兩原則中沒有一個原則是基於客觀的根據上，它們中之任一個但只基於理性底興趣上，所以「原則」之名，嚴格言之，不是可應用的；它們可更合適地被名曰「格準」。當我們見到明智的人們就人、動物，或植物之顯著的特徵，甚至就無機物領域中的物體之顯著的特徵，而起爭辯時，（例如某些人假定：在每一民族中皆有某些一定的特殊的遺傳特徵，在家族、種族等等中皆有某些一定的規定好的固具的差異，而另一些人則想堅持：在一切這些情形中，大自然對於一切皆確然已作成同一或相同的準備，並堅持：諸差異實只由於外在的偶然條件而然，並不由於遺傳而然，亦非由於固具的差異而然，）當他們如此起爭辯時，我們只須去考慮：「他們對之作這些肯斷」

A667
B695

的那個對象究竟是什麼樣一種對象，只須去知道：此對象隱藏得太深了，以至於不允許他們的說法是從「有所見於此對象之本性」而來。這種爭辯實只由於理性底雙重興趣，一部分人一心迷戀於此一興趣，或至少可說其採用此一興趣，而另一部分人則一心迷戀於另一興趣，或至少可說其採用另一興趣。這樣，自然中的雜多之格準與自然中的統一之格準此兩種格準間的差異是很容易容許其被融合

A668
B696 } 而爲一的。但是，只要一旦這些格準被認爲可產生**客觀的洞見**，【則它們便不只足以引起〔或招致〕爭辯，且亦將引起或招致障礙，此障礙足以長期稽延眞理之發見，直至有一種辦法已被發現，發見之足以使此等爭辯的興趣融而爲一，並且足以使理性在此方面有一滿足，爲止】①。

> ①案：【 】號內依康德原文譯，已很通順。Max Müller 譯大體亦如此。但依肯·斯密士之譯則如此：「但是，只要一旦這些格準被認爲可產生客觀的洞見，而且除非直至有一種辦法已被發見，發見之足以去調整這些格準之相衝突的要求，並且足以使理性在此方面有一滿足，否則，這些格準便不只足以引起爭辯，且將是一積極障礙，並且足以長期稽延眞理之發見。」此不見佳。

關於爲來布尼茲所提出並爲邦奈特（Bonnet）所支持的「這廣泛被討論的被造物底連續等級之法則」之肯定或否決，上面那些觀察亦同樣是切合的。【這個法則實只是遵循或依照那「基於理性底興趣上」的親和性〔引曳性〕之原則而成者。】①因爲觀察以及

「洞見於自然之構造」之洞見皆不能使我們有理由對於這法則作客觀的肯斷。連續等級這個梯子之級次，如其在經驗中被呈現給我們那樣，是互相離得很遠的；而那看起來似乎是一些很小的差異者卻經常在自然自身中是一些如此廣闊之間隔罅隙，以至於從任何這樣的觀察中我們在關於自然之終極設計中不能有任何裁決，特別是當我們記住：「在事物之如此繁多中去找出相似性與近似性並無甚困難」時為然。可是另一方面，依照這樣一個原則〔即：親和性原則或連續性原則〕去尋求自然中之次序，這尋求之方法，以及那格準，即規定「我們視這樣的次序為基於【自然一般】②者」（但是這次序擴展至何處【或】③何度這仍然是存而不決的），這格準，確然皆是理性之一合法而優異的軌約原則。依此軌約的身分〔只依此軌約原則之如其為軌約的〕，此原則即可遠超出「經驗或觀察所能證實者」之外；而雖然此原則自身不能決定任何事，然而它猶足以去標識出那「引向系統性的統一」之途徑。

　　①案：此句是稍微變通一下而意譯。依康德原文及肯·斯密士之直譯則當如此：「這個法則實只是由那『基於理性底興趣上』的親和性（引曳性）之原則而來的一個遵循而相隨者（eine Befolgung, the following）」。此甚別扭，故把「遵循而相隨者」這個名詞改為述語「依照或遵循……而成者」。Meiklejohn 把它簡單化意譯為：「此法則不過是由親和性（引曳性）之原則而推得的一個推論」，此則甚順，故做此而意譯，如文。

　　②康德原文是「自然一般」，肯·斯密士把「一般」改為 " as

such "，如是則成「自然之如其為自然」或「自然本身」。然此皆多餘，故 Meikljohn 把「一般」字略而不譯。

③康德原文是「或」(oder)，肯・斯密士譯為「與」(and)。Meiklejohn 只譯「何度」一項，「何處」則略。

超越辯證部分之附錄 II

人類理性底自然的辯證〔之批判〕之終極目的 {A669 B697

　　純粹理性底諸理念其自身決不會是辯證的；這些理念所引起的任何欺騙性的虛幻必須只由於這些理念之誤用。蓋因這些理念即從我們的理性之本性而發生；而若說理性這個最高法庭，即關於「思辨底一切權利與要求」之最高法庭，其自身必定是欺騙與虛幻之根源，這乃是不可能的。因此，姑且假定說，此等理念本有其自己之良好而適當的天職〔本分或定分〕如爲我們的理性之天然本性所決定者①。但是，一群辯士們卻向理性發出「荒謬與矛盾」這常見的呼聲，而雖然他們不能參透或深入於理性之最內部的意匠或設計，可是他們猶仍猛烈攻擊理性之規劃。他們雖猛烈攻擊理性之規劃，可是他們之得有其自己的「自我堅持或獨斷」〔己見之維護〕之可能性，實在說來，也就是他們之得有那種教養，即「使他們能去責備理性所要求於他們者並去定理性所要求於他們者之罪〔如宣告其爲荒謬與矛盾而定其罪〕」的那種教養（culture, Kultur），實皆應歸功於爲理性所表現的那有利的影響力〔有恩惠的影響力〕。

　　①案：此句依康德原文是：「此等理念本有其自己之良好而適當的天職於我們的理性之天然本性中」。

設我們對於一先驗概念不能首先給與一「超越的推證」，則我們便不能以任何確定性來使用此先驗概念。純粹理性底理念實不能有如在範疇處為可能的那種「推證」。但是，如果此等理念要想有絲毫客觀的妥效性（不管這妥效性是如何之不確定），而並不是要成為純然的「空洞的思想物」（ empty thought-entities：Gedankendinge：entia rationis ratiocinantis），則對於它們的一種「推證」必須是可能的，不管此推證（如我們所承認）是如何之大異於我們先前對於範疇所能作者。「對於此等理念能作一『不同於就範疇所作的推證』之推證」這一點將把純粹理性之批判工作完整起來，而且亦是我們現在所想要去從事之者。

A670
B698

某種東西是否【簡單逕直地】①當作一對象而被給與於我的理性，抑或是只當作「理念中的對象」而被給與於我的理性，這其間有一很大的差異。在前一種情形中，我們的概念是被用來去決定對象；在後一種情形中，事實上只存有這樣一種規模②，即「對之沒有對象是直接地被給與了的，甚至也沒有一個假然的對象是直接地被給與了的」這樣一種規模，而這樣一種規模只使我們能夠依一間接的樣式去把其他諸對象表象給我自己，即是說，使我們能夠依此其他諸對象之系統性的統一，藉賴著此諸其他對象之關聯於此理念，去把此諸其他對象給我自己。如是，我說：一最高睿智體之概念只是一純然的理念，那就是說，此概念之客觀實在性並不是可被認為是存在於「其直接地涉及一對象」中者（因為若是依此意義去了解此概念之客觀實在性，則我們決不能證成此概念之客觀妥效性）。此一概念只是一個「依照理性底最大可能的統一之條件而被構造起」的規模，即它只是「一事物一般」底概念之規模，此規模

只足以去得到我們的理性之經驗的使用中的最大可能的系統性的統
一。既然如此，則我們便好像是可從此理念之設想的對象（視之爲
經驗底對象之根據或原因）來引生出經驗底對象。例如，我們宣
說：此世界中的諸事物必須被視爲是這樣的，即好像「它們已從一 { A671
最高睿智體中取得了其存在」似的。這樣說來，理念實只是一啓發 B699
性的概念，而不是一「有實物可指」的概念（ostensive
concept）。它並不把「一個對象如何被構成〔如何有如此這般之
性質〕」這一層表明給我們，但只把「在其指導下，我們【應如何
去探究】③經驗一般底對象之構造與連繫」這一層表明給我們。如
是，如果我們能表明：這三個超越的理念（即：心理學的理念、宇
宙論的理念以及神學的理念），雖然它們並不直接地關聯於任何與
之相應的對象，或決定任何與之相應的對象，然而若當作理性底經
驗使用之規律看，它們卻猶可在這樣一個「理念中的對象」之預設
下引我們至於系統性的統一；又如果我們能表明：既可引我們至於
系統性的統一，如是，它們便可有貢獻於經驗知識之擴張，而決不
會違反於經驗知識；如果我們能作如上兩層表明時，則我們便可歸
結說：「總應去依照這樣的理念而進行」這乃是理性底一個必然的
格準。這一義，實在說來，即是思辨理性底一切理念之「超越的推
證」，此思辨理性底一切理念不是當作「構造原則」看以便去把我
們的知識擴張至比經驗所能給的對象爲更多的對象，乃是只當作
「經驗知識一般」底雜多之系統性的統一的「軌約的原則」看，依
此軌約的原則，此經驗知識必可更適當地被確保於其自己之範圍
內，並可更有效地被改進，即比在這樣的理念之缺無中，通過那純
然知性底原則之使用，所可能確保與所可能改進者爲更適當地被確

保於其自己之範圍內以及更有效地被改進。

①「簡單逕直地」依康德原文是" schlechthin "這個副詞，此詞
是率直、坦白、簡單明瞭等義，故如此譯。三英譯皆譯爲「絕
對地」，此則與" schlechthinnig "（絕對的、全然的、無條件
的）這個形容詞相混。若依英譯之" absolutely "而譯爲「絕對
地」則無意義。

②「規模」（圖式），在此，嚴格講，實不是規模，而是規模之
「類似物」。重看前〈附錄Ⅰ〉A655，B693。

③依康德原文是「應如何去探究」，肯·斯密士譯爲「想去決
定」，非是。

A672
B700
以上所說作爲軌約原則的理念底超越推證之義，我將努力使之
成爲更清楚一點。依照這些作爲原則的理念，我們首先第一在心理
學中，在內部經驗底指導之下，想把我們的心靈底一切現象、一切
活動，以及一切感受，統統把它們連繫起來，儼若心靈眞是一單純
的本體，此單純的本體以其自己的同一性始終不變地存在著（至少
在今生是如此），而此本體底諸狀態（身體底諸狀態只當作外部情
況而隸屬於此本體底諸狀態）則是存在於連續不斷的變化中〔是連
續不斷地變化著的〕。其次，第二，在宇宙論中，我們必須窮追內
外部自然現象底條件，我們之窮追之是在這樣一種研究中窮追之，
即此一研究須被視爲絕不允許有完整之境者，我們如此窮追之，儼
若現象底系列其自身眞是無底止的，並無任何第一分子或最高分
子。在如此窮追中，我們自不須否決在一切現象之外存有現象底純

粹智思的根據；但是由於我們對於此等純粹智思的根據並無知識，所以我們必不可試想於自然底說明中去使用此等純粹智思的根據。最後，第三，在神學領域中，我們必須視每一東西皆能屬於可能經驗底係絡，儼若此經驗已形成一絕對的統一但卻同時又是完全依待的而且是感觸地受制約的統一，復亦同時儼若一切現象底綜集（感觸世界自身）已有一獨一的、最高的、一切充足的根據在此綜集之外，即是說，有一自我潛存的、根源的、創造性的理性在此綜集之外。因為那正是依照「創造性的理性」這個理念，我們始如此指導我們的理性之經驗的使用就像要去獲得或確保理性之最大可能的擴張那樣去指導之，即是說，就像因著視一切對象儼若「它們已從這樣一個基型汲得其起源」那樣而去指導我們的理性之經驗的使用。換言之，我們不應從一「單純的思維本體」去引生出靈魂底內部現象，但只應依照「一單純的存有」之理念，從靈魂之現象之互相間交互相生來引生出靈魂之內部現象；我們不應從一最高睿智體去引生出世界底秩序以及系統性的統一，但只應從「一最高智因」之理念去得到一個規律，依照此一規律，理性在其連結世界中的經驗的原因與結果中可以最有利益地〔最好地〕被使用，並可依「去獲得其自己的要求之滿足」之樣式而被使用。

{ A673
{ B701

　　現在，沒有什麼東西可以阻止我們使我們不去認定這些理念亦為客觀的，即是說，使我們不去把這些理念實體化，除在這樣的宇宙論的理念之情形中，即，在此等宇宙論的理念處，理性，依其認定這些理念亦為客觀的並把它們實體化而言，它遂陷於背反中：除在這樣的宇宙論的理念之情形中因有背反出現是故可以阻止我們云云，除此以外，再沒有什麼東西可以阻止我們云云者。心理學的理

念以及神學的理念並不含有背反，亦不含有矛盾。然則人們如何能抗辯或反抗此兩理念底〔可能的〕客觀實在性呢？「否決此兩理念底可能性」的人其於此否決中〔對於此可能性底〕知識之少恰如我們在肯定之之中所能有的知識之少。〔案：意即對於此兩理念底可能性，無論我們肯定之或否決之，皆對之很少有知識。〕但是，若只說沒有積極的阻礙足以阻止我們去認定某種東西，這並不是去認定任何東西之充足根據；我們並無理由只依據一「專想完成其自己所安置之工作」的思辨理性之權威便可去引出一些「思想物」（超越乎一切我們的概念以上然而卻又不與我們的一切概念相矛盾的那些思想物）以為是真實的對象而且又是決定性的對象。這些「思想物」不應被認定為是依其自身而存在著者，但只應被認定為是「有一規模〔規模之類似物〕之實在性」者，規模即是自然底一切知識之系統性的統一之軌約原則之規模。它們定須只被視為真實事物之「類似物」（analoga），它們必不可被視為依其自身而言即是真實的事物。我們從理念之對象上把那些條件移除了，所謂那些條件是這樣的，即它們可以限制我們的知性所供給的概念，但亦單只是這些條件才使「對於任何東西有一決定性的概念」這一事對於我們為可能。既把這樣的條件從理念之對象上移除了，如是，則我們於理念中所思維的乃是這樣一個某物，即，對於此某物，如其存在於其自身者，我們是沒有任何概念的，但是縱然如此，我們卻又把此某物表象給我們自己，表象之為與現象之綜集有關係者，其與現象之綜集有關係這種關係是類比於「現象互相間有關係」之關係而說成的。

A674
B702

〔**譯者案**〕：我們把理念之對象表象為與現象之綜集有關係的某物，此某物與現象之綜集所有之關係雖由類比於現象互相間之關係而成，然而卻實不同於現象之互相間之關係。現象互相間之關係，由於知性原則如「經驗底類推」這一原則之有效的使用，乃是決定了的。但現象之綜集與此某物之關係卻並無一構造原則使之為決定的，因為對此某物吾人無任何概念故。

依此而言，如果我們假定了這樣一些理想的存有，我們實並未擴張我們的知識以越過可能經驗底對象之外；我們只擴張了這樣的經驗之經驗性的統一，即藉賴著一種系統性的統一而擴張之，對此系統性的統一而言的規模〔規模底類似物〕乃是為理念所供給者——理念，即因其只供給一規模〔規模底類似物〕之故，所以它無資格成為一構造的原則，但只有資格成為一軌約的原則。因為「去允許我們崖定一物，一某物，一真實的存有，以相應於理念」，這並不是去說：我們想藉賴著超越的①概念要去擴張我們的「事物之知識」。因為此相應於理念的「存有」是只依理念而被置定，而不是依其自身而被置定；而因此，它亦只如其表示系統性的統一那樣而被置定，其所表示之系統性的統一乃即是那「為理性之經驗的使用充作一規律」的那系統性的統一。如此被置定之存有，在關於「此統一之根據」中，或關於「此統一所依以為其原因的那存有之內部性格可是什麼」，它是裁決不了什麼的。

{ A675
B703 }

①肯·斯密士注云：依第四版改「超絕的」為「超越的」。案：

　　　　若如是，則第四版以前原爲「超絕的」。Max Müller 亦注云：
　　　　「早期各版爲『超絕的』，而非『超越的』。『超越的』見之
　　　　於第五版之正誤表中。但是，要想指示此等概念之不合法的使
　　　　用，康德存心用『超絕的』一詞，這亦並非不可能」。案：此
　　　　說是。Meiklejohn 仍照舊譯爲「超絕的」。

　　這樣說來，純粹地思辨的理性所給與於我們的那個關於上帝之
超越的而且是唯一決定性的概念，依其嚴格的意義而言，它只是理
神論的；即是說，理性實不能決定這樣一個概念之客觀的妥效性，
但只產生那「是一切經驗的實在性之最高而必然的統一之根據」的
某種東西之理念。此某種東西，我們不能有別法以思之，除依據那
「依照理性之法則而爲一切事物之原因」的一個眞實本體之類比而
思之。只要當我們敢去思此某種東西爲一特殊的對象，而並不寧願
以理性底軌約原則底純然的理念爲滿足，亦不置思想底一切條件之
完整於一邊而不顧（由於此種完整對於人類知性而言實是太大之故
而置之於不顧），只要當我們是如此云云時，我們即必須思此某種
東西，而那依一眞實本體之類比之方法而思之實在說來即是「我們
之如何必須去思之」之方法。（上說亦不置思想底一切條件之完整
於一邊而不顧，須知置之不顧這種辦法乃是與我們的知識中的那種
完整的系統統一即「理性對之至少並沒有置下一限制或界限」的那
種完整的系統統一之追求不相一致的。）

　　既然在那種情形下，我們必須依一眞實本體之類比方法而去思
某種東西，如是，則此一義即是那如何必有以下這種事者，即：如
果我們假定有一神性的存有，則我們對此神性存有底最高圓滿之內

部的可能性或對此神性存有底存在之必然性實皆不能有任何概念；
但是，另一方面，我們卻可對於一切那些「關聯到偶然物」的問題
給與一滿意的答覆，並亦可供給理性以最完整的滿足，即就著理性
在其經驗的使用中所尋求的最高統一而給與理性以最完整的滿足。
但是，「我們不能在關於這假定自身中去滿足理性」這一事實即可
表明：那正是理性底思辨興趣，而不是其任何真實的洞見，使它從
一遠過其範圍的地方作開始點，並使它因著這種辦法努力去通覽其
一切對象為構成一完整的全體者。

　　〔譯者案〕：思辨是虛的，洞見是實的。思辨之虛是軌約
　　的，洞見之實是構造的。假定有一神性的存有，這存有只是
　　一理神論的理念，我們對其最高圓滿之內部的可能性與其存
　　在之必然性並無任何概念，此即是說無任何洞見，亦即是
　　說，「我們不能在關於此假定自身中去滿足理性」。在此情
　　形下，理性之得滿足只是在軌約原則下向最高統一去追求。
　　因此，它從一遠過其範圍的地方作開始點，並從此開始點而
　　努力去通覽其所面對的一切對象為構成一完整的全體者，這
　　乃正是它的思辨興趣，而不是它的任何真實的洞見。我們固
　　不能置思想底一切條件之完整於不顧，然順完整之追求而須
　　假定一神性的存有（不只是理性底軌約原則底埋念），則此
　　所假定者亦只如此而已。

　　在此，我們碰見了一種區別，此種區別是有關於「處理同一假
定」這處理中的思想之程序的，這一種區別乃是一「多或少有點纖

A676
B704

細微妙，但在超越的哲學中卻是十分重要的」一種區別。我可以有
充足的根據依一相對的意義去假定某物（suppositio relativa），但
我卻沒有權利絕對地去假定某物（suppositio absoluta）。此種區別
在一純然軌約原則之情形中須被計及。我們認知了此原則底必然
性，但我們對於此原則底必然性之根源卻沒有知識；而若我們要假
定此原則有一究極的根據，則我們之作此假定只是爲的可更決定地
去思其普遍性。這樣，例如，當我思一「相應於一純然的理念，實
在說來，相應於一超越的理念」的存有爲「存在著者」時，我並沒
有權利去假定任何這樣的東西爲依其自身〔在其自身〕而存在著
者，因爲在這裡沒有這樣的概念，即「通過之我能去思任何對象爲
決定了的」這樣的概念，爲這樣的目的而備足了的——此蓋因爲我
的概念底客觀妥效性上所需要的條件已爲這理念自身所排除故。實
在、本體、因果等概念，甚至存在中的「必然性」之概念，設若它
們離開了它們的使用以去使一對象底經驗知識爲可能，它們便無任
何意義，就像「足可去決定任何對象」這樣的任何意義。因此，它
們可被用來去說明感取世界中的事物之可能性，但不能被用來去說
明「宇宙自身」之可能性。說明宇宙自身之可能性這樣一種說明之
根據必應存在於世界之外，因而它亦不能是一可能經驗底一個對
象。可是縱然如此，然而雖然我不能假定這樣一個不可思議的存有
〔爲〕在其自身〔而存在著者〕，我猶可相對於感取世界而假定它
爲一純然理念之對象。因爲，如果我的理性底最大可能的經驗使用
是基於一個理念上（即：基於一個系統地完整的統一之理念上，對
於此理念我即刻將會於下文更準確地規定或詳說之），其所基依之
理念是這樣一個理念，即「雖然其自身不能適當地被展示於經驗

A677 }
B705

中，然而要想我們可以接近於經驗統一底最高可能的程度，它卻又
是不可缺少地必要的」這樣的一個理念，如是，則我將不只是有權
利，且亦將被迫著〔有義務〕去真實化此理念，即是說，去爲此理
念置定一真實的對象。但是，我可爲此理念置定一真實的對象，是
把這對象只當作一「某物」而置定之，此某物我畢竟不能即依其自
身而知之，而我又是把這樣的一些特性，即「類比於在經驗範圍中
爲知性所使用的諸概念」的那些特性，歸屬於此某物，此某物即是
那「作爲那種系統性的統一之根據」的某物，我是在關聯於此種統 { **A678**
一中把那些「類比於在經驗範圍中爲知性所使用的諸概念」的特性 **B706**
歸屬給此某物。依此，在類比於世界中的諸實在〔**實在性之概念屬**
於質者〕、諸常體〔**本體之概念屬關係者**〕、因果性〔**因果概念亦**
屬關係者〕，以及必然性〔**必然性之概念屬程態者**〕中，我思一
「存有」它具有這一切特性，其具有之是依最高圓滿而具有之；而
又因爲此一「存有」之理念只【基於】①我的理性上，所以我能思
此存有爲「自我潛存的【大】②理性」，此自我潛存的大理性，通
過「最大的諧和與統一之理念」，它即是宇宙之原因。這樣，我把
那「可以限制理念」的一切條件皆略去，我之略去這一切條件，只
是爲的在這樣一個根源的根據之贊助〔庇護〕下，去使宇宙中的雜
多之系統性的統一爲可能，並因此系統性的統一，復使理性底最大
可能的經驗使用爲可能。我之略去限制理念的一切條件是因著把
〔世界中的〕一切連繫表象爲好像是一究極理性之法令而略去之，
而所謂究極理性乃是這樣的一個理性，即它是原本，而我們的理性
則不過只是它的一個微薄暗淡的倣本。如是，我進而去思此最高的
存有是專通過那些「恰當地言之只可應用於感取世界」的概念而思

之。但是因爲對於此超越的假定，我所作的沒有別的，不過只是作一相對的使用，即是說，使此超越的假定爲可給出最大可能的「經驗底統一」之基體者，因爲是如此，所以我當然很可思一有別於感取世界的存有，我之思這樣一個存有是通過那些「只屬於感取世界」的特性而思之。因爲我並不想依照「我的理念之對象在其自身是什麼」去知此對象，我亦並無理由想如此去知此對象。茲並無「對於任何這樣的目的爲可合用」的概念；甚至實在、常體、因果等概念，不，甚至存在中的「必然性」這個概念，亦皆喪失其一切意義，它們皆只是概念之空頭銜〔意即：此時此等概念皆只有概念之空名而無概念之實〕，其自身完全無內容，當我們這樣敢冒險以它們越過感取領域以外時。我只思「一存有（其自身完全不被知於我們的那個存有）對於宇宙底最大可能的系統性的統一之關係」，我之思此一存有對於此統一之關係是只爲這目的，即「用此存有以爲我的理性底最大可能的經驗使用底軌約原則之規模」③這目的，而思之。

A679 B707

　　①康德原文是「基於」，肯·斯密士譯爲「依靠」或「依賴」稍疏。「只基於我的理性上」意即只以我的理性爲基礎，言此一存有之理念只由我的理性而形成，故 Meiklejohn 即意譯爲「此一存有之理念唯是我的理性之產物」。
　　②「大」字乃譯者所加，以期有別於我的理性或我們的理性。此即下文所說作爲原本的究極理性或最高理性。如是，在此加「究極」或「最高」字亦可。
　　③「規模」仍如前只是規模之類似物，而實並不可說規模。只在

知性之概念處始可正式說規模或圖式，在理念處只是借用。

如果我們心中所想的或所考慮的乃是我們的理念之超越的對象，則這樣我們便不能藉賴著實在、常體、因果等概念，只依此超越的對象之自身，來預設此超越的對象之實在性，這是甚為顯然的，因為此等概念不能有絲毫的應用——「應用於任何『完全不同於感取世界』的東西」之應用。因此，理性對於一最高存有〔作為最高原因者〕所作的那假設只是相對的；那假設只為感取世界中的系統性的統一之故而被設計出來，而且它只是理念中的一個純然的某物，對於此某物，就其在其自身是什麼而言，我們並沒有概念。此義即說明了何故，在關聯於「當作存在著者而被給與於感取上」的東西中，我們雖需要一個「依其自身而言為必然的」這樣一個根源存有之理念，然而對於此根源存有或對於此根源存有之絕對必然性卻又不能形成絲毫的概念。

現在，我們對於全部超越辯證之成果能有一清楚的看法，並且能準確地去界定純粹理性底諸理念之終極目的，此純粹理性底諸理念是只通過不留意〔不謹慎〕與誤解始變成辯證的。純粹理性事實上只不過有事於其自身。它不能有其他的職務。因為那被給與於純粹理性者【並不是】①那些「須被帶至經驗概念底統一下」的諸對象，但【只是】①那些「要求被帶至理性底概念之統一下，即，要求被帶至依照一原則而來的連繫之統一下」的諸知識（即為知性所供給的諸知識）。理性底統一是系統底統一；而此系統性的統一實並不能客觀地充作那「可以把理性底應用擴張至對象」這樣一個原則，但只可主觀地充作那「可以把理性底應用擴張至對象底一切可

A680
B708

能的經驗知識」這樣一個格準。可是縱然如此，然而因爲「理性所能給與於知性底經驗使用」的那系統性的連繫不只是促進了知性底經驗使用之擴張，且亦保證了知性底經驗使用之正確，是故這樣的系統性的統一之原則言至此亦可說是客觀的，但須知其爲客觀的是只依一不決定的樣式（principium vagum）而爲客觀的。它不是一個「使我們能夠在關於其直接對象中去決定任何什麼事」的構造原則。「它但只是一個純然軌約的原則或格準，此原則或格準能使我們無限定地〔不決定地 in infinitum, indeterminately〕去促進並加強理性底經驗使用——其促進並加強之也決不違反理性底經驗使用之法則，而同時卻又開設了一些不在知性底認知之內的新途徑」②。

①依康德原文譯，其他兩英譯亦如此。肯·斯密士譯爲「並不在於」（does not consist in），反不明，至少亦鬆泛。

②此一整句，依康德原文似當如此：「它但只是一個純然軌約的原則或格準，此原則或格準能使我們經由知性所不知的新途徑之開設無限定地（不決定地）去促進並去加強理性底經驗使用，而又至少不曾違反於理性底經驗使用之法則」。如此亦甚順，其他兩英譯亦如此。肯·斯密士譯稍加調整，雖不能說錯，亦不見佳。當以原文爲準。又「它但只是一個純然軌約的原則或格準」，「或」字依康德原文是「與」（und）字。Meiklejohn 改爲「或」字，案：此改是。

A681 }
B709

但是理性之思此系統性的統一只能因著「給與此統一之理念一

個對象」而思之，除此以外，它不能有別法以思之；而因爲經驗決
不能對此完整的系統性的統一給與一例證，所以「我們所要指派給
此統一之理念」的那個對象並不是像「經驗所能供給者」那樣的對
象。「我們所要指派給此統一之理念」的這個對象，如這樣爲理性
所懷有者（dieses Vernunftwesen, ens rationis ratiocinatae），固只
是一純然的理念；它並不是要被認定爲是這樣一個某物，即「是絕
對地眞實的而且是依其自身而爲眞實的」這樣一個某物，它但只是
或然地被設定了的（因爲我們不能通過知性底概念之任一個而達到
之），其爲或然地被設定是因爲設定之我們便可視感取世界中的事
物底一切連繫儼若它們在這樣一個存有中有其根據。在如此進行
中，我們的唯一目的便是去確保那系統性的統一，此系統性的統一
對於理性是不可缺少的，而且它雖從各方面看足以去促進那爲知性
所可得到的經驗知識，然而它卻亦決不能有干擾以去阻礙或妨礙此
經驗的知識。

　　如果我們視理念爲一眞實物之肯斷，或縱使退一步，視之爲一
眞實物之假定，這樣，我們便可進而去把世界底系統性的秩序之根
據歸因於此眞實物，如果我們是如此云云時，則我們便誤解了此理
念之意義。正相反，那「逃避了我們的概念〔意即：爲我們的概念
所不及〕」的那個根據依其自己所有的固具構造〔本性〕而言可是
什麼，這乃是完全存而不決的；理念只當作一個觀點而被置定，單
由此觀點，那種統一，即「對於理性是如此之基要而對於知性又是
如此之有利」的那種統一，始能進一步被擴張。總之，此超越的東
西只是軌約原則底規模〔規模底類似物〕，因著此規模〔規模之類
似物〕，理性，就其處於其力量之內而言，它把系統性的統一擴張

A682
B710

至全部的經驗領域。

　　第一個這樣的理念之對象便是「我自己」的「我」，即那只被視為「思維的自然」或「靈魂」的「我」。如果我要想去研究一思維的存有其自身所具有的諸特性，我必須商之於經驗。因為我甚至不能把任何一個範疇應用於此對象，除當範疇之規模〔圖式〕是在感觸直覺中為被給與了的時。但是，我決不能因著「範疇之規模之在感觸直覺中為被給與了的因而範疇可應用於此對象」便可達到內部感取底一切現象之系統性的統一。因此，理性不取用「靈魂現實上所實是者」之經驗的概念（此經驗的概念不能使我們及於甚遠），而卻取用「一切思想底經驗的統一」之概念；而因著思維此「統一」為不受制約者而且是根源的，理性遂從此「統一」形成一「理性之概念」，即是說，形成「一單純本體」之理念，此一單純本體，即「其自身是不變的〔是一己地同一的〕」這一單純本體，它是和那在它以外的其他真實事物相聯合者；總之，理性從此「統一」形成一單純的自我潛存的睿智體之理念。但是在如此情形中，

A683
B711
理性除籌畫「靈魂底現象之說明中的系統性的統一之原則」這一事外，它不再籌畫任何什麼其他事。它努力想去把一切「決定」表象為「存在於一獨一的主體中」者，把一切「力量」盡可能表象為「從一獨一的基本力量而引生出」者，把一切「變化」表象為「屬於同一常住的存有之狀態」者，把空間中的一切「現象」表象為「完全不同於思想之活動」者。此一本體之單純性以及其他諸特性〔如人格性及不滅性等〕須被意想為此軌約原則〔即：系統性的統一之原則〕之規模，它們並不可被預設為是靈魂底諸特性〔諸經驗特性或作為現象的諸特性〕之現實的根據。因為此等經驗特性很可

基於完全不同的其他根據上，而對於此等其他根據，我們不能知任
何什麼事。「靈魂之在其自己」不能夠通過那些被假定的謂詞〔單
純性等〕而被知，縱使就靈魂而言，我們視那些謂詞爲絕對地有效
的，那「靈魂之在其自己」，亦不能通過它們而被知。因爲那些被
假定的謂詞只構成一純然的理念，此理念是不能被表象於具體現實
中的〔或不能具體現實地被表象〕。只要我們注意：這樣被思議的
心理學的理念不能被看成比一純然的理念爲多，又注意：由於這理
念只是一純然的理念，是故它之被認爲是有效的是只相對於理性之
系統性的使用（在決定我們的靈魂底諸現象中理性之系統性的使
用）而被認爲是有效的，只要我們注意此等云云，則〔我們將見〕
除便利外，決不會有什麼其他東西能由這樣被思議的心理學的理念
而致成。因爲那樣注意時，便沒有身體現象底經驗法則（完全屬於
異類者）將干擾或介入於那「專屬於內部感取」的東西之說明中。
關於靈魂，沒有世代、消滅以及新生這些輕率浮躁的假設可被允
許。這樣，關於這個「內部感取底對象」之考慮將完全被保持爲純
淨的，而且將不因著異質的特性之介入而被混攏。復次，理性所有
的研究將被指導去把此領域中的說明之根據盡可能化歸於一簡單的
原則。凡此一切皆將通過這樣一種規模，即被視爲儼若「它眞是一
眞實的存有」這樣的規模，而很好地被達成；實在說來，凡此一切
亦不能依任何其他辦法而爲可達成的。這個心理學的理念除指表一
軌約概念底規模外，不能指表任何東西。因爲設若我去究問「靈魂
在其自己」是否屬於一精神的自然，此問題必無意義。在使用這樣
一個概念〔即：「靈魂在其自己」之概念〕中，我不只抽離「軀體
的自然」〔色體自然〕，且亦抽離自然一般〔抽離一切自然〕，即

{ A684
B712

是說，抽離任何可能經驗底一切謂詞，因而也就是說，抽離一切條件，即為這樣一個概念思維一對象時所需要的一切條件；「但是，只由於關聯於一個對象，概念始能被說為有一意義」①。

> ①譯者案：此一承上「抽離一切條件」而說的句子，康德原文是
> " als welches doch einzig und allein es macht, daß man sagt, er
> habe einen Sinn "。Meiklejohn 如此譯：「但是，如果這些條
> 件不存在，則概念是無意義的，這甚為顯然」。Max Müller 則
> 如此譯：「而在那種情形（即：抽掉一切條件之情形）中，概
> 念必無任何意義」。案：此兩譯，意義相同，與肯·斯密士譯
> 異，此兩譯皆表示：抽掉一切條件，概念無意義。而肯·斯密
> 士譯則表示：「只由於關聯於一個對象，概念始能被說為有一
> 意義」。此中「關聯於一個對象」，以義理衡之，不甚諦。重
> 點不在關聯於對象，而在條件。依此，若參考彼兩英譯，原文
> 似當如此譯：「但是，惟由於這些條件故，人們始能說概念有
> 一意義」。

純然思辨理性底第二個軌約理念便是「世界一般」之概念。因為「自然」，恰當地言之，就是這唯一被給與的對象，關於此唯一被給與的對象，理性需要軌約原則。此「自然」有兩方面，它或是思維的自然，或是色體自然（corporeal nature）。就此色體自然之內在可能性而去思此色體自然，即是說，去決定範疇之應用於此色體自然，我們不需要有理念，即是說，不需要有超越經驗以外的表象。實在說來，在此方面，亦無任何理念是可能的，因為在處理色體自然時，我們只為感觸直覺所指導。這情形是不同於基本心理學

的概念（「我」）之情形的，此基本心理學的概念先驗地含有一種
思想之形式，即先驗地含有思想之統一。因此，在色體自然處，除
自然一般以及依照某一原則而來的自然中的諸條件之完整外，再沒
有什麼東西為純粹理性而存留下來。在這些條件底分子之引生中，
這些條件底系列之絕對綜體是一個理念，此一理念從來不能完全被
實化於理性之經驗的使用中，但是它猶可充作一規律來規定我們在
處理這樣的系列中應當如何去進行，即是說，來規定我們在說明現
象中，不管是依此等現象之後返的次序抑或是依其上升的次序以說
明之，我們總應當去視此系列儼若其自身真是無限的〔無底止
的〕，即，儼若它真是無限定地（in indefinitum）前進的。但是，
另一方面，當理性自身被看成是有決定作用的原因時（此如在自由
中，即在實踐原則之情形中），則我們即須這樣去進行，即儼若我
們已有一純粹知性之對象，而非一感取之對象，在我們眼前。在此
實踐的範圍中，諸條件不再存在於現象底系列中；它們能在此系列
之外而被置定，而狀態底系列亦因而能被視為儼若它有一絕對的開
始，即通過一智思的原因而有一絕對的開始。凡此一切皆表明諸宇
宙論的理念沒有別的，不過只是一些軌約原則，它們很不足以依構
成原則之樣式去置定這樣的系列底一個現實的綜體。關於此論題之
較充分的討論已見於「純粹理性之背反」章。

　　純粹理性底第三個理念，即那「含有一個『為一切宇宙論的系
列之唯一而充足的原因』的存有之一純然地相對的假設」的這個理
念，便是上帝之理念。〔案：此是說此第三理念含有一個「為一切
宇宙論的系列之唯一而充足的原因」這樣的存有之假設，而此一假
設是一純然地相對的假設。「相對」云者意即關聯著宇宙論的系列

而爲其原因之謂。我們只在此相對的關聯中假設之，故只是一純然
地相對的假設。〕我們沒有絲毫根據依一絕對樣式去假定此理念之

A686
B714
}

對象（即：在此理念之對象之自身中去假定此對象）；因爲有什麼
東西能使我們只在一存有之概念之基礎上去相信或去肯斷一存有爲
屬於最高圓滿之存有並屬於即依其本性而爲一絕對必然者之存有？
或如果我們如此相信了或肯斷了，我們又如何能證成我們之如此相
信或肯斷使之爲有理？只有依此存有之關聯於世界，我們始能試想
去建立此假設之必然性；如是，此甚顯然，即：這樣一個存有之理
念，亦如一切其他思辨的理念一樣，「它只想去程式出以下所說之
理性之控制或指揮」①，即：世界中一切連繫須依照一系統性的統
一之原則而被觀看——儻若一切這樣的連繫有其根源於一獨一的擁
攝一切的存有中，一個作爲最高而一切充足的原因這樣一個獨一的
擁攝一切的存有中。如是，此亦甚顯然，即：理性在此除爲其經驗
使用之擴張（並非爲其越過一切經驗使用之限制以外的任何擴張）
去規劃其自己之形式的規律外，它沒有其他目的。因而結果，此亦
甚顯然，即：此理念並不能依任何隱蔽的樣式含有任何這樣的原
則，即「在其應用於可能經驗中要求成爲性格上的構造的」這樣的
原則。

①案：此句依 Max Müller 譯是如此：「它只不過意謂這意思，
即：理性要求我們依照一系統性的統一之原則去考量世界中的
一切連繫，因而儻若……」。案：康德原文只是 "die Vernunft
gebiete" 一譯爲「去程式出理性之控制或指揮」，一譯爲「理
性要求我們」云云。案："gebiete" 有控制、命令、吩咐等

義。肯・斯密士譯取「控制」義,「程式出」乃補充之以成句者。Max Müller 取命令、吩咐等義轉而爲要求,補之以「我們」以成句。Meiklejohn 譯亦取「要求」義,而譯爲「它本質上不過只是理性上的一種要求,即:云云(此多意譯不足取)」。單就此語言,三譯似皆可通,但不知何者爲較切耳。

「僅只基於理性之概念」的那最高的形式的統一乃是事物底「適合於一目的」的統一。理性之思辨的興趣使「去視世界中一切秩序儼若皆已根源於一最高理性之目的」這一點成爲必然的。這樣一個原則,當其被應用於經驗底領域中時,它即把完全新的觀景,即關於「世界中之事物如何可依照目的論的法則而被連繫」這完全新的觀景,展示給我們的理性,並因而能使理性去達到此諸事物之最大的系統性的統一。因此,作爲宇宙之唯一原因的一個最高睿智體之假定,雖然僅是理念中之假定,然而它卻總是能有益於理性,而決不會有損於理性。如是,如果在研究地球之形狀中(地球之形狀是圓的但有點扁平)[a],在研究山、海,等等之形狀中,我們假定此等形狀是世界底創造者方面的明智目的之產品,則我們依此路便能夠去得到許多新發見。而若我們把我們自己限制於此原則之一純然地軌約的使用,則即使是錯誤亦不能對於我們有任何嚴重的傷害。因爲那所能發生的最壞的事必應是這樣的,即:我們期望一目的論的連繫(nexus finalis)的地方,我們卻只見到一機械的或物理的連繫(nexus effectivus)。在這樣一種情形中,我們只不過沒有找得這額外的統一而已;我們並沒有破壞「理性在其經驗的使用中所堅持」的那種統一。但是,即使有這種挫折〔失望,失敗〕,

A687
B715

A688
B716

這種挫折亦不能影響一般意義的目的論的法則之自身。因為，雖然一個解剖學家當他把一目的指派給一動物身體底某一部分，而此某一部分能清楚地被表明它卻並不能有助於此目的，當他是如此云云時，他可被定為是錯誤的，雖然如此，可是要想在任何特定所與的情形中去證明「自然底安排，不管是什麼安排，決不能有助於任何目的」，這卻亦是完全不可能的。因此，醫藥生理學遂憑著一個「單只是純粹理性對之負責」的原則來擴大其關於目的（為一有機體底關節所適合的目的）之十分有限的經驗知識；而且他把如此樣的一個原則推廣得如此之遠就像「很有信心地而且一般同意地去假定一動物中的每一部分皆有其用處並且皆可有助於某種好的目的」那樣遠。如果這個假定被視是構造的，則它即遠超過觀察迄今所已能去證成者之外；因此，我們必須歸結說：這個假定不過只是理性底一個軌約原則，用以有助於我們去獲得或達至最高可能的系統性的統一，即因著世界底最高原因之適合目的的因果性之理念來達至此最高可能的系統性的統一，而所謂世界底最高原因乃是這樣一個存有，即作為最高睿智體，依照一最高明智的目的而活動，這樣的一個存有，夫既如此，如是我們遂可說：儻若這樣一個存有真是一切事物之原因。

(a)處，關於地球之形狀圓而扁平，康德有底注云：

　　由地球之球形而出現的好處是大家所周知的。但是很少有人能知道單只是其扁平而成一個扁圓體之形狀始能阻止陸地的升高，或甚至阻止小山，即或許由地震而隆起的小山，使之不繼續不斷地而且在較短時間內實完全可感知地來更變地球

軸心之位置。地球在赤道上之突起形成如此廣大的一個高山，
廣大到以至於使一切其他高山之推動力皆決不能產生任何可
觀察的結果以改變地軸之位置。但是，此種明智之安排〔明
智如此者〕，我們猶仍可無任何遲疑以地球之以前的流體質
量之均衡狀態來說明之。〔案：如此說明之是自然科學之說
明，而由明智的安排以作目的論的說明，那只是理性之軌約
原則下的說明，不可思辨地認為宇宙在其自身即是客觀地如
此圓成也。縱有此理境，亦不能由思辨理性而達之。〕

　　但是，如果我們忽略了把理念限制於一純然軌約的使用，則理
性便被誤引入錯誤的途徑中。因為那樣，理性便離開了經驗底根據
（只此經驗底根據始含有那「標識理性之恰當程序」之信號），並
且它越過經驗之根據而冒進至不可理解與不可探究之境，上升至令
人迷亂的高處，在此等高處，它見其自己完全離開了那「符合於經
驗」的一切可能的活動。

{ A689
B717

　　如若我們使用一最高存有之理念是依一「相反於理性之本性」
之樣式而使用之，即是說，是構造地使用之，而非只是軌約地使用
之，則從此種使用而發生出的第一錯誤便是「理性無用」〔ignava
ratio, indolence of reason，理性懶散，理性閒置，理性麻木，無痛
無癢〕(a)之錯誤。

(a)關於"ignava ratio"（理性無用），康德有底注云：
　　古代辯證家把此名稱給與於一詭辯的論證。此詭辯的論證是
　　如此：如果從病中復原是你的命運，則不管你就醫或不就

醫，你總是要復原。西塞洛（Cicero）說：此種論證已被名曰「理性無用」，因為，如果我們依從此論證，則理性必會被留在生命中而無任何用處。依此同一根據，我亦把此名應用於純粹理性底詭辯論證。

A690
B718 }

任何一原則，如果它使我們視我們之對於自然之研究，不管在什麼論題上，為絕對地完整的，使理性從進一步的研究中停止〔不再作進一步的研究〕，儻若理性在其自己所已安置的工作中已經完全成功了，任何一原則如果是如此云云，即我們即可以「理性無用」說此原則。這樣說來，心理學的理念，當它作為一構造原則〔一圓成原則〕而被使用，被使用來以去解明我們的靈魂之現象，並因而去擴大我們的關於自我之知識以越過經驗之範圍（擴大至自我死後之狀態），當此心理學的理念是如此云云時，則它實是簡單化了理性之工作；但它亦妨礙了並且毀壞了我們的理性之「在經驗指導下處理自然」之使用。獨斷的精神論者由思維的本體之純一（他相信他在「我」中對此思維的本體有直接的知覺），來說明那「通貫一切狀態之變化」的人格之常住而不變的純一；或他藉賴著我們的「思維主體底非物質性之意識」來說明我們何以感興趣於那「只在我們的死後所能發生」的東西；並依同樣方式說明其他等等〔參看前「純粹理性之誤推」章〕。這樣，他便廢棄了關於此等內部現象底原因之一切經驗的研究，只要當那原因須在物理的說明根據中被發現時；而為其自己之便利之目的（雖亦帶有一切真實的洞見之犧牲），他【好像是經由】①─「超離的理性之威權〔或裁決〕」，便自認有權利不去理會【那些「屬於經驗」的內在的知識

根源】②。這些有害的〔不利的〕後果甚至在一最高睿智體之理念
之獨斷的處理中，並在那「錯誤地基於此最高睿智體上」的神學的
自然系統（物理神學）中，是更爲顯然的。因爲在此研究之領域 { A691 B719
中，如果我們不在關於物質機械性之普遍法則中尋求原因，而卻直
接地訴諸不可探究的「最高智慧之命令」〔天意〕，則一切「被展
示於自然中」的目的，連同著那些「只被我們歸屬給自然」的目
的，自必使我們之對於原因之研究成爲一十分容易之工作，因而亦
使我們能夠去視理性之辛勞爲已完成了的，即事實上，當我們實只
是已廢棄了理性之使用時，我們卻視理性之辛勞爲已完成了的，而
所謂廢棄了理性之使用，這所廢棄的理性之使用乃是這樣一種使
用，即它是「依照自然之秩序以及自然底變化之系列所顯示的普遍
法則」③而完全依靠此自然之秩序以及自然底變化之系列以爲指導
的。可是如果我們依目的論的觀點不只是考慮自然之某部分，例如
陸地之分布以及其結構，山嶺之構造與位置，或不只是考慮植物與
動物之有機的組織，而是在關聯於一最高睿智體之理念中要使自然
之系統性的統一成爲完整地普遍的，則上述之錯誤〔即：廢棄理性
之使用之錯誤〕便可被避免。因爲那樣時，我們是依照普遍法則視
自然爲基於一「合目的性」上者，沒有自然之特殊的安排可脫離此
「合目的性」，不管在任一特定事例中去建立此「合目的性」是如
何之困難。如是，我們關於目的論的連繫之系統性的統一有一軌約
的原則，但是此目的論的連繫，我們不能預先決定之。我們所可敢
想去作的便是：在希望去發見「目的論的連繫實際上是什麼」中， { A692 B720
去依照普遍法則而追蹤那「物理機械的連繫」。只有依此路，「合
目的的統一」之原則始能總是有助於在關涉於經驗中去擴張理性之

使用，而亦並沒有在任何情形中爲害於此使用。

①依康德原文是「好像是經由」，Max Müller 亦如此譯。此句依
　肯・斯密士譯是如此：「他在信賴一超離的理性之假定的權威
　（或裁決）中」。把原文之「好像是經由」改爲「信賴」是可
　以的，但於「權威」上增加「假定的」一形容詞，則多餘。依
　原文譯已甚明。超離的理性意即空懸而隔絕經驗的理性。

②「那些『屬於經驗』的內在的知識根源」，康德原文是 " die
　immanenten Erkenntnisquellen *der Erfahrung* "。此中 " der
　Erfahrung " 可譯爲「屬於經驗」，此表示「內在的知識根源」
　皆是屬於經驗的，是經驗性的。肯・斯密士把此句譯爲「『那
　些在經驗中是內在的』的知識根源」，如此反不明，易令人起
　誤解。Meiklejohn 譯爲「經驗中的內在的知識根源」，把 " der
　Erfahrung " 譯爲「經驗中」亦同樣令人誤會。Max Müller 把
　此句譯爲「爲經驗所給與的內在的知識根源」，此較好。
　" der " 在此類情形中通常都是譯爲 " of "，但在此則不通，故
　須另有表達。其實在此只是「屬於」的思想。英文之 " of " 亦
　多歧義。

③此句依康德原文譯當該是「依照自然之秩序以及自然底變化之
　系列所具有的內部的而且是普遍的法則」，肯・斯密士稍變爲
　「……所顯示的普遍法則」，他亦注出原文。Max Müller 依照
　原文把此整句譯爲如下：「這一理性的使用，它除依照自然之
　秩序與變化之相續所具有的內部的而且是普遍的法則，而即在
　此自然之秩序與變化之相續處供給其適當的指導外，它無處可
　找得其適當的指導」。

又案：此一整段文是說，理念，如一最高存有之理念，吾人須依
理念之本性而使用之，即應當軌約地使用之，不應當構造地
（圓成地）使用之。如構造地（圓成地）使用之，則理性便成
無事矣。此即名曰「理性無用」之錯誤。軌約地使用之，則理
性底辛勞無了期，永不能視爲已完成者。蓋此時，理性之使用
是順經驗中物理機械的連繫而上追，故一方理性有事，一方亦
永不能追至完整之境。但以有理念故，雖不能完整，而卻向此
完整而趨，以期得系統性的統一。故軌約意義的理念可以在關
涉於經驗中擴大理性之使用。然吾人不能以此理念爲構造的原
則，即不能認爲理性所要求的完整即是客觀地已實有的圓成之
完整，而可以客觀地肯斷之。若以爲可以如此，則是由上而
下，一了百了，理性無事矣。當然，由此上而下，一了百了，
一切現成，亦並非絕對不可能。但在思辨理性範圍內，則絕不
可能。思辨理性只能由下而上，實踐理性則是由上而下。而且
即在實踐理性處，亦只有在圓教下，理性始能有眞實的構造原
則之出現。此已超出康德全部系統之外矣，此非康德之所能
及。以上一段文大義如此，其他隨文了解。

由對於以上所說的「系統性的統一之原則」之誤解而發生的第
二個錯誤便是「歪曲了的〔顛倒了的〕理性」（ perversa ratio,
perverted reason ）之錯誤。「系統性的統一」之理念定須只當作一
軌約原則而被使用，用以指導我們依照普遍的自然法則，於事物之
連繫中，去尋求這系統性的統一；因而我們應當相信：我們在此原
則之使用中已接近於完整性是只比照著我們依經驗的樣式能夠去證
實這樣的統一而接近之──這所要接近的完整性當然絕不是可達到

的。設不如此，則逆反或倒轉的程序遂被採用。如是，「合目的」的統一之原則之實在性不只是被預設，而且是被實體化；而因為一最高睿智體之概念其自身是完全超出我們理解能力之外，所以我們進而要依神人同形的樣式〔擬人地〕去決定此概念，因而遂去把「目的」粗暴地並獨裁地加諸自然上，而卻不因著物理研究之途徑去追求那較為合理的「尋求目的之程序」。這樣，目的論，即「只想幫助我們依照普遍法則以完成自然之統一」的那目的論，不只是傾向於取消這樣的統一，且亦阻礙理性使之不能完成其自己所宣稱之目的，即「依照這些普遍法則從自然方面來證明一最高睿智因之存在」之目的。因為如果最完整的合目的性不能先驗地被預設於自然中，即是說，不能先驗地被預設為屬於自然之本質者，則我們如何能被要求去尋求這合目的性，並如何能被要求通過這合目的性之一切等級去接近於一切事物底一個創造者之最高的圓滿，一個由於是絕對必然的圓滿是故亦必須是先驗地可知的圓滿呢？此軌約原則規定：那作為自然中的一種統一的系統性的統一（此種系統性的統一不只是經驗地被知，且亦是先驗地，雖然依一不決定的樣式，而被預設）須是絕對地被預設，因而結果亦就是說，須是被預設為由事物之本質而來者。但是，如果我開始於一最高的合目的的存有，以之為一切事物之根據，則自然之統一，由於其完全外於事物之本性，而且對於事物之本性而言，它完全是偶然的〔偶然地加在事物之本性上〕，並且由於它不能依事物之本性自己所具有的普遍法則而被知，因此，它乃實是被放棄了的。如是，遂有一惡劣的循環論證發生出來；我們正是假定了那需要爭辯的論點〔假定了那實際上應被證明者〕。

A693 }
B721 }

〔**譯者案**〕：此段所説「歪曲或顚倒了的理性」之錯誤，或可類比「理性無用」之錯誤而説爲「理性逆用或倒用」之錯誤。倒用者即是顚倒其應有之程序之謂。其應有之程序乃是在視理念爲軌約原則下之自下而上者。倒用則成自上而下，視理念爲構造原則，並把它實體化。

去把自然之系統性的統一之軌約原則誤認爲構造原則，並去把那「只在理念中充作理性底諧和一致的使用之根據」的東西實體化①，並預設之爲一原因〔案：意即爲一客觀地被肯斷了的原因，而不只是理性底諧和一致的使用所要求的一個形式的根據〕，這簡單説來，只是使理性陷於纏繞混亂中。自然之研究有其自己獨立的程序〔途徑〕，它依照自然原因之普遍法則緊守著此諸自然原因之鍊子。它在如此緊守中，它實是依照宇宙之創造者之理念而進行，但是其如此進行不是爲的想從此「合目的性」去得到關於這樣一個創造者底存在之知識。而由於在自然中的事物之本質中尋求此「合目的性」，而且如若是可能的，則亦在「事物一般」之本質中尋求此「合目的性」，所以自然之研究又想去知道此最高存有之存在爲絕對地必然的。此事不管成功不成功，【此理念總仍依其自身而爲正當的，而其使用亦同樣是正當的】②〔如分而無虛妄的〕，設此理念被限制於一純然軌約原則之條件時③。

{ A694
B722

①案：康德原文是" hypostatisch "，作副詞用，「把……**實體化地預設之爲一原因**」。肯·斯密士譯作動詞用，與「預設」分説爲兩動詞。

②案：此句依康德原文譯，很簡明。肯·斯密士譯為「而且此理念於其使用中亦被證成為有理」，此則反失原意，故不從。

③案：此「條件」一詞即指軌約原則說，是順「限制」之行文而說上去的，即以軌約原則為限制條件也，不是說軌約原則還有條件。Mieklejohn 把此整句如此意譯：「而其使用，**當其只是軌約的時**，亦必須總是伴之以真實的而且有利益的成果」，此雖不忠實，然把原文之「設若」句意譯為「當其只是軌約的時」卻可把那「條件」一詞之麻煩（令人生誤會之麻煩）免去。

完整的合目的的統一構成那種「是絕對意義的圓滿」之圓滿。如果我們不能在事物之本質中找得此統一（此所謂事物乃即是那「構成經驗底全部對象」的事物，亦即是說，是那「構成我們的一切客觀地有效的知識之全部對象」的事物），因而也就是說，不能在普遍而必然的自然法則中找得此統一，則我們如何能自認由此統一直接地去推斷「一『作為一切因果性之根源』的根源存有之最高而絕對必然的圓滿之理念」呢？最大可能的系統性的統一，因而也就是說，合目的的統一，乃是理性底使用之訓練所，而實在說來，亦就是理性底最大可能的使用底可能性之基礎。因此，「這樣的統一」之理念是不可分離地與我們的理性之本性結縛於一起的。因此之故，此同一理念對於我們而言是一個立法的理念〔有立法作用的理念〕；因而這也是很自然的，即：我們必須假定有一與之相應的「立法的理性」（intellectus archetypus），由此立法的理性，自然底一切系統性的統一，作為我們的理性之對象者，皆可被引生

A695
B723

出。

　　在討論純粹理性之背反中，我們已說：為純粹理性所提出的諸問題在任何情形中皆必須允許有一答覆，並說：就這些問題而言，去藉口我們的知識之限制以求諒，這不是可允許的（這一種藉口求諒，在有關於「自然」的許多問題中，是不可免的，其為不可免一如其為切當）。「蓋因為在這裡〔即：在背反處〕，我們不是就事物之本性發問，但只是發這樣的問題就像由理性之本性而發生者這樣的問題，這樣的問題只有關於理性自己之內部的構造。」①現在，我們可就著純粹理性所最感興趣的兩個問題〔一是超越神學的，一是理性心理學的〕去穩固住這種肯斷（這種肯斷初看似乎顯得輕率）；而這樣，最後我們亦能去完整起我們關於純粹理性底辯證之討論。

①案：此一整句依康德原文似當如此譯：「蓋因為在這裡（即：在背反處），發生在我們眼前的問題並非是有關於事物之本性者，而是唯由理性之本性而發生，而且是僅只有關於理性自己之內部的設置（Einrichtung）者。案："Einrichtung" 是安排、設置、組織等義。康德在此所用的是這個字，而不是"Beschaffenheit" 這個字。此後者，英譯一貫地譯為"constitution"（構造，本性），是「如此這般構成的本性或性質」之意。若將此句中之"Einrichtung"譯為「構造」（本性），則與「唯由理性之本性而發生」中之「本性」相重複，故知此字不應如此譯。也許這兩個字差不多，但總有差異，故在此應如字譯為「設置」，此是由理性向外說「施設」，說理性之安排設立之作用，而不是向裡收縮，說理性自己之本性。

三英譯俱譯 " constitution " ，稍失之。

A696
B724

　　就一超越的神學而言[a]，第一，如果我們問：是否有任何「不同於世界」的東西，它含有世界底秩序之根據以及世界之依照普遍法則而成的連繫之根據，則答曰：無疑確然有。因為世界乃是一切現象之綜集；因此，對於現象，茲必須存有某種超越的根據，即是說，必須存有一個「只依純粹知性而為可思」的根據。第二，如果這問題是這樣的，即：此存有是否是一「本體」，是否是屬於「最偉大的實在」者，是否是「必然的」者等等，則我們便答覆說：此類問題是完全無意義的。因為一切範疇，即「通過之，我們能試想去形成這樣一個對象之概念」的那一切範疇，皆只允許有一經驗的使用，而當其不被應用於「可能經驗之對象」，即不被應用於「感取之世界」時，它們便無任何意義。若外於此領域〔即：感取之世界〕，它們只是概念之空名〔虛銜，只有概念之名，無概念之實〕，此種概念之空名，我們可承認之，但是通過它們，我們不能理解任何事。第三，如果這問題是這樣的，即：我們是否不可以至少依「類比於經驗之對象」之類比而思此存有，思此不同於世界之

A697
B725

存有，則答曰：確然可以，但是只當作理念中之對象而思之，而不是當作實在中之對象而思之，即是說，只當作是「世界底安排之系統性的統一、秩序以及合目的性」之一基體（不被知於我們的基體）而思之——此一基體即是一個理念，此一理念乃是「理性被迫著要去形成之」的一個理念，形成之以為「理性之研究自然」之軌約原則。不止於此，我們甚至且可【無所畏怯地而且不受責備地】①允許某些神人同形的東西進入此理念，這些神人同形的東西

是有助於【我們所念念不忘的〔所總是提及的〕軌約原則】的②。因為這所說的基體總不過只是一理念，此一理念並不直接地關聯到一個不同於世界的存有，但只直接地關聯到世界底系統性的統一之軌約原則，而且其關聯到世界底系統性的統一之軌約原則是只藉賴著「此統一之規模」，即是說，只通過【一最高睿智體之為規模】③，而關聯到之（所謂一最高睿智體乃即是那「在創始世界中總是依照明智的目的而活動」的那睿智體）。此世界底統一之根源的根據其自身是什麼，我們決不要認為因此理念即可去裁決之，我們因此理念所可裁決的只是在關涉於就著世界中的事物而言的理性底系統性的使用中我們應如何去使用此根源的根據，或勿寧說應如何去使用此根源的根據之理念。

(a)處，康德有底注云：

關於心理學的理念以及其恰當的本分，即「作為理性之只是軌約的使用之一原則」之本分，我前已論說過，在此所已論說過者之後，對於這超越的幻象，即「內部感取底一切雜多之系統性的統一所因以被實體化」的那超越的幻象，我即不須再有詳論。處理之之辦法極似於我們之對於神學理想之批評中所遵循者。〔案：「所遵循者」，「遵循」這個動詞康德原文是"beobachtet"此字有兩意：一為觀察，一為遵守或遵循，相當於英文之"observe"，在此不取觀察義，取遵循義。Meiklejohn 及肯·斯密士譯為「討論」，非是。Max Müller 譯為「遵循」，是。又，純粹理性所最感興趣的兩個問題一是超越神學方面的，一是理性心理學方面的。

A696
B724

此處只就超越神學而言。至於關於心理學的理念以及其恰當的本分，即「作為理性之軌約使用之一原則」之本分，前文已講過，故此方面之幻象不須再有詳論，處理辦法同於處理神學方面者。〕

文中譯者註：

①依康德原文譯。肯·斯密士譯為「自由地，而亦不使我們自己受責難地」。此亦切合。

②亦依康德原文譯。肯·斯密士譯為「軌約身分的原則」此則稍變，亦很好。

③依肯·斯密士之譯是「一最高睿智體之規模」，此中「之」字無實義，與前文「此統一之規模」不同。「此統一之規模」表示「統一」需要有一個規模（規模之類似物）以實之，但「一最高睿智體之規模」卻並不表示「一最高睿智體」還需要有一個規模。實則此最高睿智體即是規模，以之為「統一」之規模，故譯為「一最高睿智體之為規模」，加「為」字，或譯為「一最高睿智體這個規模」亦可，「之」字無實義。英文之"of"是有歧義的，德文類此者如"der"亦然，當隨文領取。

但是以下之問題仍可被追問，即：依據這樣的諸根據〔即：依據上文所說者為根據〕我們能認定一明智而無所不能的世界創造者嗎？無疑地，我們可以認定；我們不只可以認定，而且必須認定。但是，若如此，我們便可擴張我們的知識以越過可能經驗領域之外嗎？決無由以至此。一切我們所已作者只是去預設一某物，預設一純然超越的對象，關於此超越的對象，如其在其自身所是者，我們

並無任何概念。那只是在關聯於世界底系統性的而且是合目的的排列中（如果我們要去研究自然，我們便被迫著必須去預設此種排列），我們始思此不被知的存有，即依類比一睿智體（一經驗的概念如人）之「類比」而思此不被知的存有；即是說，在關涉於那「基於此不被知的存有上」的目的與圓滿中，我們始把那些「依照我們的理性之【情況】①〔本性〕能被視為含有這樣的系統性的統一之根據」的諸特性歸屬給此不被知的存有。這樣說來，此理性是只在關涉於「我們的理性之使用——涉及世界的理性之使用」中【始完全被建立起來】②。如果我們把一「絕對而客觀的妥效性」③歸屬給此理念，則我們必是忘記了我們此時所思的只是理念中的一個存有；而由於我們既這樣從一個「不是通過世界底觀察而為可決定的」的根據取得我們的起點，所以我們必不復能依一「適合於理性之經驗使用」的樣式去應用此原則。

①「情況」康德原文是 " Bedingungen "（conditions），此詞在此可不譯作「條件」，可取「情況」義，Meiklejohn 譯為「本性」（nature），亦因譯作條件不易理解故也，很可令人生誤會。

②依康德原文動詞是 " ganz gegründet "（始完全被建立起來），肯·斯密士譯為「始有效」。Meiklejohn 亦如此譯。Max Müller 則將此整句如此譯；「因此，此理念是完全基於「我們的理性之世界中的使用」上。

③「絕對而客觀的妥效性」，依康德原文是 " schlechthin objektive Gültigkeit "，此嚴格地應當譯為「率直地客觀的妥效

性」，schlechthin 是副詞，不是與「客觀的」分開爲兩個形容詞。三英譯俱譯成兩個形容詞，把 schlechthin 譯爲「絕對的」。實則此詞是副詞，是率直、坦白、簡單明瞭等義，而"schlechthinnig"才是形容詞，是絕對的、全然的、無條件的等義。三英譯都把這兩詞混用了。

又案：此段文最後一長句是說：如果我們把一「簡單逕直地客觀的妥效性」歸給此理念，則此理念所意指的存有不只是理念中的存有（對象），而是實在中的存有。這樣思之，我們便是以它作我們的起點，如果以此作起點而視之爲世界底系統性的而且是合目的的排列之根據，則此根據是不能通過世界之觀察而爲可決定的。既如此，我們便不復能依一「適合於理性之經驗使用」的樣式去使用此原則（即此理念所表示之原則）。依「適合於理性之經驗使用」的樣式去使用此原則乃是把理念視爲一軌約的原則，即軌約原則才是適合於理性之經驗使用者。今既從一視之爲一有逕直地客觀妥效性的理念（即其所意指的存有是實在中的存有，不是理念中的存有，這樣的理念）開始，則此理念便成爲一構造原則（圓成原則），而不復是一軌約原則，因而它亦不能適合於理性之經驗的使用。可是，此理念之有效（被建立）是只在「關涉於我們的理性之涉及世界中的使用（此即是其經驗的使用）」中始有效（始能被建立）。

但是，以下之問題將仍然要被發問，即：在世界之合理的考慮中，我們能使用一最高存有之概念以及一最高存有之預設嗎？曰：能。確然正爲世界之合理考慮之目的，理性始動用此理念。然則我可以進而去視那似合目的的安排爲一種眞有意匠運於其中的目的

〔或設計〕，因而去從神意中而引生出這些似合目的的安排，我可
以這樣作嗎？（所謂從一神意中引生出，此種引生自是間接地通過
某種特殊的自然工具而引生，這些自然工具其自身之被設立是在助
成那種神意中被設立。）答曰：可。我們實能如此去視並如此去引
生；但是我們之如此去視並如此去引生是只依「我們視以下兩義爲
不相干」這條件或情況而如此去視並如此去引生，即：是否「神智
已依照其最高的目的安排了一切事物」這一義已被肯斷了，抑或是
否「此神智之理念是自然之研究中之一軌約原則並且是依照普遍的
自然法則而爲自然之系統性的而且是合目的的統一之原則，甚至在
那些『我們不能於其中檢查出這種統一』的情形中，它亦仍可依照
普遍的自然法則而爲自然之系統性的而且是合目的的統一之原
則」，這一義已被肯斷了：不管此兩義之那一義被肯斷，這皆不相
干，我總能如此去視並如此去引生。換言之，當我們覺察到這系統
性的並合目的的統一時，不管我們說上帝在其智慧中已意欲此統一
爲如此者，抑或說自然已明智地安排此統一爲如此者，此皆完全不
相干。因爲那「使我們有理由去採用一最高睿智體之理念以爲軌約
原則之規模」者確然正是這最大可能的系統性的而且是合目的的統
一，這一種統一乃是我們的理性所要求之以爲一軌約原則者，此軌
約原則必須居於一切自然之研究之基礎地位以爲其根據。因此，我
們在世界中發現「合目的性」發見得愈多，則我們的理念之「合法
性」就愈充分地被穩固。但是，因爲那原則底唯一目的本是指導我
們去尋求自然之必然的統一，而且是在最大可能程度中的統一，是
故雖然當我們一旦達到那種統一時，我們實可把此統一歸功於一最
高存有之理念，然而設若我們忽略了〔不理睬〕自然之普遍法則

A699
B727

A700
B728

（此理念單爲發見普遍法則而被採用），並視自然之合目的性在其根源上爲偶然的〔爲偶然地自外加諸此自然上〕並且是超物理的〔在自然以上的 hyperphysical），則我們不能不把我們自己陷於矛盾中。因爲我們並無理由在自然以上認定一個存有爲具有那些性質者〔例如具有目的性等〕①，但只有理由採用這樣一個存有之理念以便「去視現象爲依照一因果決定之原則而互相系統地相連繫者」②。

①爲譯者所加，肯·斯密士譯如原文無，人不知「那些性質」是什麼性質。Meiklejohn 譯爲「爲具有不同於自然而且是在自然以上的性質」，Max Müller 譯爲「爲具有在自然以上的那些性質」。案：此整句是說：如果自然本身無合目的性，我們亦不能在自然以上認定一個有目的設計的存有。如果認定之，而又視自然之合目的性爲偶然的，此則便是矛盾。若知此意，則知所謂「並無理由在自然以上認定一個存有爲具有那些性質者」，即是爲具有目的性、設計性、如理安排性等性質者。

②此句，肯·斯密士注明依 Hartenstein 有所改動。此句中之現象，康德原本是 "der Erscheinungen"，繫屬於「因果決定」之後，是則成爲「現象之因果決定」，依 Hartenstein 改爲 "die Erscheinungen"，作爲動詞「視」之受詞。又句中之「依照」，康德原文是「類比」，肯·斯密士譯改爲「依照」。Meiklejohn 依原文譯，不通。Max Müller 譯於「現象」處已改動矣，但「類比」字未動，亦不順。

依同一理由，在思維世界之原因中，我們亦很有理由在我們的

理念中表象此原因，我們之在理念中表象此原因不只是藉賴著某種巧妙的神人同形論而表象之（如無此神人同形論，我們對於此原因不能思維任何事），即是說，不只表象此原因為一如此之存有，即「有知性，有快樂與不快樂之情，並有『相應於此快與不快之情』的欲望與意願」這樣的存有，而且亦依「把一種圓滿歸屬於此原因」之方式而表象此原因，所歸給此原因的那種圓滿，由於是無限的圓滿，是故它遠超過「我們的對於世界秩序之經驗知識所能使我們有理由歸屬給此原因」的任何圓滿之上。因為系統性的統一之軌約法則規定我們研究自然定須這樣研究之，即：儻若系統性的而且合目的的統一（與最大可能的雜多相結合者）真可以無限地到處被發現。因為雖然我們在發見世界之此種合目的的圓滿中有點成功但成功得不多，可是縱然如此，「我們必須總是去尋求這種圓滿並去揣測這種圓滿」，這乃是我們的理性底立法所要求的；而依照此原 { A701 B729 } 則去指導我們之對於自然之研究，這必須總是有益的，而決不會是有害的。但是，顯然，在依此路表象此原則為含有一「最高創造者之理念」中，我並不是把此原則基於這樣一個存有之「存在」上，並基於對這樣一個存有之「知識」上，但只基於這樣一個存有之「理念」上，而我亦實並不從此存有引申出任何什麼事，但只從此存有之「理念」引申出任何什麼事，即是說，依照這樣一個理念，從世界中的事物之本性引申出任何什麼事。對於這個「理性底概念」之真正使用之一種確實的，雖是【未正式完成的】①意識，實在說來，似乎已引發了或鼓舞了各時代哲學家底謙和而合理的語言，因為他們說及「大自然之智慧與深慮〔前識 Vorsorge，天意 providence〕並說及「神的智慧」，恰似「大自然」與「神智」是

相等的辭語——實在說來，只要當他們只處理思辨理性時，他們是偏取於前一種辭語〔即：「大自然之智慧與深慮」這一種辭語〕，其偏取於前一種辭語是依據這根據，即：前一種辭語它能使我們避免作更多的肯斷〔Behauptung, profession 宣說〕，即比我們有理由去肯斷者爲更多的肯斷或宣說，而且它同樣亦能把理性引向於其自己之適當的範圍〔領域〕，即引向於「自然」。

> ①「未正式完成的」德文是“ unentwickeltes ”，肯·斯密士譯爲
> “ unformulated ”（未程式化的），Max Müller 譯爲“ undeve-
> loped ”（未發展成的），Meiklejohn 譯爲“ dim ”（微暗不明
> 的）。

這樣說來，純粹理性，即「在開始時似乎無異於要去許諾知識之擴張以越過一切經驗之限制」這樣的純粹理性，如若恰當地理解之，它所包含的實不過只是一些軌約原則，此等軌約原則，雖則它們實規定一較大的統一，即比知性底經驗使用所能達到的統一爲較大的統一，然而它們因著這事實，即「它們把知性底努力之目標置

A702
B730 } 於如此遼遠之處」這一事實，它們猶仍可藉賴著系統性的統一把知性自身之一致〔知性之與其自身相符順〕帶至最高可能的程度。但是另一方面，如果這些軌約原則被誤解，並被視爲超絕知識底構造原則〔圓成原則〕，則它們便因著一種耀眼然而卻是欺騙的虛幻而產生了「遊說」（Überredung, persuasion）以及一種純然虛構的知識，因而同時亦產生了矛盾與永恆的爭辯。

   *   *   *   *

這樣說來，一切人類知識皆開始於直覺，由此進而至於概念，最後終結之以理念。雖然在關涉於此三種成素中，人類知識有先驗的知識根源（此先驗的知識根源初看似乎要嘲笑或蔑視一切經驗之限制），然而一徹底的批判使我們相信：理性，在其思辨的使用中，決不能以此三種成素越過可能經驗之領域，並使我們相信：此最高的知識機能〔即：理性〕之恰當的職分便是只爲「依照每一可能的統一原則（此中目的之統一是最重要者），深入於自然之最內部的秘密」之目的而去使用一切方法以及此一切方法之原則，但卻決不是要去高飛於可能經驗範圍之外，越此範圍，對於我們而言，茲不復存有任何什麼東西，除空的空間外。對於一切那些「似乎可以把我們的知識擴張至現實經驗以外」的命題之批判的考察，如在「超越分析部」中所完成者，無疑地足可使我們相信：那些命題決不能引至什麼「多過可能經驗」的東西。設若我們對於抽象而一般的學理，甚至是最清楚者，無所懷疑，又設若虛假而迷人的遠景不曾誘惑我們去逃避這些抽象而一般的然而卻是清楚的學理所加諸吾人的約束，則我們很可對於超離的理性在支持其虛僞的要求中所提出的那一切辯證的證據免作辛苦的究問。因爲我們從開始即已完全確定地知道：一切這樣虛僞的要求，雖或是眞誠地圖謀的，然而卻是絕對無根據的，因爲它們關聯到一種「人們所決不能達到之」的知識。但是，倘若我們不能深入於幻象底眞正原因（即：「甚至最明智的人亦因之而被欺騙」的那幻象底眞正原因），則對於這樣的討論決無休止之時。又，一切我們的「超離的知識」之化解，即化解成其成素之化解（當作我們的內在本性之研究看的化解），其自身即是最有價值的〔即：其價值並非淺鮮〕，而對於哲學家而言，

〔 A703
B731

這種化解工作實在說來乃是一種義務之事。依此，雖然思辨理性底一切這些努力是如此之無結果，然而我們猶見到「去把這些努力追尋到其基本的根源」這乃是必要的。而因爲辯證的虛幻不只是在我

B732　們的判斷中欺騙我們，且由於我們對於這些判斷感興趣之故，它亦
A704　有一種自然的吸引力（此種自然的吸引力，它將總是繼續去具有之），因爲是如此云云，所以我們認爲以下之作法乃是適當的，即：「爲阻止這樣的錯誤在將來出現起見，去把『我們所可描述爲是這訴訟〔公案〕之記錄者』詳細寫出來，並把它們寄存於人類理性之檔案保管所」，這乃是適當的。

《牟宗三先生全集》總目